GELD
RICHTIG ANLEGEN

Hans Köppl

GELD RICHTIG ANLEGEN

Was Österreicher über Aktien, Anleihen, Optionen und Futures wissen müssen

Unter Mitarbeit der Wertpapierexperten

Jürgen Danzmayr
Friedrich Hofer
Josef Tichler
Johann Penzenstadler

Verlag Orac

WIEN · MÜNCHEN · ZÜRICH

Die Abbildungen auf den Seiten 180 bis 194 wurden mit freundlicher Genehmigung des Verlages Hoppenstedt & Co., Darmstadt, abgedruckt.

ISBN 3-7015-0250-1

Schutzumschlaggestaltung: Thomas Frik und Gerti Gnan
Reproarbeiten: Fachlabor Werner Kamensek, Horn,
und Wimmer-Druck Linz
Satz und Film: Wimmer-Druck Linz
Druck und Bindearbeiten: Wiener Verlag, Himberg bei Wien

INHALTSVERZEICHNIS

EINLEITUNG

„Ein jeder sollte reich sein“, betitelte der General-Motors-Manager und Wall-Street-Tycoon John J. Raskob einen berühmt gewordenen Aufsatz im „Ladies' Home Journal“. Darin rechnete er vor, daß eine monatliche Einzahlung von nur 15 Dollar, nach dem Investmentfondsprinzip in Aktien angelegt, in 20 Jahren das nette Vermögen von 80.000 Dollar ergeben würde, dank einer Effektivverzinsung von 32,5 Prozent der Eigenleistung von insgesamt 3.600 Dollar. Der Gedanke versetzte die Leserinnen in Entzücken. Leider ging die Rechnung nicht auf, denn bald nachdem der Artikel erschienen war, krachte es in Wallstreet. Man schrieb das Jahr 1929. Ein Portefeuille, bestehend aus den 30 Aktien des Dow Jones Index, hätte aus den 15 Dollar monatlich inklusive wiederveranlagter Dividenden 20 Jahre später tatsächlich nur 10,6 Prozent des von Raskob errechneten Wertes, 8.500 Dollar, werden lassen.
„Nur?“
Obwohl der Dow Jones Index 1948 bloß halb so hoch war wie zum Zeitpunkt der Veröffentlichung des Raskob-Artikels, hätte diese Veranlagung immerhin noch eine Rendite von gut acht Prozent abgeworfen. Acht Prozent Rendite bedeuten eine Vermögensverdoppelung in neun Jahren.
Geld richtig angelegt, kann zum Vermögen werden. Raskob hatte durchaus recht, nur war sein Aufsatz zur falschen Zeit erschienen.
Dieses Buch erscheint zum richtigen Zeitpunkt.
Bei der Erstausgabe im Frühjahr 1989 haussierten die Börsen weltweit. Die Wiener Börse setzte zum Jahrhundertaufschwung an. Die Österreicher entdeckten die Aktie als Anlageinstrument, die Zahl der Aktionäre hat sich seitdem mehr als verdoppelt.
Die nunmehr zweite, völlig überarbeitete und aktualisierte Auflage fällt wiederum mit einem markanten Ereignis zusammen, dem Start der Österreichischen Termin- und Optionenbörse (ÖTOB). Damit kann nunmehr auch Wien die zunehmend gefragten innovativen Finanzmarktinstrumente Optionen und Futures zur Absicherung gegen ungewollte Marktrisiken anbieten. Für ausländische Anleger wird Wien damit zweifellos attraktiver. Konnten sie in der Vergangenheit bei rückläufiger Markt-

tendenz größere Verluste nur vermeiden, indem sie ihre Bestände verkauften, können sie sie nunmehr absichern und damit halten. Dic ÖTOB sorgt zweifellos für eine Verbreiterung des Kassamarktes und eine höhere Preiseffizienz. Das Börsegesetz definiert den Umfang der „Verkehrsgegenstände“, die an der Börse gehandelt werden dürfen, absichtlich so weit, daß jederzeit weitere Innovationen eingeführt werden können, ohne gleich eine Gesetzesnovellierung notwendig zu machen. Den „Optionen und Futures“ wird in diesem Buch ein umfangreiches Kapitel gewidmet.

Geschrieben wurde dieses Buch für alle jene, die sich für die Geldanlage in Wertpapieren interessieren, davon aber noch zuwenig zu verstehen glauben, sowie für die bereits erfahrenen Anleger, die noch dazulernen wollen. Es will keine, zu falschen Hoffnungen verleitende, „Wie-werde-ich-schneller-reich-Anleitung“ bieten. Das Konzept besteht vielmehr darin, die Instrumentarien der Geldanlage und ihre Einsatzmöglichkeiten in verständlicher Form vorzustellen. Der Branchenjargon, Begriffe, die der Geldanleger kennen sollte, wird nochmals auf den farbigen Seiten erklärt.

Der Autor verbindet mit diesem Buch die Absicht, die Leserinnen und Leser mit dem nötigen Rüstzeug zur eigenen Meinungsbildung und Bewertung des Marktes auszustatten, um selbst die Anlageform wählen zu können, die sie für die geeignetste halten. Sie sollen in der Lage sein, ihre begründete Meinung auch im Gespräch mit den Wertpapierberatern zu vertreten. Geld anlegen ist schließlich eine höchst persönliche Angelegenheit.

TEIL 1

Der Kapitalmarkt

GELD ANLEGEN, INVESTIEREN, SPEKULIEREN

Geld anlegen heißt, mit Geld Geld verdienen zu wollen. Nicht Zwecksparen, Bausparen oder Prämiensparen. Geld anlegen ist die langfristige Perspektive an sich. Dahinter steckt der legitime Wunsch, Vermögen aufzubauen, finanziell weniger abhängig, im Idealfall unabhängig zu sein. Geld anlegen heißt auch investieren. Der Geldanleger beteiligt sich an der Substanz der Wirtschaft, wenn auch nicht ausschließlich der heimischen, denn Geld anlegen ist ein internationales Engagement. Er stellt Investitionskapital zur Verfügung. Die Substanzbeteiligung garantiert das Mitwachsen des angelegten Vermögens mit der Gesamtwirtschaft.

Geld anlegen schließt jedoch auch ein spekulatives Element mit ein. Die Ertragserwartung richtet sich auf die Zukunft. Und was die Zukunft bringt, weiß niemand. Geldanleger setzen auf Gewinn. So gesehen, spekulieren sie, weil sie ein Risiko eingehen. Letztlich ist aber jedes Wirtschaften risikobehaftet. Geldanleger sind risikobewußte Vorsorgesparer. Sie investieren einen Teil ihrer verfügbaren Sparquote in Beteiligungswerte und titrierte Kredite (Anleihen), deren Ertragsentwicklung in einem engen Zusammenhang mit der gesamtwirtschaftlichen Entwicklung steht.

Geldanleger sind als solche Optimisten, auch wenn sie in sogenannte defensive Anlageformen investieren. Ob defensiv oder aggressiv, sie stellen in jedem Fall ihr Geld der Wirtschaft zur Verfügung in der Erwartung, aus seiner produktiven Verwendung persönlichen Nutzen ziehen zu können. Nur linken Weltverbesserern, die auch privates Eigentum als Diebstahl bezeichnen, bleibt es vorbehalten, das Geldverdienen mit Geld als unproduktives Einkommen zu diffamieren.

Vom Gesichtspunkt der Rentabilität her besteht zwischen dem Sparer im herkömmlichen Sinn und dem Geldanleger nur ein gradueller Unterschied. Mit der Geldanlage in Wertpapieren läßt sich eine höhere Rendite erzielen. Der qualitative Unterschied besteht im spekulativen Risiko und in der Möglichkeit, den Ertrag aktiv beeinflussen zu können. Geld anlegen ist eine aktive Angelegenheit. Entweder ist der Anleger selbst aktiv,

oder er läßt aktiv sein, indem er sein Anlagekapital einem professionellen Management anvertraut.
Benjamin Graham, der vor mehr als einem halben Jahrhundert seine berühmte „Security Analysis" geschrieben und, darauf fußend, Prinzipien für den „intelligent investor" entwickelt hat, stellt ausdrücklich fest, daß „ein bißchen Spekulation notwendig und unvermeidlich" ist. Der vorsichtige Geldanleger trachtet jedoch, das spekulative Risiko kalkulierbar und klein zu halten. Zweifellos ist die Börse ein spekulatives Parkett. Obwohl sie eine absolut notwendige und strengen Regulierungen unterworfene Institution ist, wurden Börse und Spekulation schon frühzeitig zum unzertrennlichen assoziativen Begriffspaar. Doch: Ist Spekulieren wirklich so anrüchig?
Ein funktionierender Markt braucht Spekulanten, die Risiko auf sich nehmen, die vom Abschluß eines Termingeschäftes einen raschen Gewinn erwarten. Im englischen Börsenjargon werden sie „trader", Händler, genannt. Sie bilden die absolut notwendige Gegenposition zu den „Hedgern", jenen Marktteilnehmern, die sich insbesondere der Terminmärkte zur Absicherung ihrer Engagements, zur Minimierung des finanziellen Risikos bedienen. Und die Spekulanten sind es schließlich, die für ausreichende Liquidität auf den Märkten sorgen.
An der Börse zu spekulieren ist weder anrüchig noch unmoralisch. Schon gar nicht, wenn es mit dem eigenen Geld geschieht. Intelligente Spekulation ist intellektueller Hochleistungssport. Spekulation sind im Grunde genommen auch Anlageinvestitionen. Die Rentabilitätsannahmen, die ihnen zugrunde liegen und für die nicht selten nennenswerte Kreditmittel bereitgestellt werden, gehen von bestimmten Zukunftserwartungen aus. Wo ist da der Unterschied?
Doch zurück zum Geldanleger, an den sich dieses Buch richtet. Er ist der „intelligent investor" im Sinne von Benjamin Graham, er erkennt den spekulativen Charakter der Geldanlage im allgemeinen, trägt diesem jedoch durch eine entsprechend risikominimierende Verhaltensweise Rechnung.
Er weiß, daß die zukünftige Entwicklung der Wertpapierkurse, der Zinsen, der Währungsparitäten und der Konjunktur im allgemeinen nicht voraussagbar ist. Umso gründlicher informiert er sich über alle Umstände, die seine geplante Kapitalinvestition beeinflussen. Als Aktienkäufer liefert er sich einem Management aus, dessen Handeln er allenfalls auf der Hauptversammlung kritisieren, aber nicht beeinflussen kann. Das Miteigentum

als solches ist bedeutungslos. Für das Unternehmen ist er Kapitalgeber, nicht mehr. Verkauft er seine Aktie, tritt ein anderer an seine Stelle.
Die Aktiengesellschaft selbst zollt dem Schicksal ihrer Aktien in der Regel nur sehr indirekt Aufmerksamkeit. Mit ihren geschäftlichen Entscheidungen übt die Unternehmensführung wohl einen gewissen Einfluß auf die Kursentwicklung aus, der Kurs selbst drückt aber stets die Erwartungshaltung des Börsenpublikums aus. Faktisch ist der Aktienkurs ausschließlich das Ergebnis von Angebot und Nachfrage. Will sich die Gesellschaft über die Aufnahme von zusätzlichem Aktienkapital finanzieren, muß sie selbst Rücksicht auf den Markt nehmen.
Als Käufer einer Anleihe trifft der Geldanleger in der Regel eine langfristige Entscheidung und liefert die Rendite seiner Kapitalanlage dem Schicksal der Zinsentwicklung aus. Auch wenn er sich für eine variabel verzinste Anleihe entschließt, könnte sich am Ende der Laufzeit herausstellen, daß die festverzinste doch den höheren Gesamtertrag gebracht hätte. Ganz zu schweigen von den Wechselkursrisken einer Fremdwährungsanleihe.
Im nachhinein sind alle klüger. Insbesondere trifft das auf die Geldanlage zu. Der Geldanleger kann sich deshalb vor allem eines nicht leisten: entgangenem Gewinn nachzutrauern. Sein Interesse muß ausschließlich darauf ausgerichtet sein, gediegene Wertpapiere zu günstigen Preisen zu erwerben und zu halten. Mit kurzfristigem Trading sind nur sehr wenige reich geworden, die meisten haben daran nichts verdient, etliche sind dabei verarmt. Was aber nicht heißen soll, daß nicht bei niedrigen Preisen zugekauft und nach einer schönen Kurssteigerung auch einmal verkauft werden soll. Erst realisierte Gewinne sind echte Gewinne.
Auch wenn es schwerfällt, kühlen Kopf zu bewahren, soll sich der Geldanleger nicht durch das Auf und Ab der Kurse beirren lassen; mutlos werden, wenn es bergab geht, oder in herzklopfende Erregung verfallen, wenn der Index neuen „Allzeithochs" zustrebt. Die Kurse haben reinen Informationscharakter, sonst nichts. Der Anleger soll sie zu seinem Vorteil nützen oder einfach ignorieren und André Kostolanys Meinung beherzigen, der sagte: „Es ist unsinnig, ja geradezu schädlich, die Kurse ununterbrochen zu verfolgen, auszurechnen, in welchem Gewinn oder Verlust man ist. Wenn man von der Richtigkeit der Anlage überzeugt ist, muß man hartnäckig, zäh und geduldig sein."

Der Geldanleger ist entweder selbst in der Lage, zu beurteilen, ob das Kursniveau angemessen, extrem niedrig oder schon zu hoch ist, oder er berät sich darüber mit seinem Wertpapierberater. Voraussetzung ist in beiden Fällen, daß der Geldanleger weiß, welches konkrete Anlageziel er verfolgt: laufende hohe Erträge, Wertzuwachs oder größtmögliche Sicherheit. Auch der beste Berater übernimmt keine Verantwortung für die Anlageentscheidung. Die trägt der Geldanleger immer selbst.
Er muß sich außerdem auch im klaren darüber sein, daß er nicht allein auf der Welt ist und daß viele andere Geldanleger ebenfalls Überlegungen anstellen. Will er kaufen, muß jemand anderer bereit sein zu verkaufen. Auch der Verkäufer denkt sich etwas dabei. Und wenn die Kurse in schwindelnde Höhen klettern, muß sich immer ein „Partner“ finden, der auch dann noch bereit ist zu kaufen. Und dem vielleicht sogar bewußt ist, daß die „Greater-Fool-Theorie“ besagt, daß der nächste Käufer vielleicht der Dumme ist, wenn die Kurssteigerung ihren Höhepunkt erreicht hat und ein weiterer Verkauf nur zu niedrigeren Kursen möglich ist.
Die Meßlatte des Ertrags ist der jährliche Gesamtertrag einer Anlage, der „total return“ oder die „performance“. Er setzt sich zusammen aus dem laufenden Ertrag plus dem Kursgewinn. Durch die Auswahl seiner Papiere, insbesondere durch den „asset mix“ nach Anlageinstrumenten, kann der Anleger wesentlichen Einfluß auf das Gesamtergebnis nehmen. Nach der „asset allocation“-Theorie hängt der Ertrag eines Wertpapierportefeuilles auf Sicht ungleich mehr von der anteiligen Zusammensetzung der Anlageinstrumente (Aktien, Anleihen, Immobilien etc.) ab als von der spezifischen Auswahl bestimmter Papiere in den einzelnen Kategorien selbst. Gewiß kommt es grundsätzlich darauf an, gute Werte zu kaufen und nicht Aktien von potentiellen Konkurskandidaten oder hoch verzinste „junk bonds“, die von den Emittenten nicht bedient werden können. Der richtige „asset mix“ entsprechend der Marktlage ist aber das wichtigere Kriterium. Die Grundlagen für eine optimale Entscheidung können diesem Buch entnommen werden.

RENTABEL, SICHER, LIQUIDE

Die ideale Geldanlage ist rentabel, sicher und liquide. Anders gesagt: sie kann jederzeit real in mehr Bargeld umgewandelt werden, als ursprünglich eingesetzt wurde. Wer will nicht gut schlafen können in der Gewißheit, daß sein Sparguthaben sicher und jederzeit verfügbar zum stattlichen Vermögen heranwächst?

Ideale haben es an sich, unerreichbar zu bleiben. Das gilt auch für die Geldanlage. Nichts ist allerdings so extrem, daß eine Anlageeigenschaft die anderen oder zumindest eine andere grundsätzlich ausschließt. Eine elfprozentige Kanadische-Dollar-Anleihe ist nicht nur ein sehr rentables Papier, sondern auch so gut wie jederzeit liquidierbar. Die hohe Verzinsung gewährt auch eine relativ große Sicherheit, das eingesetzte Kapital auch real zu erhalten.

Natürlich kann eine rapide Abwertung des kanadischen Dollars die in die Anlage gesetzten Erwartungen drastisch mindern. Dabei können alle Anlageziele flöten gehen. Aktien können wertlos werden, wenn die Aktiengesellschaft in Konkurs geht, die schönsten Grundstücke werden durch Umwidmungen entwertet. Absolute Sicherheit gibt es nicht.

Es ist auch nicht zwingend gesagt, daß hohe Rentabilität nur mit hohem Sicherheitsrisiko erreichbar ist. Bei richtigem Timing haben Geldanleger auch mit biederen Brauereiwerten und todsicheren „Blue Chips" hohe Wertzuwächse erzielen können.

„Investigate before you invest", rät man an der New Yorker Börse. Anleger müssen wissen, was sie wollen. Auch wenn sie sich grundsätzlich alles wünschen würden, Rentabilität, Sicherheit und Liquidität, sollen sie sich im vorhinein klar darüber werden, wie Risken und Chancen verteilt sind. Wer über die Bedeutung von Rentabilität, Sicherheit und Liquidität Bescheid weiß, kann sein Risiko kalkulieren und optimieren. Vorausgesetzt, die Annahmen stimmen mit dem wirtschaftlichen Umfeld annähernd überein. Auch dessen muß sich ein Anleger bewußt sein. Annahmen über die Zukunft setzen voraus, daß diese Annahmen immer wieder überprüft und der neuen Realität angepaßt werden. Rentabilität, Sicherheit und Liquidität werfen also eine Menge Fragen auf, die zu klären sind.

Was ist Rentabilität?

Rentabilität ist das Maß der Ergiebigkeit des eingesetzten Kapitals. Sie ist als solche ein umfassender Erfolgsbegriff. Danach kann eine Geldanlage auch rentabel sein, ohne eine Rendite abzuwerfen. Gold, zum Beispiel, kann rentabel sein, wenn der Goldpreis steigt, einen Zinsertrag wirft ein Goldbarren nicht ab. Eine Aktie dagegen kann in zweifacher Weise rentabel sein: Um 300 gekauft, nach einem Jahr um 360 wieder verkauft, und nach dem Inkasso einer 12prozentigen Dividende, entspricht das einem Gesamtertrag von 24 Prozent.

Die Rentabilität einer Geldanlage wird also vom

- Ertrag an sich (Rendite oder Effektivverzinsung)

und von der

- Substanzveränderung bestimmt.

Unter Ertrag ist alles das zu verstehen, was aus der Anlage herausfließt, also Zinsen, Dividenden usw. Die Substanzveränderung ist die Differenz zwischen Kapitaleinsatz und Liquidationswert, wobei die Liquidation (sprich Verkauf) nicht wirklich erfolgen muß. Handelt es sich um steuerbegünstigte Anlagen, kommt als dritter Bestimmungsgrund noch die Steuerersparnis hinzu.

In der Beurteilung eines Geldanlegers kann die Rentabilität eine sehr unterschiedliche Bedeutung haben, je nachdem, ob laufende Erträge im Vordergrund des Anlegerinteresses stehen oder ob ein Wertzuwachs am Ende der Laufzeit bevorzugt wird.

Gewöhnlich wird die Rentabilität in „Prozent pro Jahr" ausgedrückt. In absoluten Größen dargestellt, ist sie das Ergebnis, das eine Geldanlage über die Kapitalerhaltung hinaus erbringt. Dabei ist zwischen nomineller und realer Rentabilität zu unterscheiden. Der Geldanleger strebt in der Regel nach realer Rentabilität, er will also sein Kapital gegen die Geldentwertung schützen. Reale Rentabilität ist dann gegeben, wenn die Kaufkraft einer Geldanlage durch Erträge und Substanzveränderung am Ende ihrer Laufzeit größer ist als zu Beginn.

Die Inflationsentwicklung nimmt also einen ganz wesentlichen Einfluß auf die Rentabilität. Geldanleger sind in bezug auf Geldentwertung auch besonders sensibel. Insbesondere unter dem Gesichtspunkt der Langfristigkeit sollte die Rentabilität jeder Geldanlage daher immer in realen Größen gemessen werden. Nur der über die „reale" Kapitalerhaltung hinausgehende Ertrag zählt.

Weitere Einflußfaktoren auf die Rentabilität sind:

- Die allgemeine Entwicklung der Wirtschaft und die Wirtschaftspolitik. Sie spiegelt sich vor allem im Kursverlauf der Aktien wider, wobei ein genereller Trend in der Regel fast alle Unternehmen erfaßt.
- Das Abwertungsrisiko bei Geldanlagen in fremder Währung, wobei hier andererseits aber auch die Chance auf Währungsgewinne gegeben ist.
- Alles auf eine einzige Aktie zu setzen oder gar auf eine nackte Call-Option, kann ein Maximum an Rentabilität erbringen oder eine riesige Enttäuschung bereiten beziehungsweise zum Totalverlust des eingesetzten Kapitals führen. Eine wohl überlegte Streuung des Anlagekapitals ist eine Fast-Garantie für Rentabilität.
- Die Nebenkosten. Sie werden bei der überschlägigen Ertragsberechnung meist vernachlässigt, was bei der Realisierung dann zu einer kleinen Enttäuschung führen kann. Auch auf den Umstand, daß auf Bruttoerträge Steuern fällig sind, sollte nicht vergessen werden. Der Bruttoertrag kann nur netto konsumiert werden.
- Verlosungen oder Kündigungen bei Anleihen.
- Schließlich macht es einen Unterschied, ob die Erträge viertel-, halb- oder ganzjährig fällig sind.

Was ist Sicherheit?

„Ich will mein Geld so anlegen, daß ich zumindest nichts verliere“, ist die Defensivposition jedes Sparers. Kaufkrafterhaltung, Lebensstandardsicherung sind die vorrangigen Aspekte. Die Sicherheit, die sich der Geldanleger wünscht, bezieht sich auf die reale Erhaltung des Kapitals. Das inflationsbereinigte Ergebnis einer Anlage soll mindestens gleich groß sein wie der Einsatz. Im Grunde genommen ist Sicherheit die Nullstufe der Rentabilität. Je rentabler eine Anlage ist, umso sicherer ist sie auch. Eine höhere Rentabilität bietet gleichzeitig die Gewähr, daß auch bei einer etwas stärkeren Geldentwertung immer noch ein realer Ertrag übrigbleibt. Daraus folgt aber, daß es ebenso wenig eine absolute Sicherheit geben kann wie eine garantierte Rentabilität. Jeder Anlageberater wird deshalb immer nur von „größtmöglicher“ Sicherheit im Zusammenhang mit der Werterhaltung sprechen.

Der Anleger versteht den Sicherheitsbegriff gern in zweifacher Weise. Einmal geht es ihm darum, die Geldanlage auch wirklich zum vereinbarten Termin vom Schuldner zurückgezahlt zu erhalten. Spareinlagen bei österreichischen Sparkassen und Banken, Pfand- und Kommunalbriefe sowie Anleihen von Bund, Gebietskörperschaften und Kreditinstituten sind in dieser Hinsicht als völlig sicher anzusehen.
Andererseits erwartet sich der Geldanleger auch die reale Werterhaltung seiner Anlage. Er will sich am Ende der Laufzeit mindestens genauso viel dafür kaufen können wie am Anfang. Bleibt die Rentabilität unter der Inflationsrate, erhält der Anleger real weniger an Kaufkraft zurück. Auf diese „Sicherheit" kann der Geldanleger pfeifen.
Auch hier ist also ein unmittelbarer Zusammenhang mit der Inflation erkennbar.

Was ist Liquidität?

Obwohl sie in den meisten Fällen ihr Geld ohnedies nie brauchen, wollen es viele Anleger jederzeit verfügbar haben. Anlageberater wissen davon ein Lied zu singen. Die Liquidität definiert sich als die Wahrscheinlichkeit, eine Geldanlage zu einem bestimmten Zeitpunkt in Geld umwandeln zu können. Der Umwandlungserlös soll zumindest dem zuletzt bekannten Kurswert entsprechen.
Darin steckt jedoch das Kernproblem der Liquidität, wodurch sie mitunter eklatant mit dem Sicherheits- und mehr noch mit dem Rentabilitätsziel in Konflikt gerät. So kann etwa der Verkaufserlös eines Bildes oder eines Grundstücks weit unter dem Schätzwert liegen, wenn der Zeitpunkt der Liquidation ungünstig ist. Selbst Wertpapiere können beim Verkauf mitunter beträchtlich unter ihrem zuletzt gehandelten Börsenkurs zu liegen kommen. Insbesondere trifft das auf Papiere zu, die in engen Märkten gehandelt werden. Der in den Tageszeitungen veröffentlichte Anleihenkurs kann zum Zeitpunkt des Verkaufs absolut unaktuell sein, weil Wochen alt. Die Liquidität hat also eine sehr gewichtige Zeitkomponente. Vor allem aber hängt sie von der Handelbarkeit des jeweiligen Vermögenswertes und dem dafür vorhandenen Marktvolumen ab.
Geldanleger brauchen ihren Liquiditätsbedarf nicht unbedingt durch den Verkauf von Wertpapieren zu decken. Sie sollten in

diesem Zusammenhang viel mehr an die „indirekte" Liquidität in Form einer Lombardierung ihres Anlagekapitals denken. Die problemlose Belehnung von Wertpapieren ist in manchen Fällen eine günstige Variante, zu Bargeld zu kommen, insbesondere dann, wenn der Geldbedarf nur vorübergehend oder kurzfristig ist.
Die formlose Überziehbarkeit des inzwischen zum Allgemeingut gewordenen Gehaltskontos hat überdies in den letzten Jahren zu einer Verlagerung des kurzfristigen Liquiditätsproblems geführt. Nicht mehr die Frage der tatsächlichen Verfügbarkeit von Geld steht im Vordergrund, sondern die der jederzeitigen Beschaffbarkeit. All das spricht letztendlich dafür, die Geldanlage weniger nach dem Gesichtspunkt der Fristigkeit auszuwählen, sondern vorwiegend nach der erwarteten Rentabilität und Sicherheit.

UND WIE HOCH IST DIE RENDITE?

Die Meßlatte für den Ertrag einer Geldanlage ist die Rendite, die Effektivverzinsung des eingesetzten Kapitals. Alle anderen Ertragsangaben, wie „Ertrag pro Jahr“, „Wertzuwachs“ oder „Gesamtertrag“ vernebeln nur den wirklichen Anlageerfolg im Vergleich mit anderen Investments. Die Effektivverzinsung ist jener Prozentsatz, mit dem das eingesetzte Kapital jährlich einschließlich der anfallenden Zinserträge verzinst wird. Sie ist die von der Dauer der Veranlagung unabhängige, objektiv vergleichbare Erfolgsaussage.

Ein Beispiel:
Eine Sparbucheinlage von S 1.000,— ergibt mit einer fünfprozentigen Verzinsung nach 30 Jahren S 4.321,94.
Die aufgelaufenen Zinsen (einschließlich Zinseszinsen) machen also S 3.321,94 aus. Das sind stolze 332,19 Prozent des Kapitaleinsatzes.
Man kann auch dazu sagen: Der Kapitaleinsatz hat sich mehr als vervierfacht.
Verteilt man den Zinsengewinn auf die Laufzeit (332,19 : 30 = 11,07) ergibt das einen jährlichen durchschnittlichen Wertzuwachs von 11,07 Prozent.
Und trotzdem beträgt die Rendite, der effektive Zinssatz nicht mehr als fünf Prozent.
Es läßt sich also aus einer Effektivverzinsung von mäßigen fünf Prozent sehr viel herausholen, wenn man den Ertrag plakativer darstellen will.

Ein anderes Beispiel:
Zwei Anleihen mit einer Restlaufzeit von 10 Jahren stehen zur Auswahl. Die eine ist mit einer Nominalverzinsung von 11 Prozent ausgestattet und kann zu einem Kurs von 120 Prozent erworben werden, die andere wird mit 7 Prozent verzinst, der Kurs beträgt 99 Prozent. Beide werden am Ende der Laufzeit zu 100 Prozent getilgt. Welche wirft mehr Ertrag ab? Die Faustformel ergibt einen zu vernachlässigenden Unterschied in der dritten Kommastelle: 7,166 zu 7,170 Prozent.
Nach einer relativ einfachen Formel (siehe Seite 23) läßt sich

auch die Effektivverzinsung einer Nullkupon-Anleihe berechnen. Wie der Name sagt, wird eine solche Anleihe ohne Nominalverzinsung, dafür zu einem sehr niedrigen Kurs ausgegeben (in Österreich wird im Unterschied zu den internationalen Gepflogenheiten die Nullkupon-Anleihe als „Prämienanleihe" zum Nennwert begeben, dafür zu einem höheren Kurs getilgt). Der Gewinn des Anlegers besteht in der Differenz zwischen Rücknahme- und Ausgabepreis. Trotzdem soll der Anleger wissen, welche Rendite hinter der Differenz steckt. So ergibt zum Beispiel ein mit 10,34 Prozent begebener und nach 25 Jahren zu 100 Prozent zu tilgender Zerobond eine Rendite von 9,5 Prozent. Nach der gleichen Formel läßt sich auch das Gesamtergebnis eines Aktieninvestments berechnen.

Wer zum Beispiel 1971 IBM-Aktien zum Kurs von US-$ 60,— gekauft und 1986 um US-$ 130,— verkauft hat, hat nicht nur sein Kapital verdoppelt, sondern ab 1972 dazu noch folgende Dividenden erhalten (in US-$): 1,08; 1,12; 1,39; 1,63; 2,—; 2,50; 2,88; 3,44; 3,44; 3,44; 3,44; 3,71; 4,10; 4,40.

Die Rendite aus dieser Veranlagung würde 7,13 Prozent betragen. Problematisch bei dieser Berechnung ist jedoch, daß die Dividenden möglicherweise nicht sofort wieder optimal angelegt werden und daß der Zukauf weiterer Aktien spesenbelastet ist, was die Rendite schmälert. Darüber hinaus ist in dieser Rechnung nicht die 15prozentige US-Kapitalertragsteuer enthalten.

Gleichermaßen läßt sich die Rendite eines Kunstwerks berechnen. Ein Schiele-Aquarell (Selbstportrait), das 1955 um DM 2.500,— zu haben war, erzielte 1980 DM 150.000,—. Die Versechzigfachung des ursprünglichen Preises ergibt eine Rendite von 17,8 Prozent.

Finanzmathematisch exakt ist die Renditeberechnung eine eher komplizierte Angelegenheit, die der Geldanleger besser von seinem Geldinstitut erledigen läßt. Für den Hausgebrauch genügen zwei relativ einfache Formeln für die rasche Berechnung der Renditen von festverzinslichen Anleihen beziehungsweise Zerobonds sowie eine ebenfalls relativ einfache Formel für eine eher mühsame Zinsberechnung.

Die Renditeformel für fest verzinste Papiere lautet:

$$\text{Rendite} = \frac{\text{Zinssatz} \times 100}{\text{Kaufkurs}} + \frac{\text{Tilgungskurs} - \text{Kaufkurs}}{\text{Mittlere Laufzeit}}$$

$$\text{Mittlere Laufzeit} = \frac{\text{Zeitraum bis 1. Tilgung} + \text{Zeitraum bis zur letzten Tilgung}}{2}$$

Ein Beispiel dazu:
Zinssatz 7%
Kaufkurs 97%
Laufzeit 10 Jahre
erste Tilgung nach 8 Jahren
letzte Tilgung nach 10 Jahren

$$\frac{7 \times 100}{97} + \frac{100 - 97}{9} = 7{,}55$$

$$\left(\text{ML} = \frac{8 + 10}{2} = 9\right)$$

Diese Berechnungsmethode ist die sogenannte Faustformel. Sie ergibt einen Annäherungswert. Die Abweichung zur finanzmathematisch richtigen Rendite ist umso größer, je größer die Differenz zwischen Tilgungskurs und Kaufkurs ist.

Die Renditeformel für Zerobonds (Nullkupon-Anleihen):

$$\sqrt[n]{\frac{\text{Tilgungskurs}}{\text{Kaufkurs}}} \quad \text{(n ist die Anzahl der Jahre)}$$

Ein Beispiel (österreichische Prämienanleihe, die nicht mit Diskont, sondern mit 100 Prozent begeben wird):
Kaufkurs 100 %
Tilgungskurs 220 %
Laufzeit 10 Jahre

$$\sqrt[10]{\frac{220}{100}} = \sqrt[10]{2{,}2} = 1{,}082 \quad \text{(entspricht dem Aufzinsungsfaktor oder 8,2 \%)}$$

Für diese Berechnung braucht man einen Taschenrechner mit multipler Wurzelfunktion.

Die Renditeformel bei bekanntem Tilgungskurs:

Kennt man den Tilgungswert oder das voraussichtliche Endkapital einer Geldanlage (z. B. einer Lebensversicherung), läßt sich die Rendite mit einigem Probieren ermitteln. Die Formel dafür lautet:

Für das 1. Jahr der Laufzeit: T = K × R—Z
Für das 2. Jahr der Laufzeit: T = Ergebnis × R—Z
Für das 3. Jahr der Laufzeit: T = Ergebnis × R—Z
usw.
K = Kaufkurs
R = (geschätzte Rendite: 100)+1 (z. B. 1,07 bei geschätzter Rendite 7 %)
Z = Zinssatz
T = errechneter, zu vergleichender Tilgungskurs

Der mit verschiedenen Renditen berechnete Wert T (Tilgungskurs) muß schließlich mit dem tatsächlichen Tilgungskurs übereinstimmen. Ist er höher, muß mit einer niedrigeren Rendite von neuem gerechnet werden, ist er niedriger, muß man es mit einer höheren Rendite probieren. Diese „Methode des internen Zinsfußes“ ist händisch sehr zeitaufwendig, weil man nur durch Probieren (Iteration) zum Ziel gelangt.

Ein Beispiel:
Der Kaufpreis (Kurs) einer Anleihe beträgt 104,77 %. Die Anleihe hat eine Nominalverzinsung von 8 % (laufende Zinsen werden also mit 8 von 100 bezahlt). Die Tilgung erfolgt zu 100 % nach 6 Jahren.
In die Renditeberechnung ist also einerseits ein Kursverlust (4,77 %), andererseits die Tatsache einzubeziehen, daß die 8%ige Verzinsung von einem niedrigeren als dem erlegten Kapital berechnet werden.
Nach der „Internen Zinsfußmethode“ errechnet sich daraus eine Rendite von 7 %.
Dafür der Beweis: Wenn man S 10.477,— auf ein mit 7 % verzinstes Sparbuch einzahlt und jährlich S 800,— entnimmt, so verbleibt nach 6 Jahren ein Kapital von S 10.000,— (was der Anleihetilgung entspricht).

1 Jahr:

Kapitaleinsatz (Anleihekaufpreis/Kurs 104,77 %):	10.477,00
1 Jahr lang verzinst mit 7 % (Faktor 1,07):	1,07
ergibt ein Kapital zu Jahresende von:	11.210,39
von diesem Kapital:	11.210,39
werden entnommen:	800,00
sodaß folgendes Kapital verbleibt:	10.410,39

2. Jahr:	Kapital am Beginn des Jahres:	10.410,39
	1 Jahr lang verzinst mit 7 % (Faktor 1,07):	1,07
	ergibt ein Kapital zu Jahresende von:	11.139,11
	von diesem Kapital:	11.139,11
	werden entnommen:	800,00
	sodaß folgendes Kapital verbleibt:	10.330,11
3. Jahr:	Kapital am Beginn des Jahres:	10.339,11
	1 Jahr lang verzinst mit 7 % (Faktor 1,07):	1,07
	ergibt ein Kapital zu Jahresende von:	11.062,84
	von diesem Kapital:	11.062,84
	werden entnommen:	800,00
	sodaß folgendes Kapital verbleibt:	10.262,84
4. Jahr:	Kapital am Beginn des Jahres:	10.262,84
	1 Jahr lang verzinst mit 7 % (Faktor 1,07):	1,07
	ergibt ein Kapital zu Jahresende von:	10.981,23
	von diesem Kapital:	10.981,23
	werden entnommen:	800,00
	sodaß folgendes Kapital verbleibt:	10.181,23
5. Jahr:	Kapital am Beginn des Jahres:	10.181,23
	1 Jahr lang verzinst mit 7 % (Faktor 1,07):	1,07
	ergibt ein Kapital zu Jahresende von:	10.893,91
	von diesem Kapital:	10.893,91
	werden entnommen:	800,00
	sodaß folgendes Kapital verbleibt:	10.093,91
6. Jahr:	Kapital am Beginn des Jahres:	10.093,91
	1 Jahr lang verzinst mit 7 % (Faktor 1,07):	1,07
	ergibt ein Kapital zu Jahresende von:	10.800,48
	von diesem Kapital:	10.800,48
	werden entnommen:	800,00
	sodaß folgendes Kapital verbleibt:	10.000,48

Einfach und schnell läßt sich die Rendite aus einer entsprechenden Renditetabelle ermitteln. Auf den folgenden Seiten finden Sie Tabellen mit den gängigen Zinssätzen und Laufzeiten (Quelle: Allgemeine Sparkasse Linz).

So lesen Sie die Renditetabelle:

Den Nominalzinssatz finden Sie links oben in der ersten Spalte,
die (Rest)Laufzeit der Anleihe steht in der obersten Zeile,
der Kurs in der Spalte ganz links.
Ein Beispiel:
Eine Anleihe hat einen Nominalzinssatz von 6,75 Prozent,
die Restlaufzeit beträgt 7 Jahre,
der Kaufkurs beträgt 95 %.

Tabelle: 6,75 %	Zeile (Kurs): 95
Spalte: 7 (Jahre)	Rendite: 7,70 %

Renditetabelle

6¾ %	Jahre										
Kurs	4½	5	5½	6	6½	7	7½	8	8½	9	9½
87.50	10.34	10.05	9.78	9.59	9.39	9.25	9.11	9.01	8.90	8.82	8.73
88	10.18	9.91	9.64	9.46	9.27	9.15	9.01	8.91	8.80	8.73	8.64
88.50	10.03	9.77	9.51	9.34	9.16	9.04	8.90	8.81	8.71	8.64	8.56
89	9.87	9.62	9.38	9.22	9.05	8.93	8.80	8.72	8.62	8.55	8.47
89.50	9.72	9.48	9.25	9.10	8.93	8.82	8.70	8.62	8.52	8.46	8.39
90	9.57	9.34	9.12	8.98	8.82	8.72	8.60	8.52	8.43	8.38	8.30
90.50	9.41	9.21	9.00	8.86	8.71	8.61	8.50	8.43	8.34	8.29	8.22
91	9.26	9.07	8.87	8.74	8.60	8.51	8.40	8.34	8.25	8.20	8.14
91.50	9.12	8.93	8.75	8.62	8.49	8.41	8.31	8.24	8.16	8.12	8.05
92	8.97	8.80	8.62	8.51	8.38	8.30	8.21	8.15	8.08	8.03	7.97
92.50	8.82	8.66	8.50	8.39	8.27	8.20	8.11	8.06	7.99	7.95	7.89
93	8.68	8.53	8.37	8.28	8.17	8.10	8.02	7.97	7.90	7.86	7.81
93.50	8.53	8.39	8.25	8.16	8.06	8.00	7.92	7.88	7.81	7.78	7.73
94	8.39	8.26	8.13	8.05	7.95	7.90	7.83	7.79	7.73	7.70	7.65
94.50	8.24	8.13	8.01	7.94	7.85	7.80	7.73	7.70	7.64	7.62	7.57
95	8.10	8.00	7.89	7.83	7.75	7.70	7.64	7.61	7.56	7.53	7.50
95.50	7.96	7.87	7.77	7.72	7.64	7.60	7.55	7.52	7.47	7.45	7.42
96	7.82	7.75	7.65	7.60	7.54	7.51	7.45	7.43	7.39	7.37	7.34
96.25	7.75	7.68	7.60	7.55	7.49	7.46	7.41	7.39	7.35	7.33	7.30
96.50	7.68	7.62	7.54	7.50	7.44	7.41	7.36	7.34	7.31	7.29	7.26
96.75	7.61	7.55	7.48	7.44	7.39	7.36	7.32	7.30	7.27	7.25	7.23
97	7.54	7.49	7.42	7.39	7.33	7.31	7.27	7.26	7.23	7.21	7.19
97.25	7.48	7.43	7.36	7.33	7.28	7.26	7.23	7.21	7.18	7.18	7.15
97.50	7.41	7.37	7.30	7.28	7.23	7.22	7.18	7.17	7.14	7.14	7.11
97.75	7.34	7.30	7.25	7.23	7.18	7.17	7.14	7.13	7.10	7.10	7.07
98	7.27	7.24	7.19	7.17	7.13	7.12	7.09	7.09	7.06	7.06	7.04
98.25	7.20	7.18	7.13	7.12	7.08	7.08	7.05	7.04	7.02	7.02	7.00
98.50	7.14	7.12	7.08	7.07	7.03	7.03	7.00	7.00	6.98	6.98	6.96
98.75	7.07	7.06	7.02	7.01	6.98	6.98	6.96	6.96	6.94	6.94	6.93
99	7.00	6.99	6.96	6.96	6.94	6.94	6.92	6.92	6.90	6.90	6.89
99.13	6.97	6.96	6.93	6.93	6.91	6.91	6.89	6.90	6.88	6.88	6.87
99.25	6.93	6.93	6.91	6.91	6.89	6.89	6.87	6.87	6.86	6.86	6.85
99.38	6.90	6.90	6.88	6.88	6.86	6.87	6.85	6.85	6.84	6.85	6.83
99.50	6.87	6.87	6.85	6.85	6.84	6.84	6.83	6.83	6.82	6.83	6.82
99.63	6.83	6.84	6.82	6.83	6.81	6.82	6.81	6.81	6.80	6.81	6.80
99.75	6.80	6.81	6.79	6.80	6.79	6.80	6.78	6.79	6.78	6.79	6.78
99.88	6.77	6.78	6.77	6.78	6.76	6.77	6.76	6.77	6.76	6.77	6.76
100	6.74	6.75	6.74	6.75	6.74	6.75	6.74	6.75	6.74	6.75	6.74
100.13	6.70	6.72	6.71	6.72	6.71	6.73	6.72	6.73	6.72	6.73	6.72
100.25	6.67	6.69	6.68	6.70	6.69	6.70	6.70	6.71	6.70	6.71	6.71
100.38	6.64	6.66	6.65	6.67	6.67	6.68	6.68	6.69	6.68	6.69	6.69
100.50	6.60	6.63	6.63	6.65	6.64	6.66	6.65	6.67	6.66	6.67	6.67
100.63	6.57	6.60	6.60	6.62	6.62	6.64	6.63	6.65	6.64	6.66	6.65
100.75	6.54	6.57	6.57	6.59	6.59	6.61	6.61	6.63	6.62	6.64	6.63
100.88	6.51	6.54	6.54	6.57	6.57	6.59	6.59	6.61	6.60	6.62	6.62
101	6.47	6.51	6.52	6.54	6.55	6.57	6.57	6.59	6.58	6.60	6.60
101.25	6.41	6.45	6.46	6.49	6.50	6.52	6.52	6.54	6.55	6.56	6.56
101.50	6.34	6.39	6.41	6.44	6.45	6.48	6.48	6.50	6.51	6.52	6.53
101.75	6.28	6.33	6.35	6.39	6.40	6.43	6.44	6.46	6.47	6.49	6.49
102	6.21	6.27	6.30	6.34	6.35	6.39	6.40	6.42	6.43	6.45	6.45

Renditetabelle

6¾ %	Jahre								
Kurs	10	10½	11	11½	12	12½	13	13½	14
87.50	8.67	8.59	8.55	8.48	8.45	8.39	8.36	8.32	8.29
88	8.59	8.51	8.47	8.41	8.37	8.32	8.29	8.25	8.22
88.50	8.50	8.43	8.39	8.33	8.30	8.25	8.22	8.18	8.16
89	8.42	8.35	8.31	8.26	8.23	8.18	8.15	8.11	8.09
89.50	8.34	8.28	8.24	8.18	8.15	8.11	8.08	8.05	8.03
90	8.26	8.20	8.16	8.11	8.08	8.04	8.02	7.98	7.96
90.50	8.18	8.12	8.09	8.04	8.01	7.97	7.95	7.91	7.90
91	8.10	8.04	8.01	7.96	7.94	7.90	7.88	7.85	7.83
91.50	8.02	7.97	7.94	7.89	7.87	7.83	7.81	7.78	7.77
92	7.94	7.89	7.86	7.82	7.80	7.76	7.75	7.72	7.70
92.50	7.86	7.81	7.79	7.75	7.73	7.70	7.68	7.65	7.64
93	7.78	7.74	7.72	7.68	7.66	7.63	7.62	7.59	7.58
93.50	7.71	7.66	7.64	7.61	7.59	7.56	7.55	7.53	7.52
94	7.63	7.59	7.57	7.54	7.53	7.50	7.49	7.46	7.45
94.50	7.55	7.52	7.50	7.47	7.46	7.43	7.42	7.40	7.39
95	7.48	7.44	7.43	7.40	7.39	7.37	7.36	7.34	7.33
95.50	7.40	7.37	7.36	7.33	7.33	7.30	7.30	7.28	7.27
96	7.33	7.30	7.29	7.27	7.26	7.24	7.23	7.22	7.21
96.25	7.29	7.26	7.26	7.23	7.23	7.21	7.20	7.19	7.18
96.50	7.25	7.23	7.22	7.20	7.20	7.18	7.17	7.16	7.15
96.75	7.22	7.19	7.19	7.17	7.16	7.14	7.14	7.13	7.12
97	7.18	7.16	7.15	7.13	7.13	7.11	7.11	7.10	7.09
97.25	7.14	7.12	7.12	7.10	7.10	7.08	7.08	7.07	7.07
97.50	7.11	7.09	7.08	7.07	7.07	7.05	7.05	7.04	7.04
97.75	7.07	7.05	7.05	7.03	7.03	7.02	7.02	7.01	7.01
98	7.04	7.02	7.02	7.00	7.00	6.99	6.99	6.98	6.98
98.25	7.00	6.98	6.98	6.97	6.97	6.96	6.96	6.95	6.95
98.50	6.96	6.95	6.95	6.94	6.94	6.93	6.93	6.92	6.92
98.75	6.93	6.91	6.92	6.90	6.91	6.90	6.90	6.89	6.89
99	6.89	6.88	6.88	6.87	6.88	6.86	6.87	6.86	6.86
99.13	6.87	6.86	6.87	6.86	6.86	6.85	6.85	6.84	6.85
99.25	6.86	6.84	6.85	6.84	6.84	6.83	6.84	6.83	6.83
99.38	6.84	6.83	6.83	6.82	6.83	6.82	6.82	6.82	6.82
99.50	6.82	6.81	6.82	6.81	6.81	6.80	6.81	6.80	6.81
99.63	6.80	6.79	6.80	6.79	6.80	6.79	6.79	6.79	6.79
99.75	6.79	6.78	6.78	6.77	6.78	6.77	6.78	6.77	6.78
99.88	6.77	6.76	6.77	6.76	6.77	6.76	6.76	6.76	6.76
100	6.75	6.74	6.75	6.74	6.75	6.74	6.75	6.74	6.75
100.13	6.73	6.73	6.73	6.73	6.73	6.73	6.74	6.73	6.74
100.25	6.71	6.71	6.72	6.71	6.72	6.71	6.72	6.71	6.72
100.38	6.70	6.69	6.70	6.70	6.70	6.70	6.71	6.70	6.71
100.50	6.68	6.67	6.68	6.68	6.69	6.68	6.69	6.69	6.69
100.63	6.66	6.66	6.67	6.66	6.67	6.67	6.68	6.67	6.68
100.75	6.64	6.64	6.65	6.65	6.66	6.65	6.66	6.66	6.67
100.88	6.63	6.62	6.64	6.63	6.64	6.64	6.65	6.64	6.65
101	6.61	6.61	6.62	6.62	6.63	6.62	6.63	6.63	6.64
101.25	6.58	6.57	6.59	6.58	6.60	6.59	6.60	6.60	6.61
101.50	6.54	6.54	6.55	6.55	6.57	6.56	6.57	6.57	6.58
101.75	6.51	6.51	6.52	6.52	6.54	6.53	6.55	6.54	6.56
102	6.47	6.47	6.49	6.49	6.50	6.51	6.52	6.52	6.53

Renditetabelle

7 %	Jahre										
Kurs	4½	5	5½	6	6½	7	7½	8	8½	9	9½
87.50	10.61	10.32	10.05	9.86	9.66	9.53	9.38	9.28	9.17	9.09	9.00
88	10.45	10.18	9.91	9.73	9.54	9.42	9.28	9.18	9.07	9.00	8.91
88.50	10.30	10.04	9.78	9.61	9.43	9.31	9.17	9.08	8.98	8.91	8.83
89	10.14	9.89	9.65	9.49	9.31	9.20	9.07	8.99	8.89	8.82	8.74
89.50	9.99	9.75	9.52	9.37	9.20	9.09	8.97	8.89	8.79	8.73	8.65
90	9.83	9.61	9.39	9.25	9.09	8.99	8.87	8.79	8.70	8.64	8.57
90.50	9.68	9.47	9.26	9.13	8.98	8.88	8.77	8.70	8.61	8.56	8.49
91	9.53	9.33	9.14	9.01	8.87	8.77	8.67	8.60	8.52	8.47	8.40
91.50	9.38	9.20	9.01	8.89	8.75	8.67	8.57	8.51	8.43	8.38	8.32
92	9.23	9.06	8.88	8.77	8.64	8.57	8.47	8.41	8.34	8.30	8.24
92.50	9.08	8.92	8.76	8.65	8.54	8.46	8.37	8.32	8.25	8.21	8.15
93	8.94	8.79	8.63	8.54	8.43	8.36	8.28	8.23	8.16	8.13	8.07
93.50	8.79	8.66	8.51	8.42	8.32	8.26	8.18	8.14	8.07	8.04	7.99
94	8.65	8.52	8.39	8.31	8.21	8.16	8.09	8.05	7.99	7.96	7.91
94.50	8.50	8.39	8.27	8.20	8.11	8.06	7.99	7.96	7.90	7.88	7.83
95	8.36	8.26	8.15	8.08	8.00	7.96	7.90	7.87	7.82	7.79	7.75
95.50	8.22	8.13	8.03	7.97	7.90	7.86	7.80	7.78	7.73	7.71	7.67
96	8.08	8.00	7.91	7.86	7.79	7.76	7.71	7.69	7.65	7.63	7.60
96.25	8.01	7.94	7.85	7.81	7.74	7.71	7.66	7.64	7.60	7.59	7.56
96.50	7.94	7.87	7.79	7.75	7.69	7.66	7.62	7.60	7.56	7.55	7.52
96.75	7.87	7.81	7.73	7.70	7.64	7.62	7.57	7.56	7.52	7.51	7.48
97	7.80	7.75	7.67	7.64	7.59	7.57	7.53	7.51	7.48	7.47	7.44
97.25	7.73	7.68	7.62	7.59	7.54	7.52	7.48	7.47	7.44	7.43	7.40
97.50	7.66	7.62	7.56	7.53	7.49	7.47	7.44	7.43	7.40	7.39	7.37
97.75	7.59	7.56	7.50	7.48	7.44	7.42	7.39	7.38	7.36	7.35	7.33
98	7.52	7.49	7.44	7.43	7.39	7.38	7.35	7.34	7.31	7.31	7.29
98.25	7.45	7.43	7.38	7.37	7.34	7.33	7.30	7.30	7.27	7.27	7.25
98.50	7.39	7.37	7.33	7.32	7.29	7.28	7.26	7.25	7.23	7.23	7.21
98.75	7.32	7.31	7.27	7.26	7.24	7.23	7.21	7.21	7.19	7.19	7.18
99	7.25	7.25	7.21	7.21	7.19	7.19	7.17	7.17	7.15	7.15	7.14
99.13	7.22	7.21	7.18	7.18	7.16	7.16	7.14	7.15	7.13	7.14	7.12
99.25	7.18	7.18	7.16	7.16	7.14	7.14	7.12	7.13	7.11	7.12	7.10
99.38	7.15	7.15	7.13	7.13	7.11	7.12	7.10	7.11	7.09	7.10	7.08
99.50	7.12	7.12	7.10	7.11	7.09	7.09	7.08	7.08	7.07	7.08	7.07
99.63	7.08	7.09	7.07	7.08	7.06	7.07	7.06	7.06	7.05	7.06	7.05
99.75	7.05	7.06	7.04	7.05	7.04	7.05	7.03	7.04	7.03	7.04	7.03
99.88	7.02	7.03	7.01	7.03	7.01	7.02	7.01	7.02	7.01	7.02	7.01
100	6.98	7.00	6.99	7.00	6.99	7.00	6.99	7.00	6.99	7.00	6.99
100.13	6.95	6.97	6.96	6.97	6.96	6.98	6.97	6.98	6.97	6.98	6.97
100.25	6.92	6.94	6.93	6.95	6.94	6.95	6.95	6.96	6.95	6.96	6.95
100.38	6.88	6.91	6.90	6.92	6.91	6.93	6.92	6.94	6.93	6.94	6.94
100.50	6.85	6.88	6.87	6.90	6.89	6.91	6.90	6.92	6.91	6.92	6.92
100.63	6.82	6.85	6.85	6.87	6.87	6.88	6.88	6.90	6.89	6.90	6.90
100.75	6.79	6.82	6.82	6.84	6.84	6.86	6.86	6.88	6.87	6.89	6.88
100.88	6.75	6.79	6.79	6.82	6.82	6.84	6.84	6.85	6.85	6.87	6.86
101	6.72	6.76	6.76	6.79	6.79	6.82	6.82	6.83	6.83	6.85	6.84
101.25	6.65	6.70	6.71	6.74	6.75	6.77	6.77	6.79	6.79	6.81	6.81
101.50	6.59	6.64	6.65	6.69	6.70	6.72	6.73	6.75	6.75	6.77	6.77
101.75	6.52	6.58	6.60	6.64	6.65	6.68	6.69	6.71	6.71	6.73	6.74
102	6.46	6.52	6.54	6.59	6.60	6.63	6.64	6.67	6.68	6.70	6.70

Renditetabelle

7 %	Jahre								
Kurs	10	10½	11	11½	12	12½	13	13½	14
87.50	8.94	8.87	8.82	8.76	8.72	8.67	8.64	8.59	8.57
88	8.86	8.79	8.74	8.68	8.65	8.59	8.57	8.52	8.50
88.50	8.77	8.70	8.66	8.60	8.57	8.52	8.49	8.45	8.43
89	8.69	8.62	8.58	8.53	8.50	8.45	8.42	8.38	8.36
89.50	8.61	8.54	8.51	8.45	8.42	8.38	8.35	8.31	8.30
90	8.53	8.46	8.43	8.38	8.35	8.31	8.29	8.25	8.23
90.50	8.44	8.39	8.35	8.30	8.28	8.24	8.22	8.18	8.16
91	8.36	8.31	8.28	8.23	8.21	8.17	8.15	8.11	8.10
91.50	8.28	8.23	8.20	8.16	8.14	8.10	8.08	8.05	8.03
92	8.20	8.15	8.13	8.09	8.07	8.03	8.01	7.98	7.97
92.50	8.12	8.08	8.05	8.01	7.99	7.96	7.95	7.92	7.90
93	8.05	8.00	7.98	7.94	7.93	7.89	7.88	7.85	7.84
93.50	7.97	7.93	7.91	7.87	7.86	7.83	7.81	7.79	7.78
94	7.89	7.85	7.83	7.80	7.79	7.76	7.75	7.72	7.72
94.50	7.81	7.78	7.76	7.73	7.72	7.69	7.68	7.66	7.65
95	7.74	7.70	7.69	7.66	7.65	7.63	7.62	7.60	7.59
95.50	7.66	7.63	7.62	7.59	7.58	7.56	7.56	7.53	7.53
96	7.59	7.56	7.55	7.52	7.52	7.50	7.49	7.47	7.47
96.25	7.55	7.52	7.51	7.49	7.48	7.46	7.46	7.44	7.44
96.50	7.51	7.48	7.48	7.46	7.45	7.43	7.43	7.41	7.41
96.75	7.47	7.45	7.44	7.42	7.42	7.40	7.40	7.38	7.38
97	7.44	7.41	7.41	7.39	7.39	7.37	7.37	7.35	7.35
97.25	7.40	7.38	7.37	7.35	7.35	7.34	7.34	7.32	7.32
97.50	7.36	7.34	7.34	7.32	7.32	7.30	7.30	7.29	7.29
97.75	7.33	7.31	7.30	7.29	7.29	7.27	7.27	7.26	7.26
98	7.29	7.27	7.27	7.25	7.26	7.24	7.24	7.23	7.23
98.25	7.25	7.24	7.24	7.22	7.22	7.21	7.21	7.20	7.20
98.50	7.22	7.20	7.20	7.19	7.19	7.18	7.18	7.17	7.17
98.75	7.18	7.17	7.17	7.16	7.16	7.15	7.15	7.14	7.14
99	7.14	7.13	7.13	7.12	7.13	7.12	7.12	7.11	7.12
99.13	7.13	7.11	7.12	7.11	7.11	7.10	7.11	7.10	7.10
99.25	7.11	7.10	7.10	7.09	7.09	7.09	7.09	7.08	7.09
99.38	7.09	7.08	7.08	7.07	7.08	7.07	7.08	7.07	7.07
99.50	7.07	7.06	7.07	7.06	7.06	7.05	7.06	7.05	7.06
99.63	7.05	7.04	7.05	7.04	7.05	7.04	7.04	7.04	7.04
99.75	7.04	7.03	7.03	7.02	7.03	7.02	7.03	7.02	7.03
99.88	7.02	7.01	7.02	7.01	7.02	7.01	7.01	7.01	7.01
100	7.00	6.99	7.00	6.99	7.00	6.99	7.00	6.99	7.00
100.13	6.98	6.97	6.98	6.98	6.98	6.98	6.99	6.98	6.99
100.25	6.96	6.96	6.97	6.96	6.97	6.96	6.97	6.96	6.97
100.38	6.95	6.94	6.95	6.94	6.95	6.95	6.96	6.95	6.96
100.50	6.93	6.92	6.93	6.93	6.94	6.93	6.94	6.93	6.94
100.63	6.91	6.91	6.92	6.91	6.92	6.92	6.93	6.92	6.93
100.75	6.89	6.89	6.90	6.90	6.91	6.90	6.91	6.91	6.91
100.88	6.88	6.87	6.88	6.88	6.89	6.89	6.90	6.89	6.90
101	6.86	6.86	6.87	6.86	6.87	6.87	6.88	6.88	6.89
101.25	6.82	6.82	6.83	6.83	6.84	6.84	6.85	6.85	6.86
101.50	6.79	6.79	6.80	6.80	6.81	6.81	6.82	6.82	6.83
101.75	6.75	6.75	6.77	6.77	6.78	6.78	6.79	6.79	6.80
102	6.72	6.72	6.74	6.74	6.75	6.75	6.76	6.76	6.77

Renditetabelle

7½ %	Jahre										
Kurs	4½	5	5½	6	6½	7	7½	8	8½	9	9½
87.50	11.15	10.87	10.59	10.40	10.20	10.07	9.92	9.83	9.71	9.64	9.55
88	10.99	10.72	10.46	10.28	10.09	9.96	9.82	9.73	9.61	9.55	9.46
88.50	10.83	10.58	10.32	10.15	9.97	9.85	9.74	9.63	9.52	9.45	9.37
89	10.68	10.43	10.19	10.03	9.85	9.74	9.61	9.53	9.42	9.36	9.28
89.50	10.52	10.29	10.06	9.90	9.74	9.63	9.50	9.43	9.33	9.27	9.19
90	10.37	10.15	9.92	9.78	9.62	9.52	9.40	9.33	9.23	9.18	9.10
90.50	10.21	10.01	9.79	9.66	9.51	9.41	9.30	9.23	9.14	9.09	9.02
91	10.06	9.87	9.66	9.54	9.39	9.31	9.20	9.13	9.05	9.00	8.93
91.50	9.91	9.73	9.54	9.42	9.28	9.20	9.10	9.04	8.96	8.91	8.85
92	9.76	9.59	9.41	9.30	9.17	9.09	9.00	8.94	8.87	8.82	8.76
92.50	9.61	9.45	9.28	9.18	9.06	8.99	8.90	8.85	8.77	8.74	8.68
93	9.46	9.31	9.16	9.06	8.95	8.89	8.80	8.75	8.68	8.65	8.60
93.50	9.31	9.18	9.03	8.95	8.84	8.78	8.70	8.66	8.60	8.57	8.51
94	9.16	9.04	8.91	8.83	8.73	8.68	8.60	8.57	8.51	8.48	8.43
94.50	9.02	8.91	8.78	8.72	8.62	8.58	8.51	8.47	8.42	8.39	8.35
95	8.87	8.78	8.66	8.60	8.52	8.48	8.41	8.38	8.33	8.31	8.27
95.50	8.73	8.65	8.54	8.49	8.41	8.38	8.32	8.29	8.24	8.23	8.19
96	8.59	8.52	8.42	8.38	8.31	8.28	8.22	8.20	8.16	8.14	8.11
96.25	8.52	8.45	8.36	8.32	8.25	8.23	8.17	8.16	8.12	8.10	8.07
96.50	8.45	8.39	8.30	8.26	8.20	8.18	8.13	8.11	8.07	8.06	8.03
96.75	8.38	8.32	8.24	8.21	8.15	8.13	8.08	8.07	8.03	8.02	7.99
97	8.31	8.26	8.18	8.15	8.10	8.08	8.03	8.02	7.99	7.98	7.95
97.25	8.24	8.19	8.12	8.10	8.04	8.03	7.99	7.98	7.95	7.94	7.91
97.50	8.17	8.13	8.06	8.04	7.99	7.98	7.94	7.93	7.90	7.90	7.87
97.75	8.10	8.06	8.00	7.99	7.94	7.93	7.90	7.89	7.86	7.86	7.83
98	8.03	8.00	7.95	7.93	7.89	7.88	7.85	7.85	7.82	7.82	7.80
98.25	7.96	7.94	7.89	7.88	7.84	7.83	7.80	7.80	7.78	7.78	7.76
98.50	7.89	7.87	7.83	7.82	7.79	7.79	7.76	7.76	7.74	7.74	7.72
98.75	7.82	7.81	7.77	7.77	7.74	7.74	7.71	7.72	7.69	7.70	7.68
99	7.75	7.75	7.71	7.71	7.69	7.69	7.67	7.67	7.65	7.66	7.64
99.13	7.72	7.72	7.69	7.69	7.66	7.67	7.65	7.65	7.63	7.64	7.62
99.25	7.68	7.69	7.66	7.66	7.64	7.64	7.62	7.63	7.61	7.62	7.60
99.38	7.65	7.66	7.63	7.63	7.61	7.62	7.60	7.61	7.59	7.60	7.58
99.50	7.62	7.62	7.60	7.61	7.59	7.59	7.58	7.59	7.57	7.58	7.57
99.63	7.58	7.59	7.57	7.58	7.56	7.57	7.56	7.56	7.55	7.56	7.55
99.75	7.55	7.56	7.54	7.55	7.54	7.55	7.53	7.54	7.53	7.54	7.53
99.88	7.52	7.53	7.51	7.53	7.51	7.52	7.51	7.52	7.51	7.52	7.51
100	7.48	7.50	7.48	7.50	7.49	7.50	7.49	7.50	7.49	7.50	7.49
100.13	7.45	7.47	7.46	7.47	7.46	7.48	7.47	7.48	7.47	7.48	7.47
100.25	7.41	7.44	7.43	7.45	7.44	7.45	7.44	7.46	7.45	7.46	7.45
100.38	7.38	7.41	7.40	7.42	7.41	7.43	7.42	7.44	7.43	7.44	7.43
100.50	7.35	7.38	7.37	7.39	7.39	7.41	7.40	7.41	7.41	7.42	7.41
100.63	7.31	7.35	7.34	7.37	7.36	7.38	7.38	7.39	7.39	7.40	7.40
100.75	7.28	7.32	7.31	7.34	7.34	7.36	7.35	7.37	7.37	7.38	7.38
100.88	7.25	7.28	7.29	7.31	7.31	7.34	7.33	7.35	7.35	7.36	7.36
101	7.21	7.25	7.26	7.29	7.29	7.31	7.31	7.33	7.33	7.34	7.34
101.25	7.15	7.19	7.20	7.24	7.24	7.27	7.27	7.29	7.29	7.31	7.30
101.50	7.08	7.13	7.15	7.18	7.19	7.22	7.22	7.25	7.25	7.27	7.27
101.75	7.02	7.07	7.09	7.13	7.14	7.17	7.18	7.20	7.21	7.23	7.23
102	6.95	7.01	7.03	7.08	7.09	7.13	7.14	7.16	7.17	7.19	7.19

Renditetabelle

7½ %	Jahre								
Kurs	10	10½	11	11½	12	12½	13	13½	14
87.50	9.49	9.41	9.37	9.30	9.27	9.21	9.19	9.14	9.12
88	9.40	9.33	9.29	9.22	9.19	9.14	9.11	9.07	9.05
88.50	9.32	9.25	9.21	9.15	9.12	9.06	9.04	8.99	8.97
89	9.23	9.16	9.13	9.07	9.04	8.99	8.97	8.92	8.91
89.50	9.15	9.08	9.05	8.99	8.96	8.92	8.89	8.85	8.84
90	9.06	9.00	8.97	8.91	8.89	8.84	8.82	8.78	8.77
90.50	8.98	8.92	8.89	8.84	8.81	8.77	8.75	8.71	8.70
91	8.90	8.84	8.81	8.76	8.74	8.70	8.68	8.65	8.63
91.50	8.81	8.76	8.73	8.69	8.67	8.63	8.61	8.58	8.57
92	8.73	8.68	8.66	8.61	8.59	8.56	8.54	8.51	8.50
92.50	8.65	8.60	8.58	8.54	8.52	8.49	8.47	8.44	8.43
93	8.57	8.52	8.50	8.47	8.45	8.42	8.41	8.38	8.37
93.50	8.49	8.45	8.43	8.39	8.38	8.35	8.34	8.31	8.30
94	8.41	8.37	8.35	8.32	8.31	8.28	8.27	8.24	8.24
94.50	8.33	8.29	8.28	8.25	8.24	8.21	8.20	8.18	8.17
95	8.25	8.22	8.21	8.18	8.17	8.14	8.14	8.11	8.11
95.50	8.18	8.14	8.13	8.11	8.10	8.08	8.07	8.05	8.05
96	8.10	8.07	8.06	8.04	8.03	8.01	8.01	7.99	7.98
96.25	8.06	8.03	8.03	8.00	8.00	7.98	7.97	7.95	7.95
96.50	8.02	7.99	7.99	7.97	7.96	7.94	7.94	7.92	7.92
96.75	7.98	7.96	7.95	7.93	7.93	7.91	7.91	7.89	7.89
97	7.95	7.92	7.92	7.90	7.90	7.88	7.88	7.86	7.86
97.25	7.91	7.88	7.88	7.86	7.86	7.84	7.84	7.83	7.83
97.50	7.87	7.85	7.85	7.83	7.83	7.81	7.81	7.80	7.80
97.75	7.83	7.81	7.81	7.79	7.80	7.78	7.78	7.77	7.77
98	7.80	7.78	7.78	7.76	7.76	7.75	7.75	7.74	7.74
98.25	7.76	7.74	7.74	7.73	7.73	7.71	7.72	7.70	7.71
98.50	7.72	7.70	7.71	7.69	7.70	7.68	7.69	7.67	7.68
98.75	7.68	7.67	7.67	7.66	7.66	7.65	7.66	7.64	7.65
99	7.65	7.63	7.64	7.62	7.63	7.62	7.62	7.61	7.62
99.13	7.63	7.61	7.62	7.61	7.61	7.60	7.61	7.60	7.60
99.25	7.61	7.60	7.60	7.59	7.60	7.59	7.59	7.58	7.59
99.38	7.59	7.58	7.59	7.57	7.58	7.57	7.58	7.57	7.57
99.50	7.57	7.56	7.57	7.56	7.56	7.55	7.56	7.55	7.56
99.63	7.55	7.54	7.55	7.54	7.55	7.54	7.55	7.54	7.54
99.75	7.54	7.53	7.53	7.52	7.53	7.52	7.53	7.52	7.53
99.88	7.52	7.51	7.52	7.51	7.52	7.51	7.52	7.51	7.51
100	7.50	7.49	7.50	7.49	7.50	7.49	7.50	7.49	7.50
100.13	7.48	7.47	7.48	7.47	7.48	7.48	7.48	7.48	7.49
100.25	7.46	7.46	7.47	7.46	7.47	7.46	7.47	7.46	7.47
100.38	7.45	7.44	7.45	7.44	7.45	7.44	7.45	7.45	7.46
100.50	7.43	7.42	7.43	7.42	7.44	7.43	7.44	7.43	7.44
100.63	7.41	7.40	7.41	7.41	7.42	7.41	7.42	7.42	7.43
100.75	7.39	7.39	7.40	7.39	7.40	7.40	7.41	7.40	7.41
100.88	7.37	7.37	7.38	7.38	7.39	7.38	7.39	7.39	7.40
101	7.36	7.35	7.36	7.36	7.37	7.37	7.38	7.37	7.38
101.25	7.32	7.32	7.33	7.33	7.34	7.34	7.35	7.34	7.35
101.50	7.28	7.28	7.30	7.29	7.31	7.30	7.32	7.31	7.33
101.75	7.25	7.25	7.26	7.26	7.28	7.27	7.29	7.28	7.30
102	7.21	7.21	7.23	7.23	7.24	7.24	7.26	7.25	7.27

Renditetabelle

8 %	Jahre										
Kurs	4½	5	5½	6	6½	7	7½	8	8½	9	9½
95.25	9.31	9.23	9.12	9.06	8.98	8.94	8.88	8.85	8.80	8.79	8.74
95.50	9.24	9.16	9.05	9.00	8.92	8.89	8.83	8.81	8.76	8.74	8.70
95.75	9.17	9.10	8.99	8.95	8.87	8.84	8.78	8.76	8.71	8.70	8.66
96	9.10	9.03	8.93	8.89	8.82	8.79	8.73	8.72	8.67	8.66	8.62
96.25	9.03	8.96	8.87	8.83	8.76	8.74	8.69	8.67	8.63	8.62	8.58
96.50	8.95	8.90	8.81	8.77	8.71	8.69	8.64	8.62	8.58	8.57	8.54
96.75	8.88	8.83	8.75	8.72	8.66	8.64	8.59	8.58	8.54	8.53	8.50
97	8.81	8.77	8.69	8.66	8.60	8.59	8.54	8.53	8.50	8.49	8.46
97.25	8.74	8.70	8.63	8.61	8.55	8.54	8.50	8.49	8.45	8.45	8.42
97.50	8.67	8.64	8.57	8.55	8.50	8.49	8.45	8.44	8.41	8.41	8.38
97.75	8.60	8.57	8.51	8.49	8.45	8.44	8.40	8.40	8.37	8.37	8.34
98	8.53	8.51	8.45	8.44	8.40	8.39	8.35	8.35	8.32	8.32	8.30
98.25	8.46	8.44	8.39	8.38	8.34	8.34	8.31	8.31	8.28	8.28	8.26
98.50	8.39	8.38	8.33	8.33	8.29	8.29	8.26	8.26	8.24	8.24	8.22
98.75	8.32	8.32	8.27	8.27	8.24	8.24	8.22	8.22	8.20	8.20	8.18
99	8.25	8.25	8.21	8.22	8.19	8.19	8.17	8.18	8.15	8.16	8.14
99.25	8.18	8.19	8.16	8.16	8.14	8.14	8.12	8.13	8.11	8.12	8.10
99.50	8.12	8.13	8.10	8.11	8.09	8.10	8.08	8.09	8.07	8.08	8.07
99.75	8.05	8.06	8.04	8.05	8.04	8.05	8.03	8.04	8.03	8.04	8.03
100	7.98	8.00	7.98	8.00	7.98	8.00	7.99	8.00	7.99	8.00	7.99
100.25	7.91	7.94	7.92	7.95	7.93	7.95	7.94	7.96	7.95	7.96	7.95
100.50	7.84	7.88	7.87	7.89	7.88	7.90	7.90	7.91	7.90	7.92	7.91
100.75	7.78	7.81	7.81	7.84	7.83	7.86	7.85	7.87	7.86	7.88	7.87
101	7.71	7.75	7.75	7.79	7.78	7.81	7.81	7.83	7.82	7.84	7.84
101.25	7.64	7.69	7.70	7.73	7.73	7.76	7.76	7.78	7.78	7.80	7.80
101.50	7.57	7.63	7.64	7.68	7.68	7.71	7.72	7.74	7.74	7.76	7.76
101.75	7.51	7.57	7.58	7.63	7.63	7.67	7.67	7.70	7.70	7.72	7.72
102	7.44	7.51	7.53	7.57	7.58	7.62	7.63	7.66	7.66	7.68	7.68
102.25	7.38	7.44	7.47	7.52	7.54	7.57	7.58	7.61	7.62	7.65	7.65
102.50	7.31	7.38	7.41	7.47	7.49	7.53	7.54	7.57	7.58	7.61	7.61
102.75	7.24	7.32	7.36	7.42	7.44	7.48	7.49	7.53	7.54	7.57	7.57
103	7.18	7.26	7.30	7.36	7.39	7.43	7.45	7.49	7.50	7.53	7.54
103.25	7.11	7.20	7.25	7.31	7.34	7.39	7.41	7.45	7.46	7.49	7.50
103.50	7.05	7.14	7.19	7.26	7.29	7.34	7.36	7.40	7.42	7.45	7.46
103.75	6.98	7.08	7.14	7.21	7.24	7.30	7.32	7.36	7.38	7.41	7.43
104	6.92	7.02	7.08	7.16	7.19	7.25	7.28	7.32	7.34	7.38	7.39
104.25	6.85	6.96	7.03	7.11	7.15	7.21	7.23	7.28	7.30	7.34	7.35
104.50	6.79	6.91	6.97	7.05	7.10	7.16	7.19	7.24	7.26	7.30	7.32
104.75	6.72	6.85	6.92	7.00	7.05	7.12	7.15	7.20	7.22	7.26	7.28
105	6.66	6.79	6.86	6.95	7.00	7.07	7.11	7.16	7.18	7.23	7.24
105.50	6.53	6.67	6.76	6.85	6.91	6.98	7.02	7.08	7.10	7.15	7.17
106	6.41	6.55	6.65	6.75	6.81	6.89	6.94	7.00	7.03	7.08	7.10
106.50	6.28	6.44	6.54	6.65	6.72	6.80	6.85	6.92	6.95	7.00	7.03
107	6.16	6.32	6.43	6.55	6.63	6.71	6.77	6.84	6.87	6.93	6.96
107.50	6.03	6.21	6.33	6.45	6.53	6.63	6.68	6.76	6.80	6.86	6.89
108	5.91	6.10	6.22	6.35	6.44	6.54	6.60	6.68	6.72	6.78	6.82
108.50	5.79	5.98	6.12	6.26	6.35	6.45	6.52	6.60	6.65	6.71	6.75
109	5.66	5.87	6.02	6.16	6.26	6.37	6.44	6.52	6.57	6.64	6.68
109.50	5.54	5.76	5.91	6.06	6.17	6.28	6.36	6.44	6.50	6.57	6.61
110	5.42	5.65	5.81	5.97	6.08	6.20	6.28	6.37	6.43	6.50	6.54

Renditetabelle

8 %	Jahre								
Kurs	10	10½	11	11½	12	12½	13	13½	14
95.25	8.73	8.70	8.69	8.66	8.65	8.62	8.62	8.60	8.60
95.50	8.69	8.66	8.65	8.62	8.62	8.59	8.59	8.56	8.56
95.75	8.65	8.62	8.61	8.58	8.58	8.56	8.55	8.53	8.53
96	8.61	8.58	8.58	8.55	8.55	8.52	8.52	8.50	8.50
96.25	8.57	8.54	8.54	8.51	8.51	8.49	8.49	8.47	8.47
96.50	8.53	8.51	8.50	8.48	8.48	8.45	8.45	8.43	8.44
96.75	8.50	8.47	8.47	8.44	8.44	8.42	8.42	8.40	8.40
97	8.46	8.43	8.43	8.41	8.41	8.39	8.39	8.37	8.37
97.25	8.42	8.39	8.39	8.37	8.37	8.35	8.35	8.34	8.34
97.50	8.38	8.36	8.36	8.34	8.34	8.32	8.32	8.30	8.31
97.75	8.34	8.32	8.32	8.30	8.30	8.29	8.29	8.27	8.28
98	8.30	8.28	8.28	8.27	8.27	8.25	8.26	8.24	8.25
98.25	8.26	8.24	8.25	8.23	8.24	8.22	8.22	8.21	8.21
98.50	8.23	8.21	8.21	8.20	8.20	8.19	8.19	8.18	8.18
98.75	8.19	8.17	8.18	8.16	8.17	8.15	8.16	8.15	8.15
99	8.15	8.13	8.14	8.13	8.13	8.12	8.13	8.11	8.12
99.25	8.11	8.10	8.11	8.09	8.10	8.09	8.10	8.08	8.09
99.50	8.07	8.06	8.07	8.06	8.07	8.05	8.06	8.05	8.06
99.75	8.04	8.02	8.04	8.02	8.03	8.02	8.03	8.02	8.03
100	8.00	7.99	8.00	7.99	8.00	7.99	8.00	7.99	8.00
100.25	7.96	7.95	7.97	7.96	7.97	7.96	7.97	7.96	7.97
100.50	7.93	7.92	7.93	7.92	7.93	7.93	7.94	7.93	7.94
100.75	7.89	7.88	7.90	7.89	7.90	7.89	7.91	7.90	7.91
101	7.85	7.85	7.86	7.85	7.87	7.86	7.87	7.87	7.88
101.25	7.82	7.81	7.83	7.82	7.84	7.83	7.84	7.84	7.85
101.50	7.78	7.78	7.79	7.79	7.80	7.80	7.81	7.81	7.82
101.75	7.74	7.74	7.76	7.75	7.77	7.77	7.78	7.78	7.79
102	7.71	7.70	7.72	7.72	7.74	7.74	7.75	7.75	7.76
102.25	7.67	7.67	7.69	7.69	7.71	7.70	7.72	7.72	7.73
102.50	7.63	7.63	7.66	7.66	7.67	7.67	7.69	7.69	7.70
102.75	7.60	7.60	7.62	7.62	7.64	7.64	7.66	7.66	7.67
103	7.56	7.57	7.59	7.59	7.61	7.61	7.63	7.63	7.64
103.25	7.53	7.53	7.55	7.56	7.58	7.58	7.60	7.60	7.61
103.50	7.49	7.50	7.52	7.52	7.55	7.55	7.57	7.57	7.59
103.75	7.45	7.46	7.49	7.49	7.51	7.52	7.54	7.54	7.56
104	7.42	7.43	7.45	7.46	7.48	7.49	7.51	7.51	7.53
104.25	7.38	7.39	7.42	7.43	7.45	7.46	7.48	7.48	7.50
104.50	7.35	7.36	7.39	7.40	7.42	7.43	7.45	7.45	7.47
104.75	7.31	7.33	7.36	7.36	7.39	7.40	7.42	7.42	7.44
105	7.28	7.29	7.32	7.33	7.36	7.37	7.39	7.39	7.41
105.50	7.21	7.23	7.26	7.27	7.30	7.31	7.33	7.34	7.36
106	7.14	7.16	7.19	7.21	7.24	7.25	7.27	7.28	7.30
106.50	7.07	7.09	7.13	7.14	7.17	7.19	7.21	7.22	7.25
107	7.00	7.03	7.06	7.08	7.11	7.13	7.16	7.17	7.19
107.50	6.94	6.96	7.00	7.02	7.05	7.07	7.10	7.11	7.14
108	6.87	6.90	6.94	6.96	6.99	7.01	7.04	7.05	7.08
108.50	6.80	6.83	6.87	6.90	6.93	6.95	6.98	7.00	7.03
109	6.73	6.77	6.81	6.84	6.87	6.89	6.93	6.94	6.97
109.50	6.67	6.70	6.75	6.78	6.82	6.84	6.87	6.89	6.92
110	6.60	6.64	6.69	6.72	6.76	6.78	6.82	6.83	6.87

Renditetabelle

9 %	Jahre										
Kurs	4½	5	5½	6	6½	7	7½	8	8½	9	9½
95.25	10.34	10.26	10.14	10.09	10.01	9.97	9.91	9.89	9.83	9.82	9.77
95.50	10.27	10.19	10.08	10.03	9.95	9.92	9.86	9.84	9.79	9.77	9.73
95.75	10.19	10.12	10.02	9.98	9.89	9.87	9.81	9.79	9.74	9.73	9.69
96	10.12	10.06	9.95	9.92	9.84	9.82	9.76	9.74	9.69	9.69	9.64
96.25	10.05	9.99	9.89	9.86	9.78	9.76	9.71	9.70	9.65	9.64	9.60
96.50	9.97	9.92	9.83	9.80	9.73	9.71	9.66	9.65	9.60	9.60	9.56
96.75	9.90	9.85	9.77	9.74	9.67	9.66	9.61	9.60	9.56	9.55	9.52
97	9.83	9.79	9.70	9.68	9.62	9.61	9.56	9.55	9.51	9.51	9.48
97.25	9.75	9.72	9.64	9.62	9.57	9.56	9.51	9.51	9.47	9.47	9.43
97.50	9.68	9.65	9.58	9.57	9.51	9.51	9.46	9.46	9.42	9.42	9.39
97.75	9.61	9.59	9.52	9.51	9.46	9.45	9.41	9.41	9.38	9.38	9.35
98	9.54	9.52	9.46	9.45	9.40	9.40	9.36	9.37	9.33	9.34	9.31
98.25	9.47	9.46	9.40	9.39	9.35	9.35	9.32	9.32	9.29	9.30	9.27
98.50	9.40	9.39	9.34	9.34	9.30	9.30	9.27	9.27	9.25	9.25	9.23
98.75	9.32	9.32	9.28	9.28	9.24	9.25	9.22	9.23	9.20	9.21	9.19
99	9.25	9.26	9.22	9.22	9.19	9.20	9.17	9.18	9.16	9.17	9.15
99.25	9.18	9.19	9.16	9.17	9.14	9.15	9.12	9.14	9.11	9.13	9.11
99.50	9.11	9.13	9.10	9.11	9.08	9.10	9.08	9.09	9.07	9.08	9.06
99.75	9.04	9.06	9.04	9.06	9.03	9.05	9.03	9.05	9.03	9.04	9.02
100	8.97	9.00	8.98	9.00	8.98	9.00	8.98	9.00	8.98	9.00	8.98
100.25	8.90	8.94	8.92	8.94	8.93	8.95	8.93	8.95	8.94	8.96	8.94
100.50	8.83	8.87	8.86	8.89	8.88	8.90	8.89	8.91	8.90	8.92	8.90
100.75	8.76	8.81	8.80	8.83	8.82	8.85	8.84	8.87	8.85	8.88	8.86
101	8.70	8.74	8.74	8.78	8.77	8.80	8.79	8.82	8.81	8.83	8.82
101.25	8.63	8.68	8.68	8.72	8.72	8.75	8.75	8.78	8.77	8.79	8.79
101.50	8.56	8.62	8.62	8.67	8.67	8.70	8.70	8.73	8.73	8.75	8.75
101.75	8.49	8.56	8.57	8.61	8.62	8.66	8.66	8.69	8.68	8.71	8.71
102	8.42	8.49	8.51	8.56	8.57	8.61	8.61	8.64	8.64	8.67	8.67
102.25	8.35	8.43	8.45	8.51	8.52	8.56	8.56	8.60	8.60	8.63	8.63
102.50	8.29	8.37	8.39	8.45	8.47	8.51	8.52	8.56	8.56	8.59	8.59
102.75	8.22	8.31	8.34	8.40	8.41	8.46	8.47	8.51	8.52	8.55	8.55
103	8.15	8.24	8.28	8.34	8.36	8.42	8.43	8.47	8.48	8.51	8.51
103.25	8.09	8.18	8.22	8.29	8.31	8.37	8.38	8.43	8.43	8.47	8.47
103.50	8.02	8.12	8.16	8.24	8.26	8.32	8.34	8.38	8.39	8.43	8.44
103.75	7.95	8.06	8.11	8.18	8.21	8.27	8.29	8.34	8.35	8.39	8.40
104	7.89	8.00	8.05	8.13	8.16	8.23	8.25	8.30	8.31	8.35	8.36
104.25	7.82	7.94	7.99	8.08	8.12	8.18	8.20	8.25	8.27	8.31	8.32
104.50	7.75	7.88	7.94	8.03	8.07	8.13	8.16	8.21	8.23	8.27	8.28
104.75	7.69	7.82	7.88	7.97	8.02	8.09	8.11	8.17	8.19	8.23	8.25
105	7.62	7.76	7.83	7.92	7.97	8.04	8.07	8.13	8.15	8.19	8.21
105.50	7.49	7.64	7.72	7.82	7.87	7.95	7.98	8.04	8.07	8.12	8.13
106	7.36	7.52	7.61	7.71	7.77	7.85	7.89	7.96	7.99	8.04	8.06
106.50	7.24	7.40	7.50	7.61	7.68	7.76	7.81	7.87	7.91	7.96	7.98
107	7.11	7.28	7.39	7.51	7.58	7.67	7.72	7.79	7.83	7.88	7.91
107.50	6.98	7.16	7.28	7.41	7.48	7.58	7.63	7.71	7.75	7.81	7.84
108	6.85	7.05	7.17	7.31	7.39	7.49	7.55	7.63	7.67	7.73	7.77
108.50	6.73	6.93	7.06	7.21	7.30	7.40	7.46	7.55	7.59	7.66	7.69
109	6.60	6.82	6.96	7.11	7.20	7.31	7.38	7.47	7.52	7.58	7.62
109.50	6.48	6.70	6.85	7.01	7.11	7.22	7.30	7.39	7.44	7.51	7.55
110	6.36	6.59	6.75	6.91	7.02	7.14	7.21	7.31	7.36	7.44	7.48

Renditetabelle

9 %	Jahre								
Kurs	10	10½	11	11½	12	12½	13	13½	14
95.25	9.77	9.73	9.72	9.69	9.69	9.66	9.66	9.63	9.63
95.50	9.72	9.69	9.68	9.65	9.65	9.62	9.62	9.59	9.60
95.75	9.68	9.65	9.64	9.61	9.61	9.58	9.59	9.56	9.56
96	9.64	9.61	9.60	9.57	9.57	9.55	9.55	9.52	9.53
96.25	9.60	9.57	9.57	9.54	9.54	9.51	9.51	9.49	9.50
96.50	9.56	9.53	9.53	9.50	9.50	9.48	9.48	9.46	9.46
96.75	9.52	9.49	9.49	9.46	9.46	9.44	9.44	9.42	9.43
97	9.48	9.45	9.45	9.42	9.43	9.40	9.41	9.39	9.39
97.25	9.44	9.41	9.41	9.39	9.39	9.37	9.37	9.35	9.36
97.50	9.40	9.37	9.37	9.35	9.36	9.33	9.34	9.32	9.33
97.75	9.36	9.33	9.34	9.31	9.32	9.30	9.31	9.29	9.29
98	9.32	9.29	9.30	9.28	9.28	9.26	9.27	9.25	9.26
98.25	9.28	9.25	9.26	9.24	9.25	9.23	9.24	9.22	9.23
98.50	9.24	9.21	9.22	9.20	9.21	9.19	9.20	9.19	9.19
98.75	9.20	9.18	9.19	9.17	9.18	9.16	9.17	9.15	9.16
99	9.16	9.14	9.15	9.13	9.14	9.12	9.13	9.12	9.13
99.25	9.12	9.10	9.11	9.09	9.11	9.09	9.10	9.09	9.10
99.50	9.08	9.06	9.07	9.06	9.07	9.06	9.07	9.05	9.06
99.75	9.04	9.02	9.04	9.02	9.03	9.02	9.03	9.02	9.03
100	9.00	8.99	9.00	8.99	9.00	8.99	9.00	8.99	9.00
100.25	8.96	8.95	8.96	8.95	8.97	8.95	8.97	8.95	8.97
100.50	8.92	8.91	8.93	8.92	8.93	8.92	8.93	8.92	8.94
100.75	8.88	8.87	8.89	8.88	8.90	8.89	8.90	8.89	8.90
101	8.85	8.84	8.85	8.84	8.86	8.85	8.87	8.86	8.87
101.25	8.81	8.80	8.82	8.81	8.83	8.82	8.83	8.83	8.84
101.50	8.77	8.76	8.78	8.77	8.79	8.78	8.80	8.79	8.81
101.75	8.73	8.72	8.75	8.74	8.76	8.75	8.77	8.76	8.78
102	8.69	8.69	8.71	8.70	8.72	8.72	8.74	8.73	8.75
102.25	8.65	8.65	8.67	8.67	8.69	8.69	8.70	8.70	8.72
102.50	8.62	8.61	8.64	8.64	8.66	8.65	8.67	8.67	8.68
102.75	8.58	8.58	8.60	8.60	8.62	8.62	8.64	8.64	8.65
103	8.54	8.54	8.57	8.57	8.59	8.59	8.61	8.60	8.62
103.25	8.50	8.51	8.53	8.53	8.56	8.55	8.58	8.57	8.59
103.50	8.47	8.47	8.50	8.50	8.52	8.52	8.54	8.54	8.56
103.75	8.43	8.43	8.46	8.46	8.49	8.49	8.51	8.51	8.53
104	8.39	8.40	8.43	8.43	8.46	8.46	8.48	8.48	8.50
104.25	8.36	8.36	8.39	8.40	8.42	8.43	8.45	8.45	8.47
104.50	8.32	8.33	8.36	8.36	8.39	8.39	8.42	8.42	8.44
104.75	8.28	8.29	8.32	8.33	8.36	8.36	8.39	8.39	8.41
105	8.25	8.26	8.29	8.30	8.33	8.33	8.35	8.36	8.38
105.50	8.17	8.19	8.22	8.23	8.26	8.27	8.29	8.30	8.32
106	8.10	8.12	8.15	8.16	8.20	8.20	8.23	8.24	8.26
106.50	8.03	8.05	8.09	8.10	8.13	8.14	8.17	8.18	8.20
107	7.96	7.98	8.02	8.03	8.07	8.08	8.11	8.12	8.14
107.50	7.89	7.91	7.95	7.97	8.00	8.02	8.05	8.06	8.09
108	7.82	7.84	7.89	7.90	7.94	7.96	7.99	8.00	8.03
108.50	7.75	7.77	7.82	7.84	7.88	7.89	7.93	7.94	7.97
109	7.68	7.71	7.75	7.78	7.82	7.83	7.87	7.88	7.91
109.50	7.61	7.64	7.69	7.71	7.76	7.77	7.81	7.83	7.86
110	7.54	7.57	7.62	7.65	7.69	7.71	7.75	7.77	7.80

Renditetabelle

10 %	Jahre										
Kurs	4½	5	5½	6	6½	7	7½	8	8½	9	9½
95.25	11.37	11.29	11.17	11.13	11.03	11.01	10.93	10.92	10.86	10.85	10.80
95.50	11.29	11.22	11.10	11.07	10.98	10.95	10.88	10.87	10.81	10.81	10.76
95.75	11.21	11.15	11.04	11.00	10.92	10.90	10.83	10.82	10.76	10.76	10.71
96	11.14	11.08	10.97	10.94	10.86	10.84	10.78	10.77	10.72	10.71	10.67
96.25	11.06	11.02	10.91	10.88	10.80	10.79	10.73	10.72	10.67	10.67	10.62
96.50	10.99	10.95	10.85	10.82	10.75	10.74	10.68	10.67	10.62	10.62	10.58
96.75	10.91	10.88	10.78	10.76	10.69	10.68	10.62	10.62	10.58	10.58	10.54
97	10.84	10.81	10.72	10.70	10.63	10.63	10.57	10.57	10.53	10.53	10.49
97.25	10.77	10.74	10.65	10.64	10.58	10.58	10.52	10.53	10.48	10.49	10.45
97.50	10.69	10.67	10.59	10.58	10.52	10.52	10.47	10.48	10.44	10.44	10.41
97.75	10.62	10.60	10.53	10.52	10.47	10.47	10.42	10.43	10.39	10.40	10.36
98	10.54	10.53	10.47	10.47	10.41	10.42	10.37	10.38	10.34	10.35	10.32
98.25	10.47	10.47	10.40	10.41	10.36	10.36	10.32	10.33	10.30	10.31	10.28
98.50	10.40	10.40	10.34	10.35	10.30	10.31	10.27	10.28	10.25	10.26	10.23
98.75	10.33	10.33	10.28	10.29	10.25	10.26	10.22	10.24	10.20	10.22	10.19
99	10.25	10.27	10.22	10.23	10.19	10.21	10.17	10.19	10.16	10.17	10.15
99.25	10.18	10.20	10.15	10.17	10.14	10.15	10.12	10.14	10.11	10.13	10.11
99.50	10.11	10.13	10.09	10.12	10.08	10.10	10.07	10.09	10.07	10.09	10.06
99.75	10.04	10.07	10.03	10.06	10.03	10.05	10.03	10.05	10.02	10.04	10.02
100	9.97	10.00	9.97	10.00	9.97	10.00	9.98	10.00	9.98	10.00	9.98
100.25	9.89	9.93	9.91	9.94	9.92	9.95	9.93	9.95	9.93	9.96	9.94
100.50	9.82	9.87	9.85	9.89	9.87	9.90	9.88	9.91	9.89	9.91	9.90
100.75	9.75	9.80	9.79	9.83	9.81	9.85	9.83	9.86	9.84	9.87	9.86
101	9.68	9.74	9.73	9.77	9.76	9.80	9.78	9.81	9.80	9.83	9.81
101.25	9.61	9.67	9.67	9.72	9.71	9.75	9.73	9.77	9.76	9.78	9.77
101.50	9.54	9.61	9.61	9.66	9.65	9.69	9.69	9.72	9.71	9.74	9.73
101.75	9.47	9.54	9.55	9.60	9.60	9.64	9.64	9.68	9.67	9.90	9.69
102	9.40	9.48	9.49	9.55	9.55	9.59	9.59	9.63	9.62	9.66	9.65
102.25	9.33	9.42	9.43	9.49	9.50	9.54	9.54	9.58	9.58	9.62	9.61
102.50	9.26	9.35	9.37	9.44	9.44	9.49	9.50	9.54	9.54	9.57	9.57
102.75	9.20	9.29	9.31	9.38	9.39	9.45	9.45	9.49	9.49	9.53	9.53
103	9.13	9.22	9.25	9.32	9.34	9.40	9.40	9.45	9.45	9.49	9.49
103.25	9.06	9.16	9.19	9.27	9.29	9.35	9.36	9.40	9.41	9.45	9.45
103.50	8.99	9.10	9.14	9.21	9.24	9.30	9.31	9.36	9.37	9.41	9.41
103.75	8.92	9.04	9.08	9.16	9.19	9.25	9.26	9.31	9.32	9.37	9.37
104	8.85	8.97	9.02	9.11	9.13	9.20	9.22	9.27	9.28	9.32	9.33
104.25	8.79	8.91	8.96	9.05	9.08	9.15	9.17	9.23	9.24	9.28	9.29
104.50	8.72	8.85	8.90	9.00	9.03	9.10	9.12	9.18	9.19	9.24	9.25
104.75	8.65	8.79	8.85	8.94	8.98	9.05	9.08	9.14	9.15	9.20	9.21
105	8.59	8.72	8.79	8.89	8.93	9.01	9.03	9.09	9.11	9.16	9.17
105.50	8.45	8.60	8.68	8.78	8.83	8.91	8.94	9.01	9.03	9.08	9.09
106	8.32	8.48	8.56	8.68	8.73	8.82	8.85	8.92	8.94	9.00	9.02
106.50	8.19	8.36	8.45	8.57	8.63	8.72	8.76	8.83	8.86	8.92	8.94
107	8.06	8.24	8.34	8.46	8.53	8.63	8.67	8.75	8.78	8.84	8.86
107.50	7.93	8.12	8.23	8.36	8.43	8.53	8.58	8.66	8.70	8.76	8.79
108	7.80	8.00	8.12	8.26	8.34	8.44	8.50	8.58	8.62	8.68	8.71
108.50	7.67	7.88	8.01	8.15	8.24	8.35	8.41	8.49	8.54	8.60	8.64
109	7.54	7.76	7.90	8.05	8.14	8.26	8.32	8.41	8.46	8.53	8.56
109.50	7.42	7.64	7.79	7.95	8.05	8.16	8.23	8.33	8.38	8.45	8.49
110	7.29	7.53	7.68	7.85	7.95	8.07	8.15	8.24	8.30	8.37	8.41

Renditetabelle

10 %	Jahre								
Kurs	10	10½	11	11½	12	12½	13	13½	14
95.25	10.80	10.76	10.76	10.72	10.72	10.69	10.69	10.66	10.67
95.50	10.76	10.71	10.72	10.68	10.68	10.65	10.66	10.62	10.63
95.75	10.71	10.67	10.67	10.64	10.64	10.61	10.62	10.59	10.60
96	10.67	10.63	10.63	10.60	10.60	10.57	10.58	10.55	10.56
96.25	10.63	10.59	10.59	10.56	10.57	10.53	10.54	10.51	10.52
96.50	10.58	10.55	10.55	10.52	10.53	10.50	10.51	10.48	10.49
96.75	10.54	10.51	10.51	10.48	10.49	10.46	10.47	10.44	10.45
97	10.50	10.46	10.47	10.44	10.45	10.42	10.43	10.41	10.42
97.25	10.46	10.42	10.43	10.40	10.41	10.38	10.40	10.37	10.38
97.50	10.41	10.38	10.39	10.36	10.37	10.35	10.36	10.33	10.35
97.75	10.37	10.34	10.35	10.32	10.34	10.31	10.32	10.30	10.31
98	10.33	10.30	10.31	10.29	10.30	10.27	10.29	10.26	10.28
98.25	10.29	10.26	10.27	10.25	10.26	10.24	10.25	10.23	10.24
98.50	10.25	10.22	10.23	10.21	10.22	10.20	10.21	10.19	10.21
98.75	10.21	10.18	10.19	10.17	10.19	10.16	10.18	10.16	10.17
99	10.16	10.14	10.16	10.13	10.15	10.13	10.14	10.12	10.14
99.25	10.12	10.10	10.12	10.10	10.11	10.09	10.11	10.09	10.10
99.50	10.08	10.06	10.08	10.06	10.07	10.05	10.07	10.05	10.07
99.75	10.04	10.02	10.04	10.02	10.04	10.02	10.04	10.02	10.03
100	10.00	9.98	10.00	9.98	10.00	9.98	10.00	9.98	10.00
100.25	9.96	9.94	9.96	9.94	9.96	9.95	9.96	9.95	9.97
100.50	9.92	9.90	9.92	9.91	9.93	9.91	9.93	9.91	9.93
100.75	9.88	9.86	9.89	9.87	9.89	9.88	9.89	9.88	9.90
101	9.84	9.82	9.85	9.83	9.85	9.84	9.86	9.85	9.87
101.25	9.80	9.79	9.81	9.80	9.82	9.81	9.83	9.81	9.83
101.50	9.76	9.75	9.77	9.76	9.78	9.77	9.79	9.78	9.80
101.75	9.72	9.71	9.73	9.72	9.75	9.74	9.76	9.75	9.77
102	9.68	9.67	9.70	9.69	9.71	9.70	9.72	9.71	9.73
102.25	9.64	9.63	9.66	9.65	9.68	9.67	9.69	9.68	9.70
102.50	9.60	9.59	9.62	9.61	9.64	9.63	9.65	9.65	9.67
102.75	9.56	9.56	9.58	9.58	9.60	9.60	9.62	9.61	9.63
103	9.52	9.52	9.55	9.54	9.57	9.56	9.59	9.58	9.60
103.25	9.48	9.48	9.51	9.51	9.53	9.53	9.55	9.55	9.57
103.50	9.44	9.44	9.47	9.47	9.50	9.49	9.52	9.51	9.54
103.75	9.41	9.41	9.44	9.44	9.46	9.46	9.49	9.48	9.50
104	9.37	9.37	9.40	9.40	9.43	9.43	9.45	9.45	9.47
104.25	9.33	9.33	9.36	9.36	9.39	9.39	9.42	9.42	9.44
104.50	9.29	9.29	9.33	9.33	9.36	9.36	9.39	9.38	9.41
104.75	9.25	9.26	9.29	9.29	9.33	9.33	9.35	9.35	9.38
105	9.21	9.22	9.26	9.26	9.29	9.29	9.32	9.32	9.35
105.50	9.14	9.15	9.18	9.19	9.22	9.23	9.26	9.26	9.28
106	9.06	9.07	9.11	9.12	9.16	9.16	9.19	9.19	9.22
106.50	8.99	9.00	9.04	9.05	9.09	9.09	9.13	9.13	9.16
107	8.91	8.93	8.97	8.98	9.02	9.03	9.06	9.07	9.10
107.50	8.84	8.86	8.90	8.92	8.95	8.96	9.00	9.00	9.03
108	8.77	8.79	8.83	8.85	8.89	8.90	8.94	8.94	8.97
108.50	8.69	8.72	8.76	8.78	8.82	8.84	8.87	8.88	8.91
109	8.62	8.65	8.70	8.71	8.76	8.77	8.81	8.82	8.85
109.50	8.55	8.58	8.63	8.65	8.69	8.71	8.75	8.76	8.79
110	8.48	8.51	8.56	8.58	8.63	8.65	8.69	8.70	8.73

Renditetabelle

0 %	Jahre					
Kurs	2¾	3	3¼	3½	3¾	4
60	20.41	18.56	17.02	15.71	14.59	13.62
60.25	20.23	18.40	16.87	15.58	14.47	13.50
60.50	20.05	18.24	16.72	15.44	14.34	13.39
60.75	19.87	18.07	16.57	15.30	14.21	13.27
61	19.69	17.91	16.43	15.17	14.09	13.15
61.25	19.51	17.75	16.28	15.03	13.97	13.04
61.50	19.34	17.59	16.13	14.90	13.84	12.92
61.75	19.16	17.43	15.99	14.77	13.72	12.81
62	18.99	17.27	15.85	14.63	13.60	12.69
62.25	18.81	17.12	15.70	14.50	13.47	12.58
62.50	18.64	16.96	15.56	14.37	13.35	12.47
62.75	18.47	16.81	15.42	14.24	13.23	12.36
63	18.30	16.65	15.28	14.11	13.11	12.24
63.25	18.12	16.50	15.14	13.98	12.99	12.13
63.50	17.96	16.34	15.00	13.85	12.87	12.02
63.75	17.79	16.19	14.86	13.73	12.76	11.91
64	17.62	16.04	14.72	13.60	12.64	11.80
64.25	17.45	15.89	14.58	13.47	12.52	11.69
64.50	17.29	15.74	14.45	13.35	12.40	11.59
64.75	17.12	15.59	14.31	13.22	12.29	11.48
65	16.96	15.44	14.17	13.10	12.17	11.37
65.25	16.80	15.29	14.04	12.97	12.06	11.26
65.50	16.63	15.15	13.90	12.85	11.94	11.16
65.75	16.47	15.00	13.77	12.73	11.83	11.05
66	16.31	14.86	13.64	12.61	11.72	10.95
66.25	16.15	14.71	13.51	12.48	11.61	10.84
66.50	15.99	14.57	13.37	12.36	11.49	10.74
66.75	15.83	14.42	13.24	12.24	11.38	10.63
67	15.68	14.28	13.11	12.12	11.27	10.53
67.25	15.52	14.14	12.98	12.00	11.16	10.43
67.50	15.36	14.00	12.86	11.88	11.05	10.33
67.75	15.21	13.86	12.73	11.77	10.94	10.22
68	15.06	13.72	12.60	11.65	10.83	10.12
68.25	14.90	13.58	12.47	11.53	10.72	10.02
68.50	14.75	13.44	12.35	11.42	10.62	9.92
68.75	14.60	13.30	12.22	11.30	10.51	9.82
69	14.45	13.17	12.09	11.18	10.40	9.72
69.25	14.30	13.03	11.97	11.07	10.29	9.62
69.50	14.15	12.89	11.85	10.96	10.19	9.52
69.75	14.00	12.76	11.72	10.84	10.08	9.42
70	13.85	12.62	11.60	10.73	9.98	9.33
70.25	13.70	12.49	11.48	10.62	9.87	9.23
70.50	13.55	12.36	11.36	10.50	9.77	9.13
70.75	13.41	12.23	11.23	10.39	9.67	9.04
71	13.26	12.09	11.11	10.28	9.56	8.94
71.25	13.12	11.96	10.99	10.17	9.46	8.84
71.50	12.97	11.83	10.87	10.06	9.36	8.75
71.75	12.83	11.70	10.75	9.95	9.26	8.65
72	12.69	11.57	10.64	9.84	9.16	8.56
72.25	12.55	11.44	10.52	9.73	9.05	8.47

Renditetabelle

0 %	Jahre					
Kurs	2¾	3	3¼	3½	3¾	4
72.50	12.41	11.32	10.40	9.62	8.95	8.37
72.75	12.26	11.19	10.28	9.52	8.85	8.28
73	12.12	11.06	10.17	9.41	8.75	8.19
74	11.57	10.56	9.71	8.98	8.36	7.82
75	11.03	10.06	9.26	8.57	7.97	7.46
76	10.49	9.58	8.81	8.16	7.59	7.10
77	9.97	9.10	8.37	7.75	7.22	6.75
78	9.46	8.63	7.94	7.36	6.85	6.41
79	8.95	8.17	7.52	6.97	6.49	6.07
80	8.45	7.72	7.11	6.58	6.13	5.74
81	7.96	7.28	6.70	6.21	5.78	5.41
82	7.48	6.84	6.30	5.83	5.43	5.09
83	7.01	6.41	5.90	5.47	5.09	4.77
84	6.55	5.98	5.51	5.11	4.76	4.46
85	6.09	5.57	5.13	4.75	4.43	4.15
86	5.64	5.16	4.75	4.40	4.10	3.84
87	5.19	4.75	4.38	4.06	3.78	3.54
88	4.76	4.35	4.01	3.72	3.47	3.25
89	4.33	3.96	3.65	3.39	3.16	2.96
90	3.91	3.57	3.29	3.06	2.85	2.67
91	3.49	3.19	2.94	2.73	2.55	2.39
92	3.08	2.82	2.60	2.41	2.25	2.11
93	2.67	2.45	2.26	2.10	1.95	1.83
94	2.28	2.08	1.92	1.78	1.66	1.56
95	1.88	1.72	1.59	1.48	1.38	1.29

Renditetabelle

0 %	Jahre										
Kurs	5	5½	6	6½	7	7½	8	8½	9	9½	10
20	37.97	33.99	30.77	28.10	25.85	23.94	22.28	20.85	19.58	18.46	17.46
20.50	37.29	33.39	30.23	27.61	25.41	23.53	21.91	20.50	19.25	18.15	17.17
21	36.63	32.81	29.71	27.14	24.98	23.13	21.54	20.15	18.93	17.85	16.89
21.50	35.99	32.24	29.20	26.68	24.56	22.75	21.18	19.82	18.62	17.56	16.62
22	35.37	31.69	28.71	26.23	24.15	22.37	20.84	19.50	18.32	17.28	16.35
22.50	34.76	31.16	28.22	25.80	23.75	22.00	20.50	19.18	18.03	17.00	16.09
23	34.17	30.63	27.76	25.37	23.36	21.65	20.17	18.88	17.74	16.73	15.83
23.50	33.59	30.12	27.30	24.96	22.98	21.30	19.84	18.57	17.46	16.47	15.58
24	33.03	29.63	26.85	24.55	22.61	20.96	19.53	18.28	17.18	16.21	15.34
24.50	32.49	29.14	26.42	24.16	22.25	20.63	19.22	17.99	16.92	15.96	15.10
25	31.95	28.67	25.99	23.77	21.90	20.30	18.92	17.71	16.65	15.71	14.87
25.50	31.43	28.20	25.58	23.40	21.56	19.99	18.63	17.44	16.40	15.47	14.64
26	30.92	27.75	25.17	23.03	21.22	19.68	18.34	17.17	16.15	15.23	14.42
26.50	30.42	27.31	24.77	22.67	20.89	19.37	18.06	16.91	15.90	15.00	14.20
27	29.94	26.88	24.39	22.32	20.57	19.07	17.78	16.65	15.66	14.78	13.99
27.50	29.46	26.46	24.01	21.97	20.25	18.78	17.51	16.40	15.42	14.56	13.78
28	28.99	26.04	23.63	21.63	19.94	18.50	17.25	16.16	15.19	14.34	13.58
28.50	28.54	25.64	23.27	21.30	19.64	18.22	16.99	15.91	14.97	14.13	13.37
29	28.09	25.24	22.91	20.98	19.34	17.95	16.73	15.68	14.74	13.92	13.18
29.50	27.65	24.85	22.56	20.66	19.05	17.68	16.49	15.44	14.53	13.71	12.98
30	27.23	24.47	22.22	20.35	18.77	17.41	16.24	15.22	14.31	13.51	12.79
30.50	26.81	24.10	21.88	20.04	18.49	17.15	16.00	14.99	14.10	13.31	12.61
31	26.39	23.73	21.56	19.74	18.21	16.90	15.77	14.77	13.90	13.12	12.43
31.50	25.99	23.37	21.23	19.45	17.94	16.65	15.53	14.56	13.70	12.93	12.25
32	25.59	23.02	20.91	19.16	17.68	16.41	15.31	14.35	13.50	12.74	12.07
32.50	25.21	22.67	20.60	18.88	17.42	16.17	15.08	14.14	13.30	12.56	11.90
33	24.82	22.33	20.30	18.60	17.16	15.93	14.86	13.93	13.11	12.38	11.72
33.50	24.45	22.00	19.99	18.32	16.91	15.70	14.65	13.73	12.92	12.20	11.56
34	24.08	21.67	19.70	18.05	16.66	15.47	14.44	13.53	12.73	12.03	11.39
34.50	23.72	21.35	19.41	17.79	16.42	15.25	14.23	13.34	12.55	11.85	11.23
35	23.36	21.03	19.12	17.53	16.18	15.02	14.02	13.15	12.37	11.68	11.07
35.50	23.01	20.72	18.84	17.27	15.95	14.81	13.82	12.96	12.20	11.52	10.91
36	22.67	20.41	18.56	17.02	15.71	14.59	13.62	12.77	12.02	11.35	10.76
36.50	22.33	20.11	18.29	16.77	15.49	14.38	13.43	12.59	11.85	11.19	10.60
37	22.00	19.81	18.02	16.53	15.26	14.18	13.23	12.41	11.68	11.03	10.45
37.50	21.67	19.52	17.76	16.29	15.04	13.97	13.04	12.23	11.51	10.88	10.31
38	21.35	19.23	17.50	16.05	14.82	13.77	12.86	12.06	11.35	10.72	10.16
38.50	21.03	18.95	17.24	15.82	14.61	13.57	12.67	11.88	11.19	10.57	10.02
39	20.72	18.67	16.99	15.59	14.40	13.38	12.49	11.71	11.03	10.42	9.87
39.50	20.41	18.40	16.74	15.36	14.19	13.18	12.31	11.55	10.87	10.27	9.73
40	20.11	18.13	16.50	15.14	13.99	12.99	12.14	11.38	10.72	10.13	9.60
41	19.52	17.60	16.02	14.70	13.58	12.62	11.79	11.06	10.41	9.84	9.33
42	18.95	17.08	15.56	14.28	13.19	12.26	11.45	10.74	10.12	9.56	9.06
43	18.39	16.58	15.10	13.86	12.81	11.91	11.13	10.44	9.83	9.29	8.81
44	17.84	16.10	14.66	13.46	12.44	11.57	10.81	10.14	9.55	9.03	8.56
45	17.32	15.63	14.23	13.07	12.08	11.23	10.50	9.85	9.28	8.77	8.31
46	16.80	15.16	13.82	12.69	11.73	10.91	10.19	9.57	9.01	8.52	8.07
47	16.30	14.71	13.41	12.32	11.39	10.59	9.90	9.29	8.75	8.27	7.84
48	15.81	14.28	13.01	11.95	11.05	10.28	9.61	9.02	8.50	8.03	7.62
49	15.33	13.85	12.62	11.60	10.73	9.98	9.33	8.75	8.25	7.80	7.39

Renditetabelle

0 %	Jahre										
Kurs	5	5½	6	6½	7	7½	8	8½	9	9½	10
50	14.87	13.43	12.25	11.25	10.41	9.68	9.05	8.50	8.01	7.57	7.18
51	14.42	13.02	11.88	10.91	10.10	9.39	8.78	8.24	7.77	7.35	6.97
52	13.97	12.63	11.51	10.58	9.79	9.11	8.52	8.00	7.54	7.13	6.76
53	13.54	12.24	11.16	10.26	9.49	8.83	8.26	7.76	7.31	6.91	6.55
54	13.12	11.86	10.82	9.94	9.20	8.56	8.01	7.52	7.09	6.70	6.36
55	12.70	11.48	10.48	9.63	8.92	8.30	7.76	7.29	6.87	6.50	6.16
56	12.30	11.12	10.15	9.33	8.64	8.04	7.52	7.06	6.65	6.29	5.97
57	11.90	10.76	9.82	9.03	8.36	7.78	7.28	6.84	6.44	6.10	5.78
58	11.51	10.41	9.50	8.74	8.09	7.53	7.05	6.62	6.24	5.90	5.60
59	11.13	10.07	9.19	8.46	7.83	7.29	6.82	6.40	6.04	5.71	5.42
60	10.76	9.73	8.89	8.18	7.57	7.05	6.59	6.19	5.84	5.52	5.24
61	10.39	9.40	8.59	7.90	7.32	6.81	6.37	5.99	5.65	5.34	5.07
62	10.03	9.08	8.29	7.63	7.07	6.58	6.16	5.79	5.46	5.16	4.90
63	9.68	8.76	8.00	7.37	6.82	6.35	5.95	5.59	5.27	4.98	4.73
64	9.34	8.45	7.72	7.11	6.58	6.13	5.74	5.39	5.08	4.81	4.56
65	9.00	8.15	7.44	6.85	6.35	5.91	5.53	5.20	4.90	4.64	4.40
66	8.67	7.85	7.17	6.60	6.12	5.70	5.33	5.01	4.73	4.47	4.24
67	8.34	7.55	6.90	6.35	5.89	5.48	5.13	4.82	4.55	4.31	4.09
68	8.02	7.26	6.64	6.11	5.66	5.28	4.94	4.64	4.38	4.14	3.93
69	7.70	6.98	6.38	5.87	5.44	5.07	4.75	4.46	4.21	3.98	3.78
70	7.39	6.70	6.12	5.64	5.23	4.87	4.56	4.29	4.04	3.83	3.63
72	6.79	6.15	5.63	5.18	4.80	4.48	4.19	3.94	3.72	3.52	3.34
74	6.21	5.63	5.15	4.74	4.40	4.10	3.84	3.61	3.40	3.22	3.06
76	5.64	5.12	4.68	4.31	4.00	3.73	3.49	3.28	3.10	2.93	2.78
78	5.09	4.62	4.23	3.90	3.61	3.37	3.15	2.97	2.80	2.65	2.52

Renditetabelle

0 %	Jahre						
Kurs	10½	11	11½	12	12½	13	13½
10	24.52	23.28	22.17	21.15	20.23	19.38	18.60
10.50	23.94	22.74	21.65	20.66	19.76	18.93	18.17
11	23.39	22.22	21.16	20.19	19.31	18.51	17.76
11.50	22.87	21.73	20.69	19.75	18.89	18.10	17.38
12	22.38	21.26	20.25	19.33	18.49	17.72	17.01
12.50	21.90	20.81	19.82	18.92	18.10	17.35	16.65
13	21.45	20.38	19.41	18.53	17.73	16.99	16.31
13.50	21.01	19.97	19.02	18.16	17.37	16.65	15.99
14	20.59	19.57	18.65	17.80	17.03	16.33	15.68
14.50	20.19	19.19	18.28	17.46	16.71	16.01	15.38
15	19.80	18.82	17.94	17.13	16.39	15.71	15.09
15.50	19.43	18.47	17.60	16.81	16.08	15.42	14.81
16	19.07	18.13	17.28	16.50	15.79	15.14	14.54
16.50	18.72	17.80	16.96	16.20	15.51	14.87	14.28
17	18.38	17.48	16.66	15.91	15.23	14.60	14.03
17.50	18.06	17.17	16.37	15.63	14.96	14.35	13.78
18	17.74	16.87	16.08	15.36	14.70	14.10	13.54
18.25	17.59	16.72	15.94	15.23	14.58	13.98	13.43
18.50	17.43	16.58	15.80	15.10	14.45	13.86	13.31
18.75	17.28	16.44	15.67	14.97	14.33	13.74	13.20
19	17.14	16.30	15.54	14.84	14.21	13.63	13.09
19.25	16.99	16.16	15.40	14.72	14.09	13.51	12.98
19.50	16.85	16.02	15.28	14.59	13.97	13.40	12.87
19.75	16.70	15.89	15.15	14.47	13.86	13.29	12.77
20	16.57	15.76	15.02	14.35	13.74	13.18	12.66
20.25	16.43	15.63	14.90	14.23	13.63	13.07	12.56
20.50	16.29	15.50	14.78	14.12	13.52	12.96	12.46
20.75	16.16	15.37	14.65	14.00	13.41	12.86	12.35
21	16.02	15.24	14.53	13.89	13.30	12.76	12.26
21.25	15.89	15.12	14.42	13.78	13.19	12.65	12.16
21.50	15.77	15.00	14.30	13.67	13.08	12.55	12.06
21.75	15.64	14.88	14.19	13.56	12.98	12.45	11.96
22	15.51	14.76	14.07	13.45	12.88	12.35	11.87
22.25	15.39	14.64	13.96	13.34	12.78	12.25	11.78
22.50	15.26	14.52	13.85	13.24	12.67	12.16	11.68
22.75	15.14	14.41	13.74	13.13	12.57	12.06	11.59
23	15.02	14.29	13.63	13.03	12.48	11.97	11.50
23.25	14.91	14.18	13.53	12.93	12.38	11.88	11.41
23.50	14.79	14.07	13.42	12.83	12.28	11.78	11.32
23.75	14.67	13.96	13.32	12.73	12.19	11.69	11.24
24	14.56	13.85	13.21	12.63	12.09	11.60	11.15
24.25	14.45	13.75	13.11	12.53	12.00	11.51	11.06
24.50	14.33	13.64	13.01	12.44	11.91	11.43	10.98
24.75	14.22	13.53	12.91	12.34	11.82	11.34	10.90
25	14.11	13.43	12.81	12.25	11.73	11.25	10.81
25.25	14.01	13.33	12.71	12.15	11.64	11.17	10.73
25.50	13.90	13.23	12.62	12.06	11.55	11.08	10.65
25.75	13.79	13.13	12.52	11.97	11.46	11.00	10.57
26	13.69	13.03	12.43	11.88	11.38	10.92	10.49
26.25	13.59	12.93	12.33	11.79	11.29	10.84	10.41

Renditetabelle

0 %	Jahre						
Kurs	10½	11	11½	12	12½	13	13½
26.50	13.48	12.83	12.24	11.70	11.21	10.76	10.34
26.75	13.38	12.74	12.15	11.62	11.13	10.68	10.26
27	13.28	12.64	12.06	11.53	11.04	10.60	10.18
27.25	13.18	12.55	11.97	11.44	10.96	10.52	10.11
27.50	13.08	12.45	11.88	11.36	10.88	10.44	10.04
27.75	12.99	12.36	11.79	11.27	10.80	10.36	9.96
28	12.89	12.27	11.71	11.19	10.72	10.29	9.89
28.25	12.79	12.18	11.62	11.11	10.64	10.21	9.82
28.50	12.70	12.09	11.53	11.03	10.56	10.14	9.74
28.75	12.61	12.00	11.45	10.95	10.49	10.06	9.67
29	12.51	11.91	11.36	10.87	10.41	9.99	9.60
29.25	12.42	11.82	11.28	10.79	10.33	9.92	9.53
29.50	12.33	11.74	11.20	10.71	10.26	9.85	9.46
29.75	12.24	11.65	11.12	10.63	10.18	9.77	9.40
30	12.15	11.57	11.04	10.55	10.11	9.70	9.33
31	11.80	11.23	10.72	10.25	9.82	9.43	9.06
32	11.46	10.91	10.42	9.96	9.54	9.16	8.81
33	11.14	10.60	10.12	9.68	9.27	8.90	8.56
34	10.82	10.30	9.84	9.41	9.01	8.65	8.32
35	10.52	10.01	9.56	9.14	8.76	8.41	8.09
36	10.22	9.73	9.29	8.89	8.52	8.18	7.86
37	9.93	9.46	9.03	8.64	8.28	7.95	7.64
38	9.65	9.19	8.78	8.40	8.05	7.73	7.43
39	9.38	8.94	8.53	8.16	7.82	7.51	7.22
40	9.12	8.69	8.29	7.93	7.61	7.30	7.02

Renditetabelle

0 %			Jahre			
Kurs	14	14½	15	16	17	18
10	17.88	17.21	16.59	15.48	14.50	13.65
10.50	17.47	16.82	16.21	15.13	14.18	13.34
11	17.08	16.44	15.85	14.79	13.86	13.05
11.50	16.71	16.09	15.51	14.47	13.57	12.77
12	16.35	15.75	15.18	14.17	13.28	12.50
12.50	16.01	15.42	14.87	13.88	13.01	12.25
13	15.69	15.11	14.57	13.60	12.75	12.00
13.50	15.38	14.81	14.28	13.33	12.50	11.77
14	15.08	14.52	14.01	13.08	12.26	11.54
14.50	14.79	14.24	13.74	12.83	12.03	11.32
15	14.51	13.98	13.48	12.59	11.81	11.12
15.50	14.24	13.72	13.23	12.36	11.59	10.91
16	13.99	13.47	12.99	12.14	11.38	10.72
16.50	13.73	13.23	12.76	11.92	11.18	10.53
17	13.49	13.00	12.54	11.71	10.99	10.35
17.50	13.26	12.77	12.32	11.51	10.80	10.17
18	13.03	12.55	12.11	11.31	10.61	10.00
18.25	12.92	12.45	12.01	11.22	10.52	9.91
18.50	12.81	12.34	11.91	11.12	10.44	9.83
18.75	12.70	12.24	11.81	11.03	10.35	9.75
19	12.59	12.13	11.71	10.94	10.26	9.67
19.25	12.49	12.03	11.61	10.85	10.18	9.59
19.50	12.39	11.93	11.51	10.76	10.09	9.51
19.75	12.28	11.84	11.42	10.67	10.01	9.43
20	12.18	11.74	11.33	10.58	9.93	9.35
20.25	12.08	11.64	11.23	10.50	9.85	9.28
20.50	11.99	11.55	11.14	10.41	9.77	9.20
20.75	11.89	11.46	11.05	10.33	9.69	9.13
21	11.79	11.36	10.96	10.25	9.61	9.06
21.25	11.70	11.27	10.88	10.16	9.54	8.99
21.50	11.60	11.18	10.79	10.08	9.46	8.91
21.75	11.51	11.09	10.71	10.00	9.39	8.84
22	11.42	11.01	10.62	9.93	9.32	8.78
22.25	11.33	10.92	10.54	9.85	9.24	8.71
22.50	11.24	10.84	10.46	9.77	9.17	8.64
22.75	11.16	10.75	10.37	9.70	9.10	8.57
23	11.07	10.67	10.29	9.62	9.03	8.51
23.25	10.98	10.58	10.21	9.55	8.96	8.44
23.50	10.90	10.50	10.14	9.47	8.89	8.38
23.75	10.81	10.42	10.06	9.40	8.82	8.31
24	10.73	10.34	9.98	9.33	8.76	8.25
24.25	10.65	10.26	9.91	9.26	8.69	8.19
24.50	10.57	10.19	9.83	9.19	8.63	8.13
24.75	10.49	10.11	9.76	9.12	8.56	8.07
25	10.41	10.03	9.68	9.05	8.50	8.01
25.25	10.33	9.96	9.61	8.98	8.43	7.95
25.50	10.25	9.88	9.54	8.92	8.37	7.89
25.75	10.18	9.81	9.47	8.85	8.31	7.83
26	10.10	9.74	9.40	8.78	8.25	7.77
26.25	10.02	9.66	9.33	8.72	8.19	7.71

Renditetabelle

0 %	Jahre					
Kurs	14	14½	15	16	17	18
26.50	9.95	9.59	9.26	8.65	8.13	7.66
26.75	9.88	9.52	9.19	8.59	8.07	7.60
27	9.80	9.45	9.12	8.53	8.01	7.55
27.25	9.73	9.38	9.05	8.46	7.95	7.49
27.50	9.66	9.31	8.99	8.40	7.89	7.44
27.75	9.59	9.24	8.92	8.34	7.83	7.38
28	9.52	9.18	8.86	8.28	7.78	7.33
28.25	9.45	9.11	8.79	8.22	7.72	7.28
28.50	9.38	9.04	8.73	8.16	7.66	7.22
28.75	9.31	8.98	8.67	8.10	7.61	7.17
29	9.24	8.91	8.60	8.04	7.55	7.12
29.25	9.18	8.85	8.54	7.99	7.50	7.07
29.50	9.11	8.78	8.48	7.93	7.45	7.02
29.75	9.05	8.72	8.42	7.87	7.39	6.97
30	8.98	8.66	8.36	7.82	7.34	6.92
31	8.73	8.41	8.12	7.59	7.13	6.72
32	8.48	8.18	7.89	7.38	6.93	6.53
33	8.24	7.95	7.67	7.17	6.74	6.35
34	8.01	7.72	7.46	6.98	6.55	6.18
35	7.79	7.51	7.25	6.78	6.37	6.01
36	7.57	7.30	7.05	6.59	6.19	5.84
37	7.36	7.10	6.85	6.41	6.02	5.68
38	7.16	6.90	6.66	6.23	5.86	5.52
39	6.96	6.71	6.48	6.06	5.70	5.37
40	6.76	6.52	6.30	5.89	5.54	5.22

Zinseszinstabelle (Zahlen gerundet)

Jahre	3 %	4 %	5 %	6 %	7 %	8 %	9 %	10 %
1	1.03	1.04	1.05	1.06	1.07	1.08	1.09	1.10
2	1.06	1.08	1.10	1.12	1.14	1.17	1.19	1.21
3	1.09	1.12	1.16	1.19	1.23	1.26	1.30	1.33
4	1.13	1.17	1.22	1.26	1.31	1.36	1.41	1.46
5	1.16	1.22	1.28	1.34	1.40	1.47	1.54	1.61
6	1.19	1.27	1.34	1.42	1.50	1.59	1.68	1.77
7	1.23	1.32	1.41	1.50	1.61	1.71	1.83	1.95
8	1.27	1.37	1.48	1.59	1.72	1.85	1.99	2.14
9	1.30	1.42	1.55	1.69	1.84	2.00	2.17	2.36
10	1.34	1.48	1.63	1.79	1.97	2.16	2.37	2.59
11	1.38	1.54	1.71	1.90	2.10	2.33	2.58	2.85
12	1.43	1.60	1.80	2.01	2.25	2.52	2.81	3.14
13	1.47	1.67	1.89	2.13	2.41	2.72	3.07	3.45
14	1.51	1.73	1.98	2.26	2.58	2.94	3.34	3.80
15	1.56	1.80	2.08	2.40	2.76	3.17	3.64	4.18
16	1.60	1.87	2.18	2.54	2.95	3.43	3.97	4.59
17	1.65	1.95	2.29	2.69	3.16	3.70	4.33	5.05
18	1.70	2.03	2.41	2.85	3.38	4.00	4.72	5.56
19	1.75	2.11	2.53	3.03	3.62	4.32	5.14	6.12
20	1.81	2.19	2.65	3.21	3.87	4.66	5.60	6.73
21	1.86	2.28	2.79	3.40	4.14	5.03	6.11	7.40
22	1.92	2.37	2.93	3.60	4.43	5.44	6.66	8.14
23	1.97	2.46	3.07	3.82	4.74	5.87	7.26	8.95
24	2.03	2.56	3.23	4.05	5.07	6.34	7.91	9.85
25	2.09	2.67	3.39	4.29	5.43	6.85	8.62	10.83
26	2.16	2.77	3.56	4.55	5.81	7.40	9.40	11.92
27	2.22	2.88	3.73	4.82	6.21	7.99	10.25	13.11
28	2.29	3.00	3.92	5.11	6.65	8.63	11.17	14.42
29	2.36	3.12	4.12	5.42	7.11	9.32	12.17	15.86
30	2.43	3.24	4.32	5.74	7.61	10.06	13.27	17.45

Quelle: Allgemeine Sparkasse Linz

So entwickelt sich ein Vermögen unter Berücksichtigung einer 50prozentigen Einkommensteuerprogression und der 1prozentigen Vermögensteuer:

	Nettoertrag p. a. nach Steuern	Der Nettoertrag ist um X % höher als bei einer Spareinlage	Bei einem Kapitaleinsatz von 1 Mio. S: Nettoertrag in öS pro Jahr (Ertrag + Wertsteigerung)	Vorhandenes Vermögen nach 10 Jahren	Vorhandenes Vermögen nach 20 Jahren
Spareinlage 4 %	1 %	–	10.000,–	1,104.000,–	1,220.000,–
6,5 % Anleihe	2,25 %	+ 125 %	22.500,–	1,249.000,–	1,561.000,–
ausl. Aktien Dividendenrendite 3 % keine Kurssteigerung	0,5 %	– 50 %	5.000,–	1,051.000,–	1,105.000,–
ausl. Aktien Dividendenrendite 3 % Kurssteigerung 5 % p. a.	5,5 %	+ 450 %	55.000,–	1,708.000,–	2,918.000,–
ausl. Aktien Dividendenrendite 3 % Kurssteigerung 10 % p. a.	10,5 %	+ 950 %	105.000,–	2,714.000,–	7,366.000,–
inl. Aktien Dividendenrendite 3 % Kurssteigerung 10 % p. a.	11,4 %	+ 1.040 %	114.000,–	2,943.000,–	8,663.000,–

Das unterschiedliche Ergebnis der Veranlagung in ausländischen und inländischen Aktien resultiert daraus, daß die Dividenden inländischer Aktien nur mit dem halben Durchschnittssteuersatz (hier mit 20 % angenommen) versteuert werden.

SPESEN

Mit Trading, dem Versuch, die kurzfristige Kursfluktuation profitabel zu nützen, ist noch kaum jemand reich geworden. Die Rendite wird meist von den Spesen aufgefressen.
Über die Kosten von Wertpapiertransaktionen sollte man aber nicht großzügig hinwegsehen, wenn man Renditeschätzungen vornimmt. Die Spesen können vor allem dann schwer ins Gewicht fallen, wenn mit Kleinaufträgen operiert wird, wenn etwa die verkauften Stückzahlen nicht den handelsüblichen Schlußeinheiten entsprechen. Der englische Fachausdruck dafür heißt „odd-lots". Bei ausländischen Werten wird üblicherweise noch die Devisenprovision hinzugerechnet.
Für inländische Anleihen und Investmentzertifikate werden bei Kauf und Verkauf jeweils 0,75 Prozent des Kurswertes, mindestens S 100,–, verrechnet. Kauf und Verkauf von Aktien, die an der Wiener Börse notiert sind (auch die ausländischen), sowie von österreichischen Optionsscheinen werden mit jeweils 1,25 Prozent des Kurswerts, mindestens mit S 300,–, belastet. Bei Auslandsanleihen und bei (nicht in Wien notierten) Auslandsaktien kommen noch jeweils 0,25 Prozent Devisenprovision hinzu. Die Mindestspesen für Auslandsanleihen und ausländische Investmentzertifikate betragen S 200,– und für ausländische Aktien und Optionsscheine S 400,–. Für die Korrespondenz mit Brokern und Auslandsbanken werden zusätzlich S 50,– in Rechnung gestellt. Die direkte Geschäftsabwicklung über eine Auslandsbank oder einen Broker zahlt sich für den Normalanleger bestenfalls im benachbarten Deutschland aus.
In diesen Spesen sind auch die Börsenumsatzsteuer (0,15 Prozent des Kurswerts für Aktien) und die Courtage (Sensarie), die Vermittlungsgebühr für die Sensale, enthalten.
Die Verwahrung der Wertpapiere auf einem Depot bei einer österreichischen Bank (bei Auslandswerten ist die Depotverwahrung Pflicht) kostet ebenfalls. Für die Sammelverwahrung werden 1,5 Promille des Kurswerts verrechnet. Sammelverwahrung heißt, daß der Anleger nur Anspruch auf die von ihm erworbene Anzahl von Stücken, nicht aber auf ganz bestimmte Papiere hat. Versteift er sich auf bestimmte Stücke, muß er sie im Streifband verwahren lassen. Das kostet drei Promille des Kurswerts. Anleihen, die meist gar nicht mehr ausgedruckt wer-

den, können in der Regel nur als Sammelbestand verwahrt werden. Für ausländische Aktien, die nicht an der Wiener Börse notieren, werden fünf Promille verrechnet. Bei größeren Beständen lassen die Geldinstitute in der Regel mit sich reden.
Unerwartete Kosten in Form von Währungsrisken können beim Erwerb von Neuemissionen am Euromarkt auftreten. Die Zeichnungsfrist erstreckt sich oft über einen längeren Zeitraum. Valutatag, der Tag, an dem die tatsächliche Zahlung erfolgt, ist oft erst einen Monat später. In der Zwischenzeit kann der Wechselkurs schwanken. Je nach erwarteter Kursentwicklung kann sich der Anleger entscheiden, ob er das Wertpapier kauft und es ganz normal am später fälligen Valutatag bezahlt, oder ob er gleichzeitig mit dem Wertpapierkauf auch den Wechselkurs fixiert. Die sofortige Fixierung ist dann angezeigt, wenn die Währung bis zum Zahltag voraussichtlich nach oben floatet.
Ein Beispiel zur Illustration:
Im Eurobondhandel werden Anleihen mit einer Valutafrist von einer Woche gehandelt. Kauft nun ein Anleger etwa am Montag, dem 10. Oktober, eine Anleihe am Sekundärmarkt, ist der Betrag am darauffolgenden Montag, dem 17. Oktober, zur Zahlung fällig. Die Devisen werden, den Usancen im Devisengeschäft entsprechend, zwei Tage vor Fälligkeit angekauft. Das bedeutet in diesem Fall Ankauf des Fremdwährungsbetrags zum Devisenkurs vom Donnerstag, dem 13. Oktober. Selbst in den wenigen Tagen zwischen dem Abschluß des Geschäfts und dem Ankauf der Devisen kann sich der Kurs deutlich verändern. Für den Anleger, der befürchtet, daß der Kurs steigt, besteht auch hier die Möglichkeit, den Devisenkurs gleich beim Kauf der Anleihe am Montag, den 10. Oktober, zu fixieren.

Die Spesensätze an verschiedenen Börseplätzen

Die Angaben (laut Handbuch „Die Börse 1990“, Stand: Dezember 1990) stellen Richtwerte dar. Bei Kleinaufträgen (Odd Lots) werden vielfach höhere Spesen verrechnet. Zu den ausländischen Spesen kommen noch die inländischen Spesen hinzu, für die ein Richtwert von 1,5 Prozent des Kurswerts gilt. Zusätzlich verrechnet werden Fernschreib- und Lieferspesen. Die Gesamtkosten sind für Kleinaufträge daher unverhältnismäßig hoch.

New York

Börsezeit: 15.30 bis 22 Uhr MEZ
Spesen: frei vereinbar.
Richtwerte für Orders über 100 Stück (Round Lots):
Bis $ 300,–: 10 %
$ 300,– bis 800,–: 2,696 % plus $ 8,43, mindestens $ 30,–
$ 800,– bis 2.500,–: 1,685 % plus $ 20,–
$ 2.500,– bis 5.000,–: 1,236 % plus $ 32,86, höchstens $ 87,–
darüber: $ 92,–
Orders über weniger als 100 Stück (Odd Lots) bekommen einen Kursaufschlag beziehungsweise Kursabschlag von einem Achteldollar auf den beziehungsweise vom Kurs. Alle Aufträge werden fortlaufend abgewickelt.
Wertstellung: 5 Tage nach Abschlußtag.

Frankfurt

Börsezeit: 10.30 bis 13.30 Uhr
Spesen: 0,58 %
50 Stück oder ein Vielfaches werden in variabler Notiz, kleinere Aufträge zum Kassakurs (Einheitskurs) ausgeführt.
Wertstellung: 2 Tage nach Abschlußtag.

Zürich

Börsezeit: 10 bis 16 Uhr (Hauptbörse)
Spesen: von 1991 an frei vereinbar.
Richtwerte bis Ende 1990:
Bis sfr 50.000,–: 0,8 % (Auslandsaktien: 1 %)
darüber: gestaffelt 0,7 bis 0,2 %.
Mindestspesen: sfr 30,– für inländische, sfr 80,– für ausländische Aktien.
Steuern: sfr 0,90 für sfr 1.000,– Stempelgebühr und Börsenabgabe (sfr 1,65 für Auslandsaktien).
Der Erwerb von Namenaktien ist bei nur sehr wenigen Gesellschaften möglich.
Wertstellung: 3 Tage nach Abschlußtag.

Amsterdam

Börsezeit: 8.30 bis 17 Uhr MEZ
Spesen: Bis hfl 5.000,–: 1,5 %
Mehrbeträge bis hfl 20.000,–: 1 %
darüber: 0,7 %
ab hfl 1.000.000,– frei vereinbar
pro Abschluß zusätzlich hfl 7,50.
Steuern: 0,12 % Stempelgebühr, höchstens hfl 1.200,–
Wertstellung: 10 Tage nach Abschlußtag.

London

Börsezeit: 10 bis 18 Uhr MEZ (SEAQ-System)
Spesen: Frei vereinbar.
Richtwerte:
Bis lb 7.000,–: 1,65 %
lb 7.000,– bis 15.000,–: 0,55 %
darüber: gestaffelt 0,5 bis 0,125 %
Steuern: 0,5 % Stempelgebühr.
Wertstellung: Jeweils der übernächste Montag nach Ende der Abrechnungsperiode.

Mailand

Börsezeit: 10 bis 13.45 Uhr.
Spesen: 0,7 %, mindestens lit. 5.000,–
Steuern: lit 100,– für lit 100.000,– Stempelgebühr.
Wertstellung: Abrechnungsperiode ist ein Monat, jeweils zur Monatsmitte, die Wertstellung erfolgt an den letzten Tagen des Monats nach einer Abrechnungsperiode (das ist der jeweils übernächste Monatsultimo).

Madrid

Börsezeit: 10 bis 13 Uhr MEZ
Spesen: 0,75 %, mindestens ptas 250,–
Steuern: Bis ptas 2.000.000,– gestaffelt bis ptas 2.400,–.
Wertstellung: 8 bis 12 Tage nach Abschlußtag.

Paris

Börsezeit: 10 bis 17 Uhr MEZ (CAC-Computerhandelssystem).
Spesen: Bis ff 600.000,–: 0,65 %,
darüber: 0,43 bis 0,215 %, Mindestspesen ff 10,–.
Steuern: Stempelgebühr 0,3 %, ab ff 1.000.000,–: 0,15 %.
Umsatzsteuer vom Spesenbetrag: 18,6 %.
Wertstellung: Am Kassamarkt meist 2 Tage nach Abschlußtag.

Tokio

Börsezeit: 1 bis 3 Uhr, 5 bis 7 Uhr MEZ.
Spesen: Bis Yen 1.000.000,–: 1,20 %,
darüber: 1,00 bis 0,15 %, Mindestspesen Yen 2.500,–.
Mindestschluß sind 1.000 Aktien oder ein Vielfaches.
Steuern: Bei Verkauf 0,55 % Börsenumsatzsteuer.
Wertstellung: Meist 3 Tage nach Abschlußtag.

Sydney

Börsezeit: 1 bis 8 MEZ (SEATS-Computerhandelssystem).
Spesen: Frei vereinbar.
Richtwerte:
Bis A$ 5.000,–: 2,5 %,
darüber: von 2,00 bis 0,5 %, Mindestspesen: A$ 25,– bis 50,–.
Steuern: 0,6 % Stempelgebühr.
Wertstellung: 3 bis 10 Tage nach Abschlußtag.

DIE BÖRSE: DIE WELT VON ANGEBOT UND NACHFRAGE

Der Computer ist gewiß in vieler Hinsicht eine segensreiche Erfindung. Doch überall dort, wo er eindringt, verkümmert hautnaher menschlicher Kontakt zu blutleerer Bildschirmkommunikation. Die Information gewinnt an Perfektion, jedoch verliert sie an menschlicher Spontaneität. Auch an den Börsen dieser Welt.

In der New York Stock Exchange ist die Faszination der Börse alten Stils trotz der allgegenwärtigen und nicht mehr wegdenkbaren Elektronik noch zu spüren. Man fühlt förmlich den Pulsschlag des Kapitalismus. Erst recht an der Chicago Mercantile Exchange, wo sich die Besucher im brodelnden Börsensaal bewegen dürfen. In London hingegen wirkt die Effektenbörse wie ausgestorben. Der Grund für die Leere des Parketts heißt „SEAQ", Stock Exchange Automated Quotations. „Die Mitglieder sehen keinen Vorteil mehr darin, hier auf dem Börsenparkett ihre Geschäfte zu tätigen", wird dem Besucher erklärt, „sie haben sich deshalb in ihre Büros zurückgezogen, wo sie alle notwendigen Informationen auf dem Computerbildschirm erhalten."

Die Welt der Börse ist nicht mehr das Parkett eines prunkvollen Saales, sondern ein dezentrales Computersystem. Es bewirkt gleichzeitig, daß die Investoren heute so unmittelbar beteiligt sein können wie nie zuvor. Zugleich hat die Elektronik die Globalisierung des Wertpapierhandels unterstützt und vorangetrieben. Börsegebäude alten Stils, wie jenes der 1771 gegründeten Wiener Börse, sind Denkmäler der Vergangenheit. Als Institution lebt die Börse aber weiter, ihre Bedeutung nimmt sogar kräftig zu, wie die europäische Privatisierungswelle der vergangenen Jahre beweist.

Der deutsche Begriff für den Markt aller Märkte wird auf zwei Ursprünge zurückgeführt: auf das mittellateinische „bursa" für Geldbeutel sowie die holländische Patrizierfamilie van der Beurse, vor deren Haus in Brügge schon seit dem 13. Jahrhundert Kaufleute regelmäßig zusammenkamen. Ursprünglich waren die Börsen Warenbörsen. Aus dem Warenwechsel entwickelte sich in der Folge das Effektengeschäft. Die älteste Effektenbörse der Welt ist die 1611 gegründete Amsterdamer Börse. Der englische Ausdruck „Stock Exchange“ drückt geradeheraus das Geschehen auf diesem Markt aus, den organisierten Handel mit Wertpapieren.

Die Börsen sind zum Teil öffentliche Körperschaften, zum Teil private Gesellschaften. Durchwegs unterstehen sie einer direkten oder indirekten staatlichen Kontrolle. In zahlreichen Staaten, darunter auch in Österreich, ist das Börsewesen gesetzlich geregelt, in Wien haben die Börsenkurse Amtscharakter.

Die Hauptfunktionen einer Wertpapierbörse sind:

1. der Wirtschaft und der öffentlichen Hand die Möglichkeit zu bieten, Kapital aufzunehmen. Dies geschieht über die Ausgabe von Anleihen und Aktien. Der technische Name dafür ist „Primärmarkt“;
2. einen Markt für den freien und unkomplizierten Kauf und Verkauf dieser Anleihen und Aktien zu bieten. Diese Funktion wird als Sekundärmarkt bezeichnet.

Ganz gleich, wie der Handel im einzelnen geregelt ist, die Börse konzentriert Angebot und Nachfrage. Kommt ein Handel zustande, wird damit ein Preis festgesetzt (siehe auch „Wie die Kurse an der Börse entstehen“). Die Börse sorgt außerdem für Liquidität durch die grundsätzlich jederzeit mögliche Umwandlung einer Wertpapieranlage in Bargeld. Auch wenn der Wertpapierhandel in vielen Fällen mehrheitlich zwischen den Banken direkt erfolgt, ist die Börse der Indikator für die Preise.

Während bei den Aktienkursen Nachfrage- und Angebotskomponenten am Kursblatt immer dann in Erscheinung treten, wenn es nur zu Teilausführungen oder zu überhaupt keinem Handel kommt, wird im Devisen- und Commodity-Handel Nachfrage und Angebot in zwei Kursen sichtbar. Die Börsensprache kennt „Geld“ (engl.: bid) für die Nachfrage und „Brief“ (engl.: asked) für das Angebot. An der Wiener Börse sagt man statt Brief „Ware“. Nach der Art der Transaktion liegt entweder ein „Kassakurs“ oder ein „Terminkurs“ vor. Kassageschäfte sind sofort zu erfüllen (zu liefern oder zu bezahlen), im Terminhandel erfolgt Lieferung oder Abnahme zu einem im vorhinein vereinbarten Preis erst zu einem späteren Zeitpunkt.

Gestellt werden Angebot und Nachfrage von den Geldanlegern. Diese unterteilen sich in die privaten und institutionellen Investoren und in den Berufshandel. Bestimmenden Einfluß üben die institutionellen Anleger aus. Das sind in den USA vor allem die großen Pensionsfonds, weiters zählen dazu die Versicherungsgesellschaften und die Investmentfonds. Der Berufshandel, der im wesentlichen von den Banken gestellt wird, ist einerseits auf eigene Rechnung tätig, andererseits erfüllt er die Aufträge der Anleger, die in der Regel selbst nicht zum Börsenhandel zugelassen sind.

Die Börsenkurse selbst sind das jeweils aktuelle Spiegelbild der Erwartungen sämtlicher Marktteilnehmer. Sie sind keine Bestätigung des bisher abgelaufenen Geschehens, sondern die Vorwegnahme des in der Zukunft erwarteten. Die täglichen Schwankungen werden von vielen Zufälligkeiten geprägt, erst wenn sich über mehrere Tage eine bestimmte Entwicklung erkennen läßt, wird man einen bestimmten Trend annehmen können.

Ob es tatsächlich einer war, kann man in der Regel erst viel später feststellen, doch dann ist es für jede Investition bereits zu spät. Viele kleine Geldanleger sind nur Mitläufer, genaugenommen Hintennachläufer. Denn wenn sie an den Start gehen, ist das Rennen schon voll im Gange.

Nun lassen sich auch immer wieder gute Gründe finden, die für ein noch höheres Kursniveau sprechen und als Rechtfertigung für den Einstieg herangezogen werden: ein solides Wirtschaftswachstum, höhere Quartalsgewinne, entgegen allen Erwartungen doch nicht steigende Zinsen, eine niedrige Inflationsrate, ein relativ stabiler Dollarkurs, überliquide institutionelle Anleger, die ihr Geld doch irgendwo investieren müssen und so weiter und so fort. Mitzulaufen ist allemal leichter als gegen den Strom zu schwimmen. Dazu bedarf es eines außerordentlichen Mutes, starker Nerven und mitunter viel Geld. Welcher Kleinanleger ist schon von einem solchen Kaliber?

Daß der Durchschnittsanleger dazu neigt, noch rasch auf den fahrenden Zug aufzuspringen, ist menschlich begreiflich. Er liest etwas, er hört etwas, er kriegt einen heißen Tip. Er analysiert dagegen viel zu wenig die mögliche Entwicklung der realen Wirtschaft. Und er läßt sich viel zu sehr von wirksam publizierten Indikatoren beeinflussen, die wie die Mode kommen und gehen. Einmal ist das die wöchentlich veröffentlichte amerikanische Geldmenge M1, dann ist es das monatliche US-Handelsbilanzdefizit, die US-Arbeitslosenrate usw. Die jeweilige Reaktion von Wall Street auf diese amerikanischen Indikatoren pflanzt sich dann wie eine Welle über Asien und Europa fort.

Die alles und jedes analysierenden Amerikaner haben unter anderem auch den Versuch unternommen, die Stimmung im

Markt aus dem Verhältnis zwischen steigenden und fallenden Kursen abzulesen. Leider ist es nicht gelungen, eine scharfe Abgrenzung zwischen solidem Vertrauen und überhitzter Hysterie herauszuarbeiten. Der Interpretationsspielraum ist groß. Auch das Verhältnis zwischen Call- und Put-Optionen, die Kauf- beziehungsweise Verkaufsrechte in der Zukunft verbriefen, liefert keine eindeutigen Erkenntnisse. Leider werden die Zukunftserwartungen der Optionskäufer ebenso von der Tagesaktualität geprägt wie jene der Aktienkäufer.

Die Verwirrung wird vervollständigt durch die diversen Börsenbriefe. Diese von professionellen Analysten erstellten Marktprognosen führen sich als eine gewinnbringende Empfehlung für Kauf- oder Verkaufsentscheidungen eigentlich selbst ad absurdum: Würde sich herausstellen, daß jemand stets richtige Empfehlungen abgibt, und das darauf aufmerksam gewordene Börsenpublikum hält sich danach jeweils an sie, würde doch kein vernünftiger Mensch verkaufen, wenn die Empfehlung „kaufen" lautet. Wenn also die Börsenbriefe imstande wären, die Massen zu lenken, dürfte theoretisch kein Umsatz zustandekommen. Tatsächlich ist ihr Einfluß begrenzt, sie sind ebenso nur ein Bestandteil des Meinungsspektrums wie der Durchschnittsanleger, der sich selbst seine Meinung bildet.

Aus dem Clearing der Meinungen sämtlicher Marktteilnehmer entwickelt sich der vom Publikum bestimmte Trend. Der einzelne Geldanleger ist ein Teil dieses Publikums, das die Marktentwicklung trägt. Will er vom Trend profitieren, muß er sich dem Publikum anschließen. Der Anlageerfolg hängt davon ab, den Publikumswillen (Trend) frühzeitig zu erkennen und dementsprechend rechtzeitig zu handeln (siehe dazu „Timing is money").

Die Börse, die der österreichische Geldanleger für sein Kapitalinvestment ins Auge faßt, kann nicht ausschließlich die Wiener Börse sein, will er einen optimalen Ertrag erzielen. Der Wiener Platz bietet einfach eine zu geringe Auswahl an lukrativen Anlagemöglichkeiten. Was bei einem Anteil an der Gesamtkapitalisierung der 23 wichtigsten Börsenplätze der Welt von nicht einmal einem Zehntelprozent (!) auch gar nicht anders sein kann. Natürlich wird der österreichische Geldanleger zuerst das Angebot im Inland sichten. Am US-Markt mit einer Börsenkapitalisierung von rund 40 Prozent kann aber ein Anleger gar nicht vorbeigehen. Nicht nur wegen der schieren Größe, da käme genausogut auch Japan in Frage, sondern weil der amerikanische

Kapitalmarkt der am besten funktionierende und der transparenteste ist. Zu beachten ist freilich, wie bei allen Auslandsengagements, das Währungsrisiko. In Europa führt, von der Börsenkapitalisierung her gesehen, Großbritannien mit deutlichem Abstand vor der BRD. Vor allem gehören die britischen Unternehmen zu den weltweit gewinnstärksten, wie eine Auflistung der 1.000 am höchsten kapitalisierten Gesellschaften der Welt im Finanzmagazin „Business Week" beweist. Unter welchen sich übrigens nicht eine einzige österreichische findet. Ein internationales Engagement hat auch nichts mit einem allfälligen Mangel an Patriotismus zu tun. Auch Auslandsanleger zahlen im Inland Steuern, und es wird selbst die Wiener Börse von Jahr zu Jahr internationaler, wie man an der immer länger werdenden Liste ausländischer Aktien erkennen kann.

DIE WIENER BÖRSE

Die Wiener Börse ist 1985 heftig aus einem Jahrzehnte währenden Dornröschenschlaf gerissen worden. Ein amerikanischer Börsenguru befand Wien in einem weltweit haussierenden Umfeld als einen stark unterbewerteten Markt. Daraufhin strömte ausländisches Anlagekapital in die Donaumetropole. Die Umsätze vervielfachten sich, und das Kursniveau stieg binnen Jahresfrist um 130 Prozent. Da begannen plötzlich auch die Österreicher die Aktie als lukrative Veranlagungsform zu entdecken. Die Beseitigung der Mehrfachbesteuerung der Aktie, die Förderung junger Aktien, die Teilprivatisierung verstaatlichter Großunternehmen und vor allem die Steuerreform 1989 mit der Senkung der Unternehmensbesteuerung und des Einkommensteuertarifs sorgen seitdem für eine kontinuierliche Angebotserweiterung. Immer mehr Unternehmen entschließen sich zur Umwandlung in Aktiengesellschaften und zum anschließenden Gang an die Börse. Ermuntert durch eine freundliche Kurstendenz, beschaffen sie sich an der Börse billiges Eigenkapital für Expansion und Großinvestitionen.

Nach Jahrzehnten einer gesellschaftspolitischen Polarisierung zwischen Verstaatlichungs- und Mittelstandsideologie haben der Bankrott der verstaatlichten Industrie und die Hinwendung zur EG eine bis dahin nicht vorhandene Publikumsöffnung bewirkt. „Going public" ist inzwischen ein selbstverständlicher und weitgehend auch undogmatisch gebrauchter Begriff geworden. Eine junge Generation von Unternehmern denkt nicht mehr in den engstirnigen Besitzstandskategorien der Gründerväter. Sie haben die Vorteile der Hereinnahme von Eigenkapital über den Markt erkannt. Dabei kommt ihnen ein ebenfalls junges Anlegerpublikum entgegen, das nicht vom Trauma der Wertvernichtung durch Inflationen und Weltkrieg geprägt ist, sondern Mut zum Risiko hat und sich auch nicht mehr von Kursrückgängen abschrecken läßt. Am weitesten verbreitet ist der private Aktienbesitz in der Altersgruppe 25 bis 50 Jahre. Der Kreis der institutionellen Anleger hat durch die sprunghafte Vermehrung der Investmentfonds eine gewichtige Erweiterung erfahren. In den nächsten Jahren sollten sich auch die Pensionskassen bemerkbar machen.

Dem Aufschwung am Markt folgte die institutionelle Erneue-

rung der Börse. Der umständlich manuell abgewickelte Handel wurde auf EDV umgestellt, und der Nationalrat verabschiedete am 8. November 1989 ein EG-konformes Börsegesetz, das zugleich auch die rechtlichen Rahmenbedingungen für den 1991 aufgenommenen Handel mit Optionen und Futures-Kontrakten, sogenannten derivativen Finanzinstrumenten, schuf.
Die Wiener Börse hat sich für einen allfälligen weiteren Entwicklungsschub gerade noch rechtzeitig in Form bringen können. Jetzt ist wieder die Regierung am Zug, um die letzten Relikte einer kapitalismusfeindlichen Vergangenheit abzuwerfen. So ist es angezeigt, die Börsenumsatzsteuer abzuschaffen, die Doppelbesteuerung des Vermögens zu beseitigen und die Subventionierung der Kredite radikal zurückzustutzen.

Das neue Börsegesetz

Bis zum Börsenkrach des Jahres 1873 zählte die 1771 unter Maria Theresia gegründete Wiener Börse zu den bedeutendsten der Welt. Heute ist Wien, gemessen an der Kapitalisierung, einer der kleinsten Börseplätze der Welt. Schuld daran sind die Verstaatlichung fast aller Großbetriebe nach dem zweiten Weltkrieg, die Förderung der Innenfinanzierung (bis 1988 insbesondere durch die vorzeitige Abschreibung) und nicht zuletzt die aus Steuermitteln erfolgende, umfangreiche Zinsstützung von Krediten und Darlehen. Die Kapitalbeschaffung über die Börse war lange Zeit unattraktiv, sie rechnete sich nicht, und es gab auch kein Publikum, das sich für Aktien interessierte. Der Staat hatte es mit seiner Sparförderung in risikolose Gefilde gelenkt.
Bis zum 30. November 1989 war das österreichische Börsewesen durch das aus dem Jahr 1875 stammende Börsegesetz geregelt – verfassungswidrig, wie der Verfassungsgerichtshof in seinem am 13. Dezember 1988 ergangenen Erkenntnis befand. Das österreichische Börserecht war zersplittert, unübersichtlich und widersprüchlich und entsprach auch nicht der Bundesverfassung. Das Höchstgericht setzte dem Gesetzgeber bis 30. November 1989 eine Frist zur Sanierung der Rechtslage. Am 1. Dezember 1989 trat das neue Börsegesetz in Kraft, das die Wiener Börse, den zentralen Wertpapiermarkt Österreichs, auf einen nunmehr verfassungsrechtlich unanfechtbaren Boden stellt.
Zugleich wurde der Wiener Börse jene Autonomie eingeräumt, die heute international üblich ist. Über die Zulassung von Wert-

papieren zum Börsenhandel entscheidet jetzt die Börsekammer und nicht mehr das Finanzministerium. Das Börsegesetz 1989 hat außerdem erst die rechtlichen Rahmenbedingungen für einen anderswo bereits verwirklichten vollautomatisierten Handel geschaffen. Bis dahin war der Handel ausschließlich über Vermittler, die amtlich bestellten Sensale und die freien Makler, zulässig. Die freien Makler operierten überhaupt im gesetzesfreien Raum.

Leitung und Verwaltung obliegen der Börsekammer. Diese ist eine öffentlich-rechtliche Körperschaft. Sie besteht aus 27 Börseräten. 24 werden aus dem Kreis der Börsebesucher gewählt, zwei bestellt der Finanzminister, einen entsendet die Nationalbank. Die Börsebesucher sind jene Leute, die an der Börse Geschäfte für Börsemitglieder abschließen dürfen (Bankangestellte, Makler). Börsemitglieder sind die großen und einige kleinere Banken sowie freie Makler.

Im neuen Börsegesetz wurde vernünftigerweise auch der Inhalt der bestehenden EG-Richtlinien umgesetzt. Das hat vor allem erheblich verbesserte Informationen für die Anleger gebracht. Gesellschaften, die an der Börse zugelassen werden wollen, müssen den Anlegern nicht nur einen ausführlichen Prospekt zur Verfügung stellen, sondern sie haften auch für die darin gemachten Angaben. Dieser Prospekt hat alle „jene Angaben zu enthalten, die es den Anlegern ermöglichen, sich ein Urteil über die Wertpapiere, Vermögens- und Ertragslage des Emittenten und dessen Entwicklungsaussichten ... zu bilden“. Beschönigen oder Verschweigen kann fatale Folgen haben, denn für Schäden, die „dem Erwerber (eines Wertpapiers) aus den von den Prospektangaben abweichenden Tatsachen“ entstehen, ist der Emittent als Gesamtschuldner haftbar. Der Ersatzpflicht kann er nur entgehen, wenn er dem „Besitzer des Wertpapiers den Erwerbspreis samt Spesen gegen Rückgabe des Wertpapiers ersetzt“.

Mit der Prospekthaftung entspricht das Börsegesetz der Forderung nach verbessertem Anlegerschutz. Diesem trägt darüber hinaus auch die gesetzliche Ächtung von Insidergeschäften Rechnung. Eine strafgesetzliche Pönalisierung, wie etwa in den USA, ist derzeit nicht vorgesehen, man will die Entwicklung in der EG abwarten.

Aktiengesellschaften, die im amtlichen Handel notieren, müssen zusätzlich zum Jahresbericht halbjährliche Zwischenberichte vorlegen und das Publikum unverzüglich von wesentlichen

Veränderungen bei den Stimmrechtsverhältnissen unterrichten. Schließlich hat das Börsegesetz auch ein groteskes, wenngleich entscheidendes Hindernis für die Errichtung einer Terminbörse aus dem Weg geräumt: Es schließt den „Einwand von Spiel und Wette“ für den Fall von Streitigkeiten aus Termingeschäften aus. Wer bei Termin- und Optionsgeschäften Geld verliert, kann sich nicht mit dem Einwand um die Begleichung seiner Schulden drücken, es hätte sich hier bloß um ein Spiel oder eine Wette gehandelt. Termingeschäfte sind kein Spaß.
Die Österreichische Termin- und Optionenbörse (ÖTOB), angesiedelt im Haus der Österreichischen Kontrollbank im ersten Wiener Gemeindebezirk, bietet Optionen und Futures nach internationalem Standard an. Die ÖTOB ist eine Aktiengesellschaft, deren Anteile im Besitz von mehr als 40 Finanzinstituten aus dem Kreis der Börsemitglieder sind. Sie betreibt den Handel mit standardisierten derivativen Finanzprodukten im Auftrag der Wiener Börse. Die wesentliche Funktion der ÖTOB ist die einer Clearingstelle, die in jedem Fall die Erfüllung des Geschäfts garantiert. Das modular aufgebaute Computersystem OM aus Schweden ist stark ausbaufähig. (Mehr über die ÖTOB im Kapitel „Absichern und Spekulieren“.)

Wiener Handelsusancen

Die Börsegeschäfte werden in Wien über die Börsesensale im amtlichen Handel und die freien Makler im geregelten Freiverkehr abgeschlossen. Die Börsesensale sind Freiberufler. Sie werden von der Börsekammervollversammlung bestellt und vom Wiener Bürgermeister bestätigt. Sie müssen eine entsprechende Ausbildung und Praxis als freie Makler oder Sensalegehilfen nachweisen können. Verboten ist den Sensalen, Geschäfte auf eigene Rechnung abzuschließen, sie dürfen weiters keine leitende Stellung bei einem Unternehmen bekleiden, wenn damit ihre Unparteilichkeit beeinträchtigt würde, und sie sind verpflichtet, sich den Insiderregeln zu unterwerfen.
Als Vermittler im geregelten Freiverkehr treten die freien Makler auf. Sie unterliegen der Gewerbeordnung und dürfen im Unterschied zu den Sensalen auch als Eigenhändler auftreten, um einen allfälligen Überhang an Angebot oder Nachfrage auszugleichen.

Die Wiener Wertpapierbörse kennt drei Handelsarten, den Amtlichen Handel, den Geregelten Freiverkehr und den Sonstigen Wertpapierhandel.
Will eine Gesellschaft zum Amtlichen Handel zugelassen werden, muß das Gesamtnominale der zur Zulassung beantragten Wertpapiere mindestens 40 Millionen Schilling betragen, bei Partizipationsscheinen genügen 10 Millionen. Sollen nur stimmrechtslose Vorzugsaktien an die Börse gebracht werden, tut es ein Nominale von 15 Millionen Schilling. Die Wertpapiere müssen im Publikum entsprechend gestreut sein. Das Gesetz sieht bei Aktien eine Streuung dann als gegeben an, wenn ein Mindestnominale von 10 Millionen Schilling in Publikumsbesitz steht.
Zum Geregelten Freiverkehr können kleinere Gesellschaften zugelassen werden, es genügt ein Gesamtnominale von 10 Millionen Schilling, davon muß mindestens ein Nominale von 2,5 Millionen Schilling im Publikum gestreut sein.
Für die Zulassung zum Sonstigen Wertpapierhandel sind keine besonderen Voraussetzungen erforderlich. Es muß für die Anleger nur klar erkennbar sein, daß die Schutzvorschriften des Amtlichen Handels und des Geregelten Freiverkehrs für diese Wertpapiere nicht gelten.
Insgesamt waren per 28. Februar 1991 137 in- und ausländische Gesellschaften zum Amtlichen Handel und zum Geregelten Freiverkehr zugelassen.
Aktien, Partizipationsscheine, Genußrechte, Optionsscheine und Investmentzertifikate werden in Schilling per Stück notiert, Anleihen in Prozent des Nennwerts. Für die meisten Wertpapiere wird nur ein Einheitskurs pro Tag festgestellt. Einige wenige umsatzstarke Aktien werden fließend gehandelt, das heißt, es werden laufend Kurse gestellt.
Mangels Börsenzwang wird über die Börse selbst nur ein Teil des gesamten Wertpapierumsatzes abgewickelt. Die Wiener Börse ist, wie etwa auch die Schweizer Börsen, eine „Spitzenbörse“. Vor- und nachbörslich handeln die Banken für ihre Kunden und treten, wenn es sein muß, auch selbst in die Geschäfte ein. Sie kompensieren Kundenaufträge, geben Papiere aus eigenen Beständen ab oder kaufen für sich selbst.
Die über die Börse ausgeführten Wertpapiergeschäfte werden dort von Vermittlern, den Sensalen im Amtlichen Handel und den Freien Maklern im Geregelten Freiverkehr, abgeschlossen. Der Amtliche Handel erfolgt über das computerunterstützte

Handelssystem PATS (partly assisted trading system). Die Aufträge fließen im elektronischen Orderbuch zusammen. Die Abrechnung der Geschäfte erfolgt durch ein ebenfalls elektronisches Clearingsystem PICS (price indication and clearing system).
Gehandelt wird in Schlußeinheiten (der Nominalwert muß durch S 1.000,–, bei Fließhandelswerten durch S 10.000,– teilbar sein). Reststücke von Fließhandelsorders, die sich nicht mehr auf die Schlußeinheit ausgehen, werden zum Einheitskurs (Kassakurs) ausgeführt.
Die Börseversammlung findet von Montag bis Freitag zwischen 10 und 13.30 Uhr statt. Eine Verlängerung der Börsezeit bis 15 Uhr ist geplant.
Einige große Geldinstitute bieten Auslandsaktien, die nicht an der Wiener Börse notiert sind, im sogenannten „Telefonhandel" an. Über diesen Draht können österreichische Anleger die angebotenen Werte zu den günstigen Inlandsspesen ordern, zum Teil sogar in kleineren Schlußeinheiten, als sie an den jeweiligen Heimatbörsen gültig sind.
Die Telefonhandelskurse werden von einigen Zeitungen täglich veröffentlicht. Die Kurse sind in Schilling angegeben und können kaufabschlußbedingt von den offiziellen Schlußkursen der Auslandsbörsen abweichen. Die Schillingnotiz bedeutet nicht, daß damit das Währungskursrisiko ausgeschaltet wäre. Sie macht natürlich die Währungskursschwankungen voll mit.

AUSLANDSBÖRSEN

New York

Der mit Abstand wichtigste Wertpapiermarkt der Welt ist „Wall Street“. Der Straßenname bezeichnet einen Marktplatz, der die New York Stock Exchange (NYSE), die American Stock Exchange (AMEX), einige regionale US-Börsen und das nationale Over-The-Counter (OTC)-Netz umfaßt. Die Regeln für die Geschäftstätigkeit werden von der mächtigen Securities and Exchange Commission (SEC) vorgegeben und überwacht. Jedermann, der mit „Wall Street“ zu tun hat, kennt nur ein Motto: „Geld verdienen.“ Der Aktienkäufer erwartet sich eine entsprechende Rendite aus Dividenden und Wertzuwachs, der Verkäufer hat bereits einen Kapitalgewinn oder auch einen Verlust erzielt und will seine Papiere in Geld umwandeln, um es anderswo zu investieren. Die Zahl der Aktionäre in den USA wird auf rund 50 Millionen geschätzt, mehrheitlich sind es Frauen.
Mehr als die Hälfte der gehandelten Aktien entfällt auf die NYSE, an die 40 Prozent werden über den OTC-Markt abgewickelt, auf die AMEX entfallen knapp 5 Prozent. Nicht unter Wall Street subsumiert wird die Chicago Board Options Exchange (CBOE), die größte Optionsbörse der Welt.
An der NYSE werden täglich durchschnittlich 150 Millionen Aktien gehandelt. Die Börsensitzung von 9.30 bis 16 Uhr Ortszeit ist entsprechend lang. Der Markt ist auf Grund dieser Größe so effizient wie nirgendwo anders auf der Welt. Der Marktwert aller an dieser Börse notierten Werte beträgt rund 1000 Milliarden Dollar. Die Hälfte davon wird von institutionellen Anlegern (Pensionsfonds, Investmentgesellschaften, Versicherungen usw.) gehalten. Die 1.600 an der NYSE notierten Gesellschaften zählen zu den etablierten Gesellschaften im weitesten Sinn. An der AMEX notieren die kleineren und jüngeren Gesellschaften und am OTC-Markt, der von der National Association of Securities Dealers (NASD) reguliert wird, tummeln sich die Neugründungen. Diese Einteilung ist eine grobe und stimmt im Detail nicht immer, überdies werden viele Gesellschaften an mehreren Märkten gehandelt. Die am stärksten gehandelten NYSE-Gesellschaften werden auch vom Computer-Kursnetz der

NASD (NASDAQ) erfaßt. Um an der NYSE notiert zu werden, muß eine Gesellschaft mindestens 2,5 Millionen Dollar Gewinn vor Steuern erzielen, eine Million Aktien ausstehen haben, ein Netto-Anlagevermögen von 16 Millionen Dollar ausweisen und 2000 Aktionäre haben, die je mindestens 100 Anteile besitzen.
An die Börse gelangt ein Unternehmen mit Hilfe einer Investmentbank, die Börsengeschäfte erledigt dann ein Broker. Der Broker muß Börsemitglied sein. Dazu braucht er einen „Sitz" (ein Begriffsrelikt aus der Zeit, zu der die Broker noch an Tischen saßen). Die Preise für einen solchen Sitz werden selbst nach Angebot und Nachfrage ermittelt. Als der Dow Jones Index im Jänner 1987 erstmals die 2000er Marke überstieg, kostete ein Sitz eine Million Dollar. In den schlechten Börsenjahren 1973/74 konnte man einen Sitz um 55.000 Dollar haben.
Notiert sind die Aktien in Stück, die Aufträge werden laufend abgewickelt. Valutatag ist fünf Börsentage nach dem Schlußtag. Amerikanische Aktien sind sämtlich Namenaktien, d. h., der Inhaber ist der Aktiengesellschaft bekannt. Inhaberaktien, wie sie in Österreich üblich sind, gibt es nicht. Die an der Wiener Börse notierten amerikanischen Aktien lauten auf den Namen einer österreichischen Bank. Der Geldanleger erwirbt ein auf den Namen der Bank (z.B. CA) ausgestelltes „Zertifikat".

London

Gemessen an der Zahl der notierten Werte ist die Londoner Börse nach dem amerikanischen Over-The-Counter-Markt (30.000 Wertpapiere) mit 7000 notierten Wertpapieren die zweitgrößte Börse der Welt. Ihr Börsenwert beträgt rund 1,8 Milliarden Pfund. An einem normalen Börsentag werden 55.000 Kauf- und Verkaufsabschlüsse im Gesamtwert von 5,5 Milliarden Pfund getätigt.
London liegt zeitlich genau im Schnittpunkt der Geschäftszeiten von New York und Tokio.
Börsemitglieder sind die Broker und die Jobber. Bis zur großen Umgestaltung des Wertpapierhandels im Oktober 1986 („Big Bang") teilten sich diese zwei Gruppen das Geschäft. Die Broker, die im Auftrag und auf Rechnung der Kunden tätig wurden, kassierten eine Vermittlungsprovision, die Jobber, die sogenannten Marktmacher, kauften und verkauften die Aktien auf eigene Rechnung und verdienten an der Kursdifferenz. Seit dem

Big Bang können sowohl Broker als auch Jobber Wertpapiere auf eigene Rechnung halten und in fremdem Auftrag tätig werden.
Der Markt für Aktien und Anleihen verlagert sich aber immer mehr aus dem Börsensaal in die Büros der Händler und findet am Telefon oder am Bildschirm statt. Über das SEAQ (Stock Exchange Automated Quotation System), ein ganz neues, automatisches Quotierungssystem, in das die Marketmaker ihre Kurse direkt einspeisen, sind alle Kurse auf Knopfdruck parat und können auf einfache Weise miteinander verglichen werden. Die Marketmaker trachten, je nach Marktlage, die Kurse so hinauf oder hinunter zu setzen, daß ihnen nicht zuviel Ware verbleibt. Das kann zu sehr hektischen Kursbewegungen führen, sodaß London zu den spekulativsten Märkten zu zählen ist.

Tokio

„Der Kabutocho ist eben eine Klasse für sich“, kommentierte das Wall Street Journal die erstaunliche Erholung der Tokio Stock Exchange nach dem Crash vom Oktober 1987. Japans größte Börse (vor jener in Osaka, wo kleinere Werte gehandelt werden) erholte sich nicht nur erstaunlich, sondern setzte zu neuen Höhenflügen an und wurde noch im selben Jahr, gemessen an der Kapitalisierung, die größte Börse der Welt vor New York. 1989 kletterte der Nikkei-Dow-Jones-Index auf 39.000 Punkte.
Die für unantastbar gehaltene Stärke der Tokioter Börse wurde auf den Einfluß der „Japan AG“ zurückgeführt, die Verbandlung (Cross-Holding) der riesigen Konglomerate. Zwei Drittel aller japanischen Aktien sind dadurch der Marktbewertung zugunsten von firmenpolitischen Prioritäten entzogen.
Ende 1989 war jedoch der Kabutocho maßlos überbewertet. Die Kurse waren spekulativ in die Höhe getrieben worden, die japanische Wirtschaft näherte sich der Überhitzungszone. Am Weihnachtstag 1989 zog die Notenbank ruckartig die Zinszügel an. Japans Börsespekulanten fielen aus allen Wolken. Und was vorher niemand geglaubt hatte, die Kurse stürzten schockartig ab. Im Verlauf des Jahrs 1990 halbierte sich die Börsenkapitalisierung fast. Der Nikkei ging auf die 20.000er Marke nieder. Dann erst konnte er sich wieder etwas erholen. Seitdem befindet sich Tokio in einer Phase der Konsolidierung.

Im Unterschied zu so gut wie allen Börsen der Welt wird in Tokio auch an zwei Samstagen im Monat gehandelt. Die Schlußeinheit für japanische Aktien sind 1.000 Stück.

Deutschland

Von den sieben deutschen Börsen sind die Frankfurter und die Düsseldorfer die mit Abstand wichtigsten. Auf sie entfallen etwa drei Viertel aller Umsätze, davon wiederum der weitaus größte Teil auf Frankfurt. Für Österreicher sind viele deutsche Werte vertraute Namen.

Zürich

Die Schweizer Hauptbörse ist die Züricher Börse. Das Geschehen am sogenannten „Ring" ist überaus lebhaft und laut. Die Kursfestsetzung erfolgt durch lautes Zurufen (à la criée). Die Schweizer Aktien sind in der Regel sehr teuer. Vom ausländerfeindlichen System der vinkulierten Namenaktien sind erst sehr wenige Gesellschaften abgegangen. In der Kursdifferenz (Ecart) zwischen Inhaber- und Namenaktien besteht für die Inhaberaktionäre aus diesem Grund eine nicht unbeträchtliche Gefahr: Läßt eine Gesellschaft per Hauptversammlungsbeschluß auch Ausländer an Namenaktien heran, gleicht sich das höhere Niveau der Inhaberaktien ruckartig nach unten an die in der Regel billigeren Namenaktien an.

WERTE AUF PAPIER

Ein Wertpapier ist eine Urkunde, die ein bestimmtes Recht verbrieft. Eine solche Urkunde kann der Mitgliedsausweis eines Golfclubs genauso sein wie ein Schuldschein, eine Versicherungspolizze oder eben eine Aktie, eine Teilschuldverschreibung usw. In diesem Buch geht es ausschließlich um die Wertpapiere des Kapitalmarktes, die etwas altväterisch klingende Sammelbezeichnung lautet Effekten.
Kapitalmarktpapiere dienen überwiegend der längerfristigen Finanzierung. Die Emittenten, das sind diejenigen, die solche Wertpapiere ausstellen, beschaffen sich ihren Finanzierungsbedarf bei einer größeren Anzahl von Kapitalgebern, indem sie ihnen für das bereitgestellte Kapital Vermögensrechte einräumen. Die Kapitalgeber werden danach, je nachdem, welche Art Papiere sie erwerben, Gläubiger oder Teilhaber.
Gläubigerpapiere (z. B. Anleihen) und Teilhaberpapiere (z. B. Aktien) werden in der Regel auf einem organisierten Markt, dem Kapitalmarkt, gehandelt. Sie sind untereinander absolut austauschbar (vertretbar, fungibel). Ein allfälliger künstlerischer Wert einer Aktie ist kein Kriterium für die Bewertung am Markt. Was zählt, ist das verbriefte Recht, der Marktwert wird von Angebot und Nachfrage bestimmt, die sich wiederum an der Kapitalmarktsituation beziehungsweise am unternehmerischen Erfolg orientieren. Teilschuldverschreibungen werden heute vielfach gar nicht ausgedruckt, sondern einfach in Sammelurkunden zusammengefaßt.
Grundsätzlich bestehen Wertpapiere aus dem Mantel und dem Bogen. Im Mantel ist das Grundrecht verbrieft, er enthält alle wichtigen Angaben über das Papier selbst, über die Rechte des Inhabers und nennt die ausgebende Stelle (den Emittenten). Der Bogen verkörpert das Recht auf die Erträgnisse, d. h. Zinsen oder Dividenden.

Gläubigerpapiere

Ein Gläubigerpapier dokumentiert ein Schuldner-Gläubiger-Verhältnis: Gegen die Hergabe von Kapital erhält der Gläubi-

ger vom Schuldner einen Forderungstitel, eine Schuldverschreibung. Sie verpflichtet den Schuldner (Emittenten), unabhängig von seiner wirtschaftlichen Lage das hergegebene Kapital zu bedienen. Der Begriff Obligation, wie in der Schweiz die Anleihen üblicherweise bezeichnet werden, bringt den verpflichtenden Charakter eines Forderungswertpapieres deutlich zum Ausdruck. In Österreich nennt man die Anleihen häufig auch Rentenpapiere. Renten sind ebenfalls verbindliche Ansprüche. Eine Ausnahme von der unbedingten Bedienungspflicht bilden die sogenannten Ergänzungskapitalanleihen (siehe dort).
Wandelanleihen und Optionsanleihen stellen Sonderformen dar. Sie sind insofern keine reinrassigen Gläubigerpapiere, als sie neben der Verpflichtung, einen fixen Zinssatz zu zahlen, auch das Recht auf die Umwandlung in eine Form der Teilhaberschaft gewähren. Der Käufer einer Wandelanleihe kann, muß aber nicht, ab einem bestimmten Zeitpunkt das Gläubigerpapier in einem von vornherein festgesetzten Verhältnis in Aktien umtauschen. Der Gläubiger tauscht sein Gläubigerrecht auf Zinsertrag in ein Teilhaberrecht um.
Eine Optionsanleihe verbrieft als Zusatzrecht Bezugsrechte auf andere Wertpapiere (Aktien, Investmentfondsanteile usw.). Dieses Recht wird über einen der Anleihe beigegebenen Optionsschein verbrieft. Der Optionsschein kann von der Anleihe abgetrennt und selbst gehandelt werden. Die (niedrig verzinste) Anleihe besteht im Unterschied zur Wandelanleihe weiter.
Der mit Abstand größte Schuldner ist die öffentliche Hand. Der Bund emittierte in den vergangenen zehn Jahre mehr als die Hälfte aller Anleihen. Knapp zehn Prozent entfielen auf Städte, Länder, öffentliche Fonds und Sondergesellschaften des Bundes. Mit einem Anteil von etwas mehr als 25 Prozent sind die Kreditunternehmen die zweitgrößte Emittentengruppe. Etwas mehr als sieben Prozent entfallen auf die Elektrizitätswirtschaft, die Industrie sowie ausländische Emittenten. Daß so wenig Industrieanleihen ausgegeben werden, kommt daher, daß es erstens zu wenige große, kapitalmarktfähige Unternehmen gibt und daß zweitens Investitionskredite in der Regel subventioniert sind.
Auch wenn jetzt das Kapitalmarktgesetz keine Bewilligungspflicht des Finanzministers und einen Kapitalmarktausschuß als selektierende Körperschaft mehr vorsieht, ist die Bonität der inländischen Emittenten gewöhnlich über alle Zweifel erhaben. Österreichische „junk bonds“ wird es auch auf dem deregulier-

ten Markt nicht geben, dafür sorgt ein verbesserter Anlegerschutz in Form von Prospektpflicht und Prospekthaftung. Anleihen der öffentlichen Hand gelten per se als mündelsicher. Emittenten, für die der Staat garantiert, sind somit ebenfalls mündelsichere Schuldner. Bankanleihen wiederum sind mündelsicher, wenn sie „fundiert“ sind, das heißt, wenn die Rückzahlung durch ein Sondervermögen, den Deckungsstock, gesichert ist. Mündelsicher sind schließlich auch Pfand- und Kommunalbriefe. Pfandbriefe sind hypothekarisch abgesichert, Kommunalbriefe sind durch langfristige Kredite an öffentliche Schuldner gedeckt. Das Kreditwesengesetz unterwirft die Tätigkeit der Hypothekenbanken außerdem besonderen Sicherheitsvorschriften.

Teilhaberpapiere

Teilhaberpapiere gewähren Mitgliedsrechte an einem Unternehmen. Die Inhaber solcher Papiere stellen den Emittenten Risikokapital zur Verfügung. Sie nehmen damit bewußt alle unternehmerischen Risken in Kauf, setzen aber in der Regel auf die Chancen, die sich aus einem erfolgreichen Operieren am Markt für ein Unternehmen ergeben. Der Ertrag einer Anleihe läßt sich ausrechnen, die Aktie ist stets vom Verlustrisiko bedroht.
Zu den Teilhaberpapieren gehören die Aktie, der Partizipationsschein und der Genußschein laut Aktiengesetz. Miteigentum in Bruchteilen von Anteilen begründen Investmentfondszertifikate.
Aktien dienen wie die Anleihen der langfristigen Kapitalbeschaffung. Im Unterschied zu den Anleihen sind die Aktien Eigenkapital. Der Mantel zeigt den Nennwert an (100, 500 oder 1.000 Schilling) und enthält einen Verweis auf die Satzungen der Gesellschaft. Rechtsgrundlage ist das Aktiengesetz. Der Kuponbogen samt Erneuerungsschein repräsentiert die Dividenden-, Bezugsrechts- und Teilrechtsansprüche.
Das wichtigste Recht des Aktionärs als Miteigentümer ist der Anspruch auf einen Anteil am Gewinn, die Dividende. Die Gesellschaft ist allerdings nicht verpflichtet, Dividenden zu zahlen. Ob eine Dividende ausgeschüttet wird beziehungsweise wie hoch sie ist, hängt in der Regel von der Ertragssituation und den Ertragserwartungen sowie von bestimmten unternehmenspoliti-

schen Überlegungen ab. Die Dividendenpolitik bestimmt der Vorstand im Einvernehmen mit dem Aufsichtsrat. Die Hauptversammlung stimmt dann über den vom Vorstand gemachten Vorschlag ab.
Stammaktionäre haben grundsätzlich ein Stimmrecht in der Hauptversammlung. Vorzugsaktionäre haben kein Stimmrecht. Dafür werden sie bevorzugt mit Dividenden bedient. Kriegen sie zwei Jahre hintereinander keine Dividende, erwächst auch ihnen ein Stimmrecht. Partizipationsschein- und Genußscheininhaber sind ebenfalls stimmrechtslos. Sie bleiben es auch, wenn nichts ausgeschüttet wird. Das Recht auf Auskunft in der Hauptversammlung steht allen Teilhabern zu.
Alle Teilhaber einer Aktiengesellschaft haben schließlich auch das Recht auf den Bezug sogenannter junger Aktien, das sind neue, im Zuge einer Kapitalerhöhung ausgegebene Aktien, Partizipations- oder Genußscheine.
Verpflichtet ist der Aktionär aus seinem Beteiligungsverhältnis heraus zu nichts. Geht die Gesellschaft in Konkurs, hat er Anspruch auf einen anteiligen Liquidationserlös.

Ausländische Wertpapiere können unbeschränkt erworben werden. Per 4. November 1991 ist der Devisenverkehr voll liberalisiert. Österreicher können danach auch Konten im Ausland führen und dort ihre Fremdwährungsveranlagung durchführen. Die früher notwendige Einschaltung einer österreichischen Bank samt Depotpflicht bei dieser besteht nicht mehr. Die Liberalisierung geht sogar so weit, daß auf Inlandsdepots liegende Finanzvermögen ins Ausland transferiert werden können. Damit läßt sich zwar Kapitalertragsteuer sparen, an der Einkommensteuerpflicht ändert sich jedoch nichts.
Der Preis für die Volliberalisierung ist die Meldepflicht der Transaktionen für devisenstatistische Zwecke. Die Oesterreichische Nationalbank beschwört, kein Büttel des Fiskus zu sein, Grundkäufe auf Ibiza oder der Erwerb von DM-Anleihen sind für sie lediglich statistische Tatsachen zur Erstellung der Zahlungsbilanz und bleiben den Finanzbehörden verschlossen.

Exkurs über die Performance

Mit dem Engagement in Anleihen oder in Aktien verfolgen die Anleger unterschiedliche Ziele. Bei den Anleihen schätzen sie den sicheren Ertrag, von Aktien erwarten sie vor allem Kursgewinne. Die Dividendenrendite allein ist in der Regel unattraktiv. In Wien etwa schwankte die durchschnittliche Dividendenrendite in den vergangenen fünf Jahren zwischen 1,3 und 2,3 Prozent.

Letztlich kommt es bei der Geldanlage immer auf den Ertrag an. Untersuchungen haben sich deshalb auch eingehend damit befaßt, welche Investments langfristig die ertragreichsten sind. Sowohl europäische als auch amerikanische Langfristvergleiche haben eindeutig ergeben, daß die Geldanlage in Aktien trotz kurzfristig heftiger Schwankungen mit Abstand das ertragreichste Wertpapierengagement ist. Die Genfer Bank Pictet & Cie. etwa wies nach, daß sich ein nach dem Börsenindex gewichtetes Aktienportefeuille im Wert jährlich doppelt so gut entwikkelt wie Anleihen. Die Gefahr von Wertverlusten ist bei Aktien natürlich immer gegeben. Je länger jedoch die Veranlagungsdauer ist, desto geringer ist das Risiko.

Die Studie der Schweizer Bank bezog sich auf die Performance der Papiere, das ist der Wertzuwachs einschließlich Kursverlauf und Dividenden beziehungsweise Zinserträgen.

Trotz mehrerer markanter Kursabstürze und einiger sich gleich über mehrere Jahre hinziehender Kursrückgänge hat sich der Wert eines 1925 an der Züricher Börse erworbenen Aktienportefeuilles innerhalb eines 62jährigen Beobachtungszeitraumes inflationsbereinigt um das Sechzehnfache erhöht. 1925 erworbene und ständig wiederveranlagte Anleihen brachten es hingegen nur auf eine gut dreifache Wertsteigerung.

Von sechs Zehnjahresperioden haben die Aktien im Gesamtertrag nur in einer einzigen schlechter abgeschnitten als die Anleihen: zwischen 1926 und 1935, in den Jahren der Weltwirtschaftskrise.

Aktien sind ein volatiles, das heißt ein auf und ab schwankendes Investment. Auf lange Sicht bieten sie jedoch mehr Chancen als Risken. Zumindest in den westlichen Industrieländern ist die wirtschaftliche Substanz gewachsen, und als Beteiligungspapiere muß sich ihr Wert logischerweise im großen und ganzen gleichlaufend entwickeln.

Eine Performance-Studie der Wallstreet-Firma Brown Brothers Harriman zeigt auf, daß 1.000 Dollar, Ende 1925 in US-Aktien investiert, Ende 1987 einschließlich reinvestierter Dividenden 352.360 Dollar wert gewesen wären. Das entspricht einer durchschnittlich etwa zehnprozentigen Rendite. In langlaufende ame-

rikanische Anleihen veranlagt, wären aus den 1.000 Dollar von 1925 Ende 1987 bloß 12.400 Dollar geworden, eine Rendite von bloß vier Prozent.
Aus dem Vergleich der absoluten Wertzuwächse können Geldanleger eine weitere wichtige Information ziehen. Je länger Geld veranlagt ist, umso ertragreicher ist jedes Prozent Effektivverzinsung. Zehn Prozent Rendite werfen am Start jeder Veranlagung zweieinhalbmal soviel ab wie vier Prozent. Mit jedem Jahr wird der Abstand jedoch absolut größer. Im obigen Beispiel einer, zugegeben wenig realistischen, extremen Langfristveranlagung sind aus der anfänglich 150prozentigen Ertragsdifferenz 2.741,6 Prozent Ertragsunterschied geworden!

TEIL 2

Die Geldanlage in Forderungstiteln

WAS DIE SCHULDNER DEM ANLEGER VERSPRECHEN

Für den Geldanleger sind es Gläubigerpapiere, für den Emittenten Schuldverschreibungen. In der Schweiz ist die Bezeichnung Obligation gebräuchlich. Sie leitet sich vom italienischen „obligo", Verpflichtung, ab. Auch das englische Wort „bond" bedeutet soviel wie Verpflichtung. Das österreichische Einkommensteuergesetz spricht von Forderungswertpapieren. Gemeinsam ist diesen Papieren, die bezeichnenderweise auf dem „Rentenmarkt" gehandelt werden, das verpflichtende Versprechen, dem Kapitalgeber einen Zinsertrag zukommen zu lassen. Der Geldanleger erwirbt damit gegen den Emittenten, seinen Schuldner, eine Forderung, die dieser unabhängig von seinem wirtschaftlichen Wohlergehen zu erfüllen hat. Der Kapitalgeber trägt keinerlei Unternehmensrisiko, es sei denn, der Emittent macht Pleite.

Die für den privaten Geldanleger mit Abstand wichtigsten Schuldverschreibungen sind die Anleihen. Einschließlich der nur bei institutionellen Anlegern (z.B. Versicherungen) plazierten Bundesobligationen sind zum Zeitpunkt des Erscheinens dieses Buches am österreichischen Kapitalmarkt Anleihen für mehr als 600 Milliarden Schilling im Umlauf. Die zweitgrößte Gruppe von Schuldverschreibungen sind die Pfand- und Kommunalbriefe. Von Bedeutung sind dann noch die Kassenobligationen, kurz- bis mittelfristige Bankschuldverschreibungen, die vorwiegend für Großanleger bestimmt sind.

Anleihen sind titrierte Kredite, Kredite in Wertpapierform. Die Verpflichtungen des Anleiheschuldners und die Rechte des Gläubigers sind urkundlich verbrieft, auch wenn heute die Urkunden vielfach nicht mehr ausgedruckt werden.

Der Geldanleger erwirbt eine Anleihe, weil er sich von diesem Investment einen sicheren Ertrag verspricht. Voraussetzung dafür ist, daß der Emittent ein erstklassiger und immer zahlungsfähiger Schuldner ist. Der Bund ist in dieser Hinsicht der beste Schuldner. Steuereinnahmen und öffentliches Vermögen garantieren für die Zahlung von Zinsen und die Tilgung der Anleihen. Auf den Bund sind in den vergangenen zehn Jahren mehr als die Hälfte aller Anleiheemissionen entfallen. Zusammen mit Städ-

ten und Ländern, öffentlichen Fonds (z.B. Wasserwirtschaftsfonds) und diversen Sondergesellschaften (hauptsächlich zur Finanzierung des Autobahnbaus) hat die öffentliche Hand in den vergangenen Jahren zwei Drittel des Kapitalmarkts für sich beansprucht.
Mit gut einem Viertel des Emissionsvolumens sind die Kreditinstitute die zweitstärkste Gruppe. Sie begeben Anleihen, um sich die notwendigen langfristigen Gelder für ihre langfristigen Investitionsfinanzierungen zu besorgen. An sich wäre das (zumindest ebensogut) Sache der Industrieunternehmen selbst. Industrieanleihen sind auf dem österreichischen Kapitalmarkt jedoch eindeutig unterrepräsentiert. Einesteils gibt es zu wenige große Unternehmen, andernteils ist es das hohe Maß an subventionierten Krediten, das die Industrieunternehmen die rollierende, kurzfristige Fremdmittelfinanzierung ihrer Investitionsvorhaben der Mittelbeschaffung auf dem Kapitalmarkt vorziehen läßt.

Der Zugang zum Kapitalmarkt war in der Vergangenheit aber auch alles andere als einfach. Eine EG-konforme Deregulierung brachte erst das Kapitalmarktgesetz 1991. Eine Anleihe zu begeben bedarf jetzt nicht mehr der Genehmigung des Finanzministers. Der aus Bankrepräsentanten und Beamten zusammengesetzte Kapitalmarktausschuß, der faktisch die Emissionstätigkeit gelenkt hat, wurde ersatzlos gestrichen, eine Mitteilung an die Österreichische Kontrollbank genügt. Auch eine Mindestlaufzeit ist nicht mehr vorgeschrieben. Für den Anlegerschutz wird jetzt durch Prospektpflicht und Prospekthaftung gesorgt.
Der Prospekt, der gleichzeitig mit der Emission eines Wertpapiers veröffentlicht werden muß, hat alle Angaben zu enthalten, „die es den Anlegern ermöglichen, sich ein Urteil über die Vermögens- und Ertragslage des Emittenten und dessen Entwicklungsaussichten sowie über die mit den Wertpapieren oder sonstigen Veranlagungsformen verbundenen Rechte zu bilden“. Für die im Prospekt gemachten Angaben haften neben dem Emittenten auch alle jene Personen, die den Prospekt unterschrieben und damit die Verantwortung übernommen haben, insbesondere die Abschlußprüfer und die Wirtschaftsprüfer. Auch die gewerbsmäßigen Verkäufer und Vermittler der Wertpapiere können zur Haftung herangezogen werden, wenn sie wissentlich oder grob fahrlässig unrichtige oder unvollständige Prospekte vertreiben. Das Gesetz sieht außerdem die Möglich-

keit eines freiwilligen Ratings (Risikobeurteilung) des Emittenten vor.
Die entscheidenden Rechtstitel für den Gläubiger sind die Ansprüche auf den nominellen Zinsertrag und die Rückzahlung des Kapitals zu einem im vorhinein festgelegten Modus zu mindestens 100 Prozent (es sei denn, es handelt sich um sogenannte ewige Anleihen). Der Schuldner geht diese Verpflichtung zumeist mit einem Vorbehalt ein, dem der Geldanleger oft zuwenig Beachtung schenkt: dem Kündigungsrecht des Schuldners. Dieser Vorbehalt hat einen wichtigen Grund. Fällt das Zinsniveau nach Begebung der Anleihe stark ab, sodaß der Emittent sich dann viel billiger verschulden könnte, wird er von seinem Kündigungsrecht Gebrauch machen und die Anleihe vorzeitig zurückzahlen. Meist ist das mit dem Angebot verbunden, mit dem Rückzahlungsbetrag gleich die niedriger verzinste Anleihe zu zeichnen, allenfalls mit dem Zuckerl einer etwas verkürzten Laufzeit versüßt. Der Kündigungsvorbehalt muß in den Anleihebedingungen ausdrücklich festgehalten sein. Auch Pfand- und Kommunalbriefe sind mit Kündigungsklauseln ausgestattet.
Dem Gläubiger wird in der Regel kein Kündigungsrecht eingeräumt, von dem er seinerseits Gebrauch machen könnte, wenn das Zinsniveau plötzlich in die Höhe schießt, nachdem er die Anleihe gekauft hat. Der Anleihekäufer kann nur zähneknirschend seine niedrig verzinste Anleihe behalten, weil ein Verkauf in dieser Situation mit einem Verlust verbunden wäre. Die Schuldner hingegen freuen sich über langfristig günstige Konditionen.
Bei tendenziell steigendem Zinsniveau ist der Anleger, der es auf Anleihen abgesehen hat, mit variabel verzinsten Anleihen besser bedient. Sofern ihm ein solches Angebot auch gemacht wird. Die Emittenten sind nämlich an einer variablen Verzinsung eher in einer Hochzinsphase interessiert. Auf hohe Zinsen folgen aller Wahrscheinlichkeit nach wieder niedrigere, und mit einer variablen, an der Kapitalmarktrendite orientierten Verzinsung sinken automatisch auch die Finanzierungskosten.
Nicht zuletzt sind Anleihen auch lombardfähige Papiere. Das bedeutet für den Geldanleger, daß er diese Papiere keinesfalls verkaufen muß, um einen plötzlichen, dringenden Geldbedarf zu decken. Anleihen können belehnt (lombardiert) werden, wobei die Anleihezinsen weiter auf das Konto fließen und die Kreditzinsbelastung mildern. Ist der Lombardkredit abgestattet, kann der Anleger wieder frei über seine Papiere verfügen.

KURS UND RENDITE

Am 9. März 1987 war in der schweizerischen Fachzeitung „Finanz und Wirtschaft" folgende Notiz zu lesen: „Noch nie in diesem Jahrzehnt waren in den USA so wenig Menschen ohne Arbeit wie jetzt. So positiv die Nachricht ist: Dem Bondmarkt hat sie die letzten Zinshoffnungen genommen. Am Freitag und am Montag gerieten die Preise der Obligationen ins Trudeln; die Rendite der 30jährigen Staatsanleihen erhöhte sich von 8,3 auf über 8,5 Prozent." Weiter konnte man lesen, daß dieser Nachweis einer soliden US-Konjunktur „am Bondmarkt etliche Teilnehmer auf dem Standbein erwischt hat." Die Logik dieser Meldung ist für den Laien in der Tat erst auf den zweiten Blick erkennbar.

Es ist ja wirklich merkwürdig, wenn volkswirtschaftliche Erfolgsmeldungen, wie die Tatsache, daß in den USA de facto Vollbeschäftigung herrscht, auf dem Finanzparkett für „enttäuschte Hoffnungen" sorgen. Typisch kapitalistisch, könnte man sagen.

In der Tat, die Logik scheint hier auf dem Kopf zu stehen. Auf lange Sicht kann doch eine gesunde Wirtschaft dem Kapitalmarkt nur zuträglich sein. Kapitalmarktteilnehmer agieren aber, scheint's, überwiegend kurzsichtig.

Was die Anleihebesitzer so maßlos entäuscht hat, war, daß die Notenbank keine Veranlassung gesehen hat, die Zinszügel für eine allfällige Ankurbelung der Wirtschaft lockern zu müssen. Viele Wirtschaftsexperten waren damals der Meinung, daß eine Rezession unmittelbar bevorstünde, der das Federal Reserve mit einer Senkung der Zinsen hätte begegnen müssen. Statt dessen war von Rezession nicht die Rede, die amerikanische Wirtschaft war zu diesem Zeitpunkt überaus gesund und munter. Es bestand überhaupt keine Notwendigkeit, der Konjunktur mit niedrigeren Zinsen nachzuhelfen, von denen die Besitzer langlaufender Anleihen einen Kursanstieg ihrer Kurse zu erwarten gehabt hätten.

Das war es also, was die Bondmarktteilnehmer so maßlos enttäuschte und den Kurs des Long Bond des Finanzministeriums (Nominalzins 8⅞ Prozent, Laufzeit bis 2017) gleich um 2 $^{9}/_{32}$ Punkte auf 103 $^{25}/_{32}$ Prozent drückte. Die Kurs/Zins-Mechanik

bewirkte zwangsläufig eine Erhöhung der Rendite von 8,3 auf 8,5 Prozent.
Der Geldanleger, der eine bereits an der Börse notierte Anleihe kaufen will, gewinnt aus diesem Beispiel folgende wichtige Erkenntnisse:

- Erstens: Der Kurs einer Anleihe wird von Angebot und Nachfrage bestimmt.
- Zweitens: Die Effektivverzinsung einer Anleihe, die Rendite, variiert je nach der Höhe des Kurses: Sinkt der Kurs, steigt die Rendite, steigt der Kurs, fällt die Rendite.

Diese Kurs/Zins-Mechanik ist, wie gesagt, für jene Anleger von unmittelbarem Interesse, die bereits an der Börse notierte Anleihen kaufen wollen. Die, wenn man so will, „persönliche“ Rendite des Anlegers, der eine Neuemission erwirbt und diese bis zum Ende der Laufzeit zu behalten gedenkt, wird von den Marktschwankungen nicht berührt.
Wie weit die Kurse vom Nennwert abweichen können, zeigt das folgende Beispiel:
Im Frühjahr 1979 wurden Bundesanleihen mit einer Nominalverzinsung von 7,25 Prozent begeben. Bald darauf begann das Zinsniveau zu steigen, weil die Oesterreichische Nationalbank die nach dem zweiten Ölpreisschock wiederaufgeflammte Inflation zu bekämpfen begonnen hatte. Zweieinhalb Jahre nach der Ausgabe, im Oktober 1981, stand der Kapitalmarktzins auf dem Rekordniveau von 11 Prozent. Dieser Zinsanstieg drückte das Kursniveau der niedrig verzinsten Altanleihen hinunter, für 7,25-Prozenter waren Kurse von 80 Prozent, 20 Prozent unter dem seinerzeitigen Ausgabekurs, keine Seltenheit.
Nach dem ehernen Gesetz von Angebot und Nachfrage ist ein Anleger nur dann bereit, eine nominell niedriger verzinste Anleihe zu kaufen, wenn sie effektiv die gleiche Rendite bringt wie eine Neuemission. Diese Rendite brachte ein 7,25-Prozenter mit sechsjähriger Restlaufzeit bei einem Kurs von 84 Prozent. Erwarb also ein Geldanleger diese alte, mit nur 7,25 Prozent nominell verzinste Anleihe, brauchte er für Nominale 10.000 Schilling nur 8.400 Schilling (zuzüglich Spesen) auszulegen. Dafür bekam er am Ende der Laufzeit die vollen 10.000 Schilling (100 Prozent). Nominalverzinsung und Tilgungskurs zusammen ergaben eine Rendite von elf Prozent, kein Unterschied also zur Neuemission.
Geldanleger, die das Pech haben, zum falschen Zeitpunkt festverzinsliche Anleihen gekauft zu haben, sollten es zähneknir-

schend vorziehen, ihre Papiere zu behalten, anstatt sie mit Verlust zu verkaufen. Ein Zinsniveau hält nicht ewig. Ganz falsch wäre es, eine im Kurs gefallene Anleihe zu verkaufen und anschließend eine höherverzinsliche zu erwerben. Diese Vorgangsweise ist fast immer unrentabel.
Es ist zwar Aufgabe der Oesterreichischen Nationalbank, für ein stabiles Zinsniveau zu sorgen, und sie bemüht sich darum auch nach besten Kräften, doch kommt vor der Nationalbank immer noch der Markt. Der hat in den vergangenen Jahren für ein Auf und Ab in der Bandbreite zwischen 11 und 6½ Prozent gesorgt. Als die Bemühungen zur Inflationsstabilisierung Wirkung zeigten, begann das Zinsniveau auch rasch zu fallen. Nicht ganz zwei Jahre später, im Sommer 1983, hatte das Kapitalmarktzinsniveau 8 Prozent erreicht. Die stolzen Besitzer von 11-Prozentern konnten sich nicht nur über einen überdurchschnittlich hohen Zinsertrag freuen, sondern auch über einen hohen Kurs von 110 Prozent.
Geldanleger, die der hohen Verzinsung nachliefen, mußten deshalb 11.000 Schilling (zuzüglich Spesen) für eine Teilschuldverschreibung im Nominale von 10.000 Schilling bezahlen. Weil sie am Laufzeitende natürlich nur 10.000 Schilling rückgelöst bekommen, errechnete sich zu diesem Zeitpunkt auch nur eine Rendite von 8 Prozent. Und die nur unter der Voraussetzung, daß keine vorzeitige Kündigung erfolgt.
Die Kurs/Rendite-Ausgleichsmechanik bewirkt also, daß eine Altanleihe dem Käufer die gleiche Rendite bringt wie eine Neuemission. Der „Umtausch" von Anleihen, sprich Verkauf niedrig verzinster Anleihen und Neukauf hoch verzinster Emissionen, bringt im Normalfall keinen Vorteil.
Sich die Rendite selbst auszurechnen, ist keine Hexerei. Auf Seite 23 f. sind die entsprechenden Faustformeln und ein illustratives Beispiel dazu angeführt.

Primärmarkt und Sekundärmarkt

Öffentliche Anleihen kann man auf zwei unterschiedlichen Märkten kaufen, verkaufen nur auf einem. Als Neuemission werden sie auf dem Primärmarkt plaziert, wenn sie an der Börse notiert sind, sind sie Handelsware am Sekundärmarkt. Genaugenommen ist der Primärmarkt ein Markt mit stark eingeschränkter Marktfunktion. Eine Anleihe wird einige Tage, zu

einem üblicherweise kurz vorher festgelegten Preis, zur öffentlichen Zeichnung aufgelegt. Dieser Ausgabepreis bleibt, unabhängig von der Nachfrage, während der gesamten Zeichnungsfrist gleich. Das Gesetz von Angebot und Nachfrage ist kurzfristig außer Kraft.
Übersteigt die Nachfrage das Ausgabevolumen, wird die Anleihe also „überzeichnet“, können die Kaufinteressenten nur teilweise befriedigt werden. Ist die Anleihe schon vor dem Ende der offiziellen Zeichnungsfrist zur Gänze verkauft, wird diese vom Garantiesyndikat kurzerhand für vorzeitig beendet erklärt.
„Überzeichnung“ und „vorzeitiger Zeichnungsschluß“ bedeuten indes nicht zwangsläufig, daß dann tatsächlich kein Anleihestück mehr zu haben ist. In vielen Fällen decken sich die Banken vorsorglich mit Neuemissionen ein, ohne daß bereits Kundenaufträge vorliegen. Anleihe-Interessenten können dann mit Material aus den Eigenbeständen der Banken versorgt werden. Anleihe-Interessenten, die darauf spekulieren, daß die Emission ohnedies überzeichnet wird und vorsorglich mehr Aufträge deponieren, als sie zu realisieren gedenken, können sich allerdings auch verspekulieren und unerwünscht alles georderte Material zugeteilt bekommen. Das kostet dann auch die volle Länge. Solche „Konzertzeichner“ treten immer wieder auch bei der Ausgabe begehrter junger Aktien auf.
Daß der Ausgabepreis (Kurs) erst kurz vor Beginn der Zeichnungsfrist festgesetzt wird, hat einesteils mit dem Wunsch des Emittenten zu tun, effektiv nicht mehr zahlen zu müssen, als der Markt hergibt, und andernteils mit dem Wunsch des Emissionskonsortiums, die Anleihe auch optimal verkaufen zu können. Oft erfolgt die Preisfestsetzung so knapp, daß der Anleiheprospekt ohne Ausgabekurs verschickt werden muß.
Anleihen werden als Einmalemissionen begeben. Pfand- und Kommunalbriefe werden hingegen als Daueremissionen aufgelegt. In diesem Fall wird ein bestimmtes Volumen mit fixierter Laufzeit und fixiertem Zinssatz angeboten, solange der Vorrat reicht. Verändert sich das Zinsniveau in der Zwischenzeit, kann der Ausgabepreis vom emittierenden Institut verändert und neu festgesetzt werden.
Nach der Zeichnungsfrist wird die Anleihe an der Börse eingeführt. Sie ist damit auf dem sogenannten Sekundärmarkt gelandet. Der ist an sich kein eigens gekennzeichneter Markt, sondern man versteht darunter die Abwicklung von Verkauf und Kauf einer Anleihe an der Börse.

Dieser Markt hat seine Tücken. Der Anleger muß vor allem zwei Sondersituationen ins Kalkül ziehen:
Zum einen ist der Kurs oft nicht mehr aktuell. Gewöhnlich kommt es nicht jeden Tag in jedem Papier zu Umsätzen. Der in der Zeitung als „zuletzt“ veröffentlichte Kurs muß daher keineswegs der gestrige sein, sondern kann durchaus schon Wochen alt sein. Hat sich in dieser Zeit das Zinsniveau verändert, „paßt“ der Kurs gar nicht mehr, denn er spiegelt nicht die aktuelle Rendite wider.
Eine zweite Sondersituation ergibt sich, wenn die Banken Marktpflege betreiben. Angenommen, eine auf dem Sekundärmarkt zum Verkauf angebotene Anleihe findet zum Zeitpunkt des Verkaufsauftrags keinen Kaufinteressenten. Der Auftrag bleibt Tage oder Wochen an der Börse liegen. Will sich partout kein privater Käufer finden, wird sich eines Tages eine Bank finden, die sich „erbarmt“ und die Papiere ankauft. Sie tut dies allerdings nicht aus Großherzigkeit, sondern zur „Kurspflege“. Das heißt, sie sorgt dafür, daß diese Anleihe überhaupt gehandelt wird. Entschädigt wird die Bank dafür mit einem einige Prozentpunkte unter dem marktüblichen Kurs liegenden Kaufpreis. Ein anderer Anleger, der jetzt in diesem Kurs eine günstige Kaufgelegenheit erblickt, gibt daraufhin seiner Bank einen zum zuletzt veröffentlichten Kurs limitierten Kaufauftrag. Auf die Erfüllung seines Kaufauftrags wartet er jedoch vergeblich, denn zu diesem solcherart zustande gekommenen Kurs gibt es die Anleihe nicht.
Der am Sekundärmarkt kaufende Anleger muß schließlich noch die renditebeeinträchtigenden Spesen berücksichtigen, die im Unterschied zum Erwerb von Neuemissionen anfallen.

Neue Regeln gelten seit 1991 für die Emission von Bundesanleihen. Im Unterschied zu früher wird jeweils das gesamte Emissionsvolumen in Form eines Zinstenders vergeben. Das Tenderverfahren ist eine Art Auktion. Alle zugelassenen Banken müssen Renditen nennen, zu denen sie bereit sind, einen Teil des Emissionsvolumens zu übernehmen. Aus dem Durchschnitt aller Bankangebote wird dann der Emissionspreis ermittelt. Im Ausgabepreis für den privaten Zeichner steckt noch zusätzlich eine Verkaufsprovision für die Tenderteilnehmer. Diese verpflichten sich dafür, als Marketmaker zu fungieren, das heißt, sie müssen jederzeit Kurse stellen, zu denen sie die Anleihen wieder zurückkaufen.

FESTVERZINSLICHE ANLEIHEN

Die Anleihe mit fixem Zinssatz (Straight Bond) ist das festverzinsliche Wertpapier im eigentlichen Sinn des Wortes. Der fixe Nominalzinssatz gilt für die gesamte Laufzeit. Zurückgezahlt wird die Anleihe mindestens zu 100 Prozent.

Die grundsätzlich lange Laufzeit hat sich seit den siebziger Jahren deutlich verkürzt. In den sechziger Jahren waren Laufzeiten von 15 Jahren mit jährlicher Tilgung die übliche Dauer (Pfand- und Kommunalbriefe, die zu den festverzinslichen Wertpapieren im weiteren Sinn gehören, hatten sogar Laufzeiten bis zu 25 Jahren). Das Zinsniveau war relativ stabil und die lange Laufzeit daher kein sonderliches Risiko für die Anleger.

Die Ölpreisschocks haben aber eine erhebliche Unsicherheit in die Wirtschaft gebracht. Zusammen mit anderen Einflüssen haben sie Bewegung in das Zinsniveau gebracht, die Zinssätze verändern sich seitdem in erheblich kürzeren Abständen. Das hat natürlich die Anleger vor der allzu langfristigen Bindung ihres Kapitals zurückschrecken lassen. Die Emittenten mußten dem durch eine drastische Verkürzung der Anleihelaufzeiten Rechnung tragen.

Der fixe Nominalzinssatz muß freilich nicht unbedingt der effektive Zinssatz sein, den der Geldanleger erlöst. Je nach dem Kapitalmarktzinsniveau zum Zeitpunkt der Emission wird die Rendite, also die Effektivverzinsung, feingesteuert. Nur wenn der Begebungskurs 100 Prozent beträgt, eine Teilschuldverschreibung von S 10.000,— also wirklich S 10.000,— kostet, und wenn auch der Tilgungskurs 100 Prozent beträgt, dann stimmt der Nominalzinssatz auch mit dem Effektivzinssatz überein. Jede Variierung verändert aber den Erlös.

Die wichtigste Feinsteuerungsmaßnahme ist der Ausgabekurs. Unter 100 Prozent (unter pari) verheißt dem Anleihezeichner eine höhere Rendite, denn erstens gilt das Zinsversprechen für einen höheren Betrag als der Geldanleger tatsächlich bezahlt, und zweitens verdient der Anleger auch die Differenz zwischen Kauf- und Tilgungskurs. Ein Ausgabekurs von 98,5 Prozent bedeutet, daß für S 10.000,— Nominale nur S 9.850,— zu bezahlen sind. Andererseits ist die Rendite niedriger, wenn der Ausgabekurs höher als 100 Prozent (über pari) ist.

Auch der Tilgungsplan nimmt Einfluß auf die Rendite, und zwar dann, wenn der Ausgabekurs nicht mit dem Tilgungskurs ident ist. Je kurzfristiger der Tilgungsplan angelegt ist, desto gravierender wirken sich Kursausschläge auf die Rendite aus.
Günstig ist natürlich eine mit Aufgeld (Agio) gegenüber dem offiziellen Emissionskurs gewährte Rückzahlung. Das Einkommensteuergesetz 1988 sieht allerdings die zehnprozentige Kapitalertragsteuerpflicht für Aufgelder vor, die höher als zwei Prozent sind.
Zu beachten hat der Geldanleger vor allem die Kündigungsklausel. Anleihen, die mit einer solchen Klausel versehen sind, können ab dem angegebenen Zeitpunkt vorzeitig zurückgezahlt werden. Der Anleiheschuldner sichert sich mit der Kündigungsklausel gegen eine für ihn ungünstig verlaufende Zinsentwicklung ab. Damit befindet er sich natürlich im Gegensatz zu den Interessen des Anleihezeichners, weil vom Kündigungsrecht zum Beispiel dann Gebrauch gemacht wird, wenn das Zinsniveau nach einer Hochzinsphase stark gefallen ist und es dem Anleiheinhaber dann aber sehr recht wäre, weiterhin überhöhte Zinsen zu lukrieren.

VARIABEL VERZINSTE ANLEIHEN

Noch in der Hochzinsperiode am Beginn der achtziger Jahre startete die amerikanische Konjunkturlokomotive voll durch. Die Wirtschaft begann wieder zu investieren, und die Unternehmen entwickelten einen ungeheuren Finanzierungshunger. Der Bedarf war am damals schwachen Aktienmarkt nicht zu decken, die Unternehmen waren genötigt, sich verstärkt mit Fremdkapital zu finanzieren. Um nicht von der Zinsenlast festverzinslicher Anleihen erdrückt zu werden, wenn das Zinsniveau, wie zu erwarten war, sich wieder senkte, boten sie sogenannte „Floating Rate Notes" an: Anleihen, die nicht mehr mit einem, die gesamte Laufzeit gültigen, Fixzinssatz ausgestattet waren, sondern mit einem variablen Satz, der sich jedes Viertel- oder halbe Jahr ändern konnte.

Festverzinsliche Anleihen haben zwar für den Emittenten den Vorteil einer überraschungsfreien, langfristigen Finanzplanung, doch verkehrt sich dieser Vorteil in einen Nachteil, wenn das Kapitalmarktzinsniveau während der Laufzeit der Anleihe fällt und der Anleiheschuldner seinen Kapitalbedarf erheblich billiger decken könnte. Variabel verzinste Anleihen mit einer garantierten Mindestverzinsung waren damals das ideale langfristige Fremdfinanzierungsinstrument aus der Sicht der Emittenten.

Auch der Geldanleger ist an einer Minimierung des Zinsrisikos interessiert. Er ist benachteiligt, wenn das Kapitalmarktzinsniveau steigt und ihm dadurch Zinserträge entgehen, weil er in eine unaktuell niedrig verzinste Anleihe investiert hat.

Der gemeinsame Wunsch nach einer Verringerung des Zinsrisikos ist theoretisch ein Interessenkonflikt: Der Anleiheschuldner müßte vor allem in Hochzinszeiten an der Ausgabe von Floatern interessiert sein, der Anleihekäufer dagegen in Niedrigzinsphasen. Praktisch spielt diese Gegensätzlichkeit keine Rolle. Beide Seiten rechnen damit, daß die Zinssätze während der Gesamtlaufzeit der Anleihe wahrscheinlich nach beiden Richtungen schwanken werden, sodaß sich Kapitalkostenüberlegungen und Renditewünsche letztlich decken.

Inzwischen sind die „Floater" auch in Österreich zu selbstverständlichen Anlagewerten geworden.

Im Unterschied zu den Gepflogenheiten an den ausländischen

Kapitalmärkten sind die Zinsperioden in Österreich etwas länger. International wird der Zinssatz eher kurzfristig, alle drei oder sechs Monate, angepaßt. In Österreich gibt es dagegen auch einige Anleihen mit Fixzinsperioden von fünf Jahren. Vor allem die ersten variablen Anleihen, die in Österreich auf den Markt kamen, sahen derart lange Zinsperioden vor. Nach diesen ersten, vorsichtigen Anpassungsschritten in innovatives Anleiheneuland hat man den Rhythmus beschleunigt. Der durchschnittliche Anpassungszeitraum hat sich inzwischen bei einem Jahr eingependelt.
Der Ausgabezinssatz und alle folgenden Zinssätze eines Floaters sind geringfügig niedriger als der Nominalzinssatz für Festverzinsliche. Der Grund dafür liegt im kürzeren Festverzinsungszeitraum. Der Zinssatz ist bekanntlich eine Funktion der Fristigkeit. Richtgröße für die Zinsanpassung ist die Sekundärmarktrendite in vielen Spielarten, wobei von diesem Satz der neue Zinssatz mit einem Abschlag festgesetzt wird.
Die regelmäßige Zinsanpassung sorgt dafür, daß sich die Kurse von variabel verzinsten Anleihen nicht weit vom Pari-Niveau entfernen. Je kürzer die Anpassungszeiträume, desto geringer die Kursschwankungen. Verkäufe von Floatern sind deshalb mit einem geringen Risiko verbunden.

Zur Beurteilung von variabel verzinsten Anleihen ist es zweckmäßig, die Zinsanpassungsbedingungen zu vergleichen. Eine Renditeberechnung ist nicht zielführend, weil die tatsächliche Zinssatzentwicklung über die gesamte Laufzeit hinweg nicht bekannt ist. Bei inländischen, variabel verzinsten Anleihen muß der Geldanleger auf die Abschläge von der Sekundärmarktrendite achten, wobei sich auch die Rundungen (auf ein Achtel abgerundet oder kaufmännisch gerundet) in der Gesamtanlegerrendite auswirken können. Ausländische Floater orientieren den Basiszinsatz überwiegend an der London Interbank Offered Rate (LIBOR). LIBOR ist der Geldmarktsatz, zu dem internationale Großbanken in London untereinander Termineinlagen anbieten. Dazu kommt ein „Spread“, ein Aufschlag von zumeist einem Viertelprozentpunkt. Schlechte Schuldner müssen einen höheren Spread in Kauf nehmen.
Fast alle Floater sind mit einer Mindestverzinsung ausgestattet. Daneben gibt es noch Ausstattungsvarianten mit im vorhinein festgelegten Höchstzinssätzen und einer Zinssatzschwankungsbreite (Mini-Max-Floater).

VIBOR und Reverse

Was am Euromarkt der LIBOR, ist in Wien der VIBOR (Vienna Interbank Offered Rate). Der Wiener Geldmarktsatz ist einmal für Bundesschatzscheine mit variabler Verzinsung und zum anderen für den sogenannten Reverse-Floater relevant.
Die Bundesschatzscheine sind Geldmarktpapiere. Das heißt, ihre Verzinsung orientiert sich am Geldmarktsatz, und ihre Laufzeit beträgt maximal drei Jahre. Referenzsatz ist der 3-Monats-VIBOR samt einer Marge von plus oder minus einem Achtelprozent. Geldmarktpapiere sind interessant in Zeiten einer inversen Zinsstruktur, wenn also die Geldmarktzinsen höher als die Anleihezinsen sind. Diese Situation tritt häufig dann ein, wenn die Notenbanken auf die Konjunkturbremse steigen, indem sie die Geldversorgung zügeln. Der Geldbedarf der Banken treibt dann die Geldmarktzinsen in die Höhe.
Eine spekulative Anleiheform ist der Reverse-Floater. Er wird gerne mit einem verlockend hohen Nominalzinssatz begeben, der jedoch nur kurze Zeit gilt. Danach wird für den Rest der Laufzeit ein noch höherer Fixzinssatz abzüglich des jeweiligen Geldmarktsatzes geboten (z. B. 16 % minus 6-Monats-VIBOR von 9,10 % = 6,90 %).
Der Anleger steigt dann gut aus, wenn der Geldmarktzins niedrig ist und womöglich tendenziell sinkt. Den Kauf einer solchen Anleihe sollte man sich sehr gut überlegen.

Fest oder variabel?

Die Entscheidung, ob der Geldanleger in eine festverzinsliche oder in eine variabel verzinste Anleihe investiert, hängt vom gegebenen Zinsniveau und von dessen voraussichtlicher Veränderung ab.
Angenommen, die Zinsen sind hoch, dann gewähren die Geldinstitute auch auf Sparbücher relativ hohe Zinsen. Viele Anleger geben sich damit zufrieden, denken aber nicht daran, daß mit sinkenden Kapitalmarktzinsen auch die Sparbuchzinsen sinken. So sind die Sparbucherträge, gemessen am Eckzinssatz, in den achtziger Jahren um rund 47,5 Prozent geschrumpft. Hätten die-

se Sparer stattdessen (unkündbare!) festverzinsliche Anleihen oder Nullkupon-Anleihen gezeichnet, wären sie bedeutend besser gefahren.
In der festen Absicht, künftig einen solchen Fehler zu vermeiden, entscheiden sie sich nächstens für eine im Vergleich zum Sparbuch höher verzinste festverzinsliche Anleihe. Nachdem aber gerade eine Niedrigzinsperiode herrscht, ist diese Entscheidung neuerlich ein Fehler, denn ein niedriges Zinsniveau ist nicht die geeignete Voraussetzung, sich mit einer Fixverzinsung langfristig zu binden. Wenn schon Anleihe, dann ist in der Niedrigzinsphase der Erwerb einer variabel verzinsten Anleihe sinnvoller, denn diese garantiert einen Zinsertrag, der dem jeweiligen Kapitalmarktniveau angemessen ist. Allerdings ist dabei zu beachten, daß manche Emittenten ihre variablen Anleihen auch gegen unvermutete Zinshöhenflüge absichern, indem sie in ihre Zeichnungsbedingungen auch eine Höchstverzinsung (engl.: cap) aufnehmen.
So sieht die Anlagestrategie entsprechend dem jeweiligen Kapitalmarktzinsniveau aus:

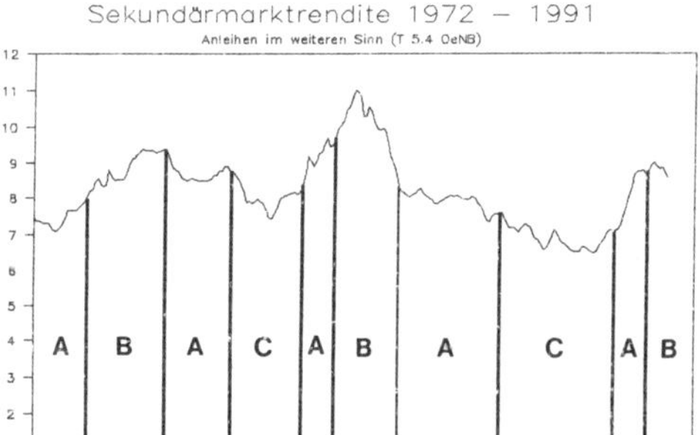

Zeiträume A:	Das Zinsniveau ist weder absolut hoch noch absolut niedrig. Die Entscheidung für eine festverzinsliche oder variable Anleihe fällt schwer, am besten ist eine Mischung von beiden.
Zeiträume B:	Das Zinsniveau ist hoch. Jetzt ist die Zeit zum Kauf von festverzinslichen Wertpapieren beziehungsweise Nullkupon-Anleihen.
Zeiträume C:	Das Zinsniveau ist tief. Jetzt sollte variabel verzinsten Anleihen der Vorzug gegeben werden.

PFAND- UND KOMMUNALBRIEFE

Pfand- und Kommunalbriefe gelten als die Wertpapiere für den kleinen Mann, obwohl sie sich als Anlageinstrument kaum von einer fest- oder variabel verzinsten Bundesanleihe unterscheiden. Letztere ist ebenfalls mündelsicher, was verbreitet als das besondere Charakteristikum von Pfand- und Kommunalbriefen gilt: Wertpapiere der risikoärmsten Klasse, aber eben doch Wertpapiere und damit eine dem Sparbuch überlegene Anlagekategorie.

So gut wie risikolos sind Pfand- und Kommunalbriefe tatsächlich, was ihre Rückzahlung anlangt. Das von den Anlegern zur Verfügung gestellte Kapital ist einerseits durch Hypothekardarlehen auf Grund und Boden, andererseits durch Darlehen an öffentlich-rechtliche Körperschaften sichergestellt. Die zur Ausgabe dieser Papiere besonders ermächtigten Institute, die Landeshypothekenbanken, deren gemeinsame Pfandbriefstelle sowie die CA und das ÖCI, unterliegen besonderen Sicherheits- und Kontrollvorschriften nach dem Hypothekenbank- und Pfandbriefgesetz. Darin sind Deckungsprinzip und die Ausrichtung der Geschäftstätigkeit dieser Institute auf einen genau bestimmten Kreis mit geringen Risken sowie die Staatsaufsicht festgelegt.

Hervorstechendstes Merkmal des Pfand- und Kommunalbriefgeschäfts ist die vorgeschriebene volle Darlehensdeckung und damit die Rückzahlungsgewähr. Zwischendurch können als Deckung auch einmal Bargeld und Forderungen gegen öffentlich-rechtliche Schuldner als Ersatzdeckung herangezogen werden. Die jederzeitige Deckung wird von einem vom Finanzministerium bestellten Treuhänder überwacht.

In die Deckung dürfen nur erstrangige Hypotheken auf inländische Grundstücke genommen werden, die Belehnungsgrenze für Grundstücke und Häuser ist genau festgelegt und entsprechend niedrig bemessen. Darüber hinaus haften noch die Institute selbst mit ihrem gesamten Vermögen sowie die Gewährleistungsträger, im Fall der Hypothekenbanken die Länder.

Sicherer geht's nimmer, zumindest, was die Rückzahlbarkeit der Papiere betrifft. Weniger sicher sind hingegen die Zinsversprechen. So manche Pfandbriefbesitzer, die an die Langfristigkeit

der Versprechen geglaubt haben, sind in den letzten Jahren herb enttäuscht worden, als ihnen die Einladung der Hypothekenbanken ins Haus flatterte, ihre Geldanlage mit reduzierter Verzinsung fortzusetzen. Die als „Malifizierungsaktionen" durch die Presse gegangenen Konditionenverschlechterungen drückten das Dilemma aus, in dem sich die Hypothekenbanken in Perioden stark und anhaltend sinkender Zinsen befinden. In solchen Zeiten ist es gar nicht ungewöhnlich, daß neue Hypothekardarlehen niedriger verzinst sind als die in der vorangegangenen Hochzinsperiode aufgenommenen Gelder. In der geringen Zinsspanne, mit der die Hypothekenbanken auskommen müssen, sind dann größere Bestände mit noch länger laufenden hochverzinsten Pfand- und Kommunalbriefen nicht mehr drin. Die Hypothekenbanken sind deshalb auch dazu übergegangen, neben den Standardpapieren mit fester Verzinsung auch variabel verzinste Papiere anzubieten.
Grundsätzlich sind Pfand- und Kommunalbriefe eine langfristige Geldanlage mit Laufzeiten von 8 bis 25 Jahren. Sie werden an der Börse gehandelt, die Hypothekenbanken achten auf größtmögliche Kursstabilität. Bei einem unvorhergesehenen Geldbedarf können diese Papiere jederzeit wieder verkauft werden. Bei einem vorübergehenden Geldbedarf ist die vernünftigere Variante allerdings die Belehnung der Papiere mit einem Lombardkredit.

NULLKUPON-ANLEIHEN

Drei Gründe sprechen für Nullkupon-Anleihen (Zero-Bonds): Sie sind hervorragend geeignet für die langfristige Vermögensbildung, sie sind weiters interessant für Anleger, die ihre Steuerzahlung hinausschieben wollen, und sie sind schließlich eine spekulative Anlageform in Zeiten eines stark schwankenden Zinsniveaus.

Diese erstmals im Jahr 1981 vom Getränkekonzern Pepsico aufgelegten Schuldtitel schlagen die jährlich abgerechneten Zinsen jeweils wieder dem Kapital zu (daher die Bezeichnung Null-Kupon). Der Geldanleger erspart sich dabei Zinsverluste und Spesen, die ihm sonst bei der Wiederveranlagung der Zinserträge entstehen.

Fällt das Zinsniveau während der Laufzeit, ist dem Zero-Bond-Inhaber der hohe Ertrag sicher, denn diese Anleihen werden überwiegend ohne Kündigungsvorbehalt begeben. Andererseits entgehen dem Anleger mögliche höhere Zinserträge, wenn das Zinsniveau steigt. Idealer Kaufzeitpunkt für einen (neu emittierten) Zero-Bond ist eine Hochzinsphase.

Zero-Bonds werden üblicherweise mit einem vom jeweiligen Zinsniveau und von der Laufzeit der Anleihe abhängigen Disagio (Abschlag vom Nennwert) begeben. Getilgt wird die Anleihe zu 100 Prozent. Die bisher in Österreich aufgelegten Nullkupon-Anleihen figurieren als „Prämien-Anleihen“. Sie werden nicht mit einem Disagio, sondern zu 100 Prozent ausgegeben. Dafür ist der Tilgungskurs entsprechend höher. Diese international unübliche Variante ist eine Konzession an das österreichische Einkommensteuergesetz: Für die Deckung von Abfertigungsrückstellungen und Pensionsrücklagen wird darin die Anschaffung von Wertpapieren „im Nennbetrag“ (also 100 Prozent) vorgeschrieben.

Die gesamte Verzinsung einer Nullkupon-Anleihe einschließlich Zinseszinsen steckt somit im Disagio (beziehungsweise im Agio bei den österreichischen Prämienanleihen). Die rechnerische Rendite entspricht dem zum Zeitpunkt der Begebung herrschenden Kapitalmarktzinsniveau.

Mit Hilfe eines Taschenrechners, der über eine multiple Wurzelfunktion verfügt, läßt sich die Rendite eines Zero-Bonds sehr einfach ausrechnen (Formel siehe Seite 23).

Rechnerische Kursentwicklung von Zero-Bonds nach Restlaufzeit und Kapitalmarktzinssatz

Restlaufzeit	Kursentwicklung bei einem Kapitalmarktzins von							
	14%	12%	11%	10%	9%	8%	7%	6%
30 Jahre	1,96	3,34	4,37	5,73	7,54	9,94	13,14	17,41
25 Jahre	3,78	5,88	7,36	9,23	11,59	14,60	18,42	23,30
20 Jahre	7,28	10,37	12,40	14,86	17,84	21,45	25,84	31,18
15 Jahre	14,01	18,27	20,90	23,94	27,45	31,52	36,24	41,73
10 Jahre	26,97	32,20	35,22	38,55	42,24	46,32	50,83	55,84
9 Jahre	30,75	36,06	39,09	42,41	46,04	50,02	54,39	59,19
8 Jahre	35,06	40,39	43,39	46,65	50,19	54,03	58,20	62,74
7 Jahre	39,96	45,24	48,17	51,32	54,70	58,35	62,27	66,51
6 Jahre	45,56	50,66	53,46	56,45	59,63	63,02	66,63	70,50
5 Jahre	51,94	56,74	59,35	62,09	64,99	68,06	71,30	74,73
4 Jahre	59,21	63,55	65,87	68,30	70,84	73,50	76,29	79,21
3 Jahre	67,50	71,18	73,12	75,13	77,22	79,38	81,63	83,96
2 Jahre	76,95	79,72	81,16	82,64	84,17	85,73	87,34	89,00
1 Jahr	87,72	82,29	90,09	90,91	91,74	92,59	93,46	93,34
Tilgung	100	100	100	100	100	100	100	100

Als die ersten Zero-Bonds auf dem Euromarkt auftauchten, waren die Bondhändler skeptisch. Allerdings nur sehr kurze Zeit, bis sie erkannten, was in diesem Papier in einer Hochzinsphase, wie sie damals herrschte, steckt. Kurz darauf waren die Zeros die Renner am Markt. Die rechnerische Verzinsung wirkte beim bald danach sinkenden Zinsniveau als gigantischer Renditehebel. Wie sich die Veränderung der Zinsen auf den Kurs auswirkt, läßt sich aus der Kursmatrix ablesen. Ein mit einer Emissionsrendite von 10 Prozent begebener Zero hat bei einer Restlaufzeit von zehn Jahren einen rechnerischen Kurs von 38,55 Prozent. Ist der Kapitalmarktzins auf neun Prozent gesunken, wäre beim Verkauf des noch zehn Jahre laufenden Zero-Bonds ein Kurswert von 42,24 Prozent, und bei acht Prozent Kapitalmarktzins sogar von 46,32 Prozent zu erzielen. Der gleiche Hebel wirkt in die andere Richtung, wenn das Kapitalmarktzinsniveau zwischenzeitig steigt. Bei 11 Prozent sinkt der Kurs auf 35,22, bei 12 Prozent auf 32,20. Die Hebelwirkung ist umso stärker, je länger die Restlaufzeit ist.

Ein Geldanleger, der eine Nullkupon-Anleihe bis zum Ende ihrer Laufzeit behält, schaltet, wie gesagt, alle Unsicherheiten bezüglich Gesamtertrag einschließlich Zinseszinsen aus. Es verbleibt ihm allerdings das nicht unbeachtliche Bonitätsrisiko des Emittenten. Nullkupon-Anleihen haben gewöhnlich eine überlange Laufzeit, während der viel passieren kann. Der Anleger übernimmt praktisch ein Kreditrisiko, bekommt er doch sein eingesetztes Kapital samt Zinsertrag erst am Ende der Laufzeit

zurück. Nicht zu unterschätzen ist schließlich noch das Wechselkursrisiko.
Steuerpflichtig wird der Kapitalertrag einer Nullkupon-Anleihe (das ist der Differenzbetrag zwischen Ausgabe- und Tilgungspreis) beim Verkauf beziehungsweise am Ende der Anleihelaufzeit. Steuerlich maßgeblich ist beim Verkauf der rechnerische Preis (Kurs). Das ist doppelt bitter, wenn die Anleihe mit Verlust (Grund: ein gestiegenes Zinsniveau) verkauft wird (werden muß) und der dabei erzielte Preis unter dem rechnerischen Preis liegt. Ein über dem rechnerischen Preis liegender Verkaufsgewinn bleibt steuerfrei. (Mehr darüber im Kapitel „Steuerperspektiven.)

WANDELANLEIHEN

Eine Wandelanleihe ist eine festverzinsliche Obligation, der das Zuckerl der späteren Umtauschmöglichkeit in eine bestimmte Anzahl Aktien oder Partizipationsscheine beigegeben ist.
Wandelanleihen können attraktive Veranlagungen sein, wenn die Aktienkurse allgemein niedrig sind. Steigt das Kursniveau, profitiert der Anleger zweifach: Entsprechend der Kursentwicklung der zugrunde liegenden Aktie steigt auch der Kurs der Anleihe, zugleich kassiert der Anleger die fixe Anleiheverzinsung. Er schneidet sozusagen an den steigenden Aktienkursen mit. Fährt dagegen der Kurszug in die Gegenrichtung, bleibt dem Anleger immer noch die garantierte feste Verzinsung, die auch den Anleihekurs vor dem Absturz in den Keller bewahrt.
Die Beurteilung einer Geldanlage in Wandelanleihen fällt differenziert aus. Vorteilhaft ist jedenfalls das schaumgebremste Kursrisiko. Geldanleger, die auf eine gewisse Sicherheit nicht verzichten und doch ganz gern an den Kursgewinnen von Aktien mitnaschen wollen, sind Anwärter auf Wandelanleihen. Andererseits ist ihr mehrschichtiger Charakter vielen Anlegern zu kompliziert. Ein ausreichendes Angebot an Wandelanleihen gibt es außerdem nur auf ausländischen Kapitalmärkten. In Wien sind derzeit zwei Wandelanleihen, eine der Allgemeinen Baugesellschaft Porr AG und eine der Kies Union AG, auf dem Markt.
Wer ein stärkeres Engagement in Wandelanleihen in Betracht zieht, dem bleibt fast keine andere Wahl, als in den amerikanischen Markt einzusteigen. Erstens gibt es dort im Unterschied zu den meisten europäischen Börsen eine große Auswahl, und zweitens ist dieser Markt auch voll funktionsfähig. Das heißt, ein Geldanleger kann damit rechnen, eine Wandelanleihe auch jederzeit zum aktuellen Kurs verkaufen zu können. Bei Beachtung des Wechselkursrisikos, versteht sich.
Wenn amerikanische Industriegesellschaften Kapital über die Ausgabe von Wandelanleihen anstelle einer Aktienkapitalerhöhung aufnehmen, tun sie das vor allem aus Steuergründen. Die Zinsen, die sie auf die Anleihe zahlen müssen, sind Betriebsaufwand, Aktiendividenden müssen hingegen aus dem versteuerten Gewinn bezahlt werden. Außerdem sind die Zinsen

einer Wandelanleihe niedriger als die einer normalen festverzinslichen. Der Schuldner kommt also zu relativ billigem Fremdkapital. Wird die Anleihe später in Aktien umgetauscht, belastet das die Liquidität der Gesellschaft nicht, sie braucht in diesem Fall die Anleihe nicht zurückzuzahlen. Darüber hinaus wird aus dem Fremdkapital Eigenkapital, und das über den Nennwert der Aktie hinausgehende Agio stärkt die finanziellen Reserven des Unternehmens.
Der Anleger erhält durch die Verbindung des Anleihekurses mit der Wertentwicklung der zugrundeliegenden Aktie die Chance auf kräftige Kurssteigerungen. Die Garantieverzinsung ist zwar niedriger als die einer normalen festverzinslichen Anleihe, aber doch deutlich höher als die Dividendenrendite der zugrundeliegenden Aktie. Das im Vergleich zu normalen festverzinslichen Anleihen höhere Kursrisiko ist wiederum geringer als beim direkten Aktienengagement. Fällt der Aktienkurs, geht der Anleihenkurs nur soweit zurück, bis die aktuelle Kapitalmarktrendite erreicht ist. Dann bewegt sich der Kurs der Wandelanleihe im Gleichklang mit den übrigen Festverzinslichen weiter.
Der Geldanleger, der eine Wandelanleihe erwirbt, muß sich bewußt sein, daß er für die zweifache Ertragschance (Garantiezins und Kursgewinn) ein im Vergleich zu einer gewöhnlichen festverzinslichen Anleihe niedriger verzinstes Papier in der Hand hat, daß das Kursrisiko höher ist und daß die Schuldner die Anleihe kündigen und den Anleihezeichner zur Konversion zwingen können, auch wenn dieser gerade nicht umwandeln will.

Wie sich eine Wandelanleihe im Markt bewegt, soll an einem Beispiel erläutert werden.
Die deutsche XY-AG legte 1984 eine Wandelanleihe auf:
Verzinst wurde sie mit 4 Prozent, die Laufzeit beträgt 10 Jahre.
Je Nominale DM 1.000,— besteht ein Umtauschrecht in 3 XY-Aktien.
Die Anleihe wurde zum Nennwert (100 Prozent) begeben, das heißt, Nominale 1.000 haben DM 1.000,— gekostet.
Zum Zeitpunkt der Emission hat der Kurs der XY-Aktie DM 300,— betragen, die aktuelle Kapitalmarktrendite für festverzinsliche Normalanleihen mit zehnjähriger Laufzeit lag zum Zeitpunkt der Emission bei 7,5 Prozent.

Ein Interessent wird nun folgende Überlegungen anstellen:
1. Drei Aktien zum aktuellen Kurs kosten DM 900,—. Würde er

die drei Aktien indirekt über die Anleihe kaufen, müßte er für sie DM 1.000,— zahlen, das sind 11 Prozent (DM 100,—) Aufgeld.

2. Wenn der Kurs der XY-Aktie in den zehn Jahren Anleihenlaufzeit um 100 Prozent auf DM 600,— steigt, dann steigt rechnerisch der Kurs der Wandelanleihe auf 180 Prozent. Der Anleger kann ja jederzeit seine Anleihe in drei Aktien umwandeln und die zum aktuellen Kurs, in dem Fall DM 600,—, verkaufen: 3 × 600 ergeben 1.800.
3. Bewegt sich der Aktienkurs in den zehn Jahren nur unwesentlich, und steigt er erst gegen Laufzeitende der Wandelanleihe um zehn Prozent auf DM 330,—, wird die Anleihe wahrscheinlich keine Kurssteigerung erleben, denn drei XY-Aktien sind an der Börse um DM 990,— zu haben. Warum sollte jemand für die Anleihe mehr zahlen wollen? Das anfängliche Aufgeld, die „Spekulationsprämie", hat sich gegen Null reduziert, jetzt ist in dieser Anleihe spekulativ nichts mehr drin.
4. Ist der Aktienkurs am Laufzeitende niedriger als zum Zeitpunkt der Emission, verbleibt dem Anleger nur die relativ magere Verzinsung. Mit einer normalen Festverzinslichen hätte er 7,5 Prozent laufenden Ertrag gehabt, so muß er sich mit 4 Prozent begnügen.

Das Verhältnis zwischen dem Kurs einer Wandelanleihe und dem aktuellen Tageskurs der zugrundeliegenden Aktie heißt Wandelprämie (Aufgeld oder Zuschlag beziehungsweise Rabatt). Diese Prämie ist ein sehr schillerndes Kriterium.
Sie ist tendenziell hoch, wenn das Kursrisiko der Wandelanleihe als gering angesehen wird, das heißt, wenn eher mit einer steigenden Aktienkurstendenz zu rechnen ist. Die Prämie ist weiters hoch, wenn die Umwandlungsperiode noch lang ist und wenn die Anleihenrendite deutlich höher als die Dividendenrendite der zugrundeliegenden Aktie ist.
Die Wandelprämie reduziert sich, wenn sich der Aktienkurs dem Wandelpreis nähert. Übersteigt der Aktienkurs den Wandelpreis, ist auch der Kurs der Anleihe höher als der Nennwert. Die niedrige Wandelprämie bringt in diesem Fall das höhere Risiko des Kursrückganges zum Ausdruck.
Negativ ist die Wandelprämie dann, wenn die zugrundeliegende Aktie billiger über die Anleihe als direkt an der Börse erworben werden kann.
Um die Wandelprämie berechnen zu können, muß der Anleger

den Wandelpreis wissen. Der ergibt sich aus der Division Nominalwert der Anleihe durch Anzahl der Aktien pro Anleihe.

$$\text{Wandelpreis} = \frac{\text{Nominalwert der Anleihe}}{\text{Anzahl der Aktien pro Anleihe}}$$

Die Formel für die Wandelprämie lautet wie folgt:

$$\text{Wandelprämie} = \frac{\text{Wandelpreis} \times 100}{\text{Aktienkurs}} - 100$$

Für Anleger, die Wandelanleihen nicht zum Emissionskurs kaufen, ist der mit dem aktuellen Anleihekurs korrigierte Wandelpreis von Bedeutung. Man spricht in diesem Fall von der Wandelparität. Sie wird so errechnet:

$$\text{Wandelparität} = \frac{\text{Nominalwert der Anleihe} \times \text{Kurs der Anleihe}}{\text{Anzahl der Aktien pro Anleihe} \times 100}$$

Anstatt des Wandelpreises muß in die Formel für die Wandelprämie in diesem Fall die Wandelparität eingesetzt werden.

Ein Zahlenbeispiel:
Wandelanleihe Nominale 10.000
Kurs Wandelanleihe 80
Wandlungsverhältnis 4 : 1
Aktienkurs 1600

$$\text{Wandelparität} = \frac{10.000 \times 80}{4 \times 100} = 2000$$

$$\text{Wandelprämie} = \frac{2000 \times 100}{1600} - 100 = 25\%$$

Wenn der Kurs der Aktien, die der Wandelanleihe zugrundeliegen, steigt, dann folgt mit einiger Verzögerung (die sich in der Wandelprämie ausdrückt) auch der Kurs der Wandelanleihe nach. Sinkt der Aktienkurs, fällt der Niedergang des Anleihenkurses schaumgebremst aus.
Zu beachten hat der Anleger vor allem das Kündigungsrecht des Anleiheemittenten. Ein Unternehmen, das eine Wandelanleihe ausgibt, will die Anleihezeichner zu Aktionären machen. Von ihrem Kündigungsrecht machen die Emittenten vor allem dann

Gebrauch, wenn die Aktie eine starke Kurssteigerung hinter sich hat, beziehungsweise der Kurs der Aktie bereits über den Kündigungskurs gestiegen ist. Die Kündigungsbedingungen müssen allerdings schon bei der Emission der Anleihe festgelegt sein. Nicht zuletzt ist der Kündigungsaspekt im Hinblick auf das Währungsrisiko von Belang.
Schließlich ist noch zu beachten, ob die Anleihebedingungen eine Verwässerungsschutzklausel enthalten. Eine solche Klausel stellt sicher, daß der Anleiheinhaber im Fall einer Kapitalerhöhung ein Bezugsrecht auf junge Aktien hat beziehungsweise daß der Wandelpreis entsprechend ermäßigt wird. Von Wandelanleihen ohne eine solche Klausel sollten Anleger die Finger lassen.

OPTIONSANLEIHEN

Fixe Zinsen und — als spekulatives Zuckerl — das Recht auf den Bezug von Wertpapieren, Gold oder Devisen machen das Wesen von Optionsanleihen aus. Dieser eigentlich aus zwei Wertpapieren, der fix verzinsten Anleihe und dem Optionsschein, bestehende Anleihetyp eignet sich für risikoscheue Geldanleger wie für risikofreudige.

Die Optionsanleihe einschließlich Optionsschein ist so sicher wie jede andere festverzinsliche Anleihe auch. Die Nominalverzinsung ist etwas niedriger als die einer Normalanleihe, dafür wird aber das Bezugsrecht auf einen Substanz- oder Realwert mitgeliefert. Dieser Wert kann eine Aktie, ein Partizipationsschein, ein Aktienfonds, Gold oder auch eine Währung sein. Das Bezugsrecht ist im Optionsschein (engl.: warrant) verbrieft. Dieser kann von der Anleihe abgetrennt werden und notiert dann als eigenständiges Wertpapier an der Börse.

Insgesamt kann dieses Papier also in drei Erscheinungsformen mit einer jeweils anderen Börsennotierung auftreten:

- als „Optionsanleihe cum warrant“, das heißt, als komplette Anleihe samt Optionsschein,
- als „nackte“ Anleihe „ex warrant“ (ohne Optionsschein) und
- als Optionsschein allein.

Ein interessantes, vielgestaltiges Papier mit sehr unterschiedlichem Risikopotential.

Was veranlaßt einen Emittenten, z. B. eine Aktiengesellschaft, eine derartige Schuldverschreibung samt Anspruch auf Aktien auszugeben? Zwei Gründe sind zu nennen:

Erstens kann der Emittent wegen des beigegebenen Optionsrechts eine relativ niedrige Verzinsung anbieten (z. B. 0,5 bis 2,5 Prozent), die Differenz zur Primärmarktrendite festverzinslicher Anleihen entspricht sozusagen dem Wert des Optionsscheines. Die Fremdfinanzierung über die Optionsanleihe kommt den Emittenten somit billiger als über eine normale festverzinsliche Anleihe.

Zweitens kann er den Bezugskurs für die Aktien relativ hoch ansetzen. Wenn zum Zeitpunkt der Anleihebegebung das Kursniveau am Aktienmarkt gerade niedrig ist, bestehen gute Chancen dann, wenn die Optionsrechte ausgeübt werden, zu mehr

Eigenkapital zu kommen als durch die direkte Ausgabe junger Aktien im Rahmen einer Kapitalerhöhung. Der Unsicherheitsfaktor dabei ist jedoch, wie viele Optionsrechte tatsächlich ausgeübt werden.
Die Spekulation kann auch danebengehen: genauso wie der Geldanleger muß auch ein Emittent das richtige Timing erwischen. Steigt nämlich das Aktienkursniveau nach der Begebung einer Optionsanleihe weiter, könnte sich über die Ausgabe junger Aktien mehr Kapital aufbringen lassen als auf dem Umweg über die Optionsanleihe. Grundsätzlich ist bei der Begebung einer Optionsanleihe der spätere Eigenmittelzufluß sowohl der Höhe nach (wenn nicht alle Optionen ausgenützt werden) als auch vom Zeitpunkt her ungewiß.
Worin besteht der Reiz der Optionsanleihe für den Anleger?
Die Optionsanleihe „cum warrant" liefert einen festen, wenn auch etwas unterhalb des Kapitalmarktniveaus liegenden Ertrag, unabhängig von der Kursbewegung des im Optionsrecht verbrieften Wertes. Am Ende der Laufzeit wird die Anleihe zum Nennwert zurückgezahlt.
Gesichert ist auch das Recht auf den Bezug eines bestimmten Substanzwerts (sagen wir einer Aktie) zu einem fixen Preis. Der Anleger kann innerhalb der festgesetzten Frist selbst den Zeitpunkt bestimmen, zu dem er seine Option ausüben will.
Wenn er überhaupt will. Denn, und damit wird dieses Papier erst richtig aufregend, er kann die Anleihe verkaufen und sich den Optionsschein allein behalten. Der Optionsschein ist in der Regel ein volatiles Papier mit einem hohen Gewinnpotential. Der Optionsscheinkurs macht die Kursausschläge der zugrunde liegenden Aktie überproportional mit. Mit einem geringen Kapitaleinsatz läßt sich relativ viel Geld verdienen. Allerdings droht andererseits auch der Totalverlust des Kapitaleinsatzes.
Österreichische Optionsanleihen „ex warrant" ab 1. 1. 1984 und Fremdwährungs-Optionsanleihen ab 1. 1. 1989 sind sozusagen in zwei Raten der Steuerpflicht unterworfen: Jährlich der niedrige Normalzins und bei Tilgung oder vorzeitigem Verkauf der Unterschiedsbetrag zwischen dem (unter pari liegenden!) „Ausgabewert" und dem „Einlösungswert" (i. a. der Nennwert).
Spekulative Geldanleger sind vor allem am Optionsschein interessiert, der einige Zeit nach der Anleiheemission abgetrennt werden kann, und der dann an der Börse ein pulsierendes Eigenleben führt. Was den Optionsschein so attraktiv macht, lesen Sie im Kapitel „Optionsscheine".

ERGÄNZUNGSKAPITAL

Das Kreditwesengesetz 1987 hat einen speziellen Anleihentyp kreiert: die Ergänzungskapitalanleihe. Die Besonderheit dieses Forderungswertpapiers ist die Beteiligung am Verlustrisiko des Emittenten: Im Falle eines Verlustes kann die Zinsenzahlung ausbleiben. Das widerspricht an sich dem Wesen eines Gläubigerpapiers, das eine vom wirtschaftlichen Erfolg des Emittenten unabhängige Forderung verbrieft.
Das Kreditwesengesetz 1987 verpflichtet die Geldinstitute zu einer Mindestausstattung mit Haftkapital (= Eigenkapital) zur Absicherung des Kreditrisikos. Dieses Haftkapital muß jedoch nicht lupenreines Eigenkapital sein, ein Teil davon darf sogenanntes Ergänzungskapital sein, das sich das Geldinstitut am Kapitalmarkt besorgt. Und zwar in Form einer mindestens 8 Jahre lang laufenden, unkündbaren Anleihe.
Damit ist Ergänzungskapital dem Grunde nach Fremdkapital. Da es aber im Falle einer Liquidierung des Geldinstitutes erst nach der Befriedigung aller anderen Forderungen zurückgezahlt werden darf, hat Ergänzungskapital Eigenkapitalcharakter (noch hinter dem Ergänzungskapital rangiert allerdings das echte Eigenkapital, darunter die Partizipationsscheine).
Dieser Eigenkapitalcharakter macht die Ergänzungskapitalanleihe insofern zu einem gewissen Risikopapier, als die versprochenen Zinsen nur ausgezahlt werden dürfen, sofern sie im Reingewinn des betreffenden Jahres gedeckt sind. Wenn gar ein Verlust in den folgenden Jahren nicht wieder wettgemacht werden kann, muß der Inhaber einer Ergänzungskapitalanleihe sogar damit rechnen, daß auch sein Kapital zur Verlustabdeckung herangezogen wird.
Dieses wie ein Damoklesschwert über der Anleihe hängende Verlustrisiko muß, darauf sollten Geldanleger achten, in einer über dem Kapitalmarktniveau liegenden Verzinsung abgegolten werden.

AUSLANDSANLEIHEN: WÄHRUNG GEHT VOR ZINSEN

Über Gewinn oder Verlust eines Auslandsengagements gibt erst die Schlußbilanz Auskunft, wenn nach Fälligkeit Zinserträge und Tilgungserlös dem beim Kauf eingesetzten Kapital gegenübergestellt werden. So mancher österreichische Geldanleger hat bereits die Erfahrung gemacht, daß hohe Zinsen nicht der Ausdruck einer besonderen Generosität des Emittenten sind, sondern nüchterner Sachzwang. Die internationale Finanzwelt kalkuliert nicht nach dem Motto „leben und leben lassen", sondern bietet stets das gerade noch Notwendige. Geldanleger, die auf hohe Zinseinkünfte von Auslandswährungen setzen, müssen das Währungsrisiko immer mit ins Kalkül ziehen. Die Warnung des Wertpapierberaters vor dem Kauf einer Auslandswährung lautet: „Währung geht vor Zinsen."

Ein Rechenbeispiel macht das deutlich.
Im März 1985 hatte ein Geldanleger S 160.000,— für Anlagezwecke zur Verfügung. Zur Auswahl standen eine 8prozentige österreichische Anleihe und eine 13prozentige Austral.-Dollar-Anleihe. Die Restlaufzeit betrug zwei Jahre. Spesen und Wiederveranlagung der Zinserträge werden nicht berücksichtigt.

	1. Austr. Dollar, Devise S 16,– Kauf Nom. AUD 10.000,— 13 % Anleihe	2. österr. Schilling Kauf Nom. S 160.000,– 8 % Anleihe
Zinsen März 86	Devise 11,35 AUD 1.300,— à 11,35 = S 14.755,—	= S 12.800,—
Zinsen März 87	Devise 8,50 AUD 1.300,— à 8,50 = S 11.050,—	= S 12.800,—
Tilgung	Devise 8,50 AUD 10.000,— à 8,50 = S 85.000,—	= S 160.000,—
Gesamterlös	S 110.805,—	S 185.000,—

Obwohl die Nominalverzinsung der Austral.-Dollar-Anleihe um 62,5 Prozent höher war, wäre der Gesamterlös des Austral.-Dollar-Engagements gegenüber der Schilling-Anleihe um 40 Prozent niedriger ausgefallen. Der Grund: In der Zeit zwischen

dem Anleihekauf und der Tilgung ist der Kurs des australischen Dollars um fast die Hälfte gefallen.
Die hohe Verzinsung ist der Tribut an die weiche Währung. Der Weichwährungsschuldner muß ganz einfach eine höhere Verzinsung bieten, weil er sich sonst keine Hoffnungen auf einen zur Finanzierung seiner Wirtschaft nötigen Kapitalimport zu machen braucht. Die Kapitalimporte fließen in der Regel aus Hartwährungsländern herein. Wenn etwa die amerikanischen Staatsanleihen (Treasury Bonds) kein deutliches Zinsdifferential gegenüber DM- oder Yen-Zinsen vorweisen können, werden deutsche oder japanische Investoren zögern, ihr flüssiges Kapital in den USA anzulegen, solange die Vereinigten Staaten ein riesiges Handelsbilanzdefizit vor sich herschieben. Sie müssen immer befürchten, daß eine amerikanische Regierung diese Lücke über eine permanente Dollarabwertung zu schließen trachtet. Und wie sich gezeigt hat, ist seit 1985 der damals überwertet gewesene Dollar immer noch billiger geworden.
Die Einschätzung einer Währung als bereits billig genug, und daher ein Engagement in der Erwartung eines wieder steigenden Kurses wert, ist immer riskant. Die Devisenterminmärkte, wo jene Profis, deren Beruf es ist, Forderungstitel bestmöglich abzusichern, ihre Erwartungen in bezug auf die Entwicklung einer Währung einbringen, diese Märkte haben sich als unzuverlässige Indikatoren erwiesen.
Der amerikanische Nationalökonom Stephen Marris stellte fest, daß die Devisenprofis im Grund genausowenig wissen wie alle anderen auch. Aufschläge beziehungsweise Abschläge der Terminkurse gegenüber den Kassakursen spiegeln nicht mehr als die Zinssatzdifferenzen wider, die zwischen Finanzanlagen mit ähnlichem Risiko in den beiden betreffenden Währungen bestehen. Das heißt, daß die Devisenterminmärkte jeweils dem herrschenden inländischen Zinstrend folgen, und daß die inländischen Zinssätze bestenfalls zum kleineren Teil von internationalen Kapitalbewegungen beeinflußt werden, überwiegend aber das Resultat der nationalen Wirtschaftspolitik darstellen. Die Beurteilung des Währungsrisikos erfordert damit die Beurteilung der fundamentalen wirtschaftlichen Daten eines Landes.
Aus der Warte des österreichischen Geldanlegers gibt es nur sehr wenige Währungen, in denen ohne Risiko investiert werden kann: DM, Schweizer Franken, Holland-Gulden, Yen. Vom Zinsertrag her gesehen kann sich ein österreichischer Hartwährungs-Geldanleger eigentlich nur für Schilling-Anleihen entscheiden.

Rückzahlung und Kursrisiko

Grundsätzlich ist die Rückzahlung einer Anleihe am Ende ihrer Laufzeit fällig. Rücklösungsbetrag ist in der Regel der Nennwert. Der Zusammenhang von Kursrisiko und Fälligkeit der Auslandsanleihe liegt damit auf der Hand. Ein Kündigungsvorbehalt kann das potentielle Risiko für den Anleger erhöhen. Vorzeitig zurückgezahlt wird eine Anleihe, wenn die Konditionen von vornherein eine Tilgung in mehreren zeitlich gestaffelten Raten vorsehen, oder wenn aufgrund besonderer Umstände von einer „Call Option", so heißt das Recht auf vorzeitige Rückzahlung, Gebrauch gemacht wird. Der Emittent wird dieses Recht dann ausüben, wenn seine wirtschaftlichen Interessen gefährdet oder zumindest stark beeinträchtigt sind. Die Interessen des Anleiheschuldners müssen sich aber keineswegs mit jenen des Anleiheinhabers decken. Dem Gläubiger wird deshalb auch viel seltener das Recht zugestanden, seinerseits die Anleihe vorzeitig zu kündigen (Put Option). Der Grund liegt auf der Hand: Erstens begibt der Emittent eine Anleihe, um sich Kapital zu beschaffen, über das er langfristig verfügen kann, und zweitens muß er davon ausgehen, daß der Anleiheinhaber ausgerechnet zum für den Emittenten ungelegensten Zeitpunkt kündigt.

Das Kündigungsrecht nimmt der Anleiheschuldner in Anspruch, wenn er entweder das Kapital nicht mehr braucht oder wenn das Zinsniveau stark gesunken ist. Vor allem will sich der Emittent mit dem Kündigungsrecht vor unerwünschten wirtschaftlichen Nachteilen schützen. Dazu nimmt er entweder generell einen Kündigungsvorbehalt ab einem bestimmten Datum in die Anleihekonditionen auf, beziehungsweise behält er sich die Kündigung für den Fall vor, daß das Domizilland des Schuldners eine Quellensteuer einführt.

Davon haben 1987 einige amerikanische Emittenten Gebrauch gemacht, als das Finanzministerium in Washington überraschend das Doppelbesteuerungsabkommen mit den Niederländischen Antillen aufkündigte. Damit wurden jene Anleihen wieder quellensteuerpflichtig, die von Tochtergesellschaften amerikanischer Konzerne zur Umgehung der bis Juli 1984 in den USA bestehenden Quellensteuerpflicht im Steuerparadies Niederländische Antillen begeben worden waren. Die Emittenten waren nicht bereit, für den Rest der Anleihelaufzeit 30 Prozent Quellensteuer auf sich zu nehmen, nachdem die Anleger Anspruch auf abzugsfreien Ertrag hatten. Die ersten Nachrichten über die

geplante Kündigung des Abkommens haben die Kurse der davon betroffenen Anleihen über Nacht abstürzen lassen. Die FAZ kommentierte diesen vertrauensschädigenden Akt des Schatzamtes als „Antillencoup". Die Kündigung wurde einige Zeit später wieder zurückgezogen.
Anstelle der Rückzahlung kann der Emittent den Anleiheinhabern auch eine Konversion der Anleihe anbieten, einen Umtausch zu neuen, in der Regel schlechteren Bedingungen. Er lädt die Anleiheinhaber ein, ihre Teilschuldverschreibungen entsprechend den angebotenen geänderten Bedingungen zu erneuern. Der Rückzahlungsbetrag (in der Regel der Nennwert) wird mit dem Ausgabepreis der neuen Anleihe verrechnet, eine allfällige Differenz wird in bar ausgeglichen. Ist der Anleiheinhaber mit einem Umtausch nicht einverstanden, steht ihm eine Barablösung zu.

Das Kursrisiko einer Fremdwährungsanleihe ist berechenbar. Jeder Käufer einer Fremdwährungsanleihe kann sich im vorhinein ausrechnen, wieviel die Anleihewährung an Wert verlieren darf, damit zumindest die mit einer Schilling-Anleihe erzielbare Rendite verbleibt. Zu berechnen ist der Break-even-Wechselkurs.
Die Formel dafür lautet:

$$\text{Fremdwährungskaufkurs} \times \frac{\text{Aufzinsungsfaktor der Schilling-Rendite}^{\text{Laufzeit}}}{\text{Aufzinsungsfaktor der Fremdwährungs-Rendite}^{\text{Laufzeit}}}$$

Ein Beispiel für eine Australien-Dollar-Anleihe:
A-$-Kaufkurs: S 11,50,–
A-$-Rendite: 14,40 Prozent
Laufzeit: 5 Jahre
S-Rendite: 6,75 Prozent

$$11{,}50 \times \frac{1{,}065^{5}}{1{,}144^{5}} = 8{,}14$$

Der Wechselkurs des A-$ kann in diesem Beispiel in 5 Jahren von S 11,50,– auf S 8,14,–fallen, damit zumindest die Gesamtrendite einer Schilling-Anleihe (vor KESt-Abzug) erzielt wird. Anstatt zu rechnen kann man auch die nachfolgenden Tabellen benutzen.

So wirkt sich das Wechselkursrisiko aus:

Vergleich mit einem inländischen Veranlagungszinssatz von 6,5 %:

ausl. %	1. Jahr	2. Jahr	3. Jahr	4. Jahr	5. Jahr	6. Jahr	7. Jahr	8. Jahr	9. Jahr	10. Jahr
6.00	100.47	100.92	101.34	101.73	102.11	102.46	102.79	103.10	103.40	103.68
7.00	99.53	99.10	98.69	98.31	97.95	97.62	97.31	97.01	96.74	96.49
8.00	98.61	97.33	96.13	95.03	94.01	93.07	92.19	91.38	90.63	89.93
9.00	97.71	95.60	93.67	91.90	90.28	88.79	87.42	86.16	85.01	83.96
10.00	96.82	93.93	91.30	88.91	86.73	84.76	82.96	81.33	79.84	78.49
11.00	95.95	92.29	89.00	86.04	83.37	80.96	78.80	76.84	75.08	73.50
12.00	95.09	90.70	86.79	83.29	80.17	77.39	74.90	72.68	70.69	68.92
13.00	94.25	89.16	84.65	80.67	77.14	74.02	71.25	68.81	66.64	64.73
14.00	93.42	87.65	82.59	78.15	74.25	70.83	67.84	65.21	62.90	60.88
15.00	92.61	86.18	80.59	75.73	71.51	67.83	64.64	61.86	59.44	57.34
16.00	91.81	84.75	78.66	73.42	68.89	65.00	61.63	58.74	56.24	54.08
17.00	91.03	83.36	76.80	71.20	66.41	62.31	58.82	55.82	53.27	51.08

Vergleich mit einem inländischen Veranlagungszinssatz von 7 %:

ausl. %	1. Jahr	2. Jahr	3. Jahr	4. Jahr	5. Jahr	6. Jahr	7. Jahr	8. Jahr	9. Jahr	10. Jahr
6.00	100.94	101.83	102.67	103.47	104.21	104.92	105.58	106.21	106.80	107.36
7.00	100.00	100.00	100.00	100.00	100.00	100.00	100.00	100.00	100.00	100.00
8.00	99.07	98.22	97.42	96.69	96.01	95.38	94.79	94.25	93.75	93.29
9.00	98.17	96.48	94.94	93.52	92.22	91.03	89.93	88.93	88.01	87.16
10.00	97.27	94.79	92.54	90.49	88.63	86.93	85.39	84.00	82.72	81.57
11.00	96.40	93.15	90.23	87.59	85.22	83.08	81.15	79.42	77.85	76.44
12.00	95.54	91.55	87.99	84.81	81.98	79.44	77.18	75.16	73.36	71.75
13.00	94.69	89.99	85.83	82.15	78.90	76.01	73.46	71.21	69.21	67.44
14.00	93.86	88.47	83.75	79.60	75.97	72.78	69.98	67.53	65.38	63.49
15.00	93.04	86.99	81.73	77.16	73.18	69.72	66.72	64.10	61.83	59.85
16.00	92.24	85.55	79.79	74.82	70.53	66.84	63.65	60.91	58.54	56.50
17.00	91.45	84.15	77.90	72.57	68.01	64.11	60.78	57.93	55.49	53.41

Vergleich mit einem inländischen Veranlagungszinssatz von 7,5 %:

ausl. %	1. Jahr	2. Jahr	3. Jahr	4. Jahr	5. Jahr	6. Jahr	7. Jahr	8. Jahr	9. Jahr	10. Jahr
6.00	101.42	102.75	104.01	105.20	106.32	107.38	108.37	109.31	110.20	111.04
7.00	100.47	100.90	101.31	101.69	102.05	102.38	102.69	102.99	103.26	103.51
8.00	99.54	99.11	98.71	98.34	98.00	97.69	97.40	97.13	96.88	96.64
9.00	98.62	97.36	96.20	95.14	94.17	93.27	92.45	91.70	91.01	90.37
10.00	97.73	95.66	93.78	92.08	90.52	89.11	87.83	86.66	85.60	84.64
11.00	96.85	94.01	91.45	89.14	87.06	85.19	83.51	81.99	80.62	79.39
12.00	95.98	92.39	89.19	86.33	83.78	81.50	79.46	77.65	76.02	74.57
13.00	95.13	90.83	87.01	83.64	80.66	78.01	75.68	73.61	71.78	70.16
14.00	94.30	89.30	84.91	81.06	77.68	74.72	72.13	69.85	67.85	66.10
15.00	93.48	87.81	82.88	78.59	74.86	71.62	68.80	66.35	64.21	62.36
16.00	92.67	86.36	80.91	76.22	72.17	68.68	65.67	63.08	60.84	58.92
17.00	91.88	84.94	79.01	73.94	69.61	65.90	62.74	60.03	57.72	55.74

Beispiel für die Tabelle „7 %“: Eine US-$-Anleihe (Straight Bond) hat eine Rendite von 8 % bei 7 Jahren Laufzeit. Tabelle: Spalte „7. Jahr“, Zeile „8 %“ = 94,79, d. h. der US-$-Kurs kann auf 94,79 % des Kaufkurses fallen, damit sich trotz Devisen-Kursverlust noch die erzielbare inländische Rendite von 7 % ergibt.

So wirkt sich das Wechselkursrisiko aus:

Vergleich mit einem inländischen Veranlagungszinssatz von 8 %:

ausl. %	1. Jahr	2. Jahr	3. Jahr	4. Jahr	5. Jahr	6. Jahr	7. Jahr	8. Jahr	9. Jahr	10. Jahr
6.00	101.89	103.67	105.35	106.93	108.42	109.83	111.16	112.42	113.60	114.72
7.00	100.93	101.81	102.62	103.39	104.10	104.77	105.39	105.97	106.52	107.02
8.00	100.00	100.00	100.00	100.00	100.00	100.00	100.00	100.00	100.00	100.00
9.00	99.08	98.24	97.47	96.76	96.11	95.51	94.97	94.47	94.00	93.58
10.00	98.18	96.53	95.03	93.63	92.42	91.29	90.26	89.33	88.48	87.71
11.00	97.30	94.86	92.67	90.69	88.91	87.31	85.86	84.56	83.39	82.33
12.00	96.43	93.24	90.39	87.85	85.58	83.55	81.74	80.13	78.69	77.40
13.00	95.58	91.66	88.19	85.13	82.41	80.01	77.89	76.01	74.34	72.87
14.00	94.74	90.12	86.07	82.52	79.40	76.67	74.27	72.17	70.32	68.70
15.00	93.91	88.62	84.02	80.02	76.53	73.51	70.88	68.59	66.60	64.87
16.00	93.10	87.16	82.03	77.61	73.81	70.52	67.69	65.25	63.15	61.33
17.00	92.31	85.73	80.11	75.31	71.21	67.70	64.70	62.14	59.94	58.07

Vergleich mit einem inländischen Veranlagungszinssatz von 9 %:

ausl. %	1. Jahr	2. Jahr	3. Jahr	4. Jahr	5. Jahr	6. Jahr	7. Jahr	8. Jahr	9. Jahr	10. Jahr
6.00	102.83	105.50	108.02	110.40	112.64	114.75	116.75	118.63	120.41	122.08
7.00	101.87	103.62	105.25	106.77	108.20	109.53	110.78	111.94	113.03	114.05
8.00	100.93	101.78	102.58	103.31	103.99	104.62	105.21	105.75	106.25	106.71
9.00	100.00	100.00	100.00	100.00	100.00	100.00	100.00	100.00	100.00	100.00
10.00	99.09	98.26	97.51	96.83	96.21	95.64	95.13	94.67	94.24	93.86
11.00	98.20	96.57	95.11	93.80	92.61	91.54	90.58	89.71	88.93	88.22
12.00	97.32	94.93	92.79	90.89	89.19	87.67	86.31	85.10	84.02	83.05
13.00	96.46	93.33	90.56	88.10	85.93	84.01	82.31	80.80	79.47	78.30
14.00	95.61	91.77	88.39	85.43	82.83	80.56	78.56	76.81	75.27	73.92
15.00	94.78	90.25	86.30	82.87	79.89	77.29	75.04	73.08	71.37	69.89
16.00	93.97	88.76	84.28	80.41	77.08	74.21	71.73	69.59	67.59	66.17
17.00	93.16	87.32	82.32	78.05	74.41	71.29	68.62	66.34	64.40	62.73

Vergleich mit einem inländischen Veranlagungszinssatz von 10 %:

ausl. %	1. Jahr	2. Jahr	3. Jahr	4. Jahr	5. Jahr	6. Jahr	7. Jahr	8. Jahr	9. Jahr	10. Jahr
6.00	103.77	107.33	110.69	113.86	116.85	119.67	122.33	124.84	127.21	129.44
7.00	102.80	105.42	107.87	110.16	112.30	114.30	116.17	117.91	119.55	121.07
8.00	101.85	103.57	105.15	106.62	107.99	109.25	110.41	111.49	112.49	113.42
9.00	100.92	101.76	102.53	103.24	103.89	104.49	105.03	105.53	106.00	106.42
10.00	100.00	100.00	100.00	100.00	100.00	100.00	100.00	100.00	100.00	100.00
11.00	99.10	98.29	97.56	96.90	96.30	95.77	95.29	94.85	94.46	94.11
12.00	98.21	96.62	95.20	93.93	92.79	91.78	90.87	90.06	89.34	88.70
13.00	97.35	95.00	92.92	91.08	89.45	88.01	86.73	85.60	84.61	83.72
14.00	96.49	93.41	90.71	88.35	86.27	84.45	82.85	81.44	80.21	79.14
15.00	95.65	91.87	88.58	85.73	83.24	81.08	79.20	77.56	76.14	74.91
16.00	94.83	90.37	86.52	83.21	80.35	77.89	75.77	73.94	72.36	71.00
17.00	94.02	88.90	84.53	80.80	77.60	74.88	72.54	70.55	68.85	67.39

DOPPELWÄHRUNGSANLEIHEN

Eine interessante Renditeoptimierungskonstruktion ist die Doppelwährungsanleihe. Der Gesamtertrag hängt davon ab,

- in welcher Währung der Anleger die Anleihe bezahlt,
- in welcher Währung der Anleger die Zinsen bekommt und
- in welcher Währung die Tilgung erfolgt.

Jetzt kommt es nur noch darauf an, abzuschätzen, wie sich die Währungen während der Laufzeit entwickeln.
Die häufigsten Konstruktionen sind Emissionen in DM oder Schweizer Franken und Rückzahlung in kanadischen oder US-Dollar. Der Zinskupon liegt über dem üblichen DM- oder sfr-Zinsniveau, aber unter dem von reinen Dollaranleihen. Die Emittenten denken auch an sich (geringere Kapitalkosten). Die Anleger erwarten, auf der Basis des zum Emissionszeitpunkt geltenden Wechselkurses berechnet, eine Dollar-Rückzahlungssumme, die höher ist als der investierte Betrag.

Ein Beispiel:
Für die 7½-Prozent-Anleihe der ICI Finance 1983—1993 hatte der Anleger bei der Emission sfr 5.000,— pro Stück zu zahlen. Die 7½ Prozent Zinsen werden in sfr (das jährlich sfr 375,—) bezahlt. Der Rückzahlungsbetrag bei der Endfälligkeit am 27. Oktober 1993 beträgt US-$ 3.250,—, eine vorzeitige Rückzahlung ist 1991 zu US-$ 3.025,— möglich.
Steigt beispielsweise der US-Dollar-Kurs gegenüber dem sfr, so hat das folgende theoretische Auswirkungen:

- Aus der Franken-Perspektive wird die Anleihe mehr wert, da die Zinszahlung in sfr gleichbleibt, der zurückzuzahlende Dollarbetrag in sfr gerechnet sich jedoch erhöht.
- Aus der Dollar-Perspektive betrachtet, sieht die Sache etwas anders aus. Hier bleibt sich der in Dollar gerechnete Rückzahlungsbetrag gleich, es sinkt jedoch der Wert der in sfr berechneten Zinsen.

Angenommen, für den US-$ sind zum Emissionszeitpunkt sfr 1,53 zu zahlen, bei der Endfälligkeit kostet er dann sfr 1,60. Das wirkt sich für den Investor so aus:

Aus Franken-Sicht:
Zinsen sfr 375,— jährlich fix
Rückzahlungswert US-$ 3.250,— × sfr 1,53 = sfr 4.972,50
Rückzahlungswert US-$ 3.250,— × sfr 1,60 = sfr 5.200,—.

Aus US-Dollar-Sicht:
Der Schweizer Franken sinkt von US-$ 0,65 (= 1,53)
auf US-$ 0,625 (=1,60).
Zinsen sfr 375,— × US-$ 0,65 = US-$ 243,75
Zinsen sfr 375,— × US-$ 0,625 = US-$ 234,37
Rückzahlungswert US-$ 3.250,— bleibt fix.

Kündigungsklauseln verschärfen das Währungsrisiko umso mehr. Weiters kommt noch hinzu, daß sich nach der Emission die Bedeutung der beiden Währungen für den Gesamtertrag zu verschieben beginnt. Mit abnehmender Restlaufzeit wird die Rückzahlungswährung immer wichtiger, während die Zinszahlungswährung an Bedeutung verliert.
Der Kurs einer Doppelwährungsanleihe notiert am Sekundärmarkt in Prozent des Rückzahlungsbetrags in Dollar. Aufgelaufene Stückzinsen sind im Kurs enthalten.

Am 2. August 1988 notierte die ICI-Anleihe mit 92 Prozent, der aktuelle Wechselkurs US-$—sfr war 1,55. Der Anleger zahlte somit 92 Prozent des US-$-Rückzahlungsbetrags von US-$ 3.250,—, also US-$ 2.990,— × sfr 1,55 = sfr 4.634,50.
An Zinsen erhält er jährlich sfr 375,—, das sind 7½ Prozent vom Emissionsbetrag von sfr 5.000,—. Der endgültige Ertrag der Anlage steht erst am Laufzeitende fest und hängt vom Frankengegenwert des Rückzahlungsbetrags von US-$ 3.250,— ab.
Österreichische Doppelwährungsanleihen (US-$—öS) gibt es bislang noch nicht. Für österreichische Anleger sind die sfr- beziehungsweise DM-/Dollar-Konstruktionen interessant, weil der Schilling ebenfalls eine Hartwährung ist. Die Kurse von Doppelwährungsanleihen sind in der Schweizer Fachzeitung „Finanz und Wirtschaft“ zu finden.

BULL- UND BEAR-ANLEIHEN

Die Bullen sind jene Börsentiere, die die Kurse in die Höhe treiben, die Bären ziehen sie wieder herunter. Eine Bull- und Bear-Anleihe spannt dementsprechend beide Tiere vor ihren Rückzahlungskarren.
Der Emittent legt in diesem Fall zwei gleich große Tranchen auf, eine für Haussiers (bull) und eine für Baissiers (bear). Mit einer Tranche kann man auf einen steigenden Aktienkursindex (oder auch Goldpreis) setzen, mit der anderen auf einen fallenden.
Der Vorteil des Emittenten einer Bull- und Bear-Anleihe besteht darin, daß er eine unter dem Marktniveau liegende Verzinsung anbieten kann, weil das Anlegerinteresse schwergewichtig auf der Entwicklung des Tilgungskurses ruht. Über pari braucht darüber hinaus nur eine Tranche getilgt zu werden, und gegen Extremausschläge sichert er sich durch Maximalklauseln in den Anleihebedingungen ab.
Der Anleger hat neben der festen Verzinsung die Möglichkeit eines zusätzlichen Kursgewinns, wenn er den Markt richtig einschätzt.

Ein Beispiel:
Die Deutsche Bank hat im Juli 1986 eine Euro-DM-Anleihe begeben, deren Tilgungsbetrag vom Stand des FAZ-Index bei Endfälligkeit der Anleihe abhängig ist. Die in Tranchen aufgelegte Anleihe ist mit folgenden Bedingungen ausgestattet:

	Bull-Tranche	Bear-Tranche
Volumen:	100 Mio. DM	100 Mio. DM
Zinssatz:	3 Prozent	3 Prozent
Emissionskurs:	100 Prozent	100 Prozent
Fälligkeit:	29. 8. 1991 unkündbar	29. 8. 1991 unkündbar

Die Rückzahlungskurse basieren auf einem Rückzahlungsindex, der in Prozent ausgedrückt wird und sich wie folgt berechnet:

$$\text{Rückzahlungsindex} = \frac{\text{Endindex} \times 100}{\text{Anfangsindex}}$$

Der Endindex ist der Stand des FAZ-Index vom 15. August 1991, der Anfangsindex wurde mit 610,79 berechnet.
Die Rückzahlungskurse werden nach folgenden Formeln berechnet:

Bull-Tranche: Rückzahlungsindex × 0,94
Bear-Tranche: 217 Prozent — (Rückzahlungsindex × 0,94)
Der Rückzahlungskurs einer jeden Tranche kann maximal 217 Prozent des Anfangsindex betragen, ein Mindestrückzahlungskurs ist nicht festgelegt.

Der Anleger kann sich jetzt entscheiden, ob er auf einen fallenden oder steigenden FAZ-Index setzen soll. Dazu muß er sich für den Kauf entweder einer Bull- oder einer Bear-Anleihe entscheiden.
Erwirbt er beide Tranchen, ergibt sich ein durchschnittlicher Rückzahlungskurs von 108,5 Prozent (ausgehend von der Maximalschwankung bis 217 Prozent). Eine Verbesserung der Rendite kann durch den Verkauf der Tranchen zu unterschiedlichen Zeitpunkten erzielt werden.

VON TRIPLE A BIS D — DAS RATING

Emittenten, die sich auf den internationalen Kapitalmarkt begeben, kommen früher oder später nicht um die Bonitätsbeurteilung durch eine der bekannten Rating-Agenturen herum. Die Bonität bestimmt den Zinssatz. Mit einem Triple A kann sich ein Emittent das Kapital zu den günstigsten Bedingungen besorgen, mit einem B-Rating wird er schon reichlich spekulativ eingestuft und muß den Anleihekäufern eine seiner geringeren Bonität angemessene höhere Verzinsung bieten.
„Geratet" werden das Länderrisiko und das Einzelschuldnerrisiko. Zur Kreditwürdigkeitsprüfung eines Landes werden unter anderem Indikatoren wie Staatsverschuldung, Inflation, politische Umstände und Zahlungsfähigkeit beziehungsweise -willigkeit herangezogen. Das englische Finanzmagazin „Institutional Investor" veröffentlicht regelmäßig Länderbeurteilungen. Dabei zählt Österreich zu den zehn kreditwürdigsten Ländern der Welt.
Zwei private amerikanische Unternehmungen sind die unangefochtenen Autoritäten der Kreditwürdigkeitsprüfung von Einzelanleiheschuldnern: Moody's Investor Service, eine Tochtergesellschaft von Dun & Bradstreet, und Standard & Poor's vom Medienkonzern McGraw Hill. Die zwei Rating-Agenturen haben den Risken eindeutig definierten Kategorien zugeteilt. Die einzelnen Bonitätskategorien werden mit Buchstaben bezeichnet. Jeder Anleger sieht auf den ersten Blick, welches Risiko er eingeht, wie hoch die Wahrscheinlichkeit ist, daß der Emittent seinen Zinsverpflichtungen nachkommen und die Anleihe zum Fälligkeitstermin zurückzahlen kann.
Dem Rating unterziehen sich die Emittenten freiwillig, sie müssen dazu der Agentur einen Auftrag erteilen, der auch etwas kostet. Dann werden sie auf Herz und Nieren geprüft, wobei jeder Emittent bestrebt ist, sich so aufgeschlossen wie möglich zu geben, um nur ja das beste Rating zu bekommen. Die Folgebeurteilungen erfolgen dann jeweils auf Initiative der Rating-Agentur. Dabei kann es vorkommen, daß eine beim erstenmal mit AAA bewertete Anleihe nicht mehr als beste Qualität eingestuft wird, sondern sich mit „guter Fähigkeit, die Anleihe zu bedienen" und AA zufriedengeben muß. Das heißt, ein einmal von

einer Agentur beurteilter Anleiheemittent hat sein Bonitätspikkerl nicht in alle Ewigkeit, sondern er wird vielmehr laufend überwacht, was sich in weltweit publiziertem Down- und Upgrading (Abstufung beziehungsweise Höherbewertung) niederschlägt.

Und so wird geratet (Moody's/ Standard & Poor's):
Aaa/AAA: Beste Qualität; Fähigkeit des Emittenten, Zinsen und Tilgung zu leisten, ist sehr stark; Papiere sind faktisch mündelsicher.
Aa/AA: Gute Fähigkeit des Emittenten, die Anleihe zu bedienen.
A/A: Obligationen verfügen über hohe Bonitätsattribute, die jedoch durch äußere Einflüsse politischer und konjunktureller Art beeinflußt werden können.
Baa/BBB: Die Chancen einer fristgerechten Bedienung der Schuld sind adäquat. Die Veränderung der konjunkturellen Rahmenbedingungen oder der Branchenstruktur kann jedoch die Tilgungsfähigkeit des Schuldners beeinträchtigen.
Von dieser Kategorie abwärts hält Moody's Wertpapiere für „spekulativ".
Ba/BB: Bonds mit diesem Rating enthalten spekulative Elemente. Die Bedienung der Schuld ist nur gesichert, wenn das konjunkturelle Umfeld stabil bleibt, beziehungsweise sich bessert.
Nunmehr wird's auch für Standard & Poor's „spekulativ".
B/B: Die Charakteristiken für ein dauerhaftes Investment sind nicht gegeben. Die Sicherheit der Schuldenbedienung über eine lange Periode hinweg ist gering.
Caa/CCC: Das Standing derartig bewerteter Obligationen ist niedrig. Es besteht die Gefahr, daß die Schuld notleidend wird, beziehungsweise Zinszahlungen und Tilgungen nur mit Mühe geleistet werden können.
Ca/CC: Obligationen dieser Kategorie sind hochgradig spekulativ. Solche Titel werden oft notleidend.
C/C: Sehr geringe Wahrscheinlichkeit, vollständig bedient zu werden. Mindestens eine Zahlung ist bereits im Verzug.
D (S&P): Notleidend.
Moody's stuft die einzelnen Kategorien Aa bis B noch mit den Zahlen 1,2,3 ab, S&P fügt + oder — hinzu.
Geldanleger ohne ausgeprägte Spekulationsneigung sollten sich nicht in ausländischen Anleiheinvestments engagieren, deren

Rating schlechter als Aa/AA ist. Bei Emittenten ohne Rating ist besondere Vorsicht geboten: Gibt es etwa einen Grund dafür, daß sie sich der Bonitätsprüfung nicht unterzogen haben?
Emittenten mit schlechtem Rating müssen, dem Anlegerrisiko entsprechend, höhere Zinsen bieten. Emissionen, die mit BBB oder darunter bewertet sind, werden als „Junk Bonds" bezeichnet. Junk heißt soviel wie Mist oder Schund. In den USA ist der Junk-Bond-Markt mit dem Namen Michael Milken verbunden. Der Junk-Bond-König aus Beverley Hills entwickelte fast aus dem Nichts einen 180-Milliarden-Dollar-Markt zur Finanzierung von Firmenübernahmen. Wie sich herausstellte, ging es dabei nicht ganz mit rechten Dingen zu. 1990 wurde Milken wegen Insiderhandels, Wertpapier- und Steuerbetrugs zu zehn Jahren Gefängnis und zur Zahlung einer Strafe von umgerechnet rund sieben Milliarden Schilling verurteilt. Die Investmentbank, die mit Milken groß wurde, Drexel Burnham Lambert, ging in Konkurs.
Der Versuch, in Österreich mit dem Kapitalmarktgesetz 1991 ein obligatorisches Rating einzuführen, scheiterte am Widerstand der Banken. Sie verweisen darauf, daß in keinem Land in der EG eine solche Verpflichtung besteht. Auf Druck des Finanzministeriums waren sie jedoch bereit, eine freiwillige Sorgfaltspflichterklärung zu unterschreiben, keine Anleihen auf den Markt zu bringen, die gerechtfertigte Anlegerinteressen gefährden könnten.

AUF DEN EUROMARKT FREMDGEHEN

Solange Anleihen im Umlauf sind, die vor dem 1. Jänner 1989 im Ausland begeben wurden, ist der „Euromarkt“ für österreichische Geldanleger so ziemlich die einzige nach der Steuerreform verbleibende Quelle zum Erwerb von kapitalertragsteuerfreien Anleihen. Ab dem Stichtag 1. Jänner 1989 begebene Euro- oder Fremdwährungsanleihen unterliegen wie alle inländischen Anleihen der zehnprozentigen Abzugssteuer, genannt Kapitalertragsteuer.

Die einzige Ausnahme sind die Anleihen internationaler Finanzinstitutionen. Deren Neuemissionen sind auch ab 1989 kapitalertragsteuerfrei. Das entspricht, wie die Erläuterungen zum Einkommensteuergesetz sagen, „internationalen Usancen“. Weltbank oder Inter-Amerikanische Entwicklungsbank haben zuletzt fast jedes Jahr Schilling-Anleihen am österreichischen Kapitalmarkt aufgelegt.

Diese Anleihen werden die Anleger aber nicht sonderlich reizen, denn in ihrer Verzinsung ist die Kapitalertragsteuer üblicherweise diskontiert. Steuervermeidende Anleihekäufer werden auf den Euromarkt fremdgehen müssen. Nicht zuletzt aus diesem Grund sind einige Bemerkungen zum Phänomen Euromarkt fällig.

Entstanden ist dieser, keinerlei nationalen Reglementierungen unterworfene, internationale Kapitalmarkt Ende der fünfziger, Anfang der sechziger Jahre. Enstehungsursachen waren einerseits der damalige Kalte Krieg zwischen den USA und der UdSSR, der die Sowjets veranlaßte, ihre Dollarguthaben bei amerikanischen Banken abzuziehen und bei europäischen Banken anzulegen, sowie die in den USA 1963 eingeführte Zinsausgleichsteuer auf ausländische Anleihen. Attraktiv niedrige Dollarzinsen zogen europäische Emittenten magisch an und damit Dollars aus den USA ab. Da gleichzeitig amerikanische Anleger ihr Geld in höher verzinste europäische Kapitalanlagen lenkten, schlitterten die USA in ein ihnen unerträglich erscheinendes Zahlungsbilanzdefizit.

Mit der die amerikanischen Dollaranleihen für ausländische Emittenten verteuernden Zinsausgleichsteuer blockten sie dann einen Teil des Abflusses ab. Auf der Suche nach hohen Erträgen strömte das anlagesuchende Kapital in der Folge zunehmend in die BRD. Dort häuften sich Zahlungsbilanzüberschüsse an und erzeugten einen für die Exportwirtschaft unerwünschten Aufwertungsdruck auf die DM. Um weitere Überschüsse zu vermeiden, führte die BRD 1965 eine Kuponsteuer ein, die ausländische Käufer deutscher Anleihen mit einem Steuerabzug von 25 Prozent der Kapitalerträge bestrafte. Die Folge war eine Marktspaltung in DM-Auslandsanleihen und DM-Inlandsanleihen, wobei sich die DM-Auslandsanleihen bald dem etwas niedrigeren Zinsniveau am Eurokapitalmarkt anpaßten.

Die Kapitalertragsbesteuerung war also eine entscheidende Ursache für die Enstehung des sogenannten Euromarktes. Euroanleihen oder Eurobonds, das sind von einem internationalen Bankenkonsortium im Ausland begebene Anleihen in ausländischer Währung, sind grundsätzlich kapitalertragsteuerfrei (quellensteuerfrei). Das heißt, sie werden ohne jeden Steuerabzug ausbezahlt.

In Österreich werden diese quellensteuerfreien Erträge jedoch in der Form angezapft, als die „inländische kuponauszahlende Stelle" zum Abzug der zehnprozentigen österreichische Kapitalertragsteuer verpflichtet ist. Die „kuponauszahlende Stelle" ist die österreichische Bank oder Sparkasse, bei der die Euroanleihe (Fremdwährungsanleihe) erworben wurde.

Euroanleihen, insbesondere, wenn sie von Staaten oder großen Unternehmen unzweifelhafter Bonität begeben werden, sind eine Bereicherung jedes Portefeuilles. Ausschlaggebend für den Kauf einer Fremdwährungsanleihe sind, unabhängig von den aktuellen steuerlichen Überlegungen, das Zinsdifferential zur Schillinganleihe, die Spekulation auf eine längerfristig günstige Kursentwicklung der jeweiligen Währung sowie die Risikostreuung durch eine geografische Verteilung des Vermögens. Kleinanleger werden allerdings durch eher hohe Stückelungen vom Erwerb zurückschrecken. Schließlich sind Anleger am Euromarkt auch nicht vor höchst unangenehmen Überraschungen gefeit. So wurde etwa die unerwartete 10-Milliarden-Dollar-Verurteilung von Texaco nach deren, von Mitbewerber Pennzoil als illegal bezeichneten, Kauf von Getty Oil zum Alptraum für Inhaber von Texaco Eurobonds. Ewige Floating Rate Notes haben im Dezember 1986 erheblich an Wert verloren, als der überforderte Markt zusammenbrach und der Handel vorübergehend eingestellt wurde.

Begeben wird eine Euroanleihe von einem internationalen Bankenkonsortium. Eine Bank tritt als Konsortialführer, als „Lead Manager", auf. Sie schließt mit dem Emittenten den Übernahmevertrag (Underwriting Agreement) ab, der sie zur Zahlung des Anleihebetrages gegen die Lieferung der Anleihepapiere verpflichtet. Der Lead Manager übernimmt damit das gesamte Emissionsrisiko. Er teilt dieses jedoch auf eine Reihe weiterer Banken auf, die dem Konsortium als „Underwriters" angehören. Diese verpflichten sich vertraglich, die auf sie entfallenden Teilvolumina in den eigenen Bestand zu übernehmen, falls die Anleihe nicht voll im Publikum — den privaten beziehungsweise institutionellen Anlegern — plaziert werden kann. Den Verkauf an die Anleger übernehmen die dem Konsortium angehörenden „Selling Banks", die zum Teil mit den Underwriters identisch sein können. Sobald die Verkaufsquoten verteilt sind, wird die dann als plaziert geltende Anleihe in einer „Tombstone" (Grabstein) genannten Anzeige in namhaften Finanzzeitungen öffentlich kundgetan. Der letzte Akt ist die Einführung an einer Börse.
Überwiegend werden Euroanleihen aber abseits der Börse, am sogenannten „Over-the-Counter-Market", gehandelt, das heißt, im Freiverkehr zwischen den Banken untereinander. Den Markt selbst reguliert und kontrolliert keine nationale Behörde, wenngleich die nationalen Kapitalmarktbehörden in der Regel auf Emissionen und Emissionsvolumina Einfluß zu nehmen versuchen. Es gibt jedoch ein Reglement, das sich die Association of International Bond Dealers (AIBD), der alle namhaften Banken angehören, selbst geschaffen hat. Einmal monatlich veröffentlicht die angesehene „Financial Times" eine Eurobond List mit den Preisen sämtlicher im Umlauf befindlicher Anleihen. Die zweimal wöchentlich erscheinende schweizerische „Finanz und Wirtschaft" bringt regelmäßig eine Übersicht über die durchschnittlichen AIBD-Eurobondrenditen.
In der von der Financial Times veröffentlichten Liste sind auch die „Market Makers" für die einzelnen Anleihen angeführt. Die Market Makers sind die für die Preisbildung verantwortlichen Banken. Sie haben selbst Anleihen in ihrem Bestand, für die sie regelmäßig oder auf Anfrage (telefonisch oder per Telex) die Preise bekanntgeben. Der Grad der Nachfrage sorgt dafür, daß die Preise auch marktgerecht sind.
Die mit Abstand wichtigste Währung für Euroanleihen ist nach wie vor der Dollar. Dahinter rangieren DM, Schweizer Franken,

Kanada-Dollar, Pfund Sterling, Yen, die europäische Verrechnungswährung ECU, Australien-Dollar und Neuseeland-Dollar. Theoretisch können am Euromarkt Anleihen in jeder konvertiblen und frei transferierbaren Währung begeben werden. Es gibt auch einige wenige Euro-Schilling-Anleihen.

dienen.“ Die Dividende stellt dazu allerdings nur einen Teil, wenn auch eine wesentliche Voraussetzung dar.
Auf der Hauptversammlung hat der Aktionär das Recht, Fragen und Anträge zu stellen. Die Beantwortung der Fragen kann allerdings sehr unterschiedlich ausfallen, je nachdem, wie aktionärsfreundlich Aufsichtsratspräsident und Vorstand sind. Anträge von Kleinaktionären haben bei den Abstimmungen in der Hauptversammlung kaum Chancen auf Erfolg.
Die meisten Kleinaktionäre bleiben den Hauptversammlungen überhaupt fern und verzichten auf ihr Stimmrecht. Wenn ihre Aktien noch dazu anonym auf einem Bankdepot liegen, existiert das Stimmrecht dieser Aktien dann so gut wie gar nicht. Die Bank übt das Stimmrecht nur aus, wenn sie dazu schriftlich ermächtigt wird. Sie stimmt allerdings ausschließlich im Sinne der Mehrheitsvorschläge. Will ein Kleinaktionär (steuer)anonym bleiben und trotzdem auf der Hauptversammlung sein Stimmrecht ausüben, besteht die Möglichkeit, sich bei einer Bank eine Stimmrechtskarte für eine Aktie aus deren Eigenbestand zu besorgen. In der Aktienhinterlegungsliste wird diese Aktie dann als Fremdbesitz ausgewiesen.

Das Bezugsrecht auf junge Aktien im Zuge einer Kapitalerhöhung ist ein weiteres Aktionärsrecht, und schließlich steht ihm im traurigen Falle einer Auflösung der Gesellschaft ein anteiliger Liquidationserlös zu.
Viele Unternehmen begeben zweierlei Arten von Aktien (engl.: shares): Stammaktien und Vorzugsaktien (am. engl.: common stock, preferred stock). Stammaktien verbriefen die vollen Rechte, vor allem das Stimmrecht auf der Hauptversammlung. Der Vorzug von Vorzugsaktien liegt in der bevorzugten Bedienung mit Dividenden. Die Vorzugsbehandlung kann darin zum Ausdruck kommen, daß in einem weniger guten Jahr auch eine Dividende ausgezahlt wird, wenn die Stammaktionäre leer ausgehen, oder daß es als Entschädigung für die Stimmrechts- und damit Einflußlosigkeit eine etwas höhere Dividende gibt. Vorzugsaktien werden ausgegeben, um Eigenkapital aufzunehmen, ohne daß sich daraus eine Veränderung in den bestimmenden Eigentumsverhältnissen ergibt. Fallen zwei Jahre hintereinander die Dividenden aus, erhalten die Vorzugsaktionäre laut österreichischem Aktiengesetz automatisch das Stimmrecht. An der Börse sind Vorzugsaktien in der Regel billiger als die Stammaktien zu haben.

In Österreich, wie auch in den meisten anderen Ländern, sind Inhaberaktien die üblichen Teilhaberpapiere. Sie lauten auf den Inhaber, wer immer das gerade ist, und können dementsprechend einfach und problemlos gehandelt werden. In der Schweiz sind auch Namenaktien häufig vertreten. Da ist der Handel schon komplizierter, denn so eine Namensaktie wird sorgfältig in einem Aktienbuch registriert. Einschließlich Wohnort und Beruf des Besitzers. Die Aktiengesellschaft muß denn auch von jeder Übertragung unter Vorlage der Aktienurkunde benachrichtigt werden. Sogenannte vinkulierte Namenaktien dürfen überhaupt nur mit Zustimmung der Gesellschaft übertragen werden. Man sucht sich die Aktionäre bewußt aus, weil man unter sich bleiben will. Nicht jeder ist erwünscht, wie das beispielsweise der Tessiner Anwalt und Financier Tito Tettamanti bei der Maschinenfabrik Sulzer zur Kenntnis nehmen mußte. Auf den Namen lauten auch alle amerikanischen Aktien. Die an der Wiener Börse kotierten Papiere sind der Einfachheit halber auf den Namen der Bank ausgestellt, die sie an der Börse eingeführt hat. Tatsächlich erhält der Käufer von Chrysler-, IBM- oder ITT-Aktien auf die Creditanstalt-Bankverein ausgestellte Zertifikate. Da diese aber mit einem Blankoindossament (Blankoübertragungsvermerk) ausgestattet sind, werden sie praktisch wieder zu Inhaberpapieren.
Die Dividende ist die jährliche Gewinnausschüttung an die Aktionäre. Ihr Umfang wird vom Vorstand der Hauptversammlung, der Versammlung aller Aktionäre, vorgeschlagen. In Österreich nicht üblich, wohl aber in den USA oder in den Niederlanden, ist die Ausschüttung von Quartalsdividenden. Besonders in den USA ist der Ertragshorizont verhältnismäßig eng. Management und Anleger wollen rasche Gewinne sehen.
Im Verhältnis zum Kurs der Aktie ergibt die Dividende meist eine enttäuschende Rendite. Die Durchschnittsdividendenrendite der österreichischen börsennotierten Gesellschaften oszilliert seit 1986 um knapp zwei Prozent. Nur der Dividende wegen wird ein Geldanleger deshalb auch keine Aktie kaufen, denn die Rendite ist im Vergleich zu Anleihen auch keineswegs fix. Dividenden sind gewinnabhängig, auch wenn sie ausnahmsweise einmal auch aus den Reserven gezahlt werden. Man spricht in diesem Fall von Dividendenkontinuität. Eine zweischneidige Sache, denn was als aufmerksame Bedienung der Kapitalgeber dargestellt wird, kann auch ein trügerisches Nicht-zur-Kenntnis-nehmen-wollen einer abwärtsgerichteten Unternehmensentwicklung sein.

Mit Aktien verdienen Aktionäre, wenn sie Kursgewinne erzielen. Die Ertragskraft, und damit die Fähigkeit, Dividenden zahlen zu können, ist dafür freilich eine Grundvoraussetzung. Von entscheidendem Einfluß auf die Kursentwicklung sind der generelle Börsentrend, die allgemeine Wirtschaftslage, die Zinsentwicklung, ja bereits Zinsgerüchte und Inflationsängste, daneben noch die monatliche Bekanntgabe von Handelsbilanzsalden beziehungsweise Geldmengenaggregaten und immer wieder neue rationale oder irrationale Indikatoren.
Langfristig sind Aktien unter Berücksichtigung von Dividende und Kursgewinn das beste und sogar sicherste Investment. Allerdings nur unter dem Aspekt einer entsprechenden Streuung, denn mit einer Aktie allein kann ein Geldanleger mitunter auch gründlich neben dem Trend liegen. Mittel- und mehr noch kurzfristig hängt der Gesamtertrag eines Aktienengagements entscheidend vom richtigen Timing bei Kauf und Verkauf ab (vgl. Kapitel „Timing is money“).

WIE DIE KURSE AN DER BÖRSE ENTSTEHEN

Was ist ein Unternehmen wert?
Die richtige Antwort auf diese Frage zu finden, hat unzählige Wissenschaftler und Praktiker beschäftigt. Einig sind sich die Fachleute darüber, daß der objektive Wert eines Unternehmens sich aus der Summe aller Aktiven, das heißt seiner Substanz, und aus seiner Ertragskraft zusammensetzt. Die richtige Bewertung jedes einzelnen dieser Faktoren gehört zu den heikelsten Fragen der betrieblichen Praxis.
Schon den Substanzwert festzustellen, ist keineswegs eine eindeutige Angelegenheit. So stecken in der Bilanz selbst zahlreiche Bewertungsdetails, und der zukünftige Nutzen von Gebäuden, Maschinen und Lagerbeständen ist ebenfalls eine Sache, über die Käufer und Verkäufer höchst unterschiedlicher Ansicht sein können. Noch schwerer ist der Ertragswert abzuschätzen, der aus der Fähigkeit abgeleitet wird, in Zukunft Gewinne erzielen zu können.
Die Unternehmensbewertung ist eine sehr ernste Angelegenheit für ein Unternehmen, das an die Börse zu gehen gedenkt. Von der Bewertung hängt unmittelbar der Emissionskurs der jungen Aktien ab. Ist das Unternehmen einmal an der Börse notiert, hat es seinen, im Kursblatt täglich zu verfolgenden, Marktwert.
Dieser Kurs schwankt jedoch mitunter stark, wodurch der Preis eines Unternehmens ziemlich unbeständig zu sein scheint.
Woran liegt das? Der Wert einer soliden Gesellschaft, wie etwa der Österreichischen BrauAG oder des schweizerischen Nahrungsmittelmultis Nestlé, kann doch unmöglich innerhalb weniger Wochen einmal um 10 Prozent niedriger sein und dann wieder um 20 Prozent höher?
Wert kommt von Bewertung. Börsenotierte Unternehmen werden täglich neu bewertet. Das Ergebnis schlägt sich im Kurs nieder. In diesem kommt die Summe aller Erwartungen und Meinungen von Aktienkäufern und -verkäufern zum Ausdruck. Der Schnittpunkt von Angebot und Nachfrage ist an großen Börsen und bei liquiden Papieren anderntags nur selten gleich wie am Tag zuvor. An kleinen Börsen und bei marktengen Papieren

kann die „Kurspflege“ als Marktersatz aber durchaus zu stabilen bis starren Kursen führen.
Börsenlaien brauchen nicht in die Tiefen der Fundamentalanalyse zu tauchen, um sich ein Urteil bilden zu können, ob der Preis (Kurs) einer Aktie angemessen, hoch oder niedrig ist, elementare Kenntnisse der Bilanzierungsregeln reichen aus.
Eine nützliche Beurteilungsgrundlage ist der Buchwert eines Unternehmens, von dem sich der Bilanzwertkurs ableiten läßt, ein theoretischer Wert, der aber durchaus praktisch sein kann. Der Bilanzwertkurs ergibt sich aus der Division des Eigenkapitals durch die Anzahl der begebenen Aktien. Das Eigenkapital setzt sich aus Grundkapital und Rücklagen zusammen, die auf der Passivseite (das ist die rechte Seite) einer Bilanz angegeben sind.
Die Anzahl der begebenen Aktien österreichischer börsennotierter Gesellschaften läßt sich leider in fast keinem Geschäftsbericht finden. Bei jedem Geldinstitut ist aber das Jahrbuch der Wiener Börse gratis erhältlich, das alle wichtigen Kennzahlen der in Wien notierten Aktiengesellschaften enthält.

Bilanzwert

Bilanz

Anlagevermögen	1.692	Grundkapital	392
Umlaufvermögen	892	Fremdkapital	881
		Rücklagen	1.311
	2.584		2.584

Da das Grundkapital S 392,000.000,— beträgt, muß es Aktien im gleichen Nennwert geben. Von dieser AG gibt es 784.000 Stück Aktien à Nom. S 500,—.

Daß eine Aktie jedoch nicht S 500,— kosten kann, sieht man, denn außer

dem Grundkapital	S 392,000.000,—	
sind noch Rücklagen vorhanden	S 1.311,000.000,—	
sodaß der Bilanzwert	S 1.703,000.000,—	beträgt.

Somit kann man sagen, daß der Bilanzwertkurs (1.703,000.000,—/784.000) S 2.172,— je Aktie beträgt.

Im rechnerisch ermittelten Bilanzwertkurs ist aber nicht alles enthalten, was dem wahren Wert eines Unternehmens entspricht. Dazu gehören neben buchhalterischen Werten vor allem die Ertragserwartungen, die ihrerseits wiederum von der Marktposition des Unternehmens abhängen, von seinem Forschungs-

und Entwicklungspotential und selbstverständlich von der Qualität des Managements.
Vieles davon entzieht sich einer objektiven Bewertung. In den Aktienkurs fließen deshalb überwiegend subjektive, genaugenommen spekulative Annahmen ein. Ihre Summe kann den Preis eines Unternehmens unter den Buchwert drücken oder ihn auch in völlig unrealistische Höhen katapultieren.
Der tägliche Kurs ist der Schnittpunkt von Angebot und Nachfrage. Er kommt an der Wiener Börse folgendermaßen zustande:
Kauf- und Verkaufsaufträge werden der Bank erteilt. Das Geldinstitut leitet die Aufträge an die Börse weiter. Dort sorgen die Sensale für die Feststellung der amtlichen Kurse, die freien Makler erledigen das Geschäft im Geregelten Freiverkehr. Während die Makler zum Ausgleich von Angebot und Nachfrage Eigenpositionen eingehen dürfen, das heißt, auch Geschäfte auf eigene Rechnung machen können, ist den Sensalen das Selbsteintrittsrecht verwehrt. Sie müssen die Marktteilnehmer dazu veranlassen, den Ausgleich herzustellen, zu dem sich ein Maximum an Umsatz ergibt.
Der Ausgleich der im elektronischen Orderbuch gesammelten Aufträge erfolgt im Ausrufverfahren, einer Art Versteigerung. Nacheinander werden in den einzelnen Titeln Geld- und Warenpreise (Geld für die Nachfrage, Ware für das Angebot) ausgerufen. Die am Vortagskurs orientierten Warenpreise werden so lange reduziert, bis das Angebot gekauft ist. Ist das nicht möglich, findet die Versteigerung in der anderen Richtung beim Geldpreis statt. Als Einheitskurs wird derjenige Preis festgestellt, zu dem nach einigem Hin und Her die meisten Aufträge erfüllt werden können. Das ist dann der Einheitskurs, zu dem auch alle anderen Aufträge innerhalb der Verkaufs- und Kauflimite liegen. Im Fließhandel mit einigen umsatzstarken Papieren werden die Abschlüsse laufend vermittelt. Auch im Geregelten Freiverkehr wird zu fortlaufenden Kursen gehandelt.
Kann nur ein Teil der vorliegenden Orders befriedigt werden, zumindest aber ein Viertel, darf der Sensal die Aufträge entsprechend kürzen. Die beschränkte Zuteilung oder Abnahme (Repartierung) muß jedoch gleichmäßig erfolgen. Im Kursblatt wird die Teilausführung durch einen Zusatz (rW oder rG) kenntlich gemacht (siehe „Kurszusätze“).
Die Aufträge werden entweder „bestens“ oder mit Limit erteilt. Die Limitorder bestimmt den äußersten Preis für Kauf oder

Verkauf: entweder einen Höchstpreis, den der Kaufinteressent maximal zu zahlen bereit ist („Kaufe höchstens zum Preis von ..."), oder einen Mindestpreis, unter dem der Aktionär nicht mehr bereit ist zu verkaufen („Verkaufe nicht unter einem Kurs von ..."). Der Auftrag wird nur dann ausgeführt, wenn an der Börse ein entsprechender Abschluß zustande kommt. Ist das nicht der Fall, wird der Auftrag zurückgestellt oder erlischt.
Um sich gegen einen unerwünschten Kursverlust abzusichern, kann man der Bank eine Stop-loss-Order erteilen. Das ist ein Auftrag, eine Aktie zu verkaufen, wenn der Kurs ein bestimmtes Mindestlimit erreicht oder gar unterschritten hat.
Die Verlustbegrenzung hat allerdings ihre Tücken. Angenommen, eine um 2.000 Schilling erstandene Aktie soll für den Fall eines Kursrückschlags bei 1.900 abgesichert werden. Der Aktienkäufer erteilt einen entsprechenden Stop-loss-Auftrag. Sinkt der Kurs auf 1.900, tritt die Stop-loss-Automatik in Kraft. Stop-loss bedeutet aber nicht unbedingt, daß die Aktie auch wirklich zum Kurs von 1.900 verkauft wird. Die Limitierung bedeutet nur, daß der Verkauf zum nächstgelegenen zustande kommenden Kurs erfolgt. Wenn beispielsweise bei stark fallender Tendenz mehrere Tage lang nur Taxen angezeigt werden, kann die Auftragsausführung unter Umständen bei einem sehr weit unterhalb des 1.900-Limits liegenden Kurs erfolgen. Wenn die Märkte verrückt spielen, gewähren Stop-loss-Orders leider eine nur trügerische Sicherheit.
Bestens-Aufträge werden zu jedem Kurs ausgeführt, der zustande kommt. Breit gestreute, liquide Aktien können ziemlich gefahrlos „bestens" geordert werden, bei marktengen Papieren ist das eher riskant. Die Limitierung hat allerdings auch ihre Tükken. Verkaufslimite können den Anleger um mögliche Kursgewinne bringen, Kauflimite um günstigere Einstiegskurse. Zweckmäßig ist eine zeitliche Limitierung der Aufträge. Möglich sind die Tagesorder und die (Monats)Ultimo-Order. Tagesorder empfehlen sich insbesondere bei Emissionen von jungen Aktien. Zeitlich nicht limitierte Bestens-Aufträge können aus Knappheit an Material unter Umständen erst viel später zu höheren Kursen ausgeführt werden.

Wie die Börsenkurse anhand der vorliegenden Kauf- und Verkaufsaufträge festgestellt werden, zeigt das nachfolgende Beispiel.

Beispiel einer Kursbildung (Ermittlung eines Einheitskurses)

Kaufaufträge	Verkaufsaufträge
12.000 St. bestens	15.000 St. bestens
10.000 St. bestens	5.000 St. zu 1.900,–
8.000 St. bestens	20.000 St. zu 1.950,–
20.000 St. zu 2.000,–	5.000 St. zu 2.000,–
10.000 St. zu 1.850,–	25.000 St. zu 2.100,–

Käufe	Kurs	Verkäufe	Umsatz
60.000	1.850,–	15.000	15.000
50.000	1.900,–	20.000	20.000
50.000	1.950,–	40.000	40.000
50.000	**2.000,–**	**45.000**	**45.000**
30.000	2.100,–	70.000	30.000

Bei einem Kurs von 2.000,– ist der Umsatz am größten; d. h., zu diesem Kurs können die meisten Aufträge erfüllt werden.

Kurszusätze

Nicht immer kommt ein Kurs „glatt“ zustande, indem Angebot und Nachfrage übereinstimmen. Bei marktengen Papieren kann es vor allem in stark steigenden oder stark fallenden Kursphasen zu einem starken Ungleichgewicht zwischen dem angebotenen Material und der Nachfrage danach oder umgekehrt kommen. Nicht alle Wünsche können erfüllt werden, die Teilausführungen (Repartierungen) werden dann im Kursblatt mit Zusätzen versehen.

Repartiert Geld (rG) bedeutet, daß mehr Kaufaufträge als Verkaufsaufträge vorliegen, die Nachfrage — das Geldangebot — hat überwogen. Es konnten aber mindestens 25 Prozent aller Kaufaufträge erfüllt werden. Unter der 25-Prozent-Quote findet kein Umsatz statt. Der Sensal erstellt eine Kursindikation, eine Taxe, die dem Publikum lediglich anzeigt, auf welcher Basis die Nachfrage über das Angebot hinausgegangen ist. Im Kursblatt wird diese Situation mit dem Zusatz G angezeigt.

Repartiert Ware (rW) besagt, daß mehr Aktienbesitzer sich von ihren Papieren trennen wollten, auf der anderen Seite aber nicht genügend Interessenten zu finden waren. Das Warenangebot war größer als die Nachfrage. Auch in diesem Falle konnten mindestens 25 Prozent der Verkaufsaufträge ausgeführt werden. Wiederum gilt, daß bei weniger als 25 Prozent Abnahme keine

Umsätze durchgeführt werden und ins Kursblatt eine Taxe mit dem Zusatz W aufgenommen wird.
Im Fließhandel sind Teilausführungen nur beim Anfangs- und beim Schlußkurs gestattet. Dabei hat beim Anfangskurs eine Zuteilung beziehungsweise Abnahme von mindestens 50 Prozent zu erfolgen.

Kursbildung bei teilweiser Auftragserfüllung

Repartiert Geld (rG):

Folgende Aufträge liegen vor (letzter Kurs 1.205.—):

Kaufaufträge	Verkaufaufträge
1.800 St. bestens	600 St. bestens
400 St. zu 1.208,—	300 St. zu 1.210,—
700 St. zu 1.209,—	

Käufe	Kurs	Verkäufe	Umsatz
1.800/400/700	1.208,—	600/ —	600
1.800/ — /700	1.209,—	600/ —	600
1.800/ — / —	1.210,—	600/300	900

Von den 1.800 Kaufaufträgen werden aber nur 900 erfüllt. Also eine Teilerfüllung. Da die Teilerfüllung 50 % beträgt, wird der Zusatz rG angeschrieben.

Repartiert Ware (rW):

Folgende Aufträge liegen vor (letzter Kurs 2.510,—):

Kaufaufträge	Verkaufaufträge
600 St. bestens	2.100 St. bestens
200 St. zu 2.505,—	1.200 St. zu 2.505,—
100 St. zu 2.510,—	

Käufe	Kurs	Verkäufe	Umsatz
600/200/100	2.505,—	2.100/1.200	900
600/200/ —	2.510,—	2.100/1.200	800
600/ — / —	2.520,—	2.100/1.200	600

Von den 3.300 Verkaufsaufträgen wurden nur 900 erfüllt. Quote 27 %, daher rW.

Nun sollte man meinen, daß Repartierungen und mehr noch Taxen in die Richtung verweisen, wo es wieder zu Umsätzen kommen sollte. rG- beziehungsweise G-Notizen lassen danach Kurserhöhungen erwarten, bei denen mehr Verkäufer bereit

sind Papiere abzugeben, umgekehrt sollte nach einer rW- beziehungsweise W-Notiz der Kurs tunlichst weiter fallen, weil die Nachfrage offensichtlich erst bei einem niedrigeren Kurs einsetzt.
Die Theorie stimmt nicht immer mit der Realität überein, denn der Kurs kann nach einer G-Notiz am nächsten Tag auch niedriger sein, umgekehrt bei einer W-Notiz höher. Die Ursache für diese vermeintliche Verkehrtheit ist ein limitierter Großauftrag. In dem einen Fall will ein Großkäufer ein Papier eben nur zu einem bestimmten Kurs und nicht darüber kaufen, im anderen Fall nicht unter einem ihm genehmen Mindestkurs verkaufen.

Sonderfall

Folgende Aufträge liegen vor (letzter Kurs 710,—):

Kaufaufträge	Verkaufsaufträge
600 St. bestens	4.900 St. bestens
12.000 St. zu 700,—	800 St. zu 700,—
800 St. zu 710,—	500 St. zu 710,—
1.100 St. zu 720,—	

Käufe	Kurs	Verkäufe	Umsatz
600/12.000/800/1.100	700,—	4.900/800/ —	5.700
600/ — /800/1.100	710,—	4.900/800/700	2.500
600/ — / — /1.100	720,—	4.900/800/700	1.700

Obwohl das Kaufinteresse deutlich überwiegt, sinkt der Kurs wegen des Kauflimits für die große 12.000-Stück-Position. Kurs 700,— rG.

Kursabschläge

Der Kurszettel informiert nicht nur über Angebot und Nachfrage. Spezielle Kurszusätze zeigen auch an, wenn Dividendenausschüttungen oder die Ausgabe von Bezugsrechten für den Erwerb junger Aktien den Kurs beeinflussen. Ex Dividende (exD) bedeutet, daß an diesem Tag der Kupon zum Bezug der Dividende abgetrennt wird. Die Aktie ist an diesem Tag um den „Dividendenabschlag" billiger. Das heißt aber nicht unbedingt, daß deswegen auch der Kurs am Ende des Börsentages niedriger ist. Eine starke Nachfrage nach der betreffenden Aktie kann diesen Abschlag durchaus aufholen.
Weniger wert wird eine Aktie auch, wenn das Bezugsrecht, ebenfalls von einem Kupon dargestellt, abgetrennt wird. Ange-

zeigt wird das durch den Zusatz ex Bezugsrecht (exB). Gleiches gilt für das Teilrecht zum Bezug von Gratisaktien, ex Teilrecht (exT). Mehr darüber im Kapitel „Kapitalerhöhung“.

Die 10-Prozent-Barriere

Gegen allzu wilde Kursausschwünge hat die Wiener Börse eine Barriere in Form einer „Zehnprozentklausel“ aufgerichtet. Danach dürfen die Kurse von inländischen Aktien und Partizipationsscheinen um nicht mehr als 10 Prozent vom Vortagskurs (Taxe) abweichen. Im Fließhandel gilt der Schlußkurs. Sobald der Sensal oder der Makler einen um mehr als fünf Prozent nach oben oder unten abweichenden Kurs feststellt, muß er das bekanntgeben, damit die Auftraggeber ihre Orders noch modifizieren können. Setzt sich die Abweichungstendenz fort, darf ein höchstens um 10 Prozent höherer oder tieferer Kurs als am Vortag festgesetzt werden. Bei der Börseneinführung von jungen Aktien können die Kurse in den ersten fünf Handelstagen ohne Ankündigungsverfahren um zehn Prozent schwanken. Ausländische Aktien können unbegrenzt steigen oder fallen.
Die Kursschwankungsbarriere mag den freien Marktwirtschaftern, die felsenfest von der Selbstregulierung der Märkte überzeugt sind, ein Dorn im Auge sein. Die Lektion, die der Crash von 1987 den Geldanlegern erteilt hat, spricht jedoch nachhaltig für eine Trendbremse. Eine künstliche „Kreislaufunterbrechung“ (Circuit Breaker) hätte an der Wall Street am 19. Oktober 1987 wahrscheinlich die ärgsten Auswüchse verhindert, befand denn auch die von Präsident Ronald Reagan eingesetzte Begutachtungskommission zur Untersuchung der Crash-Ursachen. Jetzt wird der Handel eine Stunde unterbrochen, wenn der Dow Jones Index um 250 Punkte abstürzt.

Trotz Kursschwankungsbarriere können Anleger insbesondere bei der Börseneinführung junger Aktien unangenehme Überraschungen erleben. Ist damit zu rechnen, daß von besonders begehrten Papieren bei der Emission nur ein Bruchteil der aufgegebenen Orders erfüllt werden kann, lassen sich manche Anleger immer wieder dazu verleiten, vorsorglich überhöhte Aufträge, womöglich bei mehreren Geldinstituten, zu erteilen. Im Fachjargon heißt diese Vorgangsweise Konzertorder. Werden diese überhöhten und womöglich noch ohne zeitliche Limitierung erteilten Aufträge mangels ausreichenden Materials erst Tage nach der Einführung zu einem stark gestiegenen Kurs erfüllt, können diese Konzertzeichner zu einem in diesem Ausmaß gar nicht gewollten, teuren und vielleicht auch gar nicht finanzierbaren Aktienbesitz kommen.

Wie man Aktien kauft

Entschließt sich ein Geldanleger, in Aktien zu investieren, eröffnet er am besten ein Wertpapierdepot bei einem Geldinstitut, entweder legitimiert oder anonym (mit Losungswort). Die Kosten für die auf dem Depot verwahrten und verwalteten Papiere werden einmal pro Jahr auf der Basis des Kurswertes zum vorangegangenen Jahresende berechnet.
Wer sich die Depotgebühren ersparen will, kann sich die an der Wiener Börse notierten Aktien ausfolgen lassen und zu Hause in den Safe legen. Von den Versandkosten für Ausfolgung und Einlieferung abgesehen, handelt sich der Anleger mit der Eigenverwahrung nicht nur ein Diebstahls- beziehungsweise Verlustrisiko, sondern vor allem Verwaltungskram ein. Er muß sich nunmehr selbst um alle wichtigen Termine, wie Verlosungen, Kapitalerhöhungen, Dividendenfälligkeit etc. kümmern. Versäumt er die Termine, erwachsen ihm beachtliche finanzielle Verluste.
Die Verwahrung eines Wertpapiers bei einem Geldinstitut ist in jedem Fall bequemer und sicherer (die Enteignungsmöglichkeit laut Devisengesetz ist praktisch unbedeutend, und es ist zu hoffen, daß dieses durch Nationalbank-Kundmachungen weitgehend außer Kraft gesetzte Paragraphenwerk einmal dem modernen Zeitgeist angepaßt wird). Der Aktionär, dessen Papiere vollen Bankservice genießen, kann sich auf die wesentlichen Dinge konzentrieren: Kaufen, Halten, Verkaufen.
Aktien werden an der Börse nicht einzeln, sondern in sogenannten Schlußeinheiten gehandelt. An der Wiener Börse sind das 10 Stück für Aktien im Nominale von S 100,–, fünf Stück bei Nominale S 200,– zwei Stück bei Nominale S 500,– und ein Stück bei Aktien im Nennwert von S 1.000,–. Kauf- und Verkaufsaufträge werden nur in dieser Stückelung beziehungsweise wenn sie durch diese teilbar sind, durchgeführt. Im Fließhandel, der um-

satzstarken Aktien vorbehalten ist, beträgt die Schlußeinheit die zehnfache Menge der normalen Schlußeinheit. Gehen sich Aufträge über Fließhandelswerte nicht auf die Schlußeinheiten aus, werden die Reststücke zu einem Einheitskurs (Kassakurs) ausgeführt. Von beispielsweise 130 Stück Veitscher-Aktien werden 100 Stück im Fließhandel und 30 Stück zum Einheitskurs ausgeführt.

Kauf- und Verkaufsaufträge können grundsätzlich nur über Geldinstitute erteilt werden, die diese dann an die Börse weiterleiten. Die Abrechnung erfolgt am Kassatag (Valutatag), das ist in Wien derzeit noch der jeweils übernächste Montag. Die geschlossenen Geschäfte werden „per Arrangement" erfüllt, das heißt, es werden alle während einer Woche (von Montag bis Freitag) abgeschlossenen Geschäfte saldiert. Dieses Clearing-Verfahren beschränkt Geld- und Wertpapierbewegungen auf ein Mindestmaß. Eine von den Teilnehmern zu erstellende Arrangementkaution garantiert außerdem die sichere Erfüllung der Geschäfte.

Internationale Bestrebungen zur Vereinheitlichung der Geschäftsabwicklung laufen jedoch auf eine Einzelabrechnung eines jeden Geschäftsfalls und eine Verkürzung der Wertstellungsfrist hinaus. Das neue Abrechnungssystem hat die Bezeichnung T plus drei, was die Abrechnung drei Tage nach der Auftragserledigung bedeutet. Sobald dieser Abrechnungsmodus in Wien eingeführt wird, ist es aus mit der beliebten, kapitaleinsatzlosen und nur die Spesen kostenden sogenannten Wochenspekulation.

KAPITALERHÖHUNG

Eine Aktiengesellschaft entschließt sich zu einer Kapitalerhöhung, wenn sie Besonderes vor hat: eine Großinvestition, womöglich verbunden mit einer namhaften Ausweitung der Geschäftsaktivitäten, den Erwerb eines anderen Unternehmens oder die Verbesserung des Verhältnisses von Fremd- zu Eigenkapital.

Zur Beschaffung von neuem Eigenkapital gibt die Gesellschaft neue, sogenannte junge Aktien aus. Jeder Aktionär hat nun das Recht, neue Aktien zu erwerben. Dieses Recht, genannt Bezugsrecht, ist im Aktiengesetz genau geregelt. Im Paragraph 153 heißt es dazu: „Jedem Aktionär muß auf sein Verlangen ein seinem Anteil am bisherigen Grundkapital entsprechender Teil der neuen Aktien zugeteilt werden." Von diesem Bezugsrecht können die Altaktionäre nur ausgeschlossen werden, wenn „mindestens drei Viertel des bei der Beschlußfassung vertretenen Grundkapitals" dafür ist. In der Satzung kann eine Aktiengesellschaft eine noch größere Kapitalmehrheit für diese wichtige Frage festlegen.

Das Bezugsrecht ist aber keine Verpflichtung. Der Altaktionär braucht dieses Recht nicht auszuüben, wenn er, aus welchen Gründen immer, nicht mit der Kapitalerhöhung mitziehen will. Er kann sein Bezugsrecht in diesem Fall einfach verkaufen. Liegen seine Aktien auf einem Depot bei einem Geldinstitut, erledigt das die Depotbank für ihn, wenn er nicht rechtzeitig disponiert hat.

Jede Kapitalerhöhung orientiert sich am Grundkapital. Das bedeutet zunächst, daß dieses um einen bestimmten Betrag aufgestockt wird, dem ein bestimmtes Verhältnis von alten zu neuen Aktien zugrunde liegt.

Die Erhöhung eines Grundkapitals von 400 Millionen auf 500 Millionen Schilling erfolgt danach im Verhältnis 4 : 1. Dem entspricht das Bezugsverhältnis für junge Aktien. Das bedeutet, ein Aktionär hat das Recht, für vier alte Aktien eine junge Aktie zu beziehen.

Der Bezugspreis für die junge Aktie ist einerseits immer niedriger als der aktuelle Tageskurs, weil sie andernfalls wohl kaum Interessenten findet, andererseits in der Regel höher als der

Nominalwert. Die Differenz, das Agio, fließt in die gesetzliche Rücklage der Aktiengesellschaft. Aus der Differenz zwischen dem Preis der alten Aktie und dem Bezugspreis für die junge errechnet sich der Wert des Bezugsrechts.
Angenommen, der Kurs der alten Aktie notiert mit 2.500 Schilling, und der Bezugspreis für die junge Aktie wird mit 2.000 Schilling festgesetzt. Gemäß dem obigen Beispiel entsprechen fünf Aktien nach der Kapitalerhöhung einem Wert von 12.000 Schilling (viermal 2.500 plus einmal 2.000). Dieser Betrag, durch fünf geteilt, ergibt 2.400 Schilling als den neuen Wert einer Aktie nach durchgeführter Kapitalerhöhung. Der rechnerische Wert des Bezugsrechts ist somit die Differenz zwischen dem Kurs der alten Aktie und dem neuen Wert: 100 Schilling.
Für den Aktionär spielt es — rein rechnerisch — keine Rolle, ob er seine Bezugsrechte ausübt und junge Aktien bezieht, oder ob er seine Bezugsrechte verkauft. Die Überlegung des Aktionärs sollte sich auf die Frage konzentrieren, ob er weiter in diese AG investieren will oder nicht. In dem einen Fall macht er die Kapitalerhöhung mit, im anderen verkauft er seine Bezugsrechte und legt den Erlös anderweitig an.
Fünf Werktage vor dem Ende der für die Kapitalerhöhung vorgesehenen Bezugsfrist wird das Bezugsrecht drei Tage lang an der Börse gehandelt. Dabei kann sein (Markt)Wert entsprechend der Nachfrage vom rechnerischen Wert abweichen. Der Bezugsrechtshandel dient auch dem Spitzenausgleich, denn nicht immer geht sich das Bezugsverhältnis mit dem zahlenmäßigen Besitzstand aus. Altaktionäre, die die Erhöhung mitmachen wollen, entweder, weil sie langfristig in der betreffenden Gesellschaft engagiert bleiben wollen, oder weil die Kapitalerhöhung in eine Zeit steigender Börsenkurse fällt, können sich dann fehlende Bezugsrechte dazukaufen.
Nach erfolgter Kapitalerhöhung muß der Preis der Aktie theoretisch niedriger sein als am Tag zuvor. Im Kursblatt wird dies durch den Zusatz „ex Bezugsrecht" (eB) kenntlich gemacht. Ein Erfolg für Gesellschaft und Aktionäre ist es, wenn der Kursabschlag rasch aufgeholt wird.
Sobald die jungen Aktien hinsichtlich Dividenden und anderen Aktionärsrechten den alten Aktien gleichgestellt sind, fällt die Bezeichnung „jung" weg.

Beispiele für eine Kapitalerhöhung

Bilanz

Anlagevermögen	1.692	Grundkapital	392	← +28 Mio.
Umlaufvermögen	892	Fremdkapital	881	
		Rücklagen	1.311	
	2.771		2.771	

Vor der Kapitalerhöhung gibt es 784.000 Aktien à Nom. 500,— = 392,000.000,—
dazu kommen 56.000 junge à Nom. 500,— = 28,000.000,—
daher gibt es später 840.000 Aktien à Nom. 500,— = 420,000.000,—

Die Kapitalerhöung findet also im Verhältnis 392 : 28 statt, d. i. 14 : 1. Der Bezugspreis wird mit S 3.350,— je junger Aktie festgelegt.

Der AG fließen also zu: 56.000 × 3.350,— = 187,600.000,—
davon gehen ins Grundkapital 56.000 × 500,— = — 28,000.000,—
und der Rest geht in die gesetzliche Rücklage = —159,600.000,—
0,—

Neue Bilanz unmittelbar nach Kapitalerhöhung

Anlagevermögen	1.692	Grundkapital	420
Umlaufvermögen	892	Fremdkapital	881
bar	187,6	Rücklagen	1.470,6
	2.771,6		2.771,6

Bei einem Tageskurs der Aktie von 3.950,— ist die AG daher folgendermaßen bewertet: 784.000 Aktien à 3,950,— = 3.096,800.000,—
dazu kommen 56.000 junge à 3.350,— = 187,600.000,—
künftig sind daher 840.000 Aktien wert: 3.284,400.000,—

Somit beträgt der Wert einer Aktie nach der Kapitalerhöhung (3.284,400.000/840.000) 3.910,—, also um 40,— weniger als bisher. Das muß dem Altaktionär abgegolten werden. Dies erfolgt entweder
a) durch Verkauf der Bezugsrechte oder
b) durch Ausnützen des Bezugsrechtes und Bezug zum niedrigen Kurs von 3.350,—

Dasselbe Beispiel aus der Sicht des Aktionärs und unter der Berücksichtigung unterschiedlicher Dividendenberechtigung:

Kapitalerhöhung:	3.—17. 2. 86
Tageskurs der Aktie:	S 3.950,— je Stück
Konditionen:	14 : 1 zum Kurs von S 3.350,— je Stück
Dividenberechtigung:	ab 1. 1. 1986
Schlußeinheit:	Es ist nur möglich, zwei Stück oder ein Vielfaches zu beziehen
Voraussichtliche Dividende:	S 65,— je Stück

Bezugsrechtswert:	Kurs	3.950,—	
	—Dividende	65,—(1)	
	14 Stück à	3.885,—	= S 54.390,—
	1 Stück à	3.350,—	= S 3.350,—
	15 Stück à	3.849,33	= S 57.740,—

derzeitiger Kurs S 3.885,—
künftiger Kurs nach Kapitalerhöhung —S 3.849,33
daher rechnerischer Wert von 1 Bezugsrecht = S 35,67

(1) Die Dividende für das vergangene Geschäftsjahr wird für die jungen Aktien nicht bezahlt, wohl jedoch für die alten Aktien.

KAPITALBERICHTIGUNG

Im Laufe der Jahre kann sich nach einer guten Entwicklung des Unternehmens ein Mißverhältnis zwischen nominellem Grundkapital und Rücklagen herausbilden. Hohen Rücklagen steht ein unverhältnismäßig niedriges Grundkapital gegenüber. Damit auch die Aktionäre von der verbesserten Kapitalausstattung profitieren, entschließt sich das Unternehmen, einen Teil der angesammelten Reserven in Grundkapital umzuwandeln. Dieser Vorgang heißt Kapitalerhöhung aus Gesellschaftsmitteln oder Kapitalberichtigung.

Die Aktionäre erhalten im Verhältnis dieser Kapitalerhöhung für eine bestimmte Anzahl alter Aktien neue, sogenannte Gratisaktien. Da dem Unternehmen insgesamt kein neues Kapital zufließt, sondern Eigenkapital lediglich umgeschichtet wird, ist der Ausdruck „Gratisaktien" insofern irreführend, weil auch der Aktionär keinen zusätzlichen finanziellen Wert gratis erhält. Das Unternehmen wird nach einer Kapitalberichtigung insgesamt nicht mehr wert, der Gesamtwert von Alt- und Gratisaktien nach der Berichtigung entspricht dem Wert der Altaktien vor der Berichtigung. Die Aktie selbst wird aber optisch „billiger".

Die Aktionäre erhalten also im Verhältnis der Erhöhung des Nennkapitals neue Aktien zu ihrem alten Bestand, für die sie nichts zu zahlen brauchen. Die Bezugsrechte heißen in diesem Fall Teilrechte. Deren Wert läßt sich genauso wie der Wert der Bezugsrechte bei einer echten Kapitalerhöhung berechnen. Auch die Teilrechte werden gehandelt, um die Spitzen auszugleichen. Kommt es beispielsweise zu einer Kapitalberichtigung im Verhältnis 5 : 1, wonach auf fünf alte Aktien eine Gratisaktie entfällt, und ein Aktionär besitzt zwölf Aktien, kann er entweder zwei Teilrechte verkaufen oder drei dazukaufen, um eine dritte Gratisaktie beziehen zu können (für zehn Altaktien kriegt er ja bereits zwei gratis).

Unmittelbaren Gewinn für den Aktionär bedeuten Gratisaktien nicht, denn im Verhältnis der Kapitalberichtigung fällt auch die Berichtigung des Aktienkurses aus. Eine Gratiskapitalerhöhung um eine neue Aktie für eine alte führt theoretisch zu einer Halbierung des Kurses. Die Aktie wird optisch billiger. Erfreulich für den Aktionär wird's, wenn seine Gesellschaft auch beim er-

höhten Grundkapital bei der alten Dividendenquote bleibt. In absoluten Beträgen sind zehn Prozent Dividendenausschüttung auf 200 Millionen Schilling Grundkapital doppelt so viel wie auf 100 Millionen.
Vom steuerlichen Gesichtspunkt aus unterstellt eine Kapitalberichtigung eine Ausschüttung mit nachfolgender Einlage. Die Ausschüttung würde normalerweise eine Kapitalertragsteuerpflicht auslösen. Das Strukturverbesserungsgesetz sieht jedoch sinnvollerweise eine Steuerbefreiung vor.

Beispiel für eine Kapitalberichtigung

Bilanz

Anlagevermögen	1.879,6	Grundkapital	420	⟵
Umlaufvermögen	892	Fremdkapital	881	42 Mio.
		Rücklagen	1.470,6	⟶
	2.771,6		2.771,6	

Vor der Kapitalberichtigung gibt es	840.000	Aktien à Nom. 500,— =	420,000.000,—
dazu kommen	84.000	Gratisaktien à Nom. 500,— =	42,000.000,—
daher gibt es später	924.000	Aktien à Nom. 500,— =	462,000.000,—

Die Kapitalerhöhung findet also im Verhältnis 420 : 42 statt, d. i. 10 : 1. Der AG fließen keine neuen Mittel zu.

Bei einem Tageskurs der Aktie von 3.910,— ist die AG daher folgendermaßen bewertet:

	840.000	Aktien à 3.910,— =	3.284,400.000,—
dazu kommen	42.000	Gratisaktien =	0,—
künftig sind daher	882.000	Aktien wert:	3.284,400.000,—

Somit beträgt der Wert einer Aktie nach der Kapitalberichtigung (3.284,400.000/882.000) 3.724,—, also um 186,— weniger als bisher. Das muß dem Altaktionär abgegolten werden. Dies erfolgt entweder
a) durch Verkauf des Teilrechtes (S 186,— je Stück) oder
b) durch Ausnützen des Teilrechtes und Bezug der Gratisaktien

KAPITALHERABSETZUNG

Das Gegenteil der Kapitalerhöhung aus Gesellschaftsmitteln ist die Kapitalherabsetzung. Ein solcher Kapitalschnitt wird notwendig, wenn es einem Unternehmen so schlecht geht, daß die Verbindlichkeiten bereits das Grundkapital anknabbern. Bilanztechnisch gesehen ist die Kapitalherabsetzung die Tilgung des Verlustvortrags (auf der Aktivseite) durch die Verminderung Grundkapitals (auf der Passivseite).
Die negative Anpassung des nominellen Grundkapitals an das geschrumpfte Eigenkapital erfolgt in der Praxis durch die Abstempelung (Entwertung) des Aktienkapitals im Verhältnis des Kapitalschnitts. Wird beispielsweise das Grundkapital um 50 Prozent reduziert, kriegt der Aktieninhaber eine neue Aktie für zwei alte ausgefolgt. Da sich am Gesamtwert des Unternehmens nichts ändert — es handelt sich nur um eine Umbuchung, bei der Mittel weder ab- noch zufließen —, ist der Kurs der neuen Aktien theoretisch doppelt so hoch wie jener der alten. Die Börsenwirklichkeit stellt sich freilich, wie immer, im Verhältnis von Angebot und Nachfrage dar. Wird eine Dividende ausgeschüttet, was in einem solchen Fall ohnedies eher unwahrscheinlich ist, dann ist diese natürlich absolut geringer als vorher. Das Substanzpapier Aktie repräsentiert die entsprechend verminderte Unternehmenssubstanz.

SCHON BILLIG ODER NOCH TEUER? WAS DIE AKTIENANALYSE KANN

Wann ist eine Aktie preiswert? Ist ihr Kurs schon so tief gefallen, daß es nur mehr aufwärts gehen kann, oder steckt im Kurs immer noch mehr „downward risk" als „upward potential"?
Die Frage nach der weiteren Kursentwicklung einer Aktie ist das zentrale Anliegen jedes Investors, ob privat oder institutionell. Der Crash von 1987 hat Wertpapierberater, Analysten und Finanzwissenschaftler angespornt, noch intensiver als zuvor nach zuverlässigen Methoden zur Kursprognose zu suchen. Der atemberaubende Kurssturz um mehr als 500 Dow-Jones-Indexpunkte vom „schwarzen Montag" habe den blutigen Beweis erbracht, wie notwendig eine beinharte Aktienbewertung sei, kommentierte das britische Wirtschaftsmagazin „Economist".
Traditionellerweise sind die Aktienanalysten in die „technischen Analysten" und in die „Fundamentalanalysten" gespalten. Die technischen Analysten konzentrieren sich ganz auf die Faktoren, die unmittelbar Angebot und Nachfrage beeinflussen. Mit Hilfe von Charts versuchen sie den Pulsschlag des Marktes zu erkennen. Die Fundamentalisten richten ihre Aufmerksamkeit auf die Beurteilung des wirtschaftlichen Umfeldes und des Ertragspotentials der Unternehmen zur Einschätzung der möglichen künftigen Kursentwicklung.
So oder so, die Prognosen haben stets den Charakter von Wettervorhersagen, sie können stimmen, müssen aber nicht.
Dessenungeachtet sind diese beiden Methoden die wichtigsten und am weitesten verbreiteten Verfahren der Aktienanalyse.
Das Problem beider Analysemethoden ist, aus der Vergangenheit auf die wahrscheinliche Zukunft schließen zu müssen. Das ist unbefriedigend. Eine auf dem realitätsbezogenen amerikanischen Universitätsboden geborene Methode versucht, die aus der Vergangenheitsanalyse doch eher vage Zukunftsdeuterei durch exakte Mathematik zu ersetzen. Sie nennt sich Portfolio-Theorie und will durch eine rechnerische Streuung des Aktienportefeuilles der Ungewißheit der Zukunft ein Schnippchen schlagen. Mit einem Anstrich von Wissenschaftlichkeit versehen, gibt die Portfolio-Theorie vor, den Stein der Weisen gefunden zu haben.

Was ist nun im einzelnen zu den unterschiedlichen Methoden der Aktienbewertung zu sagen?
Die Faszination der technische Analyse besteht nicht zuletzt in dem Umstand, daß die auf gerasterten Blättern aufgezeichneten Kursverläufe regelrecht dazu verleiten, sie geistig fortzusetzen. Eingefleischte Chartisten interessiert auch gar nicht, was auf der Welt so vor sich geht. Sie behaupten, daß sich in den Kursen alle Informationen über ein Unternehmen, von sämtlichen Kennzahlen bis hin zur Ertragserwartung, widerspiegeln. Voraussetzung ist natürlich, daß der Aktienmarkt „effizient", also weder manipuliert noch von regulativen Kräften beeinflußt wird.
Die ständige Beobachtung von Kursverläufen hat bestimmte Erfahrungsmuster entstehen lassen. Ihre Namen sind sehr anschaulich, wie Kopf-Schulter-Formation, Wimpel, Flagge usw. Die Kunst der Chartisten besteht nun darin, frühzeitig bestimmte Formationen zu erkennen und daraus Kauf- oder Verkaufsignale abzulesen.
Nun könnte man natürlich die Frage stellen, warum denn in den Kursen nicht auch die Preisprognosen der Chartisten selbst enthalten sind, wenn sie schon jedwede Information enthalten, mithin doch auch die über ihre eigene künftige Entwicklung...
Überzeugte Chartisten fühlen sich über eine derartige Frozzelei erhaben. Auch der wiederholt versuchte Nachweis, daß sich aus den Kursbewegungen in der Vergangenheit keine Schlüsse auf ihr zukünftiges Verhalten ziehen lassen, ficht die Chartisten nicht an. Sie können immer wieder den gegenteiligen Beweis antreten und auf zutreffende Vorhersagen verweisen. Außerdem wird die Zahl ihrer Anhänger immer größer.
Die Fundamentalanalyse konzentriert sich voll auf die künftigen Ertragsströme einer Aktie. Im Gegensatz zu den Chartisten glauben die Fundamentalisten, daß eine Aktie einen „inneren Wert" besitzt, der allerdings nicht immer im aktuellen Börsenkurs reflektiert wird. Vier von fünf Aktienanalysten beurteilen nach dem inneren Wert, ob eine Aktie fundamental billig oder teuer ist.
Auf der Suche nach dem inneren Wert studieren die Fundamentalisten zuerst einmal das wirtschaftliche Klima, in dem sich ein Unternehmen bewegt. Danach forschen sie in dessen Eingeweiden, den Aktiven, den Aufwendungen, Umsätzen, Steuerleistungen und all jenen Komponenten, die den wahren Nettogewinn bestimmen.
Der wahre Wert einer Aktie, so die Fundamentalisten, diskon-

tiert alle zukünftigen Erträge, finanzmathematisch ist er der Barwert der zukünftigen Gewinne.
Worauf es den Fundamentalisten zufolge also ankommt, ist das Gewinnwachstum eines Unternehmens und die dadurch mögliche Dividendenleistung. Um beurteilen zu können, ob eine Aktie „billig“ oder „teuer“ ist, ziehen die Analysten das Kurs/Gewinn-Verhältnis (KGV), englisch: price/earnings ratio (P/E) zu Rate. Es wird berechnet aus der Division Aktienkurs durch Gewinn pro Aktie (nach Steuern). Ein eindeutiger Maßstab ist das KGV allerdings nicht, wie bei der Detailbesprechung der Fundamentalanalyse noch darzustellen sein wird.
Auch für die Fundamentalanalyse gilt, was über die technische Analyse gesagt wird: Sich bei der Beurteilung eines Unternehmens auf die Vergangenheit stützen zu müssen, ist nicht immer eine felsenfeste Grundlage für die Entwicklung in der Zukunft.
Diese Unsicherheit bauen die Portfolio-Theoretiker quasi als stabiles Element in ihre Bewertungsmethode ein. Sie sagen, die Märkte sind nicht nur nicht effizient, sondern überhaupt nur vom Zufall bestimmt. Das einzige, was der Geldanleger kontrollieren kann, ist die Risikoverteilung seines Portefeuilles.
Was dem Praktiker der Hausverstand sagt, weisen die Theoretiker mathematisch nach, nämlich, daß ein breit gestreutes Portefeuille ein geringeres Kursrisiko birgt, als wenn jemand nur ein, zwei Aktien besitzt.
Das Risiko, so die Portfolio-Theoretiker, ist „systemimmanent“. Es kommt in der Volatilität der einzelnen Aktien zum Ausdruck. Das Maß für das systemimmanente Risiko ist der sogenannte „Beta-Faktor“. Das ist der Korrelationskoeffizient zwischen der prozentuellen Veränderung von Aktienkurs und Gesamtmarktindex. Steigt zum Beispiel der Aktienindex in einer bestimmten Periode um 10 Prozent, der Kurs einer bestimmten Aktie aber um 20 Prozent, so hat sie einen Beta-Faktor von 2; eine andere Aktie, die im gleichen Zeitraum dagegen nur um fünf Prozent im Kurs steigt, hat einen Beta-Faktor von 0,5. Die Portfolio-Theoretiker statten demgemäß jede Aktie mit dem Beta-Faktor aus, der ihrer Volatilität entspricht.
Damit ist das Aktien-Portefeuille eines Portfolio-Theoretikers eine klare Sache. Es enthält zum überwiegenden Teil die wild fluktuierenden Werte, denn mit denen läßt sich logischerweise der höchste Ertrag erzielen. Wenn’s gut geht.
Nun kann man aber auch die mathematisch versierten Vertreter der Analystenzunft mit einem simplen Argument in die Enge

treiben. Wenn sich alle Anleger an die Portfolio-Theorie halten — und warum sollten sie nicht, wenn sie die besten Resultate verspricht —, müßten sich alle ausschließlich auf die riskantesten, weil volatilsten Papiere stürzen. Das würde diese aber erst einmal in schwindelerregende Höhen katapultieren und ihnen danach mangels gegenteiliger Marktmeinungen jegliche Volatilität austreiben.

Von diesem Extremszenario abgesehen, muß sich auch die Portfolio-Theorie den Vorwurf gefallen lassen, ihre Weisheit ebenso aus der Vergangenheit zu beziehen wie die fundamentale und die technische Analyse: Ist eigentlich der Beta-Faktor ebenso unveränderlich wie ein Erbfaktor, einmal volatil, immer volatil? Die Zweifel an der Treffsicherheit der zeichnerischen Trenddeutung, die Schwächen der fundamentalen Voraussagen, was Trendbrüche betrifft, sowie die Skepsis in bezug auf die mathematische Risikobewertung haben in den letzten Jahren denn auch den Ruf immer lauter werden lassen: „Investieren Sie in den Index.“ Sei das der Dow Jones, der Standard & Poor's 500 oder irgend ein anderer. Immerhin wächst die Zahl der amerikanischen Index-Fonds ständig.

Dem Indexinvesting liegt die für Profis nicht gerade schmeichelhafte Erkenntnis zugrunde, daß die meisten professionellen Portefeuille-Manager Anlageresultate erzielen, die hinter der Indexentwicklung zurückbleiben. 70 Prozent aller amerikanischen Fondsmanager — und man sollte meinen, bessere Profis kann es gar nicht geben — können aus den ihnen anvertrauten Geldern nicht einmal soviel Wertzuwachs herauswirtschaften, wie er vom Standard & Poor's 500 Index vorgegeben wird.

Was liegt näher, als den „Markt“ zu kaufen. Der private Geldanleger, der nicht auch gleichzeitig Multimillionär ist, erwirbt zu diesem Zweck Zertifikate eines Index-Fonds. Langfristig ist das eine durchaus gesunde Strategie, denn in einem Index sind gewöhnlich gute Standardwerte enthalten.

Von eher resignativer Originalität ist dagegen die Random Walk Theorie. „Random Walk“ bedeutet, aufs Geratewohl durch den Aktienmarkt zu spazieren. Man pickt sich willkürlich irgendwelche Aktien heraus, mit denen der Anleger insgesamt die gleichen wenn nicht bessere Ergebnisse erzielt, als wenn er seine Entscheidungen genau überlegt getroffen hätte. So die Auswahl groß genug ist, und wenn der Random Walk in einer Baisse erfolgt, lassen sich gewiß auch per Zufall ansprechende Ergebnisse erzielen.

Die Analysten lassen sich trotz aller Rückschläge nicht entmutigen und verbeißen sich in die Frage, ob in der Entwicklung der Märkte nicht doch irgend eine Art Vernunft steckt, die das Auf und Ab der Kurse bestimmt.
Ihr Blick richtet sich auf die Anleihen, namentlich die staatlichen Obligationen, seien das die US-Treasuries oder die englischen Gilts. Die festverzinslichen Wertpapiere, so sind sie überzeugt, müssen auf lange Sicht von Einfluß auf die Bewertung der Aktien sein, bringen sie doch, was die Aktien nicht offerieren können: einen garantierten Ertrag. Vor allem, was die ewigen Anleihen betrifft, sei ein Vergleich der Zinserträge mit der Barwertthese für die Aktienerträge doch durchaus statthaft.
Unterstellt man eine solche Beziehung, müßte langfristig ein bestimmtes Verhältnis zwischen einer durchschnittlichen Dividendenrendite und einer durchschnittlichen Anleiherendite bestehen. Abweichungen davon müßten nach einer gewissen Zeit immer wieder zu Korrekturen führen.
Eine Langfristuntersuchung des Zusammenhangs zwischen Dividenden- und Anleihenrendite hat danach ergeben, daß die durchschnittliche Dividendenrendite des Londoner FT-All-Shares-Index seit 1969 bei 45 Prozent der Rendite der ewigen Regierungsanleihen (Gilts) gelegen ist. Eine ähnliche Relation besteht zwischen S & P 500 und 30jährigen US-Treasuries.
Im Jahr des „Schwarzen Montags“, 1987, kam es zu einer starken Verzerrung dieser Relation. Die Schere zwischen Dividenden- und Anleihenrendite öffnete sich weit. Damit die langjährige Renditenrelation stimmt, hätte das Kurs/Gewinn-Verhältnis der britischen Aktien durchschnittlich 9 betragen müssen, tatsächlich lag es vor dem schwarzen Montag im Oktober bei 20. Das durchschnittliche KGV der amerikanischen Aktien hatte sogar 24 erreicht. Um der Anleiherendite paroli zu bieten, hätte es nur 10 betragen dürfen.
Die Aktienkurse hatten demnach jede vernünftige Relation zu den Erträgen verloren, und die Dividendenrenditen waren uninteressant im Vergleich zu den Anleihenzinsen. Die Anleger stiegen aus den Aktien aus und in die Anleihen ein. Das Renditenmißverhältnis hatte zur Korrektur geradezu herausgefordert.
Eine plausible Analyse. Sie sagt leider nur nichts darüber aus, welches die Ursachen für die auseinanderstrebenden Renditeentwicklungen sind. Verbleibt als Erkenntnis: Trotz bester Analyse der Vergangenheit ist jede Aussage über die Zukunft mit Unsicherheiten behaftet.

AKTIENANALYSE – DER FUNDAMENTALE ANSATZ

Die fundamentale Aktienanalyse versucht die Entwicklung eines Unternehmens innerhalb des Gesamtmarktes vorauszusagen. Sie untersucht zu diesem Zweck die wesentlichen wirtschaftlichen und politischen Einflußfaktoren auf die Gestaltung des Börsenkurses: das konjunkturelle Umfeld, Preis- und Zinsentwicklung, die Wirtschaftspolitik der Regierung, die Geldmengenpolitik der Notenbank, Branchentendenzen, Wettbewerbsverhältnisse, innovative und substitutive Einflüsse usw. Unter Berücksichtigung dieses Umfeldes konzentriert sich die Analyse des Einzelunternehmens auf dessen Ertragspotential sowie auf die Schätzung des künftigen Gewinns. Daraus wird zu schließen versucht, wie weit der aktuelle Börsenkurs dem „inneren Wert" einer Aktie entspricht oder nicht. Entsprechend werden Prognosen für die zu erwartende Entwicklung erstellt. Kauf- und Verkaufsentscheidungen beruhen auf der Bewertung von betriebswirtschaftlichen Faktoren wie Cash-flow, Kurs/Gewinn-Verhältnis, Umsatzrentabilität, auf der Einschätzung der Fähigkeiten des Managements sowie auf der Beurteilung der wirtschaftspolitischen Entwicklung.
Die Fundamentalanalyse nimmt für sich in Anspruch, „objektive" Maßstäbe für die Bewertung von Aktien heranzuziehen. Sie versucht, aus dem außerbetrieblichen und aus dem innerbetrieblichen Kenndatenmaterial ein möglichst unverfälschtes Bild eines bestimmten Wertpapiers zu zeichnen. Branchenkennzahlen dienen dazu, den Standort eines untersuchten Unternehmens und daraus die mögliche Position in der Zukunft zu bestimmen. Vergleiche mit anderen Unternehmen derselben Branche, mit dem Gesamtmarkt und der Marktentwicklung sollen das mögliche Kurspotential nach oben oder unten ausloten. Die Wall-Street-Analysten sagen dazu „upward potential" beziehungsweise „downward risk".
In der angloamerikanischen Finanzwelt werden jene Abteilungen in den Investmentbanken, die sich mit der Wertpapieranalyse befassen, als „Research Departments" bezeichnet. Darüber hinaus haben sich in Nordamerika eigene Research-Companies etabliert, die sich eines ausgezeichneten Rufes erfreuen, wie

Standard & Poor's, Moody's Investor Service, The Value Line Co. aus den USA oder der kanadische Bank Credit Analyst. Research heißt auf deutsch Forschung. Die Finanzanalysten der englischsprachigen Welt scheuen sich also nicht, sich auf eine Stufe mit Research-Leuten in pharmazeutischen oder Elektronikunternehmen zu stellen.
Trotz aller finanztechnischen Wissenschaftlichkeit braucht die fundamentale Finanzanalyse viele Gespür, Einfühlungsvermögen und Erfahrung, denn Prognosen über die Gewinnentwicklung der nächsten Jahre können sich keineswegs in simplen Schlußfolgerungen aus der Entwicklung in der Vergangenheit und dem Standing in der Gegenwart erschöpfen. Analytisches Denken allein macht noch keinen Finanzanalysten aus, er muß dazu noch über eine gute Portion Kombinationsgabe verfügen, braucht Intuition und muß Visionen entwerfen können. Schließlich braucht er immer auch ein Quentchen Glück, denn gar nicht selten kommt es an der Börse anders, als einer denkt.

Das wirtschaftliche Umfeld

Die wirtschaftliche Ausgangslage bildet die Basis der Erwartungen für die Zukunft. Aus dieser Perspektive ist die Wirtschaftslage zu beurteilen, wenn man davon ausgeht, daß die Börse die Entwicklung der Wirtschaft vorwegnimmt. Das Interesse des Geldanlegers gilt der Früherkennung der Zukunft.
In den USA wurden sogenannte „Leading Indicators", vorauseilende Indikatoren, entwickelt und zu einem Index gewichtet. Insgesamt sind es zwölf Indikatoren, u. a. die Auftragseingänge der Industrie, die Vormaterialpreise, die Anzahl der Neubaueinheiten, die Geldmenge sowie die Renditen der Corporate Bonds (Unternehmensanleihen) und der Standard & Poor's 500 Index. Die Veröffentlichungen des Leading Index (Business Week bringt wöchentlich einen eigenen Leading Index) werden gebannt verfolgt. Geht nämlich der Index nach einem längeren Aufschwung drei Monate lang hintereinander zurück, gilt das als ein starker Hinweis auf eine bald folgende Wirtschaftsabschwächung. Hohe Aktienkurse werden sich wahrscheinlich nicht mehr lange auf diesem Niveau behaupten.
Ein vom Österreichischen Wirtschaftsforschungsinstitut ausgearbeiteter Index von elf vorauseilenden Konjunkturindikatoren (Basis 1980 = 100) ist bisher noch nicht sonderlich ins Bewußt-

sein der wirtschaftlich interessierten Öffentlichkeit gedrungen. Die wichtigsten wirtschaftsstatistischen Kenndaten für den Geldanleger sind:

Das reale Bruttoinlandsprodukt (BIP)

Die um die Geldentwertung bereinigte Summe aller in einem Jahr produzierten Güter und Dienstleistungen abzüglich der Überweisungen an im Ausland lebende Einkommensbezieher sowie der aus dem Ausland überwiesenen Löhne und Gehälter ist einerseits als Veränderungsrate und andererseits als Wert pro Kopf von Interesse. Die Veränderungsrate (Wachstumsrate) signalisiert die Dynamik der Gesamtwirtschaft. In den vergangenen Jahren sind die realen BIP-Zuwachsraten im Vergleich zu den Werten der frühen siebziger Jahre meist bescheiden gewesen. Bei nach unten starren Lohnschemata und jährlichen Produktivitätsverbesserungen ist ein wachsendes Arbeitskräftevolumen nur bei einem entsprechend hohen Wirtschaftswachstum voll in die Wirtschaft zu integrieren. Das BIP pro Kopf ist mangels besserer Indikatoren der Standardwert für die Beurteilung des Wohlstands eines Landes. Die Aussagekraft ist jedoch insofern bedingt, weil sich beispielsweise der Wohlstandsfaktor „lebenswerte Umwelt“ nicht in Geldeinheiten bewerten läßt. Einseitige Einnahmen und eine geringe Bevölkerungsanzahl, wie etwa im Falle Kuwaits, ergeben über diesen Indikator ebenfalls ein verzerrtes Bild.

Die Arbeitslosenrate

Zu den obersten Zielen der Wirtschaftspolitik zählt die Sicherung eines möglichst hohen Beschäftigungsniveaus (im Idealfall Vollbeschäftigung). Paradoxerweise führt die Veröffentlichung niedriger (abnehmender) Arbeitslosenraten in den USA an der Wall Street jeweils zu Kursrückgängen. Der Grund dafür liegt in der Angst der Börsianer, die Inflationsrate könnte steigen, weil eine hohe Beschäftigung bei insgesamt guter Wirtschaftslage ihrer Meinung nach preistreibend wirkt. Inflation ist nämlich Gift für die Börse.

Die Arbeitskosten

Als Inflationsfieberthermometer gilt in den USA der vierteljährlich im Wall Street Journal veröffentlichte Arbeitskostenindex.

Steigt er stärker als 4½ Prozent, gehen die Kurse an der New York Stock Exchange in die Knie.

Die Lagerbestände

Lager verursachen Kosten. Die Lagerbestände geben einmal Auskunft über die Preiserwartungen der Unternehmen: Rechnen sie mit steigenden Preisen, halten sie vorsorglich hohe Lagerbestände, sinken die Preise, nehmen auch die Lagerbestände tendenziell ab; andererseits spiegeln die Lagerbestände auch die Markterwartungen der Unternehmen wider. Hohe Lagerbestände signalisieren optimistische Umsatzerwartungen. Sinkende Lagerbestände üben eine Bremswirkung auf die vorgelagerte Produktion aus. Zur Monatsmitte veröffentlicht das US-Handelsministerium das Verhältnis von Lagerbeständen zu Verkäufen. Eine Zahl von über 1,5 gilt als Warnsignal.

Der Wechselkurs

Eine starke Währung drückt die Einfuhrpreise und hält den Import von Inflation ab. Sie beeinträchtigt aber andererseits die Wettbewerbsfähigkeit der Exportwirtschaft, die in Abnahmeländern mit schwacher Währung Preiskonzessionen machen muß, um sich am Markt zu behaupten. Das drückt auf die Gewinnmargen. Umgekehrt begünstigt eine schwache Währung die exportorientierten Wirtschaftszweige. Höhere Preise für importierte Grundstoffe, Energie und Vormaterialien und — soweit es die Wettbewerbsverhältnisse gestatten — steigende Preise für importierte Konsumgüter wirken jedoch inflationär. Höhere Lebenshaltungskosten veranlassen die Gewerkschaften, eine entsprechende Abgeltung in den Löhnen zu fordern.

Die Zinsen

Niedrige Zinsen, beziehungsweise Zinssenkungen sind gut für die Börse, hohe Zinsen beziehungsweise Zinserhöhungen schlecht. Das Zinsniveau wird erheblich von der Geld- und Kreditversorgungspolitik der Notenbank beeinflußt. Die amerikanischen Börsenprofis haben deshalb das Fed, das Federal Reserve System, fest im Auge. Die Äußerungen des Fed-Chairman werden stets stark beachtet. Welche Rolle dieser in den USA von der Politik der Regierung stark emanzipierten Körperschaft (in Österreich ist die Notenbank zur Hälfte im Besitz des Staates und hat auf die Politik der Regierung Bedacht zu nehmen) in der

Wirtschaftspolitik der USA zukommt, beschrieb treffend das Fortune-Magazine im Frühjahr 1988: „From now until sometime into the next presidency, it will be determining America's economic policy.“ Die Reagan-Administration war wirtschaftspolitisch schon so gut wie weggetreten, und der neue Präsident muß sich erst einarbeiten, bevor er wirtschaftspolitische Akzente setzen kann. Ein knappes Jahr lang machte de facto Fed-Chairman Alan Greenspan amerikanische Wirtschaftspolitik.
Eine stark beachtete Kennzahl ist das Verhältnis der Rendite von sechsmonatigen Schatzscheinen (Treasury Bills) zur Rendite von 20jährigen Staatsanleihen (Treasury Bonds). Ist sie kleiner als eins, so erwartet man vom Fed Expansionsmaßnahmen, ist das Verhältnis größer als eins, wird befürchtet, daß das Fed an der Zinsenschraube dreht und den Lauf der Wirtschaft bremst.

Konjunktur-Szenarien

Hochkonjunktur

Die Wirtschaft läuft auf vollen Touren, der Auslastungsgrad ist hoch, es herrscht Mangel an qualifizierten Arbeitskräften. Die Rohstoffpreise steigen, die Unternehmen können alle Kostenerhöhungen aber auf die Preise abwälzen. Die Preisinflation gewinnt an Dynamik.
Die Notenbank beobachtet eine Weile, beginnt aber dann über eine Verknappung der Liquidität („Kreditbremse“) das Bremsmanöver. Dabei steigen die Zinsen, an der Aktienbörse wird die Luft dünner, konkret, das Anlagekapital bleibt aus. Allmählich schlägt der Optimismus in eher düstere Zukunftsbetrachtungen um, und die Aktienkurse beginnen abzubröckeln.
Noch sind die Kurse an der Börse aber hoch. Es herrscht eine euphorische Stimmung, die Unternehmen melden erfreuliche Daten.
Die Notenbanksignale sollten jedoch bei den Anlegern wie Alarmglocken tönen. Die in dieser Situation empfohlene Anlagestrategie heißt: Verkaufen, was nicht als bewußte Streuung beziehungsweise als Langfristengagement über die Zeiten hinweg ins Portefeuille aufgenommen wurde. Umsteigen sollten die Geldanleger entweder in kurzlaufende festverzinsliche Wertpapiere oder, noch besser, in variabel verzinste, um beim bevorstehenden Zinsauftrieb live dabeizusein.

Rezession

Das reale Wirtschaftswachstum schrumpft gegen null Prozent. Die Unternehmen klagen über Nachfragemangel, die Gewinnmargen werden kleiner.
Die Gegenstrategie der Notenbank läuft auf eine Zinssenkung hinaus, die Regierung beschließt Budgeterweiterungsgesetze, um über Deficit-Spending Geld in die Wirtschaft zu pumpen. Allmählich kommen die hohen Zinsen herunter, Sparkapital wird in den Konsum umgelenkt.
Bevor aber die Börse wieder Mut faßt und die Kurse in die erste Hausse-Phase einschwenken, die infolge hoher Liquidität in der Regel recht kräftig ausfällt, hat sie tiefer Pessimismus in den Keller gedrückt.
Die in dieser Situation empfohlene Anlagestrategie lautet deshalb: Kaufen. Und zwar Aktien oder — am Höhepunkt der Zinsentwicklung als Alternative zu ihnen — Nullkuponanleihen, deren Kurse bei fallendem Zinsniveau steigen.

Stagflation

Es ist wie verhext: Das Wirtschaftswachstum krebst um null Prozent, dennoch steigen die Preise. Die Inflationsursache sind Kostenerhöhungen, die Gewerkschaften holen nach, was sie in der vorangegangenen Hochkonjunkturphase versäumt haben, die Unternehmer wälzen die steigenden Kosten, so weit es geht, auf die Preise über, um Verluste zu vermeiden. Dennoch sind die Erträge gedrückt, es fehlen die Umsätze, Rationalisierungsinvestitionen zur Kostensenkung ist das auf allen Seminaren gepredigte Kredo. Kostenerhöhend wirken auch die steigenden Zinsen als Ergebnis einer hilflosen Notenbankpolitik.
An der Börse steigen lediglich die Kurse der Rohstoffaktien im Gleichschritt mit den steigenden Rohstoffpreisen.
Als Anlagestrategie wird in dieser Lage das Halten einer relativ hohen Cash-Position empfohlen (Termingelder, Sparbuch) beziehungsweise ein selektives Aktienengagement in den Rohstoffbranchen.

Disinflation

Das Inflationsgespenst ist gebannt. Der Wirtschaftsmotor läuft auf niedrigen Touren, die Unternehmer rationalisieren immer noch und sind vorsichtig. Investitionen werden aus dem Cashflow finanziert, Fremdmittel werden nur im allernötigsten Aus-

maß beansprucht. Die Zinsen sind stabil beziehungsweise tendieren eher nach unten.
An der Börse steigen die Kurse, es kommt aber immer wieder zu Korrekturen, die von den Fachleuten als Gewinnmitnahmen interpretiert werden. Alles in allem ist die Stimmung an der Börse skeptisch bis vorsichtig.
Die Anlageberater empfehlen: Halten beziehungsweise nach Kursrückgängen (Korrekturen) zukaufen. Die Auswahl der kaufenswerten Aktien wird aber immer schwieriger, weil es jene Branchen beziehungsweise Unternehmen herauszufiltern gilt, die einen steigenden Gewinntrend aufweisen. Achtgeben müssen die Anleger auf Überhitzungssignale (Überbewertung) und sich von im Kurs gestiegenen Papiere eher früher als zu spät trennen. Der Umschlag kann sehr plötzlich kommen. Auch auf die Gefahr hin, daß das Zinsniveau noch eine Weile sinken könnte, sollten variabel verzinste Anleihen gekauft werden, einfach aus Sicherheitsgründen. Wenn sich die Situation dreht, und das kann sehr plötzlich der Fall sein, liegt man dann richtig.

Deflation

In einer Deflation schrumpft das Sozialprodukt, die Preise gehen real und nominell zurück. Das ist aber kein Konsumsignal, denn die Unternehmen können bei sinkenden Preisen ihre Kosten nicht decken und schränken ihre Kapazitäten ein. Arbeitsplätze werden liquidiert, die Arbeitslosigkeit steigt rapid an. Das Volkseinkommen nimmt ab. Verstärkt wird die Negativspirale durch ein protektionistisches Abschotten der Volkswirtschaften gegenüber Importen, der gegenseitige Versuch, Arbeitslosigkeit zu exportieren, endet für alle katastrophal.
An der Börse geht es chaotisch zu. Die Kurse brechen völlig zusammen. Wer noch Geld hat, flüchtet in Sachwerte, Immobilien, Gold.
Wer es sich leisten kann, kauft in dieser Situation billigst Aktien sogenannter unsinkbarer Schiffe, Unternehmen, die auch diese verheerende Situation überleben. Diese Unternehmen müssen aber heimische sein, denn ein streng kontrollierter und stark eingeschränkter Kapitalverkehr läßt Auslandsengagements unter diesen Umständen wahrscheinlich nicht zu.

AUF DER SUCHE NACH DEM INNEREN WERT

Jede Aktie ist immer nur den Preis wert, zu dem man sie kaufen oder verkaufen kann. Die Börse hat immer recht, ob einem das paßt oder nicht, denn — wie könnte es auch anders sein — der Kurs ist nun einmal das Resultat des Wissens und der Erwartungen aller Börsenteilnehmer. Den Ausschlag und damit den Zuschlag geben Angebot und Nachfrage, man kann das nicht oft genug wiederholen. Jede Aktie hat aber auch einen „inneren Wert", der sich berechnen läßt. Für den Geldanleger ist der innere Wert eine Orientierungshilfe: Wie bewertet die Börse mein Papier?

Hilfestellung leistet dabei die Fundamentalanalyse. Ihr zentrales Anliegen ist die Ermittlung des Ertragspotentials einer Aktiengesellschaft. Was steckt in einem Unternehmen drin, wird es vom Markt auch entsprechend bewertet, unter seinem Wert gehandelt oder bereits überbewertet? Unterbewertete Aktien könnten bei steigendem Börsentrend überdurchschnittlich zulegen, überbewertete sollte man eher früher als zu spät abstoßen. Ein Aktienkäufer fragt in erster Linie nach der wahrscheinlichen zukünftigen Ertragsentwicklung der ins Auge gefaßten Gesellschaft. Erst eine überzeugende Antwort darauf kann — bei aller Unwägbarkeit — die Aussichten auf Kursgewinne quantitativ abstecken.

Ausgangspunkt für die Einschätzung der zukünftigen Erträge eines Unternehmens ist dessen „innerer Wert" (engl.: „intrinsic value"). Dieser setzt sich zusammen aus dem Ertragswert und dem Substanzwert, der Ertragskraft und dem Vermögen.

Ein Analyst kann jetzt die Gewichte unterschiedlich setzen. Die Ertragskraft als Ausdruck der Fähigkeit, Gewinne zu machen und Dividenden auszuschütten, ist zweifellos ein entscheidendes Kriterium. Nur ein Unternehmen, das auch gute Gewinne zu erzielen imstande ist und damit seine Kapitalgeber ordentlich bedienen kann, erfreut sich langfristig einer nachhaltigen Wertschätzung. Nur Gewinne garantieren außerdem die Erhaltung der Substanz, die wiederum Ausdruck der Vermögenslage ist. Was ist also wichtiger, die Fähigkeit, Gewinne machen zu kön-

nen oder mit einem krisensicheren Vermögen ausgestattet zu sein?
Die Frage ist eine rhetorische, weil es hier kein Entweder/Oder gibt. Sowohl Ertragskraft als auch Substanz müssen vorhanden sein, sonst läßt man besser die Hand von einem Engagement.
Der Substanzwert, mit dem man vor allem Börsenneulingen die Beteiligung an einem Unternehmen schmackhaft macht, ist zuletzt wieder stärker ins Blickfeld der Analyse gerückt (als die Partizipationsscheine in Österreich in Mode kamen, wurde übrigens fast ausschließlich mit der Beteiligung an einer immer nur wachsenden Substanz Werbung gemacht).
In den Analysen amerikanischer Aktien taucht in diesem Zusammenhang immer wieder der „book value" auf. Darunter ist das Nettokapital eines Unternehmens (Gesamtkapital abzüglich Verbindlichkeiten) je Aktie zu verstehen. Für die Analysezwecke wird der Buchwert je Aktie in Relation zum Börsenkurs gebracht. Vorausgesetzt, das Unternehmen macht Gewinn, dann ist vom Kauf einer Aktie ein „bargain", ein Geschäft, zu erwarten, wenn der „book value per share" sowohl niedriger ist als der aktuelle Börsenkurs, als auch niedriger als die durchschnittliche Bewertung des Buchwerts durch den Markt, gemessen am Börsenindex.
Der amerikanischen Brokerfirma Oppenheimer & Co. Inc. zufolge erkennt man preiswerte (amerikanische) Aktien daran, daß sie ein gegenüber dem Standard & Poor's 500 Index unterdurchschnittliches Kurs-zu-Buchwert-je-Aktie-Verhältnis (price/book value per share ratio) haben, eine ebenfalls unterdurchschnittliche price/earnings ratio und zugleich eine überdurchschnittliche Dividendenrendite (yield). Derartig unterbewertete, aber trotzdem ertragstarke Unternehmen sind in den USA beliebte Angriffsziele sogenannter „raiders". Die T. Boone Pikkens, Carl Icahns oder Ronald Perelsons sind Spezialisten im Ausfindigmachen solcher Firmen. Gelingt es ihnen nicht, ihre Beute zu schlucken, so haben sie mit ihrem „hostile tender offer" meist den Preis des Unternehmens beträchtlich in die Höhe getrieben, sodaß sie dann über den Verkauf ihrer Aktienpakete namhafte Spekulationsgewinne erzielen.
Im Juni 1987 wurden die im S&P-Index enthaltenen Industriewerte im Durchschnitt mit 260 Prozent des historischen Buchwerts gehandelt. „Based on historical experience, the valuation is certainly not conservative and can be viewed as being on the high side", drücken sich die Analysten in einem Report um die

klare Feststellung, daß diese Bewertung schon beängstigend hoch ist. Tatsächlich war der Höhenflug zu dieser Zeit noch nicht beendet, im August entfernte sich der Marktwert vom Buchwert um 300 Prozent. Am „bloody monday", zwei Monate später, folgte die grausame Ernüchterung.
Der Substanzwert ist zweifellos eine gesunde Meßlatte. Das im Interesse des Gläubigerschutzes vorgeschriebene Niederstwertprinzip bei der Erstellung der Handelsbilanz macht es jedoch für Außenstehende schwierig, den tatsächlichen Wert eines österreichischen Unternehmens zu berechnen. Die sogenannten stillen Reserven können meist nur geschätzt werden. Ein Problem, das auf die Bewertung europäischer Aktien generell zutrifft.
In Österreich, in der Schweiz und in der Bundesrepublik haben sich deshalb die Finanzanalysten zusammengetan und komplizierte Formeln ausgearbeitet, um damit die volle Wahrheit aus den eher verschleiernden Jahresabschlüssen herauszuholen. Entscheidend ist die Feststellung der wahren Ertragslage. Der ganz normale Geldanleger wird sich entweder mit der selbst vorgenommenen Berechnung auf Grund der ihm vorliegenden Bilanzdaten begnügen, er wird auch dabei auf einiges Interessante stoßen, oder er wendet sich an die Wertpapierabteilung einer Bank, wo das letztverfügbare Datenmaterial aufliegen sollte. Die neuen österreichischen Rechnungslegungsvorschriften, die ab 1992 in Kraft treten, bringen etwas mehr Licht in die Dämmerung.

Der wichtigste Bewertungsmaßstab für ein Unternehmen ist heute der Ertragswert. Für den Käufer eines Unternehmens wie für den Anleger ist das Gewinnpotential das maßgebliche Beurteilungskriterium. Die gesamte Unternehmenstätigkeit spitzt sich letztlich auf die Gewinnerzielung und die dadurch gewährleistete, langfristige Substanzerhaltung zu. Deshalb gilt die zentrale Bewertungsfrage dem Ertrag und der Ertragskraft. Die Schwierigkeit bei der Ermittlung des Ertragswerts ist die Schätzung der zukünftigen Erträge. Jede exakte Berechnung ist nur so viel wert wie ihre Annahmen. Viele Praktiker stützen sich deshalb mehr auf den Substanzwert, denn der erscheint ihnen trotz aller Bewertungskunststücke greifbarer. Allerdings stekken auch in der Substanz eine Menge Unwägbarkeiten, wie die Qualität des Managements, der Wert von Patenten und Knowhow usw.

Der innere Wert einer Aktie wird nicht nur bestimmt von den Kenndaten, die aus der Bilanz und Gewinn- und Verlustrechnung herausgeholt werden können. Sie sind stichtagsbezogen und spiegeln die Vergangenheit wider. Analysten und Geldanleger müssen darüber hinaus auch abschätzen, ob für die Produkte des analysierten Unternehmens auch künftig noch ein Markt, eine Geschäftsbasis, vorhanden ist, beziehungsweise ob das Management in der Lage ist, allfälligen Veränderungen am Markt rechtzeitig Rechnung zu tragen. Namhafte Investoren behaupten, daß eine Gesellschaft überhaupt nur so viel wert sei wie ihr Management. Was den Geldanleger nur hoffen lassen kann, daß dieses auch Werte zu schaffen vermag, die dessen Funktionsperiode überdauern.

KURS/GEWINN-VERHÄLTNIS (PRICE/EARNINGS RATIO)

Der am häufigsten zitierte Bewertungsmaßstab für eine Aktie ist das Kurs/Gewinn-Verhältnis (KGV), englisch: price/earnings ratio (P/E). Ein KGV von 10 beispielsweise besagt, daß die Börse die betreffende Aktie mit dem Zehnfachen ihres Gewinnes bewertet. Für sich allein sagt das wenig bis nichts. Im Vergleich mit dem Gesamtmarkt, mit anderen Unternehmen aus der gleichen Branche sowie in bezug auf die jeweilige Börsenverfassung kann es dem Geldanleger einiges sagen.
Das Kurs/Gewinn-Verhältnis bringt Kurs und Ertrag miteinander in Beziehung. Inwieweit das Ergebnis der Division Börsenkurs durch Gewinn pro Aktie (Reingewinn geteilt durch die Zahl der ausgegebenen Aktien) eine vernünftige Aussagekraft hat, ist umstritten. Der Glaube an absolute Werte wurde zwar durch den Börsenkrach vom 19. Oktober 1987 bestärkt, als sich einmal mehr herausstellte, daß bei einem P/E von mehr als 24 für den Standard & Poor's 500 Index ein Kurssturz nahe ist, doch gibt es keine Idealzahl, weder für die New York Stock Exchange, noch für eine Branche und schon gar nicht für eine einzelne Aktie.
Man muß wirklich das gesamte Umfeld einschließlich der aktuellen Konjunktursituation abwägen, um zu einem einigermaßen zutreffenden Urteil zu gelangen, ob das KGV gerade niedrig, die Aktie daher billig, oder gerade hoch, die Aktie daher teuer ist. Denn darum geht es bei dieser Kennzahl, die auf der Basis der jeweils aktuellen Gewinnprognosen laufend neu berechnet und veröffentlicht wird.

Eine price/earnings ratio ist im historischen Vergleich in Zeiten niedriger Zinsen im Durchschnitt etwas höher, in Zeiten hoher Zinsen durchschnittlich niedriger. Vergleicht man also die P/E einer Aktie im Zeitablauf in der Absicht, daraus schließen zu können, ob sie kaufenswert ist oder nicht, muß man auch das jeweils herrschende Zinsniveau in Betracht ziehen, um die richtige Relation herzustellen. Bei einem heute höheren Zinsniveau kann ein verhältnismäßig niedriges P/E ebenso wenig Kurspo-

tential bedeuten, wie das noch vor Jahresfrist bedeutend höhere, als die Zinsen noch viel niedriger waren.
An sich läßt ein niedriges Kurs/Gewinn-Verhältnis auf ein wenigstens mittelfristig attraktives Engagement schließen. Zumal dann, wenn der Gewinn vergleichbarer Unternehmen im Kurs weit öfter enthalten ist (das KGV also höher ist). Dabei stellt sich natürlich sofort die Frage, warum eigentlich dieses Unternehmen soviel niedriger bewertet wird als alle anderen. Der Geldanleger muß sich vor einer reinen Nachziehmechanik hüten, denn der Grund für die niedrigere Bewertung kann natürlich auch durchaus berechtigt sein. Zumindest in der Erwartungshaltung der Börsianer, die eben die Zukunftsaussichten, konkret das Ertragspotential, dieses Unternehmens nicht sonderlich aussichtsreich einschätzen.
Andere Fallen lauern auf den dem KGV nachstellenden Geldanleger in der Art der Unternehmen. Wachstumsaktien (growth stocks) weisen gewöhnlich ein im Vergleich zum Durchschnitt höheres Kurs/Gewinn-Verhältnis auf. Das Problem dabei ist, solche Aktien auch richtig als Wachstumsaktien zu erkennen. Bei zyklischen Aktien, zu denen zum Beispiel die Automobil-, Stahl und Chemiewerte zählen, kann das KGV leicht zur Verwirrung führen. Diese Aktien haben auch nach einem starken Kursanstieg noch ein sehr niedriges Kurs/Gewinn-Verhältnis, weil die Gewinne im Verhältnis noch viel stärker gestiegen sind. Eine Kaufentscheidung, die sich ausschließlich auf das KGV stützt, kann leicht in ein finanzielles Fiasko münden. Wenn sich nämlich die Konjunktur abkühlt, kommt es in diesen Branchen von einem Jahr auf das andere zu so kräftigen Gewinneinbrüchen, daß sich ein niedriges KGV schnell als Illusion erweist. Umgekehrt kann ein hohes Kurs/Gewinn-Verhältnis trotzdem ein günstiger Moment zum Einsteigen in eine zyklische Aktie sein. Voraussetzung dafür ist, daß eine deutliche Verbesserung des Wirtschaftsklimas erwartet wird. Das verspricht sprunghafte Gewinnverbesserungen und damit plötzlich wieder niedrige Kurs/Gewinn-Verhältnisse.
Zumindest auf den ersten Blick nicht vergleichbar sind die Kurs/Gewinn-Verhältnisse unterschiedlicher Märkte. Mit extremen KGV verblüfft immer die Tokioter Börse. Eine Studie der amerikanischen Investmentbank Salomon Brothers wies jedoch nach, daß die japanischen Aktien, gemessen am Gewinn, keineswegs höher bewertet sind als die amerikanischen. Der Unterschied liegt nicht nur bei der unterschiedlichen Bilanzie-

rungspraxis, sondern auch bei der Aktionärsstruktur. Die veröffentlichten Gewinne in Japan sind niedriger als die echten, und zwei Drittel der ausgegebenen Aktien befinden sich in festen Händen in der Form von gegenseitigen Unternehmensbeteiligungen. Zum Zeitpunkt der Studie, im März 1987, betrug das durchschnittliche KGV in Japan 72 und in New York 11. In den vergangenen zehn Jahren war das japanische KGV stets um das Zwei- bis Dreieinhalbfache höher als das amerikanische.
Eine Beurteilung von Aktien mit Hilfe des Kurs/Gewinn-Verhältnisses muß alle diese Relativitäten und spezifischen Einflußfaktoren einbeziehen. Schlußfolgerungen für eine mögliche künftige Kursentwicklung aus der Bandbreite der historischen Kurs/Gewinn-Verhältnisse der vergangenen Jahre zu ziehen, setzt außerdem voraus, daß

1. das Unternehmen die bisherige Gewinnwachstumsrate beibehalten kann,
2. weder in der Branche noch beim Unternehmen selbst Umstände auftreten, die das Vertrauen der Börse in die Gewinnschätzung erschüttern, und
3. die Bewertungsmaßstäbe für den Gesamtmarkt gleich bleiben.

Unter dieser Annahme läßt sich abschätzen, ob eine Aktie „billig" ist und damit noch ein Kurssteigerungspotential (upward potential) besitzt, oder ob ihr Kurs bereits ausgereizt ist und das Kursrückgangsrisiko (downward risk) schon sehr groß ist.

Ein Beispiel:

Gesellschaft X: Letzte Ergebnisse und Prognosen

					Estimates	
	1977	1978	1979	1980	1981	1982
Earning per share	$ .91	$ .96	$ 1.11	$ 1.25	$ 1.35	$ 1.60
High price	22 3/4	26 7/8	27 3/4	33 3/4		
Low price	12 3/4	15 3/8	16 5/8	20		
High P/E	25 ×	28 ×	25 ×	27 ×		
Low P/E	14	16	15	16		

Im Dezember 1981 notierte die Aktie mit $ 27,—. Der geschätzte Gewinn pro Aktie für 1982 von $ 1,60 ergibt eine P/E von 16,9, einen Wert am unteren Ende der P/E-Bandbreite der letzten Jahre. Damit ist die Aktie billig. Passiert nichts Unvorhergesehenes, kann man erwarten, daß die Aktie auch 1982 wieder einmal mit einem P/E von 25 gehandelt wird. Der Anleger kann danach ein Kursziel von $ 40,— anpeilen:

$$\$\ 1{,}60 \times 25 = \$\ 40{,}-$$

Vom Dezemberkurs 1981 ($ 27,—) weggerechnet ist das ein „upward potential“ von 48 Prozent.
Tut sich wider Erwarten nichts und bleibt es das ganze Jahr 1982 bei einer P/E von 16, der niedrigsten des vorangegangenen Jahres 1980, beträgt das „downside risk“ 6 Prozent bei einem Kurs von $ 25,50.

An der New York Stock Exchange sagt man, daß eine Aktie „fairly valued“ ist, wenn sich ihr Kurs in der Mitte der P/E-Bandbreite befindet, „undervalued“ oder „underpriced“ ist, wenn der Kurs am unteren Ende der Bandbreite dahinkrebst, „overvalued“ oder „overpriced“ hingegen ist sie, wenn der Kurs das obere Ende der Bandbreite erreicht hat.
Der schwache Punkt in dieser Rechnung ist die Gewinnschätzung. Zu viele Imponderabilien beeinflussen den Ertrag: unvermutete Konkurrenzmanöver, Preiskämpfe, neuartige Produkte, ein Managementwechsel, Veränderungen des Zinsniveaus, Steuererhöhungen, Rohstoffpreissteigerungen usw. Die Erfahrung zeigt, daß die Gewinnschätzungen von der nachfolgend eintretenden Wirklichkeit oft stark korrigiert werden. Erfreulicherweise nicht immer nur nach unten.

CASH FLOW

Der Cash Flow ist für die amerikanischen Wertpapieranalysten die wichtigste Kennzahl für das Finanzierungspotential eines Unternehmens.
Sie definieren ihn als die Summe von „net income" plus „depreciation" (Nettogewinn plus Abschreibungen).
Die hierzulande gebräuchlichste Annäherungsformel lautet:

Gewinn laut Bilanz
\+ Abschreibungen
\+ Dotierung von Rücklagen
\+ Dotierung von Rückstellungen für Pensionen

Der Cash Flow ist die Summe der selbst erwirtschafteten Finanzmittel, die zur Finanzierung von Investitionen oder zum Abbau von Schulden eingesetzt werden können. Diese Kennzahl wird gerne auch von österreichischen Unternehmen genannt, um niedrige Gewinne in ein besseres Licht zu rücken. Das ist zum Teil ein Ablenkungsmanöver, um über eine grundsätzlich geringe „Earning Power", auf deutsch: die Fähigkeit, einen Gewinn zu erzielen, hinwegzutäuschen, zum Teil eine berechtigte Ergänzung zur Darstellung der echten Ertragslage.
Die richtige Beurteilung des Cash Flow und damit der Ertragslage eines Unternehmens hängt nämlich wesentlich von dessen Investitions- und Abschreibungspolitik ab. Ein hohes Abschreibungsvolumen läßt auch den Cash Flow steigen, ohne daß deshalb der ausgewiesene Gewinn beeindrucken muß, schließlich kann ein durchaus beachtlicher Cash Flow auch mit einem bilanziellen Verlust verbunden sein.
Auskunft über die Finanzverfassung eines Unternehmens gibt einmal das Verhältnis Cash Flow zu Investitionen und zweitens das Verhältnis Verschuldung zu Cash Flow.
Ersteres zeigt an, welches Investitionsvolumen selbst finanziert wurde und wieviel durch Mittelaufnahme von außen (Kapitalerhöhung, Fremdmittel) abgedeckt werden mußte. Die Nettoverschuldung (Verbindlichkeiten abzüglich liquider Mittel) dividiert durch den Cash Flow wiederum gibt an, wie oft dieser erwirtschaftet werden muß, um die Verschuldung komplett abzubauen. Je höher dieser Verschuldungsfaktor ist, desto ange-

spannter ist die Finanzlage einer Gesellschaft, desto geringer deren finanzieller Bewegungsspielraum.
Der Cash Flow ist also eine recht nützliche Kennziffer, doch soll sich der Geldanleger nicht davon becircen lassen. Sein Anspruch ist die Dividende. Wenn hinter dieser ein hoher Cash Flow steckt, soll ihm das recht sein, denn das spricht für eine intensive Investitionstätigkeit, die sich später in einer höheren Dividende bezahlt machen kann.
Hohe Aufmerksamkeit wird dem Cash Flow in der amerikanischen Mergers & Acquisitions-Szene gezollt. Für die professionellen Money-Manager ist er geradezu ein Schlüsselkriterium zur Einschätzung der Attraktivität eines potentiellen Übernahmekandidaten geworden. Vor allem Firmen, die mehr Cash Flow bilden können, als sie zur Finanzierung der für die Aufrechterhaltung der Wettbewerbsfähigkeit notwendigen Ausgaben brauchen, gelten als begehrte Angriffsziele für Unternehmenskäufer. Wenn sie noch dazu als unterbewertet angesehen werden, ist ihnen eine „feindliche Übernahmeofferte“ (hostile takeover bid) so gut wie gewiß.
Die Cash-Flow-Analyse der „Corporate Raiders“ orientiert sich aber nicht wie allgemein am Gewinn nach Steuern, sondern sie geht vom Gewinn vor Steuern aus. Der Grund dafür liegt darin, daß die Zinsen für die Finanzierung der Übernahme aus dem Vorsteuergewinn bezahlt werden. Darüber hinaus wird in die Cash-Flow-Formel (Gewinn plus Abschreibungen) noch der Aufwand für unvermeidliche Erhaltungs- und Ausrüstungsaufwendungen einbezogen. Die Cash-Flow-Formel für amerikanische Übernahme-Profis lautet mithin:

Gewinn vor Steuern + Abschreibungen — Erhaltungsinvestitionen

Dieser Cash Flow wird als „Freier Cash Flow“ bezeichnet, mit dem sich die auf die Unternehmensaktiva aufgenommenen Schulden zur Finanzierung der Übernahme locker zurückzahlen lassen.

KENNZAHLEN UND WARNZEICHEN

Es ist schon sehr schwierig geworden, eine neue Perspektive zu finden, aus der die Analytiker ein Unternehmen noch nicht betrachtet und beurteilt haben. Dicke Bücher sind mit Kennzahlen vollgeschrieben worden, die Aufschluß über die finanzielle Verfassung eines Unternehmens geben sollen. Was können all die Zahlen dem Geldanleger sagen? Was nützen sie ihm letztlich?

Benjamin Graham, der Altmeister der Wertpapieranalyse, warnt vor der Überschätzung von Kenndaten aller Art: „Quantitative Daten sind nur insoweit nützlich, als sie von einer qualitativen Würdigung des Unternehmens unterstützt werden.“ Bevor sich der Geldanleger also auf das Datenmaterial stürzt, sollte er sich mit einigen qualitativen Aspekten auseinandersetzen.

Was macht denn die Gesellschaft überhaupt, in welchen Branchen ist sie eigentlich tätig, und wie ist es um diese Branchen bestellt? Wie groß etwa ist das Marktvolumen für die von Umsatz und Ertrag aus gesehen wichtigsten Geschäftsfelder?

Wie sieht es mit dem Marktanteil aus? Wer sind die Mitbewerber, mit denen der Markt geteilt wird, wie stark sind sie, welche Vor- und Nachteile haben sie?

In welchem Abschnitt ihres Lebenszyklus befinden sich die Produkte der Gesellschaft und welche Aussichten haben diese, auch in den nächsten Jahren noch nachgefragt zu werden? Sind sie von Substitutionsprodukten bedroht, arbeiten andere Unternehmen bereits an Innovationen, die die alten Erzeugnisse vom Markt verdrängen?

Ist die Gesellschaft selber innovativ, wie sieht es mit Forschung & Entwicklung aus?

Last but not least: Wie gut ist das Management? Wie weit ist es in der Lage, die in einem Unternehmen schlummernden Werte zu aktivieren, die Mitarbeiter zu motivieren? Was hat es mit dem Unternehmen vor, was ist seine Strategie?

Ein Management, das plakativ Szenarien zu entwerfen vermag und hunderte Seiten starke Konzepte präsentiert, überzeugt ebensowenig wie eine bloß pragmatisch verwaltende Führungsmannschaft, wenn sie in den Geschäftsberichten jedes Jahr immer nur neue Erklärungen liefert, warum die Erwartungen nicht eingetroffen sind und die Ergebnisse jeweils nur „unter den ge-

gebenen Umständen“ zu beurteilen sind. Die einen haben Strategien, die sie offenkundig nicht umzusetzen vermögen, die anderen fuhrwerken einfallslos dahin. Keines von beiden ist das Erfolgsmanagement, das sich der Geldanleger wünscht, der für sein Beteiligungsrisiko Dividende und Kursgewinn sehen will.
Die Qualität von Geschäftsberichten läßt häufig zu wünschen übrig. Was aber nicht unbedingt auf die Qualität des Managements schließen lassen darf. Oft fehlt es an der erforderlichen Aufgeschlossenheit gegenüber den Aktionären. Publizität wird als notwendiges Übel, als lästige Pflicht aufgefaßt. Im Paragraph 128 Aktiengesetz heißt es: „Die Berichterstattung ... kann nur soweit unterbleiben, als überwiegende Interessen der Gesellschaft oder eines beteiligten Unternehmens oder das öffentliche Interesse es erfordern.“ Diese Bestimmung wird insbesondere von Gesellschaften, deren Aktienmehrheit in festen Händen ist, oft sehr eng ausgelegt. Kleinaktionäre, die auf der Hauptversammlung zu ihrem Informationsrecht kommen wollen, können ein Lied davon singen. Die Wiener Börsekammer bemüht sich auf die sanfte Art des Überredens, die börsenotierten Unternehmen zu umfangreicherer Publizität zu bewegen: sie vergibt alljährlich einen Publizitätspreis.
Echte Publikumsaktiengesellschaften in den USA benützen die Geschäftsberichte als Werbeschriften, sie wissen, was sie ihren Aktionären schuldig sind. „Going public“ ist nicht zu vergleichen mit „Privatisierung“ hierzulande, einfach, weil ein historisch anderes Kapitalmarktverständnis vorliegt und ungleich mehr Finanzierungen über Eigenkapital von außen (also Beteiligungskapital) getätigt werden als in Europa und ganz besonders in Österreich.
Dennoch ist auch in amerikanischen Geschäftsberichten immer wieder „window dressing“ zu beobachten. Wer einen amerikanischen Geschäftsbericht in die Hand kriegt — das ist für österreichische Geldanleger in amerikanischen Aktien nicht selbstverständlich, weil nicht sie, sondern die Depotbanken in den Aktienbüchern der Gesellschaften eingetragen sind —, sollte insbesondere auf die Fußnoten achten: dort finden sich nicht nur notwendige Ergänzungen, sondern unter Umständen auch Hinweise, die zu einer ganz anderen Beurteilung des Haupttextes führen können. In der Schweiz ist der Geschäftsbericht eine öffentliche Urkunde, falsche Angaben bilden den Tatbestand des Betrugs. Das österreichische Aktiengesetz sieht für falsche Angaben im Geschäftsbericht beziehungsweise für das Ver-

schweigen „erheblicher Umstände“ Geldstrafen bis zu 360 Tagessätzen beziehungsweise Freiheitsstrafen bis zu zwei Jahren vor.

Erst wenn sich der Geldanleger über die Geschäftsgrundlagen, die Natur des Geschäfts und über die Qualität des Managements informiert hat, erhalten Kennzahlen Konturen und Aussagekraft. Dann hilft der gesunde Hausverstand, das Zahlenmaterial zu werten und auf seine Stichhaltigkeit zu prüfen. Oft genügt schon ein rascher Blick in Bilanz und Gewinn- und Verlustrechnung samt ein paar ergänzenden Fragen auf der Hauptversammlung, und die grobe Unternehmensdiagnose steht.
Als Aktionär, der Dividenden und Kursgewinne sehen will, interessiert ihn in erster Linie die Ertragskraft, die „earning power“, einer Gesellschaft. Anhaltspunkte liefern ihm dafür die Kennzahlen zur Rentabilität

$$\text{Kapitalrentabilität} = \frac{(\text{Gewinn} + \text{Zinsen}) \times 100}{\text{Gesamtkapital}}$$

$$\text{Eigenkapitalrentabilität} = \frac{\text{Gewinn} \times 100}{\text{Eigenkapital}}$$

Diese beiden Kennzahlen geben Auskunft über die Rendite des eingesetzten Kapitals, einmal des Eigenkapitals allein, das andere Mal des Gesamtkapitals. Die Gesamtkapitalrendite erfordert die Einbeziehung der Fremdkapitalzinsen als Kostenbestandteil. Wird Fremdkapital durch Eigenkapital ersetzt, sind diese Kosten dann (zumindest kalkulatorischer) Gewinnbestandteil. Fremdkapitalzinsen sind Betriebsausgaben, Eigenkapitalzinsen zu versteuernder Gewinn. Der in den Formeln enthaltene „Gewinn“ kann je nach Tiefe der Analyse gewählt werden, also Bilanzgewinn, Gewinn vor Steuern oder von der „Österreichischen Vereinigung für Finanzanalyse und Anlageberatung“ (ÖVFA) geschätzter Nettogewinn.
In der amerikanischen Unternehmensanalyse heißt die Eigenkapitalrentabilität „return on equity“. Für Nettogewinn steht „net earnings“ und für Eigenkapital „equity“. Als unbefriedigend wird eine Eigenkapitalrentabilität von weniger als 10 Prozent angesehen.

$$\text{Umsatzrentabilität} = \frac{(\text{Gewinn} + \text{Zinsen}) \times 100}{\text{Umsatz}}$$

Die Umsatzrentabilität vermittelt einen groben Eindruck von der relativen Ertragsstärke eines Unternehmens.
Die Rentabilität des eingesetzten Kapitals läßt sich ablesen aus dem „return on investment“ (ROI)

return on investment = Kapitalumschlag × Umsatzrentabilität

$$\text{Kapitalumschlag (KU)} = \frac{\text{Umsatz}}{\text{Gesamtkapital}}$$

$$\text{Umsatzrentabilität (UR)} = \frac{\text{Gewinn}}{\text{Umsatz}}$$

Mandl-Bertl (Betriebs- und Bilanzanalyse-Handbuch) kommen zum Schluß, daß der ROI für den internen Analytiker eine weitaus größere Bedeutung als für den externen hat. Viele Daten können aus den veröffentlichten Jahresabschlüssen nicht herausgelesen werden.

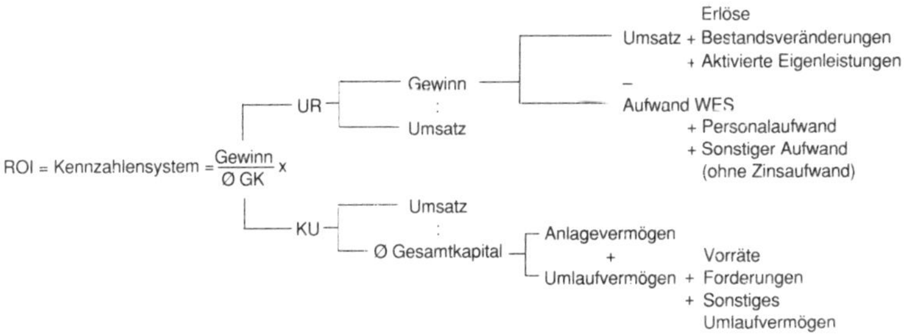

Quelle: Mandl-Bertl

Nur im historischen Vergleich, im Vergleich zu anderen Unternehmen der Branche sowie aus der Kenntnis der spezifischen Branchengegebenheiten aussagekräftig sind die Kennzahlen zu Bilanz und Finanzierung

$$\text{Eigenkapitalquote} = \frac{\text{Eigenkapital} \times 100}{\text{Bilanzsumme}}$$

Deren Angemessenheit ist im Hinblick auf die Kapitalintensität eines Unternehmens zu beurteilen.

$$\text{Verschuldungsgrad} = \frac{\text{Effektivverschuldung}}{\text{Eigenkapital}}$$

Die Effektivverschuldung schließt alle Verbindlichkeiten einschließlich kurzfristiger Rückstellungen (soweit sie Verbindlichkeitencharakter haben) und das Sozialkapital abzüglich der flüssigen Mittel und kurzfristig realisierbaren Forderungen ein. Der Verschuldungsgrad (engl.: debt ratio) ist von Branche zu Branche höchst unterschiedlich. Er ist tendenziell im Verlauf der letzten Jahrzehnte gestiegen. Der in den achtziger Jahren eingetretene Zinsanstieg und eine trotz Inflationsrückbildung nur wenig gesunkene Realverzinsung sowie generell erhöhte wirtschaftliche Risken haben zuletzt verstärkt zum Aufbau von Eigenkapital durch Zuführung neuer Mittel von außen geführt. In Zeiten niedriger Zinsen kann die Aufnahme von Fremdkapital sogar eine Verbesserung der Eigenkapitalrentabilität (Gewinn/Eigenkapital) bewirken, wenn die Fremdkapitalzinsen niedriger sind als die Rendite des eingesetzten Gesamtkapitals („leverage effect"). Unter reinen Kostengesichtspunkten ist Eigenkapital teurer als Fremdkapital, dessen Kosten als Betriebsausgaben vom zu versteuernden Gewinn abgesetzt werden können. Ein hoher Eigenkapitalanteil ist dagegen aber nicht nur ein Sicherheitspolster in wirtschaftlich unsicheren Zeiten, sondern eine Voraussetzung für die erfolgreiche Behauptung im Konkurrenzkampf. Ohne genügendes Eigenkapital kann sich ein Unternehmen die Risken und den Aufwand für Innovation und Produktentwicklung nicht leisten.

$$\text{Liquidität 1. Grades} = \frac{\text{Umlaufvermögen} - \text{Vorräte}}{\text{kurzfristige Verbindlichkeiten}}$$

$$\text{Liquidität 2. Grades} = \frac{\text{Umlaufvermögen}}{\text{kurzfristige Verbindlichkeiten}}$$

Diese Zahl gibt an, inwieweit kurzfristige Verbindlichkeiten durch die Realisierung kurzfristiger Aktiva zurückgezahlt werden können. In den USA wird die Liquidität 1. Grades als „acid test" bezeichnet. Der Quotient soll den Wert 1 nicht übersteigen. Die Liquidität 2. Grades, in den USA „current ratio" (current assets/current liabilities) genannt, soll einen Mindestwert von 2 aufweisen.

Die Deckung des Anlagevermögens durch Eigenkapital allein oder zusammen mit dem langfristigen Fremdkapital:

- $\frac{\text{Eigenkapital}}{\text{Anlagevermögen}}$

- $\frac{\text{Eigenkapital + langfristiges Fremdkapital}}{\text{Anlagevermögen}}$

und die

- $\text{Eigenkapitalquote} = \frac{\text{Eigenkapital} \times 100}{\text{Bilanzsumme}}$

geben Auskunft über die Ausstattung mit Eigenkapital. Die Angemessenheit steht jedoch in Zusammenhang mit der Kapitalintensität des Unternehmens. Das Anlagevermögen sollte stets mit Eigenkapital und langfristigem Fremdkapital gedeckt sein. Ganz allgemein soll die Eigenkapitalausstattung ausreichen, Verlustperioden ohne Beeinträchtigung der Ansprüche der Gläubiger zu überstehen.
Generell gilt, daß Finanzierungskennziffern nie Selbstzweck sein können, sondern immer nur Orientierungshilfen sind. Schematische Urteile sind meist falsch. Abweichungen vom Branchendurchschnitt und auffallende Veränderungen gegenüber den Vorjahren müssen genau auf ihre Ursachen hin untersucht werden. Erst dann läßt sich beurteilen, ob die Veränderungen in eine positive oder in eine negative Richtung gegangen sind.

Amerikanische Finanzbegriffe

Geldanlegen kennt keine Grenzen. Deshalb ist zumindest die Kenntnis der gängigen englischen Finanzbegriffe, insbesondere der in den USA gebräuchlichen, von Vorteil. Es erleichtert auch die Lektüre so hervorragender Wirtschaftsmagazine wie „Barron's", „Forbes", „Fortune", oder „Business Week" beziehungsweise von Finanztageszeitungen wie „Wall Street Journal" oder „Financial Times". Nachstehend eine Auswahl:

total assets — Aktiva
total liabilities — Fremdkapital

liabilities and equity — Fremdkapital und Eigenkapital
stockholders' equity (net worth) — Gesamtkapital abzüglich Gesamtverbindlichkeiten. Eigenkapital
book value — Buchwert. Entspricht dem Stockholders' equity je Aktie
current assets — Umlaufvermögen
current liabilities — kurzfristige Verbindlichkeiten
long term assets — Anlagevermögen
long term debt — langfristige Verbindlichkeiten
current ratio — Liquidität 2. Grades (siehe oben)
earnings per share — Gewinn pro Aktie
operating profit margin — operating profits sales (Gewinn vor Steuern aus dem laufenden Geschäft : Verkaufserlöse, bei Industriebetrieben gilt eine Gewinnmarge unter acht Prozent als unbefriedigend).

pretax profit margin — Umsatzrentabilität (siehe oben)

$$\frac{\text{pretax profit}}{\text{total revenues}} = \frac{\text{Gewinn vor Steuern}}{\text{Gesamtumsatz}}$$

$$\text{net profit margin} = \frac{\text{net earnings}}{\text{total revenues}}$$

return on equity (ROE) — Eigenkapitalrentabilität

$$\text{ROE} = \frac{\text{net earnings} \times 100}{\text{Equity}}$$

beziehungsweise ROE = net profit margin × equity turnover

Der Aufbau des ROE entspricht dem des return on investment (siehe oben). Der Unterschied besteht darin, daß im ROI das gesamte im Unternehmen eingesetzte Kapital zum Ansatz gebracht wird (engl.: total investment), beim ROE nur das Eigenkapital. Der durchschnittliche ROE der amerikanischen Industrie liegt bei 13 Prozent. Fernsehgesellschaften bringen es auf einen ROE von 20, die Elektronikindustrie kommt auf 15, die Pharmaindustrie auf 19, die Stahlindustrie nur auf 8.

Eine wichtige Kennzahl ist die
retention rate (RR) — einbehaltener Gewinn in Prozent vom Nettogewinn

Ein Unternehmen, das seinen vollen Gewinn reinvestiert, wächst auf der Basis der Selbstfinanzierung. Das selbstfinanzierte Wachstumspotential kommt zum Ausdruck in der

$$\text{reinvestment rate} = \frac{\text{ROE} \times \text{RR}}{100}$$

Jede auffällige Veränderung der reinvestment rate beeinflußt die Kursentwicklung der Aktie.

AM PULS DES MARKTES – DER INDEX

Der Börsenindex ist die auf eine Zahl reduzierte Marktverfassung. Er liefert dem Geldanleger die globale Orientierung über das tägliche Börsegeschehen und bildet zugleich den Wertmaßstab für das eigene Investment.
Üblicherweise sind im Börsenindex die umsatzstärksten und am breitesten kapitalisierten Unternehmen enthalten, die das Marktgeschehen und die Marktstimmung am klarsten reflektieren. Indizes geben damit nicht nur zuverlässig Aufschluß über die Tendenz, sondern eignen sich damit auch als Richtschnur für die Anlageentscheidung. Der Computer macht es möglich, die Indexveränderung während einer Börsensitzung laufend zu berechnen.
Der mit Abstand wichtigste, weil am meisten beachtete und kommentierte, ist der Dow Jones Industrial Index. Jeder Geldanleger kennt ihn und verfolgt ihn mit Argusaugen. Er gilt quasi als Leitindex. Selbst dann, wenn ein Börseplatz sich völlig konträr entwickelt, nimmt die Interpretation Bezug auf den DJ.
Dabei wird der Dow Jones Industrial Index nicht kritiklos anerkannt. Erstens umfaßt er nur 30 Standardwerte, die nur ein Fünftel des gesamten Börsenwertes der New York Stock Exchange repräsentieren, zweitens sind wichtige Werte der Computer- und der Pharmaindustrie nicht enthalten, und drittens ist er nicht nach der Börsenkapitalisierung der einzelnen Werte gewichtet. Letztere bewirkt, daß die Kursbewegung einer teuren Aktie stärker ins Gewicht fällt und den Index mehr beeinflußt als eine billigere. In einem nach der Börsenkapitalisierung gewichteten Index würde zum Beispiel der zehnprozentige Anstieg einer 10-Dollar-Aktie eines relativ breit kapitalisierten Unternehmens genauso auf den Index durchschlagen wie der gleiche Anstieg einer 100-Dollar-Aktie eines kleineren Unternehmens. Würden sich alle im DJII enthaltenen Aktien stets gleichermaßen entwickeln, müßte der Dow Jones Index die jeweilige Tendenz immer überzeichnen. Es gilt allerdings auch für den Index, was für die Börse insgesamt Gültigkeit hat, daß sich niemals alle Aktien gleichzeitig gleich schnell in die gleiche Richtung bewegen.
Die Begründer des wichtigsten aller Börsenindikatoren waren

die Wall-Street-Journal-Redakteure Charles H. Dow und Edward D. Jones. Sie publizierten ihren Index zum erstenmal 1884. Er enthielt neun Eisenbahnaktien und zwei Industriewerte. Die Eisenbahnaktien beherrschten damals das Börsegeschehen so sehr, daß zwölf Jahre später, 1896, ein eigener Dow Jones Railroad Average, bestehend aus 20 Eisenbahnaktien, geschaffen wurde. Daneben wurde sozusagen als Beiwagen der Dow Jones Industrial Average veröffentlicht. Er enthielt zwölf Werte aus dem übrigen Aktienangebot. Der zunehmenden Bedeutung der Industrie trug man 1916 Rechnung, indem der DJ Industrial Average auf 20 Werte aufgestockt wurde. 1928 wurde er auf 30 Aktien erweitert, soviel wie er auch heute noch enthält. 1929 wurde dann noch ein dritter Dow Jones Index, der DJ Utility Average, zusammengestellt. Die ursprünglich 20 Versorgungswerte wurden später auf 15 reduziert. Adaptiert wurde auch der ursprüngliche Eisenbahnindex. Er wurde 1970 auf DJ Transportation Average umbenannt und enthält heute auch Aktien von Fluglinien und Straßentransportunternehmen.
Zusammen sind in den Dow Jones Indizes nicht mehr als 65 Aktien enthalten. Sie ergeben zusammen den Dow Jones Composite Index. Von überragender Bedeutung ist aber allein der DJ Industrial. Wenn jemand vom „Dow Jones“ spricht, dann meint er nur ihn und keinen anderen.
Dem Wandel der Zeiten Rechnung tragend, ändern Indizes immer wieder ihre Zusammensetzung. Der einzige Wert, der sich vom Original-DJ des Jahres 1884 bis heute im Index gehalten hat, ist General Electric.

Das sind die 30 Aktien im Dow Jones Index:

Allied Signal	Eastman Kodak	J. P. Morgan
Alcoa	Exxon	Philip Morris
American Express	General Electric	Procter & Gamble
AT & T	General Motors	Sears Roebuck
Bethlehem Steel	Goodyear	Texaco
Boeing	IBM	Union Carbide
Caterpillar	International Paper	United Technologies
Chevron	McDonald's	Walt Disney
Coca-Cola	Merck	Westinghouse
Du Pont	Minnesota Mining (MMM)	Woolworth

Wie gesagt, wird der DJII durch eine einfache Division der Kurse (Preise) der 30 Aktien ermittelt. Nach Kapitalerhöhungen

oder der Ausgabe von Gratisaktien muß der Divisor aber entsprechend verkleinert werden, um die Vergleichbarkeit aufrechtzuerhalten. Er ist daher heute nicht mehr 30, sondern weniger als 1,00.

Im Verlauf seiner mehr als hundertjährigen Geschichte hat der „Dow Jones" zahlreiche Bocksprünge vollführt. Der generelle Trendanstieg kennzeichnet das Wachstum der Wirtschaft im allgemeinen. Die Kursfluktuationen im einzelnen sind aber der jeweilige Ausdruck der psychischen Verfassung des Marktes, der Vitalität des Kapitalismus.

In den Jahren nach dem Ersten Weltkrieg krebste der DJII um die 100er Marke. Der wirtschaftliche Aufschwung der tollen 20er Jahre ließ ihn dann zügig in die Höhe steigen. 1929 erreichte er mit 386 einen ersten Höhepunkt. Der Zusammenbruch der spekulativ aufgebauten Hausse löste die Weltwirtschaftskrise aus. Nach einer im folgenden Jahr nur kurzfristigen Erholung sackte der Index 1932 auf unter 100 ab. Bis zum Ende des Zweiten Weltkriegs schwankte der Dow Jones dann zwischen 100

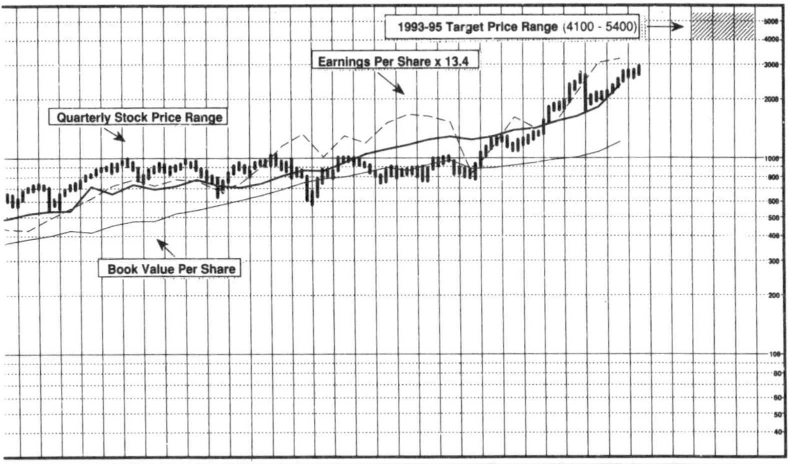

Legend	1960	'61	'62	'63	'64	'65	'66	'67	'68	'69	1970	'71	'72	'73	'74
Earnings per share (A)	2.21	31.91	36.43	41.21	46.43	53.67	57.68	53.87	57.89	57.02	51.02	55.09	67.11	86.17	99.04
Dividends per share	1.36	22.71	23.30	23.41	31.24	28.61	31.89	30.19	31.34	33.90	31.53	30.86	32.27	35.33	37.72
Book Value Per Share (B)	69.9	385.8	401.0	425.9	417.4	453.3	475.9	476.5	521.1	542.3	573.2	607.6	642.9	690.2	747.0
Price-Earnings Ratio (C)	19.2	21.7	17.6	17.3	18.0	17.0	15.1	16.3	15.7	15.4	14.8	16.1	14.1	10.7	7.7
Price-Dividend Ratio	28.9	30.4	27.5	30.5	26.7	31.8	27.4	29.1	28.9	25.9	23.9	28.7	29.4	26.2	20.1
Earned on Book Value	8.7	8.3	9.1	9.7	11.1	11.8	12.1	11.3	11.1	10.5	8.9	9.1	10.4	12.5	13.3
Earnings Yield	5.2	4.6	5.7	5.8	5.6	5.9	6.6	6.1	6.4	6.5	6.8	6.2	7.1	9.3	13.0
Dividend Yield	3.5	3.3	3.6	3.3	3.7	3.1	3.7	3.4	3.5	3.9	4.2	3.5	3.4	3.8	5.0
Earnings Growth Rate	-6.1	-0.9	14.2	13.1	12.7	15.6	7.5	-6.6	7.5	-1.5	-10.5	8.0	21.8	28.4	14.9
Dividend Growth Rate	3.0	6.3	2.6	0.5	33.4	-8.4	11.5	-5.3	3.8	8.2	-7.0	-2.1	4.6	9.5	6.8
Book Value Growth Rate	9.1	4.3	3.9	6.2	-2.0	8.6	5.0	0.1	9.4	4.1	5.7	6.0	5.8	7.4	8.2
Earn's Yield + Earn's Growth	-0.9	3.7	19.9	18.9	18.2	21.5	14.1	-0.5	13.9	5.0	-3.7	14.2	28.9	37.7	28.0
Div'd Yield + Div'd Growth	6.4	9.6	6.2	3.7	37.2	-5.3	15.1	-1.9	7.3	12.0	-2.8	1.4	8.0	13.3	11.7
Moody's Aaa Corp Bond Yield	4.4	4.3	4.3	4.3	4.4	4.5	5.1	5.5	6.2	7.0	8.0	7.4	7.2	7.4	8.6
CPI Growth Rate:Inflation	1.5	1.1	1.2	1.2	1.3	1.6	3.0	2.8	4.3	5.5	5.8	4.3	3.3	6.2	11.1
Real L.T. Aaa Corp Bond Yield	2.9	3.2	3.1	3.1	3.1	2.9	2.1	2.7	1.9	1.5	2.2	3.1	3.9	1.2	-2.5
DJIA High for Year	85.5	734.9	726.0	767.2	891.7	969.3	995.2	943.1	985.2	968.9	842.0	950.8	1036	1052	891.7
DJIA Low for Year	66.1	610.3	535.8	646.8	766.1	840.6	744.3	786.4	825.1	769.9	631.2	798.0	889.2	788.3	577.6
DJIA Average for Year (D)	18.0	691.5	639.8	714.8	834.0	910.9	873.6	879.1	906.0	876.7	753.2	884.8	949.1	923.9	759.4
Gross National Product	15.3	533.8	574.6	606.9	649.8	705.1	772.0	816.4	892.7	963.9	1016	1103	1213	1359	1473

Legend ('92 '93 '94 '95 '96)	'75	'76	'77	'78	'79	1980	'81	'82	'83	'84	'85	'86	'87	'88	'89	1990 '91 Average*
Earnings per share (A)	75.66	96.72	89.10	112.8	124.5	121.9	113.7	62.00	84.93	120.4	106.2	113.6	160.8	228.0	233.9	–
Dividends per share	37.46	41.40	45.84	48.52	50.98	54.36	56.22	54.14	56.33	60.63	62.03	67.04	71.20	79.53	103.0	–
Book Value Per Share (B)	783.6	798.2	841.8	890.7	859.4	928.5	975.6	881.5	888.2	916.7	945.0	986.5	1009	1075	1206	–
Price-Earnings Ratio (C)	10.6	10.1	10.0	7.3	6.8	7.3	8.2	14.3	14.0	9.8	12.5	15.8	14.1	9.0	10.7	13.4
Price-Dividend Ratio	21.4	23.5	19.5	16.9	16.6	16.4	16.6	16.3	21.1	19.4	21.4	26.8	31.8	25.9	24.4	22.9
Earned on Book Value	9.7	12.1	10.6	12.7	14.5	13.1	11.7	7.0	9.6	13.1	11.2	11.5	15.9	21.2	19.4	11.6%
Earnings Yield	9.4	9.9	10.0	13.8	14.7	13.7	12.2	7.0	7.1	10.2	8.0	6.3	7.1	11.1	9.3	7.8%
Dividend Yield	4.7	4.2	5.1	5.9	6.0	6.1	6.0	6.1	4.7	5.1	4.7	3.7	3.1	3.9	4.1	4.7%
Earnings Growth Rate	-23.6	27.8	-7.9	26.6	10.3	-2.1	-6.7	-45.5	37.0	41.8	-11.8	6.9	41.6	41.8	2.6	4.2%
Dividend Growth Rate	-0.7	10.5	10.7	5.8	5.1	6.6	3.4	-3.7	4.0	7.6	2.3	8.1	6.2	11.7	29.5	5.8%
Book Value Growth Rate	4.9	1.9	5.5	5.8	-3.5	8.0	5.1	-9.6	0.8	3.2	3.1	4.4	2.3	6.6	12.2	4.9%
Earn's Yield + Earn's Growth	-14.2	37.8	2.1	40.3	25.1	11.6	5.5	-38.5	44.1	52.0	-3.8	13.2	48.7	52.9	11.9	12.0%
Div'd Yield + Div'd Growth	4.0	14.8	15.8	11.8	11.1	12.7	9.4	2.4	8.8	12.8	7.0	11.8	9.3	15.6	33.6	10.4%
Moody's Aaa Corp Bond Yield	8.8	8.4	8.0	8.7	9.6	11.9	14.2	13.8	12.0	12.7	11.4	9.0	9.4	9.7	9.3	5.6%
CPI Growth Rate:Inflation	9.1	5.7	6.5	7.6	11.3	13.5	10.3	6.1	3.2	4.3	3.5	1.9	3.7	4.1	4.8	3.0%
Real L.T. Aaa Corp Bond Yield	-0.3	2.7	1.5	1.1	-1.7	-1.6	3.9	7.7	8.8	8.4	7.9	7.1	5.7	5.6	4.5	2.6%
DJIA High for Year	879.0	1015	999.8	907.7	897.6	1000	1024	1071	1287	1287	1553	1956	2722	2184	2791	–
DJIA Low for Year	632.0	858.7	801.5	742.1	796.7	759.1	824.0	776.9	1027	1087	1185	1502	1739	1879	2145	–
DJIA Average for Year (D)	802.5	974.9	894.6	820.2	844.4	891.4	932.9	884.4	1190	1178	1330	1797	2264	2062	2510	–
Gross National Product	1598	1783	1991	2250	2506	2732	3053	3166	3406	3772	4015	4232	4524	4881	5234	–

rly high-lows 1920 - 1928. Factual material is obtained from sources believed to be reliable, but the publisher is not responsible for any errors or omissions contained herein. Copyright 1990 by Value Line Publishing, Inc.

und 200. Mit dem Wirtschaftsaufschwung nach dem Krieg ging es dann auch mit dem Dow Jones steil bergauf. Bis 1962 kletterte er auf über 700. Dann setzte es wieder einen scharfen Rückschlag. Doch schon vier Jahre später durchbrach er die psychologische Barriere von 1000 Punkten. Wäre IBM 1939 nicht durch AT&T ersetzt worden, wäre die 1000er Marke schon 1962 überschritten worden.

Zwischen 1966 und 1982 setzte der Dow Jones den Anlegern mit gewaltigen Kursausschlägen hart zu. Am 11. Jänner 1973 hatte er mit 1051 die 1.000er Marke wieder einmal hinter sich gelassen, 23 Monate später, am 6. Dezember 1974, war er auf 578.

1982 begann dann die längste Hausse seiner Geschichte. Im Jänner 1987 überbot er erstmals die 2.000er Marke. Und sie war keineswegs ein psychologischer Anlaß zum Verkaufen. Im selben Jahr kletterte der Index bis August noch über 2.700 hinaus. Dann begann der Abstieg, dem im Oktober der „Bloody Monday" folgte, ein Kursabsturz um mehr als 500 Punkte, ein Crash, wie es ihn bis dahin noch nie gegeben hatte. Der Dow Jones fiel in der Folge unter 2000 Punkte, erholte sich wieder, um im Oktober 1989 ein weiteres Mal zu „crashen". Im Februar 1991 streifte der Dow Jones die 3000er Marke.

Neben dem Dow Jones Index ist für den Geldanleger der breiter kapitalisierte Standard & Poor's 500 Index von Bedeutung. Er wird seit 1957 berechnet und enthält etwa 85 Prozent des Marktwerts aller an der New York Stock Exchange notierten Aktien. Die New York Stock Exchange veröffentlicht einen eigenen Index seit 1966, in dem alle Stammaktien gewichtet enthalten sind. Der Value Line Composite Average enthält ungewichtet alle an der New Yorker Börse gehandelten Aktien.

Der wichtigste Aktienindex in Europa ist der FTSE-100-Share-Index der Londoner Börse, der 1984 aus dem Financial-Times-30 Industrials-Index hervorgegangen ist. Die 100 Aktiengesellschaften des FTSE-100 repräsentieren etwa 70 Prozent der gesamten Börsenkapitalisierung.

In der BRD ist der seit 1961 berechnete FAZ-Index der am meisten zitierte. In zwölf Branchengruppen werden darin 100 Werte zusammengefaßt. Daneben gibt es den Commerzbank-Index, der die 60 größten Werte der Düsseldorfer Börse enthält, und seit 1. Juli 1988 den Deutschen-Aktien-Index (DAX), der entsprechend dem Dow Jones Index 30 Werte enthält und an der Frankfurter Börse alle 60 Sekunden neu berechnet wird. Für die Schweiz ist der Schweizer-Bankverein-Gesamtindex repräsentativ, der 49 Gesellschaften mit 90 Prozent der Börsenkapitalisierung der drei größten Schweizer Börsen repräsentiert.

Die wichtigsten Indizes der überseeischen Börsenplätze sind der Nikkei-Dow-Jones in Tokio mit 225 Werten aus der 1. Sektion, der Hang-Seng-Index der Börse von Hongkong (33 Aktien) und der Sidney-All-Ordinary-Index für die australischen Börsen.

In Österreich führte die Creditanstalt 1962 einen Index ein. Das war der unglücklichste Zeitpunkt, den man sich denken kann. Die Wiener Börse haussierte gerade. Zum letztenmal für geschlagene 23 Jahre. Der Index spiegelte die enttäuschende Kursflaute getreulich wider, er konnte sich von der Ausgangsbasis 100 erst 1985 entscheidend absetzen. Der Index enthält 20 Aktien, die 60 Prozent des Nennwerts aller inländischen Aktien repräsentieren. 1966 führte die Girozentrale einen Index ein, der alle notierten inländischen Aktien enthält.

Mit Stichtag 31. Dezember 1967 veröffentlicht die Wiener Börsekammer ihren nach dem Grundkapital gewichteten Index. Seit Ende 1989 sind in diesem Index fast 100 Prozent der Bör-

senkapitalisierung und des Umsatzes aller amtlichen Papiere erfaßt.
Der jüngste Wiener Börseindex ist der ATX, der Austrian Traded Index. Er wurde im Gefolge der im Herbst 1991 eröffneten Wiener Optionenbörse ÖTOB eingeführt. Er umfaßt sämtliche Fließhandelswerte entsprechend deren Börsenkapitalisierung. Der ATX wird jede Minute neu berechnet, ist also ein Laufindex und damit die notwendige Voraussetzung für den Handel mit Optionen und Indexfutures. Die Indexberechnung berücksichtigt entsprechend internationalen Usancen (wie übrigens auch der WBK-Index) Kapitalerhöhungen, Dividendenzahlungen dagegen nicht.

DIE TECHNISCHE AKTIENANALYSE

Kein Mensch ist imstande, alle fundamentalen betriebs- und volkswirtschaftlichen Faktoren zu erfassen und zu bewerten, die Einfluß auf die Entwicklung eines Aktienkurses nehmen. Von dieser Überzeugung ausgehend behauptet die technische Aktienanalyse, daß alle rationalen und irrationalen Bewertungskriterien der Marktteilnehmer im Kurs selbst zusammengefaßt seien. Konsequenterweise befaßt sie sich nicht mit dem konjunkturellen und wirtschaftspolitischen Umfeld. Sie wertet die Vergangenheit von Kursverläufen aus und versucht, daraus auf Trendverläufe zu schließen. Bestimmten Kurs- und Umsatzbewegungen entsprechen typische Verhaltensmuster der Marktteilnehmer, deshalb folgen auf gleichartige Situationen meist gleichartige Reaktionen. Diese wiederum lassen typische Kursbewegungen erwarten. Die kritische Beobachtung der technischen Analysten gilt daher der Aktion des Wertpapiers und nicht dem Wertpapier selbst.

Der Unterschied zwischen der fundamentalen und der technischen Aktienanalyse besteht in der Fragestellung. Die Fundamentalisten fragen, warum der Markt sich so oder so verhält, die „technischen" Analysten fragen, was der Markt zu sagen hat.

Der erste, der sich mit dieser Fragestellung intensiv auseinandersetzte, war Charles H. Dow, Journalist des Wall Street Journal, der zusammen mit seinem Kollegen Edward D. Jones den am meisten beachteten Aktienindex der Welt kreierte. Aus seinem 1884 zum erstenmal publizierten Index leitete er die Theorie ab, daß der Dow Jones Railroad Average (der damals nur Eisenbahnaktien enthielt, 1970 wurden auch Luft- und Straßenverkehrsaktien aufgenommen und er wurde in Dow Jones Transportation Average umbenannt) in einem kurzen zeitlichen Abstand die Höchst- oder Tiefstkurse des Dow Jones Industrial Average durch eine entsprechende Bewegung bestätigen muß, andernfalls es zu einer Trendumkehr kommen würde. Wenn also zum Beispiel der DJ Industrial einen Höchstkurs erreicht hat, der DJ Railroad bald darauf aber nicht ebenfalls in die Höhe fährt, schlägt die Börse auf Baisse um.

Die Überlegung, den Trend des Aktienmarktes in der Form eines gewichteten Durchschnittskurses darzustellen, basierte auf

der Annahme, daß alles, was Menschen vorhersehen, in den Kursen enthalten ist. Um den Markt zu verstehen, muß man sich also mit den Kursen beschäftigen. Zur Beobachtung der Kursverläufe bedienen sich die technischen Analysten grafischer Darstellungen, der Charts. Aus gewissen charakteristischen Formationen lassen sich, so behaupten die „Chartisten“, Trendverläufe und Umkehrpunkte frühzeitig erkennen.
Um die Grundtendenz des Aktienmarktes zu erfassen, ziehen die Chartisten die „Advance-Decline-Line“ zu Rate, deren Verlauf im Vergleich zum Dow-Jones-Index Hinweise auf dessen weitere Bewegung gibt. Aus dem Vergleich der Kursverläufe einzelner Aktien mit dem Verlauf von Branchenindizes wird auf deren „relative Stärke“ und damit auf deren wahrscheinliches Verhalten in der Zukunft geschlossen. Schließlich wird durch die Ermittlung von Trendlinien der Kursverlauf einzelner Aktien analysiert.
Die Grundelemente der Chart-Analyse sind allgemein akzeptiert. Unterstützungs- und Widerstandslinien sind als Kursziele und Kursrisken in Computerprogramme aufgenommen worden. Chartisten haben sich gegenüber den Fundamentalisten auch als die besseren Propheten von Trendbrüchen erwiesen. Die erfolgreichsten ihrer Branche haben sich allerdings immer auch als gründliche Kenner der fundamentalen wirtschaftlichen Zusammenhänge erwiesen. Und vor allem verfügen sie über jenes psychologische Einfühlungsvermögen, ohne das letztlich auch die Fundamentalisten nicht auskommen.

Die Advance-Decline-Linie

Die Prämisse für eine erfolgreiche Aktienanlage ist: Nicht die Mehrheit der Spekulanten, sondern die Mehrheit der Aktien bestimmt die Grundtendenz des Marktes. Wenn die überwiegende Mehrzahl der Aktien steigt, sollte man deshalb Aktien kaufen. Selbst wenn keine ausgesprochenen Growth Stocks, Wachstumsaktien, ausgewählt werden, ist die Chance gut, Kursgewinne zu erzielen. Fallen die Aktienkurse mehrheitlich, während der Gesamtindex aufgrund einzelner Schwergewichte im Index aber noch weiter steigt, ist die Chance, auf der Seite der Gewinner zu stehen, wesentlich geringer. Die Mehrzahl der Aktien arbeitet gegen den Anleger. Der weiter steigende Index verlockt in diese Phase immer noch die meisten Anleger zum Kaufen. Leider täuscht er über die wahre Verfassung des Marktes hinweg. Die Advance-Decline-Linie (AD-Linie) gibt grafisch Antwort auf die Frage, ob Kapital am Aktienmarkt investiert oder von ihm abgezogen wird. Ermittelt wird sie, indem die Zahl der täglich im Kurs gefallenen Aktien von der Zahl der gestiegenen abgezogen wird. Ausschlagebend für die Beurteilung ist nicht die absolute Zahl der täglich fallenden oder steigenden Aktien, sondern ihr vom Index abweichender Trendverlauf: steigen mehr Aktien als Aktien fallen, dann ist das günstig für den Aktienmarkt, überwiegen die fallenden, dann deutet das auf eine Marktschwäche hin, gleichgültig, ob der Index steigt oder fällt. Die AD-Linie hat Radarfunktion:

- Fällt der Index noch, während die AD-Linie schon steigt, ist auch der gesamte Markt schon im Steigen begriffen, der Index zeigt den wahren Sachverhalt noch nicht an (Abb. 1). Umgekehrt gilt, daß der Markt bereits nach unten tendiert, wenn die AD-Linie abwärts geneigt ist, obwohl der Index weiter steigt (Abb. 2).

Abbildung 1: Beispiel für noch fallenden Index und schon steigende AD-Linie

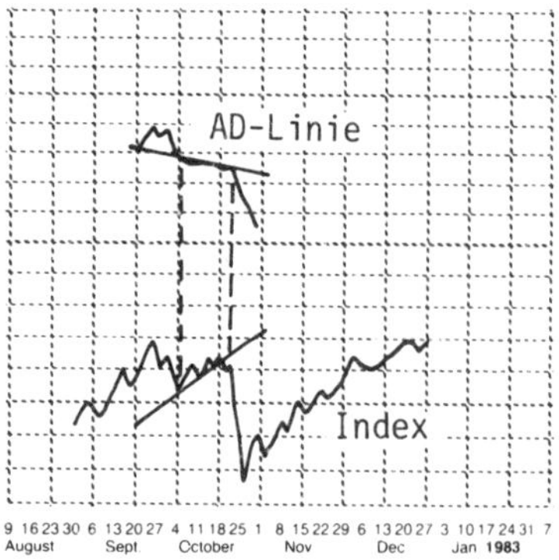

Abbildung 2: Beispiel für noch steigenden Index und schon fallende AD-Linie

- Nähert sich der Index einem Hochpunkt, den er zuvor schon einmal erreicht hat, und übertrifft die AD-Linie ihr entsprechendes, vorangegangenes Hoch, dann kann mit weiter steigenden Kursen gerechnet werden (Abb. 3). Bleibt sie hingegen bei gleichem Indexverlauf unter ihrem früheren Hoch, wird früher oder später auch der Index fallen (Abb. 4). Nicht feststellen läßt sich der Zeitpunkt, zu dem der Anstieg oder

der Rückgang des Marktes eintritt. Die AD-Linie besagt nur, daß eine Reaktion eintreten wird.

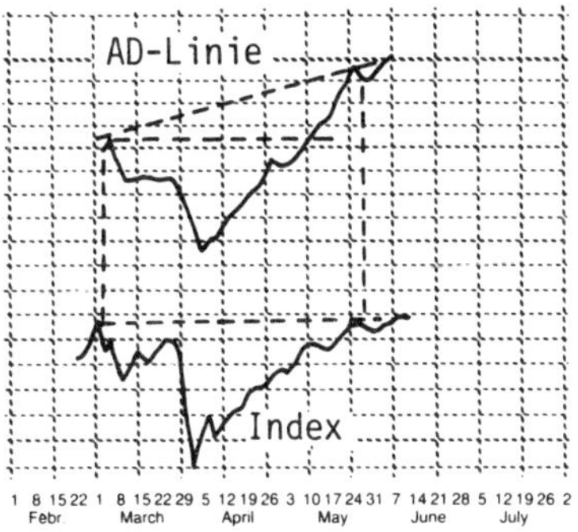

Abbildung 3: AD-Linie übertrifft ihr entsprechendes Hoch, während sich der Index einem neuen Hochpunkt nähert

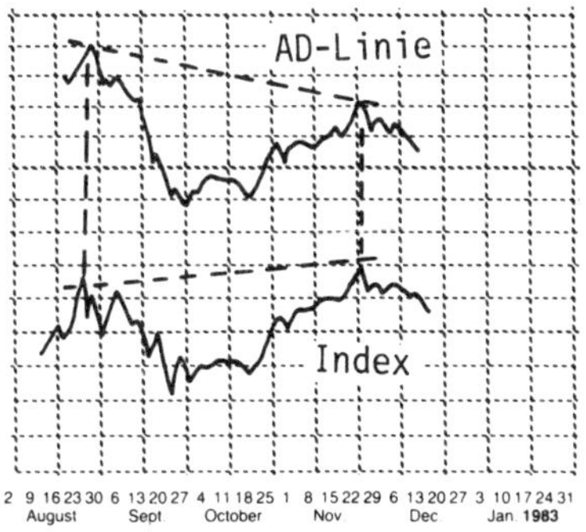

Abbildung 4: AD-Linie bleibt hinter ihrem entsprechenden Hoch zurück, während sich der Index einem neuen Hochpunkt nähert

- Ist die AD-Linie beim Vergleich von zwei Tiefständen stärker geneigt als die Verbindungslinie zwischen den beiden Index-Tiefständen, dann muß mit weiter sinkenden Aktienkursen gerechnet werden (Abb. 5). Liegt dagegen ihr zweiter Tiefpunkt etwas oberhalb des ersten, deutet das auf eine baldige Tendenzwende, auch wenn der Indextiefpunkt unterhalb des vorangegangenen gefallen ist (Abb. 6).

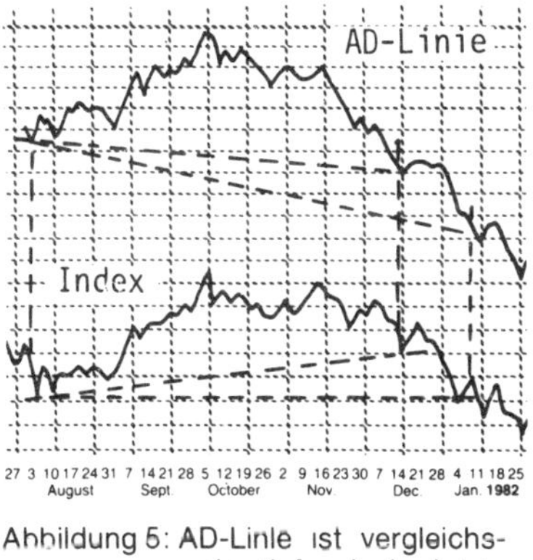

Abbildung 5: AD-Linie ist vergleichsweise tiefer als das letzte Index-Tief

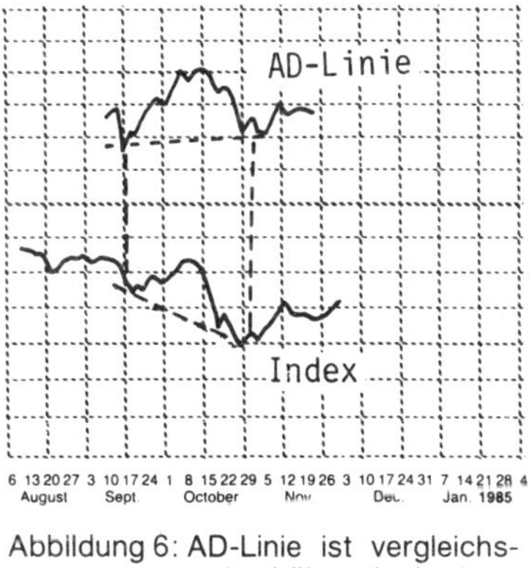

Abbildung 6: AD-Linie ist vergleichsweise höher als das letzte Index-Tief

Relative Stärke

Die relative Stärke einer Aktie drückt sich in ihrer Kursentwicklung verglichen mit dem Branchenindex beziehungsweise mit dem Gesamtmarktindex aus. Aktien, die in der Vergangenheit im Vergleich zu allen anderen am stärksten gestiegen beziehungsweise am wenigsten gefallen sind, bieten sich zum Kauf an, weil davon ausgegangen wird, daß sie sich auch weiterhin so gut entwickeln.
Die relative Stärke läßt sich auch relativ einfach feststellen. Das „Hoppenstedt"-Chartservice druckt für diesen Zweck die Branchen- und Gesamtmarktindizes auf durchsichtiges Papier, das einfach über die einzelnen Aktiencharts gelegt wird, die Abweichungen sind dann gut erkenntlich.

Chart-Lesen

Charts sind das Bilderbuch des Aktienmarktes. In logarithmischer Darstellungsweise, die gleiche prozentuale Veränderungen in gleichen vertikalen Abständen anzeigt, können Betrachter die Kursverläufe verfolgen und daraus ihre Schlüsse für die Zukunft ziehen. Professionelle Chartisten sind vorsichtig. Sie betonen, primär keine Prognosen zu erstellen, sondern bloß Tatsachen zu konstatieren. Aus den tatsächlichen Kursverläufen lesen sie imaginäre Unterstützungs- und Widerstandslinien beziehungsweise Unterstützung- und Widerstandszonen heraus. Bestimmte, immer wiederkehrende Kursverlaufmuster fassen sie zu Formationen zusammen, zur Verdeutlichung von Tendenzen dienen schließlich gleitende Durchschnitte und Trendlinien.
Aus der Erfahrung, daß sich die Kurse immer in Trends bewegen, diese Trends aber nicht ewig anhalten, sondern durch eine Änderung in der Angebots- und Nachfragekonstellation unterbrochen werden, suchen sie nach Anhaltspunkten, die Trendwenden frühzeitig zu erkennen. Dabei kann es auch immer wieder zu Fehlschlüssen kommen, es heißt dann, der Chartist ist in eine Falle getappt. Demnach sprechen sie stets solange von einem Trend, bis eine Umkehr definitiv signalisiert wird.
Am weitesten verbreitet sind Linien- und Balken-Charts. Auf den Linien-Charts werden die täglich eingetragenen Kurse mit einer Linie verbunden. Auf den Balken-Charts wird die Kursentwicklung auf einer senkrechten Geraden, die Zeitachse auf einer waagrechten Linie eingetragen.

Unterstützungs- und Widerstandslinien

Die Erfahrung zeigt, daß bei bestimmten Kursausschlägen, die von Aktie zu Aktie verschieden sind, gewisse Barrieren zu bestehen scheinen, über die die Kurse nicht hinausgehen (Abb. 7). Meist sind es „runde" Kursmarken, die lange Zeit nicht unter- beziehungsweise nicht überschritten werden. An diesen Grenzen häufen sich dann Kauf- beziehungsweise Verkaufslimits.

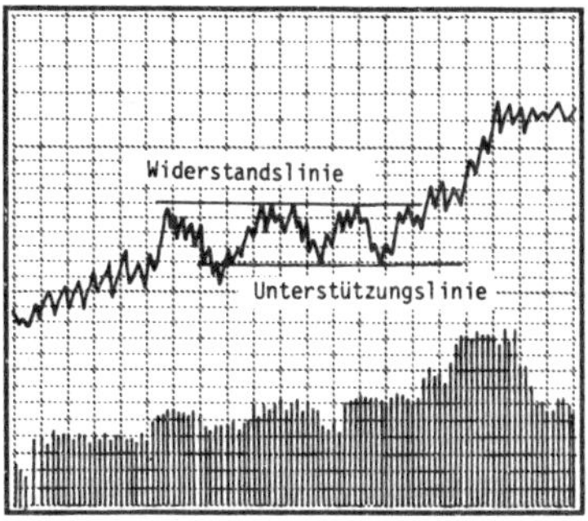

Abbildung 7: Widerstands- und Unterstützungslinien

Die entsprechenden Umsätze sind an den senkrechten Linien erkennbar.
Zur Erklärung dieses Phänomens wird in der Psychologie der Marktteilnehmer gestochert. Hat der Kurs einen bestimmten Tiefpunkt erreicht, dann sind offenkundig zahlreiche Marktteilnehmer der Meinung, jetzt sei der Kurs schon tief genug gefallen, er könne nur noch hinaufgehen. Sie greifen daher zu. Andere Marktteilnehmer, die das gefallene Papier gehalten haben und nicht bereit waren, einen Verlust zu realisieren, sind froh, wenn die Aktie wieder ihren Einstandskurs erreicht und verkaufen dann. Ein vermehrtes Angebot bei dieser Höhe läßt jetzt den Kurs nicht weiter steigen. Der imaginären Unterstützungslinie am Tiefkurs entspricht die Widerstandslinie oben.
Derartige Kursgrenzen können auch von Großaktionären gezogen werden, die zu bestimmten, selbst gesetzten Limiten einmal Aktien aus dem Markt nehmen, ein anderes Mal wieder abgeben.

Trendkanäle und Trendlinien

Schwanken die Kurse innerhalb eines breiten, genau abgrenzbaren Bereichs, spricht man von Trendkanälen (Abb. 8). Aufwärts gerichtete Trends werden durch eine Gerade bestimmt, die wenigstens zwei Kursminima verbindet (Abb.9), abwärts gerichtete Trends werden dagegen durch eine Gerade deutlich gemacht, die mindestens zwei Maxima verbindet (Abb. 10).

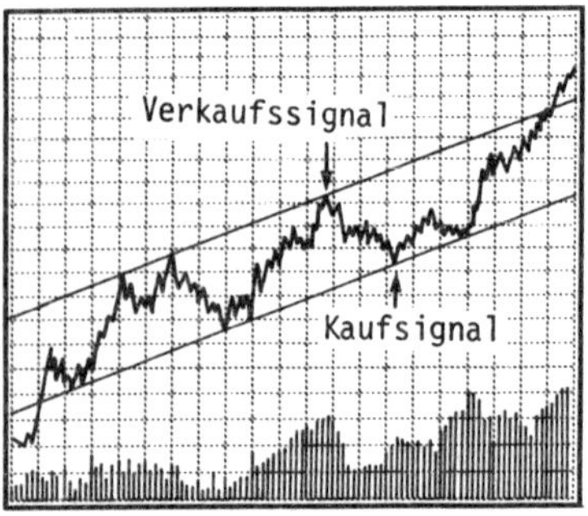

Abbildung 8: Trendkanal

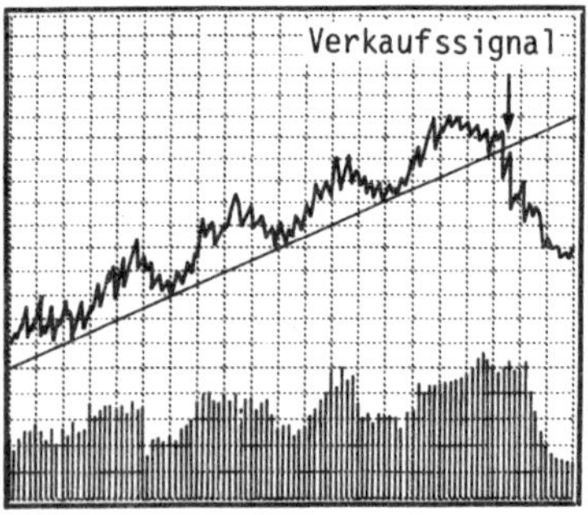

Abbildung 9: Aufwärtsgerichtete Trendlinie

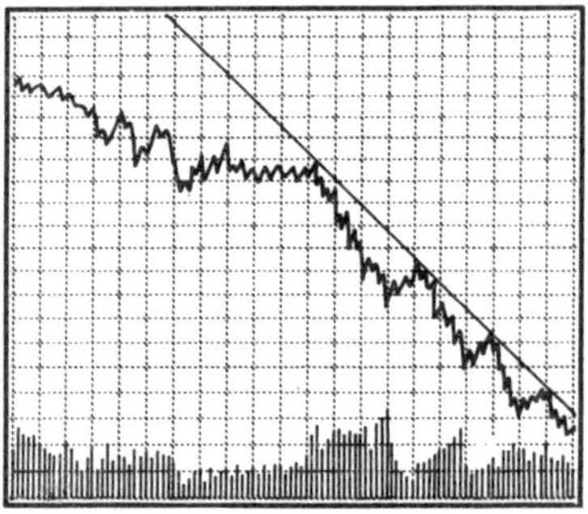
Abbildung 10: Abwärtsgerichtete Trendlinie

Durch das Einzeichnen von Trendlinien wird versucht, jede Veränderung der Trendrichtung zu erkennen. Vor allem wird darauf geachtet, ob der Trend gleich bleibt oder seine Richtung, zumindest aber den Neigungswinkel, ändert. Solange bei einem aufwärts gerichteten Trend das folgende Kursminimum nicht unter die Trendlinie fällt, ist zu erwarten, daß sich der Trend fortsetzt, und vorläufig auch mit gleich bleibender Steigerungsrate. Erst ein deutlicher Durchbruch der Kurse durch die aufwärts strebende Trendlinie nach unten (drei Prozent und mehr) ist ein Verkaufssignal. Entsprechendes gilt für den abwärts gerichteten Trend.

Gleitende Durchschnitte

Um die kurzfristigen Schwankungen zu glätten und die zugrundeliegenden Trends besser zu erkennen, bilden die Chartisten mit Hilfe des arithmetischen Mittels sogenannte „gleitende Durchschnitte“. Als Glättungszeiträume werden meist 200 Tage genommen. Die Aufmerksamkeit der Chartisten richtet sich besonders auf die Kreuzungspunkte der täglichen Kurse mit der Durchschnittslinie.

Haben beispielsweise die Tageskurse den Durchschnitt von unten nach oben durchstoßen (Abb. 11), ist das normalerweise ein Signal zum Kauf. Mit Kurssteigerungen ist solange zu rechnen, als die Tageskurse oberhalb der Durchschnittslinie liegen. Ein Verkauf wird empfohlen, wenn der Verlauf der Tageskurse den gleitenden Durchschnitt von oben nach unten durchbricht (Abb. 12).

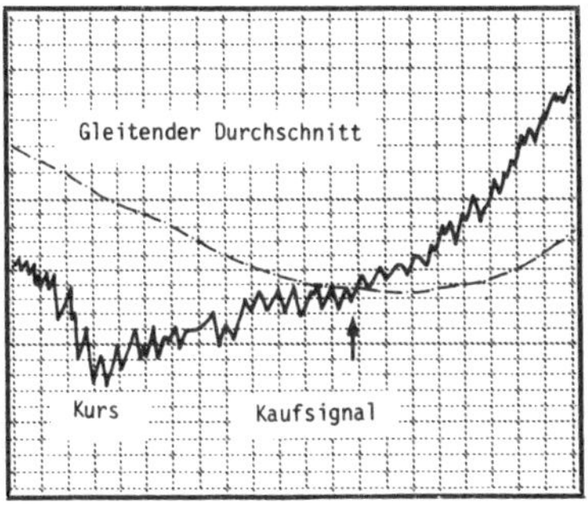

Abbildung 11

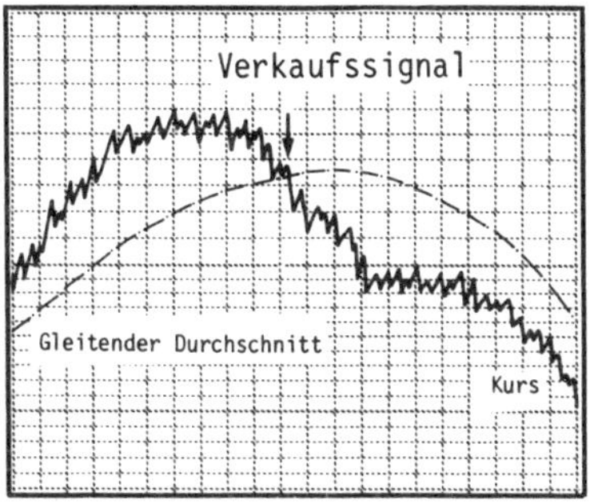

Abbildung 12

Die Durchschnittslinie als das arithmetische Mittel der letzten 200 Tage folgt der täglichen Kursveränderung zwangsläufig mit zeitlicher Verzögerung. Bei einem anhaltenden Kursanstieg muß sie deshalb unterhalb der Tageskurslinie liegen. Umgekehrt liegt sie bei einem anhaltenden Kursrückgang oberhalb der Tageskurse.

Mit Hilfe der Durchschnittslinie lassen sich aber noch weitere Trendfeststellungen treffen. Liegt der Tageskurs unterhalb der Durchschnittslinie und fällt er immer tiefer, während die Durchschnittslinie bereits steigt, so darf mit einer baldigen Umkehr der Kurse gerechnet werden (Abb. 13). Steigt der Kurs oberhalb der Durchschnittslinie, während diese fällt, so sind auch bald fallende Tageskurse zu erwarten (Abb. 14).

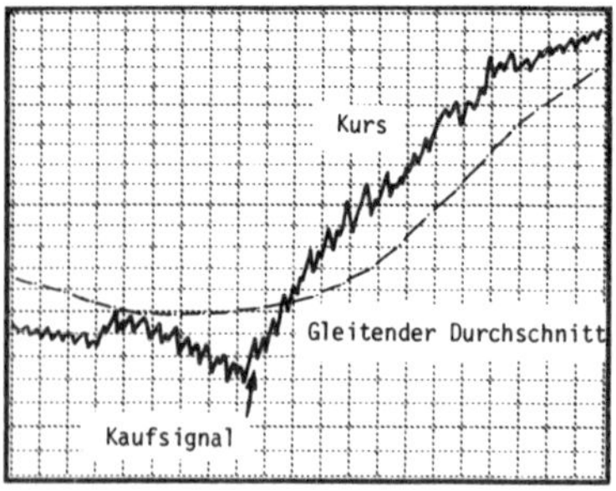

Abbildung 13

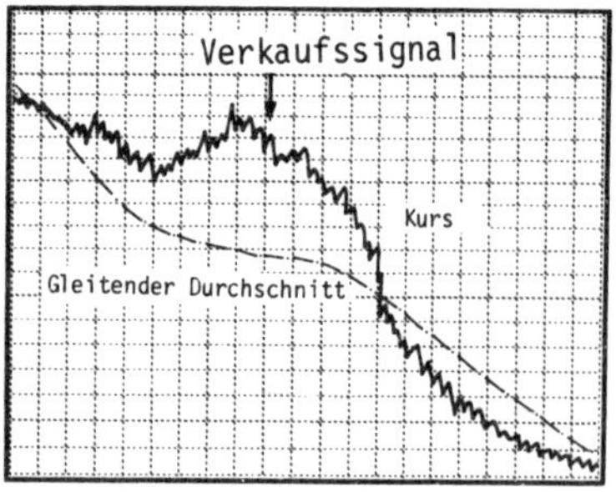

Abbildung 14

Hat sich der Kurs über der Durchschnittslinie weit von dieser entfernt und bewegt er sich dann wieder auf sie zu, ohne sie aber zu schneiden, sollte er auch weiter steigen (Abb. 15). Bewegt sich andererseits der Kurs von unten nach oben auf die über ihm liegende Durchschnittslinie zu und dreht er wieder ab, ohne sie zu schneiden, verheißt das nichts Gutes: es ist mit weiter sinkenden Kursen zu rechnen (Abb. 16).

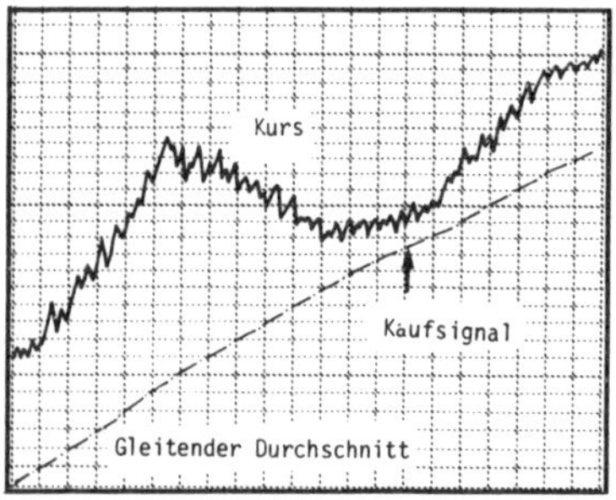

Abbildung 15

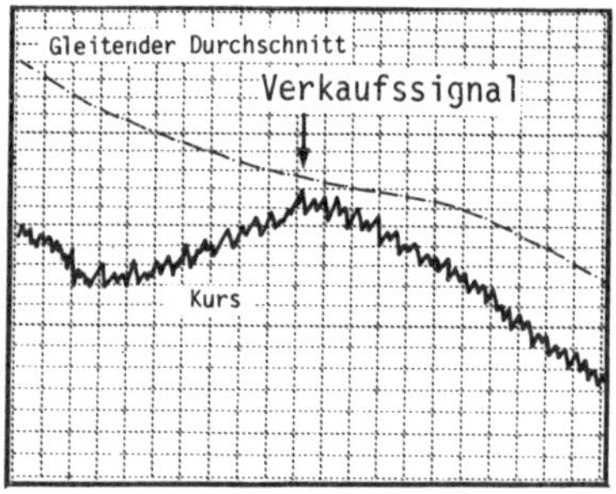

Abbildung 16

Die Formationen

Eine der vielen Börsenregeln lautet: „Volume goes with the trend." Die technische Analyse hält viel davon und widmet der Beobachtung der Umsätze große Aufmerksamkeit. In den Gra-

fiken sind sie als senkrechte Linien eingezeichnet.
Auch das Umsatzvolumen unterliegt einem gewissen Zyklus. Im Verlauf eines länger andauernden Kursanstiegs schwillt es zunehmend an, läßt am Beginn des nachfolgenden Verfalls nach, um dann, wenn der Kursverfall anhält, wieder zu wachsen. Erholt sich der Kurs danach, schlafft die Umsatztätigkeit erneut ab.
Die Verfassung des Marktes ist gut, wenn sich Kurse und Umsätze parallel entwickeln, das heißt, entweder gleichzeitig steigen oder gleichzeitig fallen. Nehmen die Umsätze bei fallenden Kursen zu, beziehungsweise schrumpfen sie bei steigenden Kursen, herrscht an der Börse Unsicherheit oder gar Niedergeschlagenheit. Überdurchschnittliche Umsätze sind in Hausse-Zeiten zu registrieren, bei nachgebendem oder seitwärts gehendem Kursverlauf ist dagegen das durchschnittliche Umsatzvolumen etwas geringer.
Die genaue Untersuchung von Kursverläufen und Umsatzvolumina hat ergeben, daß es typische Kurs-Umsatz-Konstellationen gibt, und daß die Kurse sich danach sehr häufig in einer bestimmten Richtung weiterentwickeln. Diese charakteristischen Erscheinungsbilder nennt man Formationen, und sie dienen den Chartisten als Hilfsmittel zur Analyse und Prognose von Kursverläufen.
Je nachdem, wie sich der Kursverlauf am Ende einer solchen Konstellation fortsetzt, unterscheidet man trendbestätigende Formationen und Trendumkehrformationen. Trendbestätigende Formationen sind Kursbilder, nach deren Ausbildung sich der Kurs in der ursprünglichen Richtung fortsetzt. Er hat seinen Trend nur vorläufig unterbrochen, aber nicht gewendet. Ohne die Beobachtung von Charts könnte der Anleger aus der Kursbewegung die falschen Schlüsse ziehen. Bilden sich dagegen sogenannte Umkehrformationen heraus, ist die Wahrscheinlichkeit groß, daß der vorherrschende Kurstrend sehr bald seine Richtung ändert.
Trendbestätigende Formationen stellen sich als „Dreieck", „Wimpel", „Rechteck" und als „Flagge" dar.
Dreiecksformationen bilden sich heraus, wenn nach einem größeren Kursaufschwung einige Anleger ihre Gewinne mitnehmen (Abb. 17, Seite 202). Angebot und Nachfrage pendeln sich auf dem erreichten Kursniveau ein, der Preisverlauf bildet ein Dreieck. Das Umsatzvolumen nimmt im Zuge der Formationsbildung ab. Kaufen oder verkaufen soll der Anleger erst, wenn

der Kurs aus dem Dreieck ausbricht. Wichtig ist dabei allerdings, daß der Ausbruch mit einem deutlichen Umsatzzuwachs zusammenfällt. Ohne Umsatzausweitung könnte der Ausbruch auch nur ein zufälliger, vorübergehender Ausrutscher sein.
Dreiecke bestätigen Trends in beiden Richtungen. Abwärts geht's, wenn nach einem größeren Kursabschwung einzelne Investoren billig einzukaufen beginnen. Der Ausbruch aus dem Dreieck nach unten (Abb. 18) ist meist — nicht immer — von steigenden Umsätzen begleitet.

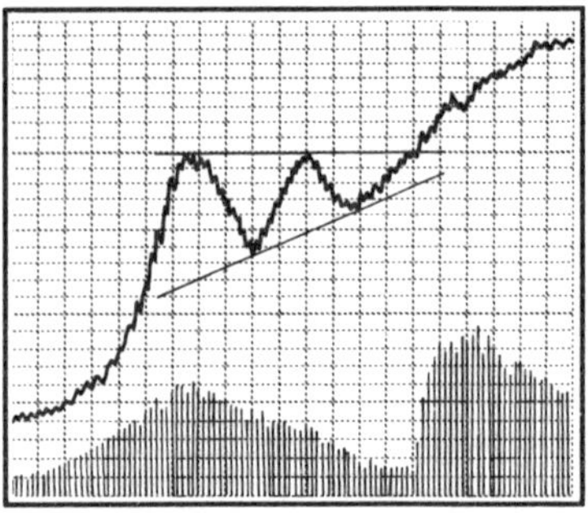
Abbildung 17: Dreieck

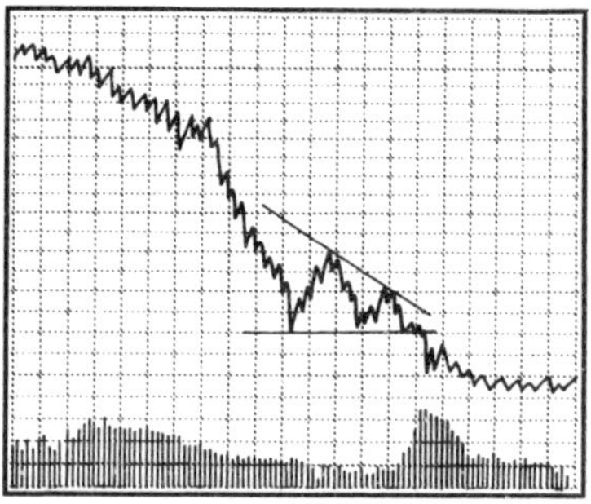
Abbildung 18: Dreieck

Der Wimpel ist ebenfalls eine trendbestätigende Formation. Im Grunde ist er auch ein Dreieck, doch haben stärkere Kursausschläge in beiden Richtungen den unteren Dreiecksschenkel aus der Waagrechten in eine geneigte Position gedrückt. Sowohl beim Aufwärts- (Abb. 19) als auch beim Abwärtswimpel (Abb. 20) sind die einander folgenden Höhen jeweils tiefer und die einander folgenden Tiefen jeweils höher. Beginn und Ende der Formation sind jeweils von großen Umsätzen begleitet.

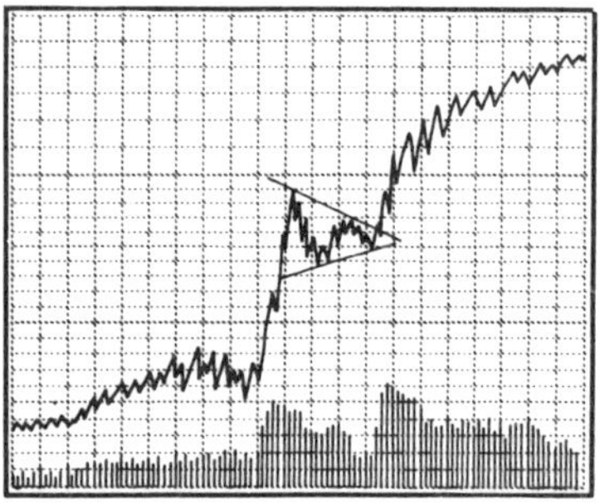
Abbildung 19: Wimpel

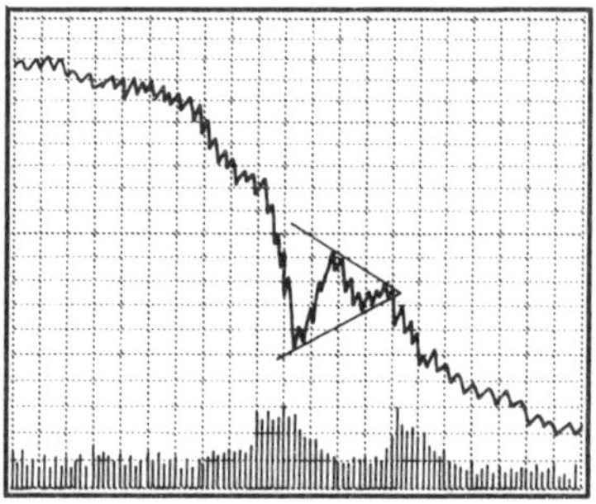
Abbildung 20: Wimpel

Die Formation eines Rechtecks (Abb. 21) ergibt sich, wenn die Kurse wochen- oder monatelang zwischen Unterstützungs- und Widerstandslinie hin- und herpendeln. Die Seitwärtsbewegung ist das Ergebnis eines ausgeglichenen Verhaltens von Angebot und Nachfrage. Erst der Ausbruch aus der Formation ist das Signal zum Handeln. Beim Ausbruch nach oben sollte es wieder zu erhöhten Umsätzen kommen.
Im Unterschied zum Rechteck ist die Flaggen-Formation (Abb. 22) von kürzerer Dauer. Nach einem ausgeprägten Kursanstieg (die „Fahnenstange“) stellt sich immer wieder eine Phase der Konsolidierung ein. Der Kursverlauf nimmt die Form eines schrägen Vierecks an. Der Ausbruch aus dem Viereck ist wieder ein charakteristisches Kaufsignal, wenn gleichzeitig auch ein Mehrumsatz stattfindet.

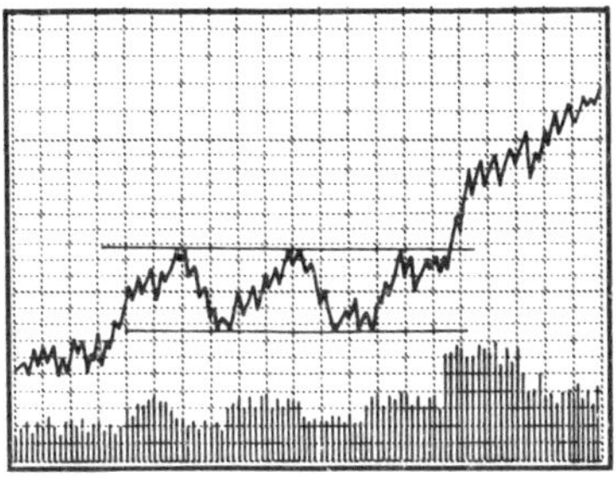

Abbildung 21: Rechteck

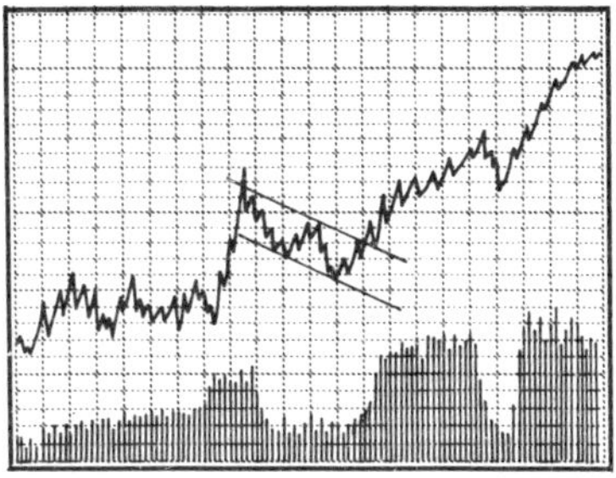

Abbildung 22: Flagge

Immer wieder zeigt es sich, daß es für eine zutreffende Beurteilung der weiteren Kursbewegung nicht genügt, allein die Kurvencharakteristik zu beurteilen, sondern daß stets gleichzeitig auch die Umsätze verfolgt werden müssen. Sowohl Kurse als auch Umsätze müssen sich in ganz bestimmter Weise entwikkeln.
Für die Trendumkehrformationen hat man Bezeichnungen wie Kopf-Schulter-Formation, Untertasse, Bogen, M/W-Formation sowie V-Formation geprägt.

Kopf-Schulter-Formation

Abbildung 23 (Seite 205) zeigt den Idealverlauf einer oberen Kopf-Schulter-Formation. Der Kursanstieg zum Punkt 1 der linken „Schulter“ wird von steigenden Umsätzen begleitet. Der Kursrückgang von Punkt 1 nach Punkt 2 gibt als Reaktion auf

den Kursanstieg Gewinnrealisation) noch keinen Anhaltspunkt für einen Schwenk in der Lagebeurteilung des Marktes. Die bevorstehende Marktschwäche kristallisiert sich beim nachfolgenden Aufschwung der Notierungen zwischen Punkt 2 und 3 heraus, da bleibt nämlich die Umsatzentwicklung deutlich zurück. Obwohl die Kurse den ersten Hochpunkt klar übertreffen, fällt der Umsatz auf ein niedriges Niveau zurück.
Das ist ein deutliches Warnsignal für eine Trendwende.

Noch kommt es aber nicht zum ungebremsten Absturz, obwohl die Kurse eine vorläufig noch nach oben gerichtete Trendlinie durchstoßen (zwischen Punkt 3 und 4). Dieser Durchbruch untermauert das vorläufige Verkaufssignal. Einmal bäumen sich die Kurse aber noch auf. Einige Anleger haben in der Erwartung eines sich fortsetzenden Aufwärtstrends beigemischt. Sie blieben aber in der Minderzahl, wie das geringe Umsatzvolumen beweist. Die Nachfrage ist nicht mehr stark genug, die Kurse über den vorangegangenen Höchstwert hinauszutreiben. Der nachfolgende Kursrückgang durchbricht jetzt eine schon bedeutend flachere Aufwärtstrendlinie. Jetzt beginnt vielen Marktteilnehmern die eingetretene Trendwende zu dämmern, sie versuchen, sich noch rasch von ihren Papieren zu trennen. Entsprechend hoch sind die Umsätze beim endgültigen Durchbruch nach unten.
Wiederum erweist es sich, daß erst das Umsatzvolumen die wirkliche Trendbestätigung ist. Wobei das Umsatzvolumen am durchschnittlichen Normalumsatz der jeweiligen Aktie gemessen werden muß. Ein großes Volumen muß deshalb eine deutlich über diesem Normalumsatz liegende Größe sein.

Auch einem Aufwärtstrend kann eine Kopf-Schulter-Formation vorangehen (Abb. 24). Das letzte Stück eines Abwärtstrend ist häufig von Hektik bei sehr hohen Umsätzen geprägt (Punkt 1). Danach folgt eine kleine Erholung bei wieder leicht zurückgehendem Umsatzvolumen, die linke Schulter bildet sich aus.
Die Aufwärtsbewegung ist aber nur von kurzer Dauer, erneut geht es wieder bergab, entmutigt werfen die Anleger ihre Papiere auf den Markt, die typische „Sell-out"-Situation ist von überaus hohen Umsätzen gekennzeichnet. Erfahrene Börsianer aber wissen, jetzt ist das Ende der Abwärtsbewegung nahe. Im Chart folgt die Bestätigung in der Weise, daß die anschließende Erholung über das Tiefst(Bottom)-Niveau der linken Schulter hin-

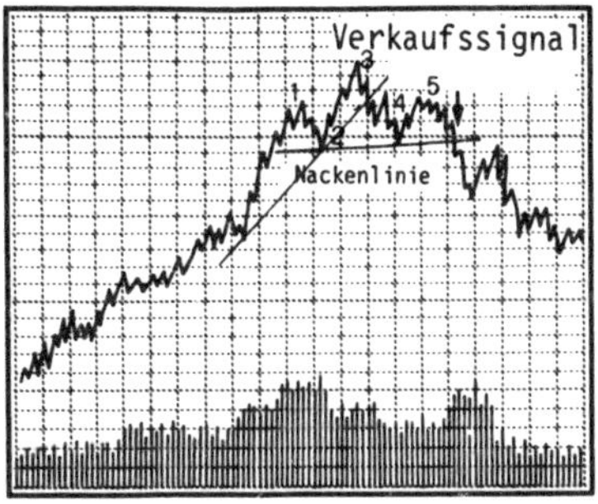

Abbildung 23: Obere Kopf-Schulter-Formation

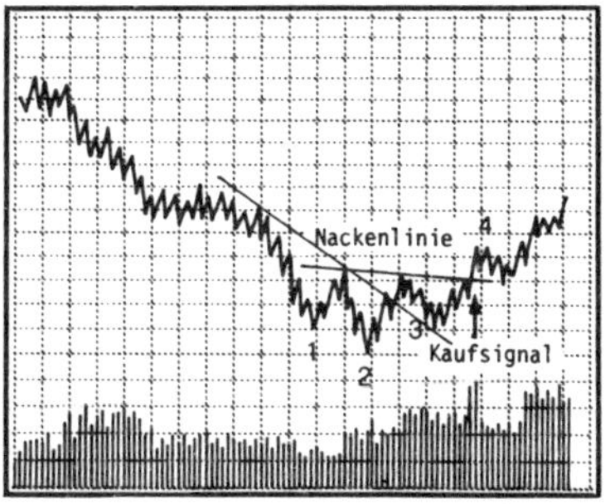

Abbildung 24: Untere Kopf-Schulter-Formation

ausgeht. Die Umsatzaktivität ist in dieser Aufwärtsphase gewöhnlich höher, in jedem Fall höher als bei der linken Schulter. Damit ist nun der „Kopf" (Punkt 2) ausgebildet. Noch fehlt allerdings der volle Glaube, daß der Kurstrend wirklich wieder bergauf geht. Mißtrauische Käufer nehmen den Kursgewinn mit, sodaß es zu einer dritten Abwärtsbewegung kommt (Punkt 3). Der Scheitelpunkt des Kopfes wird aber nicht mehr erreicht. Die folgende Aufwärtsbewegung ist durch große Umsätze gekennzeichnet, die Kurse durchbrechen die Nackenlinie nach oben. Vor allem dieser „Break-out" (Punkt 4) ist mit hohen Umsätzen verbunden.

Im Unterschied zur oberen Kopf-Schulter-Formation nehmen die Umsätze bei der Bottom-Kopf-Schulter-Formation schon am Beginn der Ausformung des Kopfes die Charakteristika eines Aufwärtstrends an. Signifikant muß die Umsatzzunahme vor allem beim Durchbruch durch die Nackenlinie ansteigen. Anders könnte der Ausbruch eine sogenannte „Bullen-Falle" sein, eine Falle, in die alle jene hineintappen, die an einen endgültigen Kursanstieg glauben. „Es sind Käufer nötig, um Aktien zum Steigen zu bringen, fallen können sie durch ihr eigenes Gewicht", heißt es. Deshalb ist bei der oberen Kopf-Schulter-Formation zur Trendumkehr kein besonderes Umsatzvolumen erforderlich, sobald in diesem Fall die Kurse die Nackenlinie durchstoßen.
Ein bißchen gewagt erscheinen die Schätzungen für das Kursziel nach einer Kopf-Schulter-Formation. Man glaubt, es im Abstand zwischen Kopf und Nackenlinie erwarten zu können. Das

heißt, nach dem Break-out ist dieser Abstand das zu erwartende Kurspotential nach oben beziehungsweise nach unten (Abb. 25).

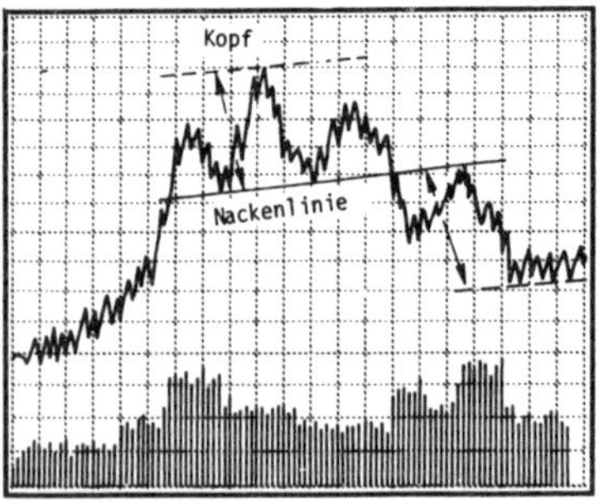

Abbildung 25: Kurspotential bei Kopf-Schulter-Formation

W/M-Formation

Verwandt mit der Kopf-Schulter-Formation sind die W- beziehungsweise M-Formationen (Abb. 26 bzw. 27). Auch sie leiten

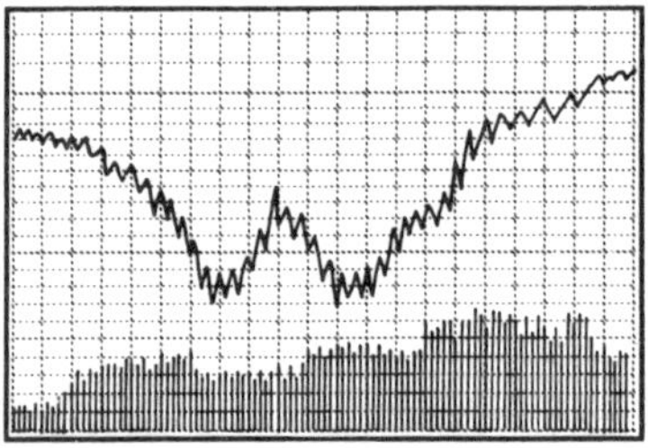

Abbildung 26: W-Formation

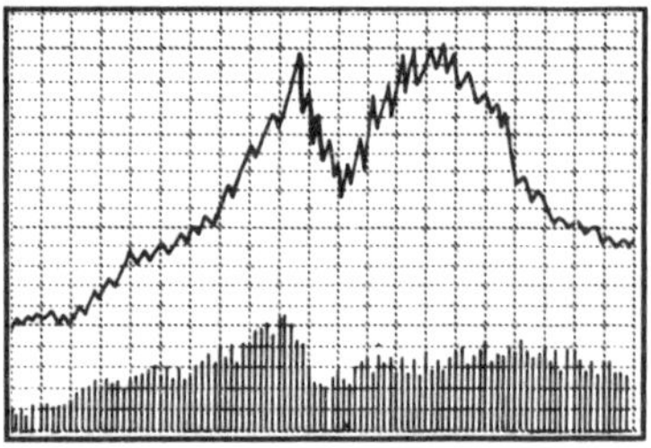

Abbildung 27: M-Formation

eine Trendumkehr ein. In der M-Formation erklimmen die Kurse rasch eine erste Spitze, wobei sie von hohen Umsätzen begleitet werden. Dann fällt der Kurs zurück. Wenn der nachfolgende Kursaufschwung das vorangegangene Hoch nicht mehr nachhaltig übertreffen kann und das Volumen niedrig bleibt, ist ein starker Kursverfall zu erwarten. Umgekehrt verhält es sich bei einer W-Formation.

V-Formation

Sehr schwierig zu identifizieren ist die Einfachspitze oder V-Formation. Ihr fehlt die Vorbereitungsphase, die dem Chartisten die Trendänderung signalisiert. „Tops“ und „Bottoms“ leiten abrupte Wenden ein. Solche plötzlichen Trendumkehren können mit Änderungen der Marktpsychologie erklärt werden (Abb. 28 und 29).

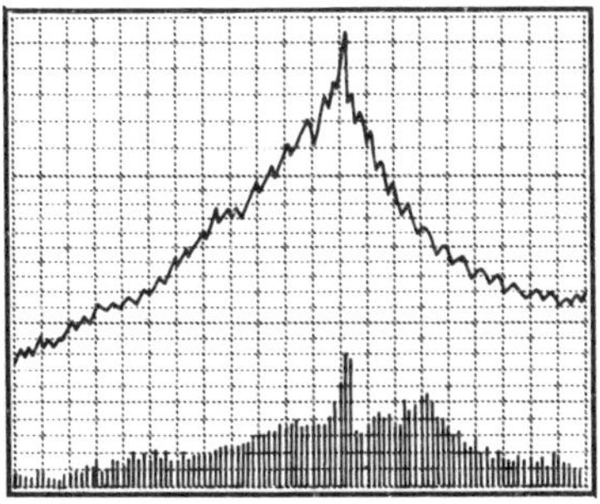

Abbildung 28: V-Formation

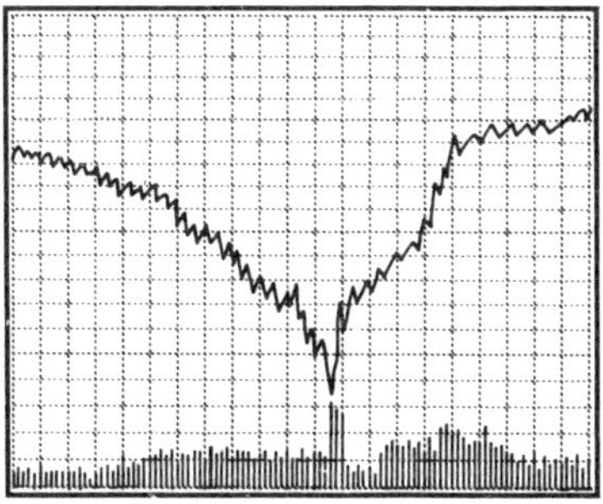

Abbildung 29: V-Formation

Linien- und Untertassen-Formation

Zuverlässige Kursprognosen ermöglichen Linien- (Abb. 30) und Untertassenformation (Abb. 31). Immer wieder kommt es vor, daß Notierungen kaum schwanken und nahezu waagrecht verlaufen. Eine Linienformation kann lange andauern. Anlageentscheidungen sollen erst nach einem Ausbruch vorgenommen werden. Dabei sollen die Umsätze sprungartig ansteigen.
Bei der Untertassenformation folgt einer langsamen Aufwärtsbewegung ein Kursanstieg auf das frühere Niveau und von dort ein Ausbruch nach oben. Das Umsatzvolumen verläuft dabei parallel zum Kursverlauf. Erst ein massiver Umsatzanstieg gibt dem Kaufsignal das nötige Gewicht.

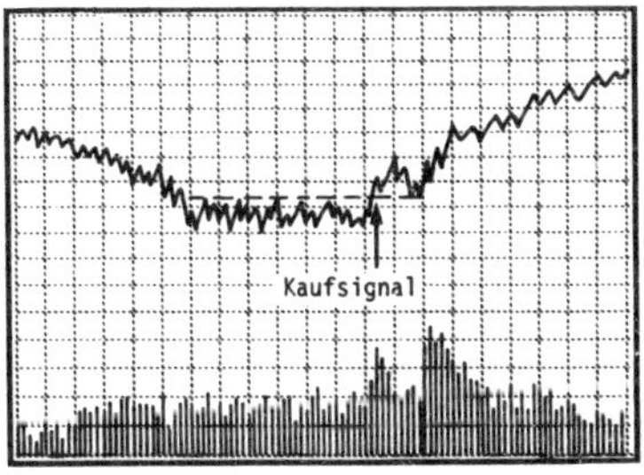

Abbildung 30: Linien-Formation

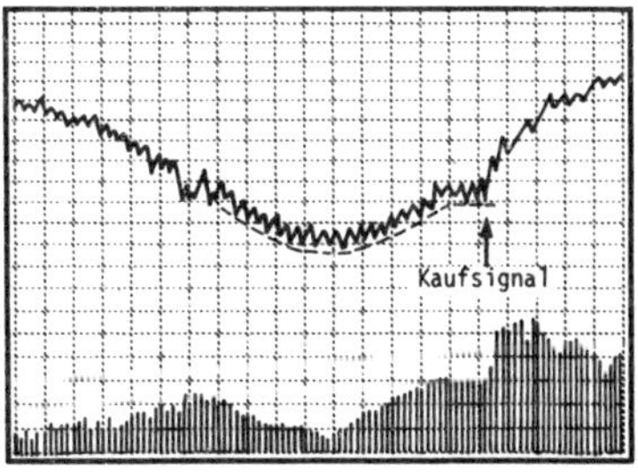

Abbildung 31: Untertassen-Formation

In den Balken-Charts sind die im Kursverlauf häufig auftretenden Lücken („Gaps“) gut zu erkennen. Sie deuten auf ein ausgeprägtes Ungleichgewicht zwischen Angebot und Nachfrage hin. Solche Entwicklungen treten unvermutet auf und können nicht vorausgesagt werden. Ihre spezifische Bedeutung hängt damit zusammen, an welcher Stelle des Kursverlaufs sie auftreten. In Abbildung 32 tritt die Ausbruchslücke nach einer abgeschlossenen Formation ein. Je nach Art der Formation und der Ausbruchstelle signalisiert sie i. a. einen kräftigen Kursanstieg.
Die Ausreißlücke in Abbildung 33 weist auf eine Trendbeschleunigung hin. Allerdings kann sie sich auch als Erschöpfungslücke darstellen (Abb. 34) und eine Trendumkehr einleiten. Das ist häufig in den Endphasen einer Aufwärts- beziehungsweise Abwärtsbewegung der Fall.

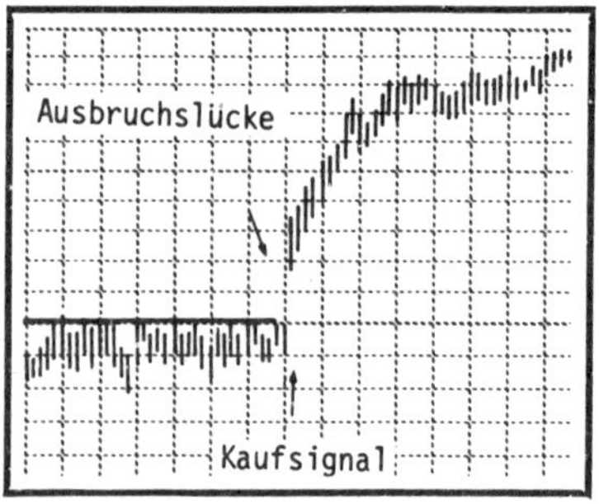

Abbildung 32: Ausbruchslücke

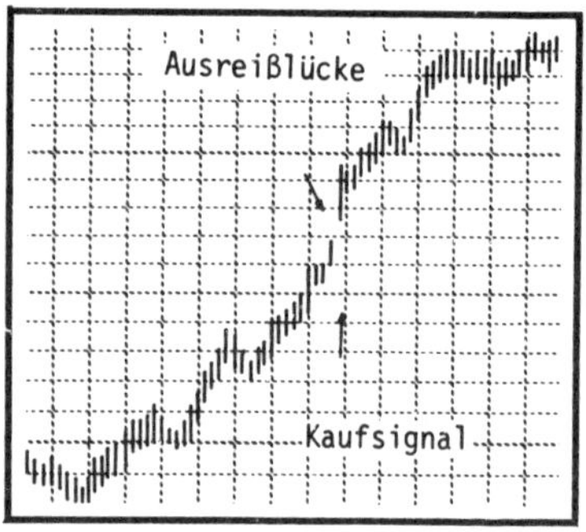

Abbildung 33: Ausreißlücke

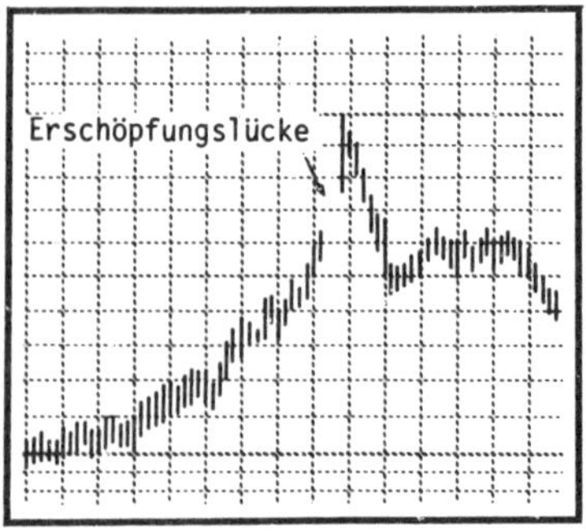

Abbildung 34: Erschöpfungslücke

Die Chart-Technik übt auf viele Geldanleger eine große Faszination aus. Die Interpretation der Kursverläufe erscheint ihnen leichter zu sein als die zeitraubende Informationsbeschaffung betriebs- und volkswirtschaftlicher Unterlagen. Ihr Aussagewert wird jedoch überschätzt, gerade weil er oft so einleuchtend erscheint. Allzuoft freilich erst im nachhinein. Vermeintliche Parallelsituationen können dann zu herben Enttäuschungen führen. Im vorhinein ist alles unwägbar und unberechenbar, im nachhinein aber sonnenklar. Auch Chartisten können nur aus dem Bisherigen auf das Künftige schließen, wozu eine gehörige Portion Kombinationsgabe erforderlich ist. Die Kurven und Balken sind nur vermeintliche Zeichen, wie sich die Zukunft gestaltet. Als Ergänzung zur fundamentalen Analyse sind die Charts aber durchaus wertvoll. Sie können das Gefühl für eine Aktie verstärken. Nicht ohne Grund hat die Zahl der Chart-Dienste in den letzten Jahren stark zugenommen.

WIE WALL STREET DIE AKTIEN EINTEILT

Die Leichtathletik ist eine eindeutig definierte Sportart. Trotzdem treten die Leichtathleten in sehr unterschiedlicher Gestalt auf. Man unterscheidet Läufer, Werfer und Springer. Die Läufer selbst werden in Sprinter, Mittelstreckler und Langstreckler eingeteilt. Auch bei den Aktien handelt es sich um eine eindeutig definierte Wertpapierart. Und auch hier gibt es charakteristische Unterschiede zwischen den einzelnen Aktien, die der Anleger kennen sollte.
In den USA hat man den Versuch unternommen, Aktien mit bestimmten gemeinsamen Merkmalen in Kategorien einzuteilen. Wir folgen hier der amerikanischen Fachpublikation „Money Guide", die fünf Aktienkategorien unterscheidet:

- Wachstumsaktien (growth stocks),
- Rendite-Aktien (income stocks),
- Aktien mit hohem Substanzwert beziehungsweise mit hohem Finanzvermögen (asset stocks, cash-rich stocks),
- zyklische Aktien (cyclical stocks) und
- vernachlässigte Aktien (neglected stocks).

Wachstumsaktien

An sich erwartet jeder normale Geldanleger, der seiner Natur nach Haussier ist, Kurssteigerungen von seinem Papier. Daran gemessen ist der Begriff „Wachstumsaktie" eine Tautologie. Tatsächlich ist eine Wachstumsaktie mehr als eine gewöhnliche Aktie, die langfristig ebenfalls wächst: Ein „growth stock" wächst allen anderen Aktien davon. Und zwar nicht nur als kurzfristiger „high flyer", der auch ebenso rasch wieder abstürzt, sondern nachhaltig und langfristig.
Kennzeichnend für eine Wachstumsaktie ist ein deutlich überdurchschnittliches Gewinnwachstum. Die Gewinne dieser Aktien wachsen durchschnittlich eineinhalbmal so schnell wie die Gewinne der meisten anderen. Wachstumsgesellschaften sind in der Regel — nach amerikanischen Maßstäben gemessen — mittelgroße Unternehmen, weil hohe Gewinnzuwachsraten immer

schwieriger beizubehalten sind, je größer ein Unternehmen bereits ist. Umsatzrichtwert sind 500 Millionen Dollar. Es waren beziehungsweise sind allerdings auch bedeutend umsatzstärkere Gesellschaften in der Königskategorie Wachstumsaktie vertreten, wie IBM, Xerox, McDonald's oder DEC. Die Mehrzahl der in diese Kategorie fallenden Gesellschaften notiert allerdings (noch) nicht an der New York Stock Exchange, sondern wird „Over-the-Counter" gehandelt. Es sind also überwiegend junge Gesellschaften, die zu den Wachstumsaktien zählen.
Das überdurchschnittliche Gewinnwachstum ist der Grund dafür, daß auch die price/earnings ratio zwischen 50 und 200 Prozent über dem Durchschnitt des Standard & Poor's Index liegt. Die Renner können allerdings auch leicht stolpern. Es genügt bereits, die hochgespannten Gewinnerwartungen nur ein bißchen zu enttäuschen, um die Kurse absacken zu lassen. Ein bißchen spielt außerdem immer das Gefühl mit, die Aktien könnten doch ein wenig überschätzt sein, sodaß bei einer Abkühlung des wirtschaftlichen Klimas diesen Werten am ehesten eine Erkältung droht.
Damit sie von den Brokern zu Wachstumsaktien geadelt werden, müssen die betreffenden Werte wenigstens zwei außerordentliche Gewinnjahre hintereinander ausweisen. Der Geldanleger darf daraus aber keine voreiligen Schlüsse ziehen. Denn es ist keineswegs gesagt, daß solchen Jahren weitere dieser Art folgen werden. Er muß vielmehr den Grund für die hohen Gewinne hinterfragen. Etwa: Hat die Gesellschaft ein Produkt auf den Markt gebracht, das allen anderen unerreichbar überlegen und deshalb so außerordentlich gefragt war und wahrscheinlich noch längere Zeit gefragt sein wird? Oder sind die Gewinne aufgrund eines erfolgreich durchgezogenen Kostensenkungsprogramms zustande gekommen? Oder waren es nur irgendwelche glücklichen Umstände, die es möglich gemacht haben, hohe Preise durchsetzen zu können?

Der Geldanleger, der in Wachstumsaktien investieren will, sollte daher nach Gesellschaften Ausschau halten, die folgende Merkmale vorweisen können:

- Produkte oder Dienstleistungen, nach denen eine starke Nachfrage besteht. Der damit erzielte Gewinn sollte so groß sein, daß das Wachstum damit überwiegend selbst finanziert werden kann.

- Eine stabile oder eine sich im Trend verbessernde Gewinnmarge und Aussichten auf eine sich bessernde Reinvestitionsrate. Diese fällt umso zufriedenstellender aus, je höher die Eigenkapitalrentabilität und je größer der Anteil des einbehaltenen Gewinns ist (siehe Kapitel Kennzahlen und Warnzeichen).
- Ein fähiges und innovatives Management.
  Darüber hinaus soll noch untersucht werden, ob
- in den letzten fünf bis zehn Jahren ein entsprechendes Wachstumstempo bestanden hat,
- die Gesellschaft solide Bilanzrelationen aufweist,
- Aussichten bestehen, den heutigen Erfolgsprodukten neue nachfolgen zu lassen,
- die Gesellschaft eine so starke Marktstellung hat, daß sie ihr eine flexible Preisgestaltung erlaubt, und ob schließlich
- ein auskömmliches Verhältnis zur Gewerkschaft besteht.

Der Schlüssel für eine erfolgreiche Investition in Wachstumsaktien liegt in einem guten „Research" und bei einer korrekten Analyse des Gewinn/Wachstums-Potentials. Der Interessent für Wachstumsaktien muß sich allerdings darüber im klaren sein, daß diese Aktien entsprechend ihrem Gewinnpotential auch hochriskant sind. In einer Baisse-Phase fallen diese Aktien meist viel stärker zurück als alle anderen. Am Tiefpunkt dieses Zyklus sind sie allerdings heiße Kauftips, denn wenn es wieder aufwärts geht an der Börse, steigen die institutionellen Anleger erst einmal vorsichtig in konservative Aktien mit großer Kapitalisierung ein. Die Beschleunigungsphase der Wachstumsaktien setzt etwas später, dafür umso rasanter ein. Die Kunst des geschickten Anlegers besteht dann darin, das richtige Timing für den Verkauf zu finden.
Warum soll man Wachstumsaktien kaufen? Die Frage läßt sich rechnerisch leicht beantworten:
Eine Gesellschaft, deren Gewinn jedes Jahr um 15 Prozent wächst, weist nach fünf Jahren einen doppelt so hohen Gewinn aus, nach acht Jahren einen dreimal so hohen und nach 17 Jahren einen zehnmal so hohen.
Angenommen, eine Gesellschaft, die heute einen Dollar pro Aktie verdient, steigert in den nächsten 12 Jahren ihren Gewinn mit einer durchschnittlichen Wachstumsrate von 15 Prozent. Vom Gesamtgewinn werden jeweils 30 Prozent an die Aktionäre als Dividende ausgezahlt. Das gegenwärtige Kurs/Gewinn-Ver-

hältnis beträgt 20. Es sinkt im zwölften Jahr auf 15. Verständlich, weil die Gewinnzuwachsraten nicht ewig so hoch bleiben können.

	aktuelle Situation	12 Jahre später
Gewinn pro Aktie	$ 1,—	$ 5,35
Dividende pro Aktie	$ 0,30	$ 1,60
KGV (P/E)	20	15
Aktienkurs	$ 20,—	$ 80,25
Dividendenrendite	1,5 %	2 %
Dividendenrendite bezogen auf das Anfangsinvestment	1,5 %	8 %

Ein Anleger, der für 100 Aktien heute $ 2.000,— investiert und bei einer Dividende von $ 30,— eine enttäuschende Rendite von 1,5 Prozent erzielt, besitzt im zwölften Jahr Aktien im Wert von $ 8.025,— und hat bis dahin Dividenden im Gesamtwert von $ 800,— kassiert. Die Dividende im zwölften Jahr beträgt $ 160,—. Die entspricht, auf das Anfangsinvestment bezogen, allerdings einer Rendite von beachtlichen acht Prozent! Ein berühmtes Beispiel für den Renditezuwachs im Langfristvergleich ist IBM. Wer IBM-Aktien im Jahr 1953 gekauft und sie bis heute behalten hat, erhält heute eine Dividende, die höher ist, als sein Anfangsinvestment war.

Rendite-Aktien

Der Geldanleger, der laufend hohe Erträge lukrieren will, wird zunächst an einen Kauf von Anleihen denken. Unter Umständen können aber Aktien mit hoher Rendite die bessere Wahl sein. Typische Vertreter dieser Aktienkategorie sind die Versorgungsunternehmen (Energie, Telefon), im Amerikanischen „Utilities“ genannt.

Die Utilities sind in den USA zwar überwiegend private Gesellschaften, die Tarife für ihre Leistungen sind aber staatlich geregelt. Die Börsenkurse dieser Gesellschaften bewegen sich mangels Phantasie eher in ruhigen Bahnen. Zu größeren Kursveränderungen kommt es nur, wenn sich das Zinsniveau stark verändert. Die Dividende ergibt im Verhältnis zum Kurs aber eine ausgezeichnete Rendite, die sich durchaus mit der Anleihenren-

dite messen kann. Im Gegensatz zur Anleihenverzinsung ist die Aktiendividende aber sehr flexibel. Wenn zum Beispiel die Zinsen sinken, steigen zwar die Kurse von Anleihen und Aktien, doch während die Anleihezinsen starr bleiben, steigt die Dividende entsprechend dem höheren Gewinn.
So haben die Gesamterträge der an der New Yorker Börse notierten „Utilities“ die Erträge der langfristigen Anleihen seit 1978 deutlich hinter sich gelassen. Die Analysten untersuchen bei diesen Aktien insbesondere die „payout ratio“ (Ausschüttungsquote). Diese Kennzahl wird ermittelt aus der Division der Dividende durch den gesamten Gewinn. Liegt die Ausschüttungsquote unter 60 Prozent, so ist die Dividende auch dann ziemlich sicher, wenn der Gewinn ein bißchen zurückgeht. Bei einer niedrigen Ausschüttungsquote kann sogar der Fall eintreten, daß eine Gesellschaft ihre Dividenden rascher erhöht, als der Gewinn wächst.
Ohne ein solides Finanzfundament ist jedoch eine niedrige „payout ratio“ allein kein Kaufargument. Eine Analyse von Renditeaktien sollte deshalb dem Verhältnis von Eigen- zu Fremdkapital sowie der Liquidität („current ratio“) besonderes Augenmerk zuwenden. Ein Anteil von 50 Prozent langfristigen Fremdmitteln am Gesamtkapital ist bei einem Energieversorgungsunternehmen gerade noch vertretbar.

Aktien mit hohem Substanzwert

Der Geldanleger, der sich nicht allein auf Gewinnerwartungen einlassen will, sondern sich zumindest auch an die Substanz halten will, zieht zur Beurteilung den „book value“ heran. Er sieht sich also nach Aktien um, deren Vermögen (assets) je Aktie die Verbindlichkeiten (liabilities) je Aktie um mehr als den augenblicklichen Kurs übertrifft. Das ist dann nicht schwierig, wenn die Aktienkurse generell niedrig sind. Nach einem starken Anstieg des Gesamtmarktes sind solche Aktien aber eher verdächtig. Die nach den genannten Kriterien ausgewählte Gesellschaft könnte sich in Schwierigkeiten befinden. Obwohl die für den „book value“ entscheidende richtige Bewertung der Aktiva (assets) und Passiva (liabilities) mit Unsicherheiten verbunden ist, gilt diese Kennzahl dennoch als brauchbare Grundlage für die Auswahl substanzstarker Aktien.

Zyklische Aktien

Bestimmte Industriebranchen sind besonders konjunktursensibel. Die Automobilindustrie ist ein Paradebeispiel dafür. Den geplanten Kauf eines Automobils kann man einmal auch ein Jahr zurückstellen. Entscheiden sich viele potentielle Autokäufer so, etwa weil die Zinsen gestiegen sind und die Lohnerhöhungen von der Inflationsrate aufgefressen werden, bleibt die Autoindustrie auf hohen Vorräten sitzen, die Verkaufsziffern sinken drastisch, zahlreiche Arbeiter werden freigestellt, Produktionskapazitäten stillgelegt, die Gewinnmargen schrumpfen. Das alles kann sich aber rasch wieder ändern. In Branchen mit hohen Fixkosten, wie der Stahl- oder der Chemieindustrie, bringen bereits geringfügige Umsatzrückgänge Auslastungs- und damit Kostenprobleme. In dieser Situation wird versucht, die Vollauslastung mit niedrigeren Preisen aufrechtzuerhalten. In beiden Fällen wird die Ertragslage angegriffen.
Industrie, Arbeitnehmer und Anleger haben aber mit diesem zyklischen Ablauf zu leben gelernt. Die einfachste Verhaltensregel für Anleger in zyklische Werte lautet: Kaufen, wenn es der Wirtschaft beziehungsweise der Branche schlechtgeht, eine weitere substanzielle Verschlechterung der Lage aber unwahrscheinlich ist. Verkaufen, wenn es der Wirtschaft beziehungsweise der Branche wieder gutgeht und eine weitere wesentliche Verbesserung nicht zu erwarten ist.
Sich an der price/earnings ratio orientieren zu wollen ist gefährlich, weil sich die wirtschaftlichen Verhältnisse oft schneller und stärker ändern, als das im Kurs zum Ausdruck kommt.
Angenommen, der Kurs einer Aktie dieser Kategorie ist stark gefallen, hat aber immer noch ein hohes Kurs/Gewinn-Verhältnis, weil die Gewinne im Verhältnis noch stärker zurückgegangen sind. Wenn die Wahrscheinlichkeit hoch ist, daß die Gewinne in der nächsten Zeit wieder steigen werden, dann sollte die Aktie trotz des hohen KGV (P/E) gekauft werden.
Umgekehrt ist zu beobachten, daß zum Beispiel Autoaktien trotz eines Kurshöhenfluges, gemessen an ihrem KGV, niedrig bewertet sind. In diesem Fall sind die Gewinne der Kursentwicklung vorangeeilt. Kaufempfehlungen, die sich in dieser Situation ausschließlich auf das niedrige Kurs/Gewinn-Verhältnis stützen, sind mit Vorsicht zu genießen. Kühlt sich nämlich das Konjunkturklima ab, schrumpfen die Gewinne, und das vermeintlich niedrige KGV entpuppt sich plötzlich als sehr hoch.

Gute Analysten versuchen, die „earning power" einer Gesellschaft festzustellen. Darunter ist jener Gewinn zu verstehen, den eine Gesellschaft erzielen sollte, wenn alles positiv läuft. Dazu berechnen sie den „return on equity" (ROE) der letzten drei besonders guten Wirtschaftsjahre und multiplizieren ihn mit dem „book value per share". Das solchermaßen ermittelte Gewinnpotential je Aktie wird danach zum Kurs in ein Verhältnis gesetzt (price/earning-power-ratio). Ist diese Verhältniszahl niedriger als die geschätzte price/earnings ratio des Standard & Poor's Index, dann sollte die Aktie attraktiv sein.

Ein konkretes Beispiel:
Das Gewinn-Niveau einer zyklischen Aktie ist im Augenblick sehr gedrückt und beträgt 1,50 Dollar je Aktie. Beim Kurs von $ 36,— errechnet sich eine P/E von 24. Die ist sehr hoch und würde einen im Verhältnis zur Gewinnsituation zu hohen Kurs signalisieren. Da es sich um einen zyklischen Wert handelt, könnte sich freilich das Blatt rasch wenden, und bei einem wieder erholten Gewinn könnte der Kurs dann sogar als niedrig bezeichnet werden. Ist jetzt dieser Titel kaufenswert oder nicht? Aus dem Dilemma hilft die „earning power":
In guten Zeiten hat der durchschnittliche ROE 15 Prozent betragen, der „book value per share" (Eigenkapital dividiert durch die ausstehenden Aktien) beträgt $ 20,—. Daraus ergibt sich ein Gewinnpotential (earning power) von $ 3,— je Aktie. Beim Kurs von 36 ergibt sich daher ein price/earning power-Verhältnis von 12.
Beträgt nun zu diesem Zeitpunkt die P/E des Standard & Poor's Index angenommen 12.6, so ist diese Aktie nicht mehr billig, dazu müßte das errechnete price/earning power-Verhältnis deutlich niedriger sein.

Vernachlässigte Aktien

Eine Aktie ist aus der Mode gekommen, wenn die institutionellen Investoren (z. B. Pensionskassen) nur noch wenige Stücke in ihren Portefeuilles haben. Die Aktie ist bei den Anlegern in Ungnade gefallen, daher ist die P/E deutlich niedriger als vom gesamten Aktiendurchschnitt ausgedrückt im Standard & Poor's 500 Index. Wer auf eine so wenig populäre Aktie setzt, schwimmt bewußt gegen den Strom.

Analyse nach Kategorien

Wachstumsaktien

	Take-off Inc.	Ihre Aktie		Take-off Inc.	Ihre Aktie
Letzter Kurs	$ 23	______	Gewinnschätzung pro Aktie für das laufende Jahr	$ 1.30	______
Höchst-/Tiefstkurs der letzten 52 Wochen	$ 18–$ 32	______	Prognose des Gewinns pro Aktie für das nächste Jahr	$ 1.70	______
Dividendenrendite	1 %	______	Kurs/Gewinn-Verhältnis auf Basis der Gewinnschätzung des nächsten Jahres	13.5	______

	Take-off Inc.	Punkte	Ihre Aktie	Punkte
Prognostizierte jährliche Gewinnwachstumsrate in den nächsten 5 Jahren Höher als 17 %: 2 Punkte, zwischen 12 % und 17 %: 1 Punkt, weniger als 12 %: 0 Punkte	25 %	2	______	______
Jährliche Gewinnwachstumsrate in den vergangenen fünf Jahren Mehr als 20 %: 2 Punkte, zwischen 15 % und 20 %: 1 Punkt, weniger als 15 %: 0 Punkte	30 %	2	______	______
Durchschnittliche Eigenkapitalrentabilität in den vergangenen drei Jahren Mehr als 20 %: 2 Punkte, zwischen 13 % und 20 %: 1 Punkt, weniger als 13 %: 0 Punkte	22 %	2	______	______
Prognostizierte jährliche Gewinnwachstumsrate dividiert durch das derzeitige Kurs/Gewinn-Verhältnis über 160 %: 2 Punkte, zwischen 125 % und 160 %: 1 Punkt, unter 125 %: 0 Punkte	185 %	2	______	______
Gewinnstabilität — fünf Jahre lang aufwärts Wenn die jährliche Gewinnsteigerungsrate in den letzten fünf Jahren alljährlich 10 % oder mehr betragen hat: 2 Punkte Gewinnsteigerung in jedem der vergangenen fünf Jahre: 1 Punkt; wenn der Gewinn in einem Jahr rückläufig war: 0 Punkte		1	______	______
Gesamt Ein Gesamt-Punkteergebnis von sechs Punkten oder mehr bedeutet, daß die Aktie ein langfristiges Wachstumspotential besitzt.		9	______	______

Die Kennziffern findet man in den Wertpapieranalysen großer amerikanischer Research-Institute, wie Value Line oder Standard & Poor's. Die Analysen sind bei größeren Geldinstituten meist gratis erhältlich.

Renditeaktien

	Cash Cow Co.	Ihre Aktie		Cash Cow Co.	Ihre Aktie
Letzter Kurs	$ 34	_____	Dividende des laufenden Jahres	$ 2.60	_____
Höchst-/Tiefstkurs der letzten 52 Wochen je Aktie für das laufende Jahr	$ 30–$ 40	_____	Schätzung des Gewinns	$ 4.25	_____
Dividendenrendite	7,6 %	_____	Ausschüttungsquote	61 %	_____

	Cash Cow Co.	Punkte	Ihre Aktie	Punkte
Dividendenrendite Höher als 7 %: 2 Punkte, zwischen 5 % und 7 %: 1 Punkt, unter 5 %: 0 Punkte	7,6 %	2	_____	_____
Bonitätsbeurteilung durch Standard & Poor's Einstufung mit A oder besser: 2 Punkte, Einstufung mit B+ bis A—: 1 Punkt, Einstufung mit B oder schlechter: 0 Punkte	A—	1	_____	_____
Jährliche Dividendenwachstumsrate in den letzten fünf Jahren über 8 %: 2 Punkte, 5 % bis 8 %: 1 Punkt, unter 5 %: 0 Punkte	8,2 %	2	_____	_____
Prognostiziertes jährliches Gewinnwachstum in den letzten zehn Jahren über 8 %: 2 Punkte, 5 % bis 8 %: 1 Punkt, unter 5 %: 0 Punkte	7 %	1	_____	_____
Ausschüttungsquote unter 60 %: 2 Punkte, zwischen 60 % und 70 %: 1 Punkt, über 70 %: 0 Punkte	61 %	1	_____	_____
Gesamt Ein Ergebnis von sechs Punkten oder mehr bedeutet, daß die betreffende Aktie ein sicheres und attraktives Einkommen verspricht.		7		_____

Aktien mit hohem Substanzwert

	Hidden Value Inc.	Ihre Aktie		Hidden Value Inc.	Ihre Aktie
Letzter Kurs	$ 15	______	Buchwert je Aktie	$ 16.40	______
Höchst-/Tiefstkurs der letzten 52 Wochen	$ 12–$ 33	______	Barmittel pro Aktie	$ 4.10	______
Dividendenrendite	2 %	______	Cash Flow pro Aktie	$ 3.10	______

	Hidden Value Inc.	Punkte	Ihre Aktie	Punkte
Aktienkurs dividiert durch Buchwert unter 100 %: 2 Punkte, 100 % bis 140 %: 1 Punkt, über 140 %: 0 Punkte	91 %	2	______	______
Barmittel pro Aktie dividiert durch Aktienkurs über 25 %: 2 Punkte, zwischen 10 % und 25 %: 1 Punkt, unter 10 %: 0 Punkte	27 %	2	______	______
Umlaufvermögen abzüglich der gesamten Verbindlichkeiten je Aktie dividiert durch den Aktienkurs über 25 %: 2 Punkte, unter 25 %: 1 Punkt, 0 %: 0 Punkte	12 %	1	______	______
Aktienkurs dividiert durch Cash Flow pro Aktie unter 5: 2 Punkte, zwischen 5 und 7: 1 Punkt, über 7: 0 Punkte	4.8	2	______	______
Verbindlichkeiten dividiert durch Gesamtkapital (= langfristige Verbindlichkeiten plus Eigenkapital) unter 20 %: 2 Punkte, zwischen 20 % und 30 %: 1 Punkt, über 30 %: 0 Punkte (Ausnahme: Utilities!)	32 %	0	______	______
Gesamt Ein Ergebnis von vier und mehr Punkten bedeutet, daß die Aktie im Verhältnis zu ihrem Finanzvermögen als billig zu bezeichnen ist.		7		______

Eine Beurteilung, die über den Faktor „Buchwert" hinausgeht, bedarf professioneller Analysen, zu denen Durchschnittsanleger kaum in der Lage sind. Bewertungsschwierigkeiten ergeben sich vor allem dann, wenn das Vermögen der Gesellschaft aus Immobilien oder Rohstoffen (Öl, Gas, Holz etc.) besteht. Aufgrund der verfügbaren Bilanzdaten fällt es dem Anleger hingegen leichter, wenn er den Wert einer Gesellschaft am Finanzvermögen oder am Firmenwert abschätzen kann. Aktien von Gesellschaften mit großem Finanzvermögen gelten als unterbewertet, wenn das Bar- und das Wertpapiervermögen, durch die Anzahl der ausgegebenen Aktien dividiert, höher als 25 Prozent des Aktienkurses ist.
Als grobe Richtlinie für die Bewertung des Firmenwertes (going concern) wird der Cash Flow herangezogen. Bei einem Kapitalmarktzinsniveau von beispielsweise 9 Prozent kann eine Gesellschaft, die unter dem Acht- bis Zehnfachen ihres Cash Flow gehandelt wird, voraussichtlich leicht das Darlehen finanzieren, das zu ihrem Erwerb benötigt würde.

Zyklische Aktien

	Up & Down Co.	Ihre Aktie		Up & Down Co.	Ihre Aktie
Letzter Kurs	$ 70	_____	Gewinn je Aktie im vergangenen Jahr	$ 14.20	_____
Höchst-/Tiefstkurs der letzten 52 Wochen	$ 64–$ 65	_____	Geschätzter Gewinn pro Aktie im laufenden Jahr	$ 12.00	_____
Höchst-/Tiefstkurs der letzten 5 Jahre	$ 34–$ 85	_____	Gewinn pro Aktie beim letzten zyklischen Hoch	$ 14.20	_____

	Up & Down Co.	Punkte	Ihre Aktie	Punkte
Derzeitiger Aktienkurs dividiert durch den Kurs, der bei der letzten Kursspitze festgestellt wurde unter 75 %: 2 Punkte, 75 % bis 100 %: 1 Punkt, über 100 %: 0 Punkte	82 %	1	_____	_____
Kurs/Gewinn-Verhältnis zum Zeitpunkt der letzten Kursspitze dividiert durch das derzeitige Kurs/Gewinn-Verhältnis unter 50 %: 2 Punkte, zwischen 50 % und 80 %: 1 Punkt, über 80 %: 0 Punkte	117 %	0	_____	_____
Geschätzter Umsatzzuwachs im nächsten Quartal dividiert durch den Umsatzzuwachs im Vergleichsquartal des Vorjahres über 125 %: 2 Punkte, zwischen 100 % und 125 %: 1 Punkt, unter 100 %: 0 Punkte	112 %	1	_____	_____
Schätzung des „operating profit margin" (Gewinn vor Steuern aus dem laufendem Geschäftsbetrieb / Umsatz) für das nächste Jahr dividiert durch die gleiche Kennziffer (Schätzung für das laufende Jahr) über 125 %: 2 Punkte, zwischen 100 % und 125 %: 1 Punkt, unter 100 %: 0 Punkte	87 %	0	_____	_____
Geschätzte Eigenkapitalrentabilität des nächsten Jahres dividiert durch die Eigenkapitalrentabilität des laufenden Jahres über 125 %: 2 Punkte, zwischen 100 % und 125 %: 1 Punkt, unter 100 %: 0 Punkte	77 %	0	_____	_____
Gesamt Ein Ergebnis von sechs oder mehr Punkten bedeutet, daß sich die Aktie im Aufwärtszyklus befinden sollte.		2		_____

Vernachlässigte Aktien

	Screaming Bargain Co.	Ihre Aktie		Screaming Bargain Co.	Ihre Aktie
Letzter Kurs	$ 10	______	Gewinn je Aktie im Vorjahr	$ 1.25	______
Höchst-/Tiefstkurs der letzten 52 Wochen	$ 9–$ 18	______	Schätzung für den Gewinn je Aktie für das laufende Jahr	$ 1.10	______
Dividendenrendite	3,3 %	______	Aktueller Buchwert je Aktie	$ 12	______

	Screaming Bargain Co.	Punkte	Ihre Aktie	Punkte
Aktienbesitz institutioneller Anleger unter 25 %: 2 Punkte, zwischen 25 % und 50 %: 1 Punkt, über 50 %: 0 Punkte	10 %	2	______	______
Aktienkurs dividiert durch Buchwert unter 100 %: 2 Punkte, 100 % und 140 %: 1 Punkt, über 140 %: 0 Punkte	83 %	2	______	______
Kurs/Gewinn-Verhältnis der Aktie dividiert durch das Kurs/Gewinn-Verhältnis des Standard & Poor's 500 Index unter 80 %: 2 Punkte, zwischen 80 % und 100 %: 1 Punkt, über 100 %: 0 Punkte	72 %	2	______	______
Geschätzte jährliche Gewinnwachstumsrate der kommenden fünf Jahre über 7 %: 2 Punkte, zwischen 2 % und 7 %: 1 Punkt, unter 2 %: 0 Punkte	9 %	2	______	______
Geschätzte Investitionen für das laufende Jahr dividiert durch die Investitionssumme des vergangenen Jahres über 150 %: 2 Punkte, zwischen 100 % und 150 %: 1 Punkt, unter 100 %: 0 Punkte	140 %	1	______	______
Gesamt Ein Ergebnis von sechs Punkten oder darüber bedeutet, daß die Aktie im Vergleich zum Gewinnpotential der Gesellschaft niedrig bewertet ist.		9		______

Manchmal sind diese Aktien mit Recht „billig". Um das richtig einschätzen zu können, muß der Geldanleger zur Beurteilung der Kaufwürdigkeit neben dem Kurs/Gewinn-Verhältnis noch andere Kriterien heranziehen. So sollten die Ursachen für den kräftigen Kursrückgang schon längere Zeit zurückliegen, und es sollte zumindest ein leichter Gewinnanstieg im Bereich des Möglichen liegen. Anstöße zum Kaufen wären Hinweise auf Übernahmen durch Firmen aus derselben Branche beziehungsweise auf Rückkäufe eigener Aktien. Ein weiteres positives Kriterium ist, wenn in Anlagen und Ausrüstungen investiert wird. Wenn das Management an die Zukunft der Gesellschaft glaubt, warum dann nicht auch der Anleger?

PARTIZIPATIONSSCHEINE: NUR FRAGEN IST ERLAUBT

Zur dringend notwendigen Stärkung ihrer Eigenkapitalbasis hat das 1986 dahingehend novellierte Kreditwesengesetz den österreichischen Banken die Eigenfinanzierung über Partizipationsscheine eröffnet. Im Hinterkopf hatte der Gesetzgeber dabei insbesondere jene Institute, die von ihrer rechtlichen Konstruktion her keine Möglichkeit hatten, sich über die Aufnahme von Beteiligungskapital finanzieren zu können und sich auch nicht in Aktiengesellschaften umwandeln wollten, insbesondere also die Sparkassen.

Noch bevor die neuen Gesetzesbestimmungen in Kraft traten, unterbreiteten die verstaatlichten Aktienbanken CA und Länderbank in der zweiten Jahreshälfte 1986 Angebote zur Zeichnung von Partizipationsscheinen. Sie hatten rasch die Chance erkannt, mit diesen — Vorzugsaktien ähnlichen — Papieren auch ausländische Beteiligungsinteressenten ansprechen zu können, die aufgrund der österreichischen Gesetzeslage weder Stamm- noch (in nennenswertem Ausmaß) Vorzugsaktien erwerben konnten. Die etwas pikierten Sparkassen kamen ab 1987 dennoch zu ihren Partizipanten, die sich überwiegend aus ihrem jeweiligen Kundenstock rekrutieren.

Nach dem anfänglichen Zweifel, ob es sich beim Partizipationsschein um eine Zwangsbeglückung, weil Mittel zum Zweck der KWG-Vorschriften, oder um ein empfehlenswertes Produkt handelt, entschloß man sich, den PS sehr zu empfehlen.

Tenor der Vermarktungsbemühungen war und ist die Beteiligung an der Substanz des Geldinstituts. Und daß diese Substanz immer wertvoller wird, gilt als selbstverständlich. Die Kunden mußten folglich von der konsequenten Wertsteigerung überzeugt werden.

In der Rückschau ist dies den Sparkassen in eindrucksvoller Weise gelungen. Obwohl 1987 das Aktienkursniveau als Folge des Oktoberkrachs zum Jahresende um 18 Prozent tiefer als zu Jahresbeginn lag, notierten die Partizipationsscheine der Sparkassen zum Jahresschluß auf Höchstniveau. Nicht jedoch die PS der zwei Aktienbanken. Ein kritischer Beobachter könnte

daraus den Schluß ziehen, daß sich die PS-Kurse der Sparkassen vielleicht nicht ganz marktgerecht verhalten haben mögen. Daß sie sich dann auch 1988 in konsequenter Wertsteigerungstendenz weiterentwickelten, entspricht zwar dem Bild, das den aus dem Kundenstock gewonnenen Partizipanten vorgezeichnet wurde, es erscheint jedoch dem echten Anleger fast unwirklich schön.
Wie auch immer.
Partizipationsscheininhaber sind nicht nur umworbene Kunden, sondern sie sind — gemessen an der Dividendenrendite von drei bis vier Prozent (ausgenommen die verstaatlichten Aktienbanken) — bisher auch recht gut mit ihrer Beteiligung gefahren.
Partizipationsscheine sind, wie die Aktien, Inhaberpapiere. Der (anonyme) Inhaber ist wie der Aktionär substanzbeteiligt. Das heißt, der Dividendenertrag der Beteiligung kann auch einmal ausfallen, wenn das Geldinstitut Verluste hinnehmen muß. Im Fall der Liquidation eines Geldinstituts ist der PS einer Aktie vermögensrechtlich gleichgestellt, das heißt, das vorhandene Vermögen wird nach dem Verhältnis des gezeichneten Kapitals auf die PS-Inhaber aufgeteilt. Sollte es einem Geldinstitut wirklich einmal so schlecht ergehen, daß es nicht mehr aus eigener Kraft weiterbestehen kann, so ist in der österreichischen Realität eher die Übernahme durch ein größeres Institut samt entsprechender Entschädigung der PS-Inhaber zu erwarten.
Wie der Aktionär erhält auch der Partizipationsscheininhaber eine, Gewinnausschüttung genannte, Dividende. Erfreulicherweise (notwendigerweise?) haben sich die Geldinstitute in dieser Hinsicht etwas anzustrengen begonnen und schütten jetzt deutlich höhere Dividenden aus als früher. Die „eigentümerlosen“ Sparkassen halten mit ihren Gewinnausschüttungen wacker mit.
Im Unterschied zum ebenfalls stimmrechtslosen Vorzugsaktionär steht dem PS-Inhaber nach zwei dividendenlosen Jahren aber nicht automatisch das Stimmrecht zu. Der Partizipationsschein berechtigt ausschließlich zur Information auf der Hauptversammlung. Die Ausschüttungen auf das Partizipationskapital unterliegen wie die Aktiendividenden nur dem halben Durchschnittseinkommensteuersatz. Die vorweg einbehaltene 25prozentige Kapitalertragsteuer soll danach in jedem Fall angerechnet werden, sie ist immer höher als der halbe Durchschnittseinkommensteuersatz.

SONDERFORMEN DER BETEILIGUNG: GENUSS-SCHEINE, GEWINNSCHEINE

Die Wiener Börse kennt nicht nur Aktien und Partizipationsscheine als börsenfähige Beteiligungspapiere. Mit der Einführung des „Gewinnscheins“ der AKG GesmbH im Oktober 1984 sind „Genußrechte“ nach Paragraph 174 Aktiengesetz handelbar geworden. 1987 folgte die BrauAG mit der Ausgabe von „Genußscheinen“, darüber hinaus notiert seit diesem Jahr noch der S-Immobilien-Gewinnschein an der Börse. Obwohl Gewinnscheine wie Genußscheine dieselbe Rechtsgrundlage haben, besteht für die Anleger dennoch ein nicht unwichtiger Unterschied:

- Mit dem BrauAG-Genußschein sind die Anleger genauso wie die Aktionäre an der Substanz des Unternehmens beteiligt. Der Genußschein ist eine Aktie „besonderer Gattung“. Die Genußscheininhaber besitzen weiters das gleiche Recht auf Information, Gewinnanteil sowie Liquidationserlös wie die normalen Aktionäre. Sie haben allerdings keine Mitgliedschaftsrechte, insbesondere nicht das Stimmrecht auf der Hauptversammlung.
  Nicht verwechselt werden darf der Genußschein nach Paragraph 174 Aktiengesetz mit dem Genußschein laut Beteiligungsfondsgesetz 1982. Der Paragraph-174-Genußschein kann nicht als Sonderausgabe abgesetzt werden.
- Gewinnscheininhaber sind nicht an der Substanz des Unternehmens beteiligt, dementsprechend auch nicht am Liquidationserlös, ihre Beteiligung erstreckt sich ausschließlich auf den Unternehmensertrag. Die Inhaber von S-Immobilien-Gewinnscheinen sind zwar am Fondsvermögen, nicht aber an der Fondsgesellschaft, der Sparkassen-Immobilienanlagen AG, beteiligt. Mitbestimmungsrechte wie Aktionäre haben auch die Gewinnscheininhaber nicht. Im Unterschied zu den Inhabern von Paragraph-174-Genußscheinen sind Gewinnscheininhaber nicht einmal berechtigt, an der Hauptversammlung teilzunehmen.

Die Ausschüttungen auf beide Formen von Genußrechten sind kapitalertragsteuerpflichtig. 25 Prozent Kapitalertragsteuer wer-

den als Einkommensteuervorauszahlung vorweg abgezogen. Beim den Inhabern von Genuß- oder Gewinnscheinen unterliegt die Ausschüttung dem halben Durchschnittssteuersatz. Die Anrechnung der vorweg abgezogenen KESt bringt nach dem geltenden Tarif in jedem Fall ein Steuerguthaben, weil der halbe Durchschnittssteuersatz immer unter 25 Prozent liegt (siehe dazu Kapitel „Kapitalertragsteuer").
Im Unterschied zur normalen Aktie ist der Paragraph-174-Genußschein der BrauAG kündbar. Erstmalig ist das per 30. Juni 1997 der Fall. Die BrauAG kann dann laut Bedingungen einen Umtausch in Aktien im Nennwertverhältnis von 1 : 1 anbieten. Reflektiert der Genußscheininhaber nicht auf die angebotenen Aktien, wird er in Bargeld abgelöst.
Ein wichtiger Unterschied zwischen Genußschein und Gewinnschein besteht auch für die emittierenden Unternehmen. Der Genußschein ist als „Aktie besonderer Gattung" Eigenkapital, der Gewinnschein stellt eine Betriebsausgabe dar und ist steuerlich daher Fremdkapital.
Theoretisch ist der Gewinnschein für jedes kapitalmarktfähige Unternehmen (auch in der Rechtsform einer GesmbH) eine attraktive, weil kostengünstige langfristige Finanzierungsvariante. Eine Verzinsung erfolgt nur, wenn Gewinn erzielt wird. Andererseits können dadurch dem Gewinnscheininhaber attraktive Ausschüttungssätze geboten werden.
Für den Anleger ist der Erwerb von Gewinnscheinen dann interessant, wenn sie von ertragstarken Unternehmen emittiert werden. Nur wenn Gewinn gemacht wird, werden Ausschüttungen vorgenommen. Die Rendite dieser Geldanlage ist damit direkt vergleichbar mit der Rendite einer festverzinslichen Geldanlage.

TIMING IS MONEY

André Kostolany, der alte Börsenfuchs, unterscheidet zwei Arten von Aktienbesitzern, hartgesottene und zittrige. Die hartgesottenen Börsenteilnehmer sind diejenigen, die über das nötige Kleingeld verfügen sowie ausgesprochen gefühlskalt und ausgeklügelt agieren. Die Zittrigen hingegen sind vergleichsweise schwach bei Kasse oder gar mit Krediten finanziert, sie verfolgen nervös das tägliche Auf und Ab der Kurse, und sie handeln emotionell.
Die für den Geldanleger entscheidende Frage, kaufen oder verkaufen, hängt jetzt davon ab, in wessen Händen die Aktien sind sowie in welcher Verfassung sich der Markt befindet.
Bleiben wir bei der Theorie des pfiffigen Ungarn. Er unterscheidet drei Phasen im Börsenzyklus, die Phase der Korrektur, der Anpassung oder Begleitung und der Übertreibung. In Verbindung mit dem jeweiligen Umsatzvolumen ergeben sich somit folgende Szenarien:
Fallen die Kurse eine Zeitlang mit immer größeren Umsätzen, ist das ein Zeichen dafür, daß die Hartgesottenen kaufen. Sie lassen sich vom Preisverfall nicht abschrecken, denn sie wissen, daß bald der Moment gekommen ist, da der Markt „überverkauft" ist, die in Panik geratenen Zittrigen ihre besten Papiere abgestoßen haben und der Markt umschlägt, die nächste Aufwärtsbewegung also wieder startet. Das ist die Phase der Übertreibung nach unten.
In diesem Fall bedarf es gar keines Wirtschaftsaufschwungs, keiner positiven Sensationsnachricht, damit der Markt wieder in eine Aufwärtsphase übergeht. Geschieht dies bei kleinen Umsätzen, ist das ein „ausgesprochen günstiges" Zeichen. Die Mehrzahl der Aktien liegt nach wie vor auf den Depots der Hartgesottenen, denn die warten mit ihren Verkäufen zu, bis die Preise noch weiter gestiegen sind. Jetzt findet die Korrektur der vorangegangenen Übertreibung nach unten statt.
In der Phase der Anpassung oder Begleitung vollzieht die Börse im großen und ganzen den wirtschaftlichen Trend mit. Die Umsätze plätschern dahin. Doch unberechenbar, wie die Börse nun einmal ist, beginnt sie irgendwann einmal wieder mit der Übertreibung, diesmal in die andere Richtung. Die Umsätze nehmen

zu, die Kursausschläge werden heftiger. Wiederum signalisieren Rekordumsätze das nahe Ende eines Zyklus, diesmal einer Hausse. Die Zittrigen, die sich von den in die Höhe schießenden Kursen zum Kauf hinreißen lassen, verhelfen den Hartgesottenen zu satten Gewinnen. Der Markt, so sagt man, ist „übergekauft".

So läuft es also an der Börse, wenn man Kostolany Glauben schenken darf.

Die Zittrigen sind keineswegs immer unbedarfte Kleinanleger, die nur mit der Masse mitlaufen und just zum falschen oder zumindest suboptimalen Zeitpunkt handeln. Warren Buffet, der „Zauberer von Omaha", der aus 100.000 Dollar Startkapital ein privates Milliardenvermögen gemacht hat und der sein Unternehmen, Berkshire Hathaway, so erfolgreich führte, daß dessen Börsenkurs in 23 Jahren um das 285fache stieg, tadelte die „Professionals" in den Finanzzentralen von Multis und Pensionskassen, mit ihrer Kurzsichtigkeit den Crash vom 19. Oktober 1987 mitverschuldet zu haben: „Anstatt sich darauf zu konzentrieren, wie sich die Geschäfte in den kommenden Jahren entwickeln werden, orientieren sich viele angesehene Geldmanager an dem, was sie glauben, daß andere Manager wohl in den nächsten Tagen tun werden."

Es geht also um die Wahl des richtigen Zeitpunktes von Kauf und Verkauf, dem Timing, des nach Rudolph J. Kaderli, dem renommierten Schweizer Experten, „wichtigsten Faktors im Wertschriftengeschäft".

„Timing heißt, den Börsentrend erfassen."

So einfach sagt sich's, doch wie schwierig ist es, diesen Trend auch tatsächlich zu fassen zu kriegen.

Noch bevor sich der Geldanleger an die Börse wagt, oder nur blind einem „heißen" Tip folgt, sollte er sich Klarheit darüber verschaffen, was denn überhaupt die Börse bewegt.

Ohne Zweifel unterliegen die Börsentrends gewissen Gesetzmäßigkeiten. „Die Börse ist logisch", behauptet Kostolany. Leider ist diese Logik „kapriziös", was bedeutet, daß diese Logik nicht unbedingt wissenschaftlich-analytischen Kriterien folgt. Auch müssen die Gesetzmäßigkeiten, die die Börsenanalytiker ausgemacht zu haben glauben, nicht immer eindeutig zu Tage treten. Grundsätzlich gilt, daß der Aktienmarkt der tatsächlichen Wirtschaftsentwicklung vorauseilt, weil die Kurse doch die Zukunftserwartungen der Anleger reflektieren. Das setzt freilich voraus, daß die Investoren wenigstens überwiegend rational agieren und mithin ein erwartetes wirtschaftspolitisches Handeln auch in ihren Dispositionen (Kauf oder Verkauf) vorwegnehmen. Besonders, wenn es zu heftigen Kurseinbrüchen innerhalb eines kurzen Zeitraumes kommt, kann aber die Börse selbst die weitere Wirtschaftsentwicklung beeinflussen. Zum Beispiel durch ein geändertes Konsumverhalten.

An sich ist zu erwarten, daß rationale Geldanlage zuerst einmal vom wirtschaftlichen Ist-Zustand ausgeht, das heißt, ihre Zukunftserwartungen aus der Gegenwartsanalyse ableitet. Beißt sich dabei aber nicht die Katze in den eigenen Schwanz? Die Investoren setzen Signale, die Wirtschaftspolitik reagiert, was wiederum Signalwirkung für die Geldanleger hat und so fort. Und wo steckt in dieser unablässigen Ursache-Wirkung-Abfolge die Spekulation?

Wie immer, grosso modo ist an der Signalwirkung der Börse etwas dran, denn beispielsweise ist in den letzten 100 Jahren nach jedem größeren, über dreißigprozentigen Börsenkurssturz ein wirtschaftlicher Niedergang eingetreten, und sieben von zehn normalen Baissen ist eine Rezession nachgefolgt, profunde Korrelationsfaktoren für Statistiker.

Glaube versetzt Berge, heißt es. Mag sein. Die Erwartung als Wirkungsursache ist jedenfalls nachweisbar realistisch. Zieht ein Unternehmen lukrative Aufträge an Land, verbindet sich damit die Erwartung einer positiven Gewinnentwicklung. Die Aktie dieses Unternehmens lockt Kaufinteressenten an, der Kurs steigt, lange bevor die Gewinn- und Verlustrechnung vorgelegt wird. Ähnlich ist es im Bereich der Makroökonomie: Senkt die Notenbank den Diskontsatz und pumpt sie über die Offenmarktpolitik Geld in die Wirtschaft, sinkt das Zinsniveau insgesamt, worauf sich in der Folge die Wirtschaftstätigkeit belebt. Noch bevor die ersten Investitionsentscheidungen getroffen werden, steigen bereits die Aktienkurse der Investitionsgüterindustrien.

Damit stehen die maßgeblichen Kriterien, die den Börsentrend bestimmen, fest:

- die Ertragsentwicklung der Unternehmen,
- das Zinsniveau und
- die Geldversorgung der Wirtschaft.

Je höhere Gewinne die Unternehmen erzielen, desto besser können sie ihr Eigenkapital und ihre Aktionäre bedienen. Umso kräftiger wird ihre Substanz, umso größer der innere Wert einer Aktie. Langfristig drückt sich diese Ertragskraft in einer ent-

sprechenden Börsenbewertung aus. Nicht unbedingt kurz- oder auch mittelfristig.
Grundsätzlich gilt, daß steigende Gewinnerwartungen steigende Aktienkurse zur Folge haben, und sinkende Gewinnerwartungen sinkende Kurse.
Zinsen haben stets Signalwirkung. Sinkende Zinsen wirken konjunkturbelebend, steigende konjunkturbremsend. Droht eine Konjunktur außer Rand und Band zu geraten, was allerdings in den letzten Jahren kaum der Fall gewesen ist, zumindest nicht im „klassischen" Sinn, dann zieht die Notenbank die Zinszügel an. Sie erhöht Diskont- und Lombardsatz (zu letzterem beleihnen Banken bei der Notenbank Wertpapiere, um sich dadurch Geld zu besorgen), erhöht die Mindestreserveverpflichtungen (die Geldinstitute dürfen nur einen bestimmten Anteil ihrer Einlagen als Kredite vergeben) und veranlaßt die Geldinstitute über die Offenmarktpolitik,[1]) freie Liquidität gegen Wertpapiere einzutauschen.
Höhere Zinsen engen den Spielraum zur Gewinnerzielung ein, die Gewinnmargen sinken tendenziell. Umgekehrt ist es bei niedrigeren Zinsen.
Steigende Zinsen erhöhen die Attraktivität der festverzinslichen Wertpapiere. Renditeüberlegungen veranlassen die Geldanleger, aus den Aktien aus- und in die Rentenwerte umzusteigen. Die Aktienkurse bröckeln daraufhin ab, was bei unveränderten Dividenden zu einer Verbesserung der Dividendenrendite führt. Wenn der innere Wert einer Aktie jeweils dem abgezinsten Barwert aller künftigen Dividenden entspricht, muß ein höherer Zinssatz rechnerisch eine niedrigere Bewertung durch den Kurs ergeben, ein niedrigerer Zinssatz einen höheren. Daraus folgt, daß steigende Zinsen zu sinkenden Aktienkursen und sinkende Zinsen zu steigenden Aktienkursen führen. Die absolute Zinshöhe selbst ist nicht maßgeblich, weil sie von den gesamtwirtschaftlichen Rahmenbedingungen bestimmt wird, signal- und damit ausschlaggebend ist stets die Veränderung.
Von der gesamtwirtschaftlichen Liquidität und damit wiederum

---

[1]) Offenmarktpolitik: Ein Instrument der Geldpolitik. Die Notenbank veranlaßt die Banken, gewisse Wertpapiere zu kaufen beziehungsweise zu verkaufen, wodurch sich die Notenbankguthaben der Banken entsprechend verändern. Damit beeinflußt sie über die Liquidität der Geldinstitute die umlaufende Geldmenge. Die Liquidität ist entscheidend dafür, ob eine Bank großzügig oder sparsam Kredite gewährt.

von der Höhe der Zinsen hängt es ab, ob Geld in eine Börse hinein- oder von dort herausgeht, ob Kaufkraft vorhanden ist oder ob Verkaufsdruck vorherrscht.
Geld ist die Atemluft der Börse, trifft André Kostolany den Nagel auf den Kopf. Ist in einer Wirtschaft viel flüssiges Geld vorhanden, weil die Zinsen niedrig sind, das Investitionsklima mäßig ist, Banken und Versicherungen nicht wissen, wo sie ihre Barreserven anlegen sollen, weil niemand um Kredite ansucht, gedeiht die Börse gut.
Am frühesten hat man den Zusammenhang zwischen Geldversorgung und Börsenaktivität in den USA erkannt. Die großen und kapitalmäßig breit gestreuten Börsen, bislang noch wenig staatlicher Regulierung unterworfen, sind feinnervig mit dem Geschehen der Wirtschaft insgesamt verbunden. Präsidentenberater Beryl Sprinkel hat schon vor 25 Jahren erkannt, daß die Aktienkurse von der Geldmenge bewegt werden. Die Analyse der Geldpolitik der Notenbank (Federal Reserve) sei daher ein empfehlenswertes Hilfsmittel für Anlageentscheidungen.
Der Prestigegewinn der Neomonetaristen gegenüber den Keynesianern, die von einer, die Keynes'sche Theorie einseitig auslegenden Schuldenpolitik in Mißkredit gebracht worden waren, bestärkte zusätzlich die Überzeugung vom Einfluß der Geldmenge auf Wirtschaftsgeschehen und Aktienkurse. Nach Ansicht der Monetaristen führt eine Erhöhung der Zentralbankgeldmenge zu einer Umschichtung in den Vermögensbeständen der Banken mit der Folge, daß die Kreditmenge steigt. Durch die davon ausgelöste verstärkte Nachfrage auf den Finanz- und Sachkapitalmärkten kommt es zu Kurssteigerungen und Wertzuwächsen. Insgesamt entsteht ein positiver Vermögenseffekt.
Die wöchentlichen Veröffentlichen der Geldmenge durch das Federal Reserve wurden jahrelang stärkstens beachtet, jeder Wirtschaftstreibende verfolgte den „money supply". Welche Geldmengenziele hat die Notenbank, und welchen Wirtschaftskurs steuert sie folglich? Kann sie den Kurs halten oder nicht?
Die Geldmengenaggregate M1 und M2 wurden bald allgemeiner Wissensschatz, wobei unter M1 die Geldmenge im engeren Sinn zu verstehen ist, die Sichteinlagen bei Banken und der Bargeldumlauf, und M2 darüber hinaus auch die Termineinlagen von einem Monat an aufwärts einschließt.
Die Geldmengensensibilität ist nach wie vor ausgeprägt, wenn auch nicht mehr in dem Maß wie in den siebziger Jahren. Im Gefolge der Dollar-Turbulenzen und der Aufmerksamkeit, die

dem Handelsbilanzdefizit der USA gewidmet wird, schlagen sich Dollarkursveränderungen und die Veröffentlichungen der Handelsbilanzsalden meist sehr nachhaltig auf die Kursentwicklung nieder. Auch die europäischen Börsen reagieren manchmal sehr empfindlich auf Veränderungen des Dollarkurses. Kriegt der Dollar einen Schwächeanfall, gehen vor allem die Börseplätze der Hartwährungsländer BRD und Schweiz in die Knie. Ein niedriger Dollarkurs wirkt sich auf die vielfach stark exportabhängigen Unternehmen ertragsmindernd aus. Und sinkende Ertragserwartungen schlagen sich, wie gesagt, in sinkenden Kursen nieder. Andererseits profitieren rohstoffabhängige Unternehmen von billigeren Rohstoffimporten, wodurch sich wieder ein gewisser Ausgleich ergibt.
Für den österreichischen Aktienmarkt, der nicht nur jahrelang ein praktisch bedeutungsloser Teilmarkt des Kapitalmarktes war, sondern der auch nach wie vor von institutionellen und einigen privaten Großaktionären dominiert wird, hat die Geldpolitik nie jene Rolle gespielt, die ihr in den USA zugesprochen wird. Der institutionelle Einfluß auf die Finanzmärkte und der hohe Anteil subventionierter Kredite am Ausleihungsvolumen hat die Geldpolitik bis heute auf das Vorfeld der Börse beschränkt.
Die Geldmarktpolitik der Oesterreichischen Nationalbank wird maßgeblich bestimmt durch die starre Bindung des Schilling-Wechselkurses an jenen der D-Mark. Um Kapitalabströme zu vermeiden, trachtet sie, das Nominalzinsniveau knapp über dem bundesdeutschen zu halten. Richtsatz ist der Geldmarktsatz der BRD, weshalb die Nationalbank am Geldmarkt intensiv präsent ist. Ein größerer Aktienmarkt würde als ein „Markt der direkten Finanzierung“ (Georg Winckler, Handbuch der österreichischen Wirtschaftspolitik) das Übergewicht der ihre eigene Interessenpolitik betreibenden Kreditinstitute mindern und damit den geldpolitischen Intentionen der Nationalbank durchaus entgegenkommen.
Was bedeutet das alles für das richtige Timing?
Ganz einfach! Geldanlegen als wirtschaftliche Entscheidung muß mit der wirtschaftlichen Entwicklung insgesamt im Einklang stehen. Antizyklisches Agieren setzt voraus, die Zyklen richtig zu erkennen. Antizyklisch agiert, wer eine Entwicklung bereits im Ansatz erkennt und sie quasi vorwegnimmt. Egal, ob er auf eine ganz bestimmte Aktie setzt, auf eine Branche oder auch auf eine Börse.

Der ideale Zyklus

Ein Geldanleger sollte eine gute Beobachtungsgabe besitzen, eine feine Nase und viel Gespür. Er muß aus der Vielzahl von Informationen in Rundfunk und Fernsehen, Tageszeitungen, Magazinen und Spezialnachrichtendiensten selektieren und werten können. Daraus muß er Schlüsse ziehen und diese zu Prognosen verdichten. Erfahrung ist eine wertvolle Entscheidungsgrundlage, zu Erfahrung braucht es aber Zeit. Die geraffte Darstellung eines typischen Konjunktur- und Börsenszenarios soll gewissermaßen als Abschneider auf dem mühsamen Erfahrungensammelpfad dienen.
Beginnen wir mit dem Ende einer Hausse. Die Konsumenten sind außerordentlich spendabel, sie kaufen alles, was gut und teuer ist, vor allem ausländische Produkte, deutsche Automobile, italienische Textilien, japanische Unterhaltungselektronik usw. Auch die heimische Industrie ist hochgradig ausgelastet, sie sieht sich veranlaßt, Erweiterungsinvestitionen vorzunehmen, um die Nachfrage befriedigen zu können und die Kunden nicht an die Konkurrenz zu verlieren. Alle Unternehmer stöhnen unter einem Mangel an Arbeitskräften, insbesondere qualifiziertem Personal. Manche stellen sogar Kräfte ein, die sie zu anderen Zeiten gar nicht zum Fabrikstor hereingelassen hätten. Dadurch leidet mitunter die sonst hohe Qualität der Produkte. Löhne und Gehälter steigen stärker als die kollektivvertraglich vereinbarten Erhöhungen. Bei den Banken herrscht eine rege Nachfrage nach Krediten. Die Geschäftsberichte sprechen überwiegend von Expansion und positiven Tendenzen. Erste negative Hinweise kommen von der Notenbank, die (wie so oft spät, wenn nicht zu spät) Bremsmaßnahmen ergreift. Auch die Rohstoffpreise haben inzwischen ein ziemlich hohes Niveau erreicht.
Die Börse nimmt all das nicht zur Kenntnis. Nachdem die Kurse der Blue Chips schon in die Stratosphäre gestiegen sind und eigentlich nur noch abstürzen können, entdecken die Börsianer jetzt die kleineren Gesellschaften, die Börsen-Nachzügler, in denen folglich noch „Kurspotential“ stecken muß. Die täglichen positiven Nachrichten vom Börsengeschehen schaffen ein Klima des Optimismus und wecken die Neugierde auch jener, die ihr Kapital bestenfalls Investmentfonds anvertraut haben. Angesichts niedriger Sparbuchzinsen wollen sie es mit Kursgewinnen versuchen und steigen bei einem schon sehr hohen

Kursniveau ein. Sie bestätigen damit aber nur die Wall-Street-Weisheit der „Greater-Fool-Theory“, derzufolge einer in einer Hausse-Phase einen immer noch Dümmeren zu finden trachtet. Das geht solange dahin, als sich die Kurse an ihren eigenen Preisen hochziehen. Wie lange, kann niemand vorhersagen.
Große Umsätze, wobei die Profis bereits ihre Gewinne mitnehmen und die „greater fools“ noch weiter kaufen, markieren schließlich einen „Buying Climax“. Aus dem heiteren Himmel sinkt plötzlich der Kurs eines Blue-Chip-Wertes. In der Folge bröckeln weitere Kurse ab, obwohl die allgemeinen Wirtschaftsnachrichten und die Firmenberichte nach wie vor erfreulich klingen. Die Börse reagiert aber nicht mehr.
Und dann kommt es zum Kurseinbruch auf breiter Front. Ein „falsches“ Wort eines wichtigen Politikers, wie beispielsweise die Drohung eines amerikanischen Finanzministers, den Dollarkurs sausen zu lassen, sollte die deutsche Bundesbank die Zinsen erhöhen und damit auch das US-Zinsniveau in die Höhe treiben, genügt, um einen Kurssturz herbeizuführen. Die wirtschaftlichen Rahmenbedingungen werden von der Börse plötzlich neu bewertet, man ist wieder überaus zinsreagibel und sieht überall das Inflationsgespenst lauern. Der Aufwärtstrend ist endgültig gebrochen, niemand glaubt mehr an ihn, der Markt befindet sich auf dem Bärenpfad. (Die amerikanischen Börsianer unterscheiden den „bull market“ mit seinen steigenden Kursen und den „bear market“ mit fallender Kurstendenz. Der Bulle nimmt die Kurse auf die Hörner und wirft sie in die Höhe, der Bär drückt sie mit seinen Tatzen nach unten.)
Die Wirtschaft ist nunmehr mit hohen Zinsen konfrontiert. Unternehmer und Konsumenten werden vorsichtiger. Die Unternehmer halten sich mit Investitionen zurück; wenn investiert wird, dann unter dem Gesichtspunkt der Rationalisierung. Die Konsumenten sparen wieder mehr.
Die noch vor kurzem so optimistisch gehaltenen Gewinnprognosen werden herunterrevidiert. Sinkende Kurse machen jene Geldanleger nervös, die nach den ersten Kursstürzen in der Meinung zugegriffen haben, jetzt einen günstigen Moment zum Investieren erwischt zu haben. Sie werden von Tag zu Tag nervöser, um sich dann doch mit Verlust von ihrem offenkundig nicht so günstigen Gelegenheitskauf zu trennen.
Ein dreiviertel Jahr nach dem großen Kurseinbruch ist deutlich die wirtschaftliche Rezession zu erkennen. Nichts mehr ist von Arbeitskräftemangel zu hören, im Gegenteil, da und dort begin-

nen sich die Unternehmer von Arbeitskräften zu trennen, weil sie ihre Kapazitäten nicht mehr auslasten können. Als erste müssen die weniger Qualifizierten gehen. Die Konsumenten schieben größere Anschaffungen hinaus. Die Politiker sprechen häufig von Ankurbelungsmaßnahmen.
Die Abwärtsentwicklung der Börse mündet in einen regelrechten Ausverkauf, völlig entnervte Kleinanleger werfen ihre letzten Papiere auf den Markt, der „Selling Climax", der Tiefpunkt der Baisse ist erreicht. Interessanterweise reagiert die Börse jetzt auch auf noch so schlechte Wirtschaftsnachrichten nicht mehr. Pleiten, Kurzarbeit und Nachfrageflaute lassen die Kurse nicht weiter sinken, allenfalls bewegen sich die Kurse seitwärts.
Die Kommentatoren in den Medien, deren Blickwinkel gewöhnlich von den jeweils aktuellen Umständen eingeengt ist, sehen nur schwarz. Erste Kursavancen an den Börsen bewerten sie als „unmotiviert", als ein vorübergehendes Strohfeuer. Die Signalwirkung wird meist erst im nachhinein erkannt.
Tatsächlich hat der Aufwärtstrend, freilich auf und ab hopsend, begonnen. Das Anlagepublikum ist reichlich nervös und unsicher. Mit jedem Rückgang wird eine neuerliche Abschwungphase befürchtet. Der Programmhandel (im Computer eingespeicherte Kauf- und Verkaufsorders) verstärkt die Kursausschläge beträchtlich. Die Börsenaufsicht in Wall Street sieht sich immer wieder genötigt, den Programmhandel abzubrechen, um das Ärgste zu verhindern. Im Trendkanal der Chartisten zeigt sich über die Monate hin allerdings eine deutliche Aufwärtstendenz. So mancher Anleger faßt sich ein Herz und nimmt sich vor, die Korrektur zum Einstieg zu nützen.
Diese Phase des immer wieder unterbrochenen Aufstiegs geht so sechs bis zwölf Monate dahin. Allmählich hat sich auch die Wirtschaftlage wieder gebessert, und es zeigt sich, daß die „Börse doch recht" hatte, sie war der tatsächlichen Wirtschaftsentwicklung vorausgeeilt. Noch ist aber der allgemeine Optimismus nicht wieder ausgebrochen.
Die professionellen Anleger nützen den ersten starken Kursanstieg zu Gewinnmitnahmen und warten auf die Gelegenheit zum Neueinstieg. Mit zunehmend besseren Wirtschaftsnachrichten stellt sich auch beim breiten Börsenpublikum wieder Zuversicht ein. In erster Linie werden erstklassige Werte, Blue Chips, gekauft. Später wendet man sich sogenannten Nebenwerten zu. Fast täglich werden neue Rekordkursstände gemeldet. Kurz: es herrscht wieder Hausse, die Bullen regieren.

DIE GRUNDREGELN DER GELDANLAGE

Ratschläge für das richtige Anlageverhalten an der Börse sind vielfach banal, mehrdeutig und so gut wie nie allgemeingültig. Jede der aus vielen Erfahrungen geformten Weisheiten der Börsengurus hat zweifellos etwas für sich, aber keine ist von jener naturwissenschaftlichen Exaktheit, die der Ursache eine zwangsläufige Wirkung folgen läßt. Doch es gibt Regeln, die grundsätzlich beachtet werden sollten, auch wenn eine „kapriziöse" Börsenlogik dann und wann auch über Grundsätze hinweggeht. Vielleicht auch nur, um später zu ihnen zurückzukehren. Die Börsenlogik folgt in diesem Fall der Alltagslogik eben auf Umwegen. Wer den Umweg nicht mitmacht und vorzeitig aufgibt, bleibt im Sinne des Wortes auf der Strecke.
Die folgenden Anlageregeln erheben keinen Anspruch auf Vollständigkeit, sie sind ebensowenig eisern oder golden. Sie sind dennoch nützlich, und jeder Geldanleger sollte sie beachten.

- Die Börse denkt immer voraus, auch wenn sie auf aktuelle Tagesereignisse reagiert.
- Lassen Sie sich bei Ihren Anlageentscheidungen nicht von Hoffnungen leiten, Hoffnung ist eine schwache Basis. Informieren Sie sich eingehend, kalkulieren Sie nüchtern, und bleiben Sie konsequent, wenn Sie überzeugt sind.
- Studieren Sie die fundamentalen Daten eines Unternehmens, in dem Sie sich längerfristig engagieren wollen.
- Investieren Sie immer nur einen Teil Ihres Geldes in Aktien. Und kaufen Sie nie Aktien auf Kredit, außer Sie sind eine Spielernatur.
- Wall Street ist die Leitbörse der Welt. Wall Street blickt immer gespannt auf die geldpolitischen Aktivitäten des Federal Reserve System. Liquidität plus Psychologie machen die Kurse. Haben auch Sie ein Auge auf die Politik der amerikanischen Notenbank. Übersehen Sie darüber aber keineswegs die Deutsche Bundesbank und die Oesterreichische Nationalbank.
- Das Risiko streuen ist klug. Eine zu breite Streuung läßt aber leicht die Übersicht verlieren und verstößt gegen das Gebot, sich mit seinen Engagements so intensiv wie möglich zu be-

fassen. Geldanlegen setzt Information voraus. Sich informieren kostet Zeit.

- Entscheidungen sollen rasch getroffen werden, aber erst nach gründlicher Überlegung, denn andernfalls können sie sich als vorschnell herausstellen. Jeder Mensch trifft seine Entscheidungen unterschiedlich schnell. Geldanleger sollten sich nicht hetzen lassen.
- Was jedermann kauft, ist mit Sicherheit schon ein später Kauf. Vor allem, wenn ein Papier in allen möglichen Medien empfohlen wird. Das Rennen ist dann meist schon gelaufen. Trotzig entschlossen das Gegenteil zu tun, weil die Masse angeblich immer falsch liegt, ist allerdings auch nicht immer die richtige Taktik. Das Massenpublikum liegt nicht immer falsch, fatalerweise aber gerade an den Wendepunkten von Trends.
- „The trend is your friend" klingt wie ein Hohn, denn niemand weiß, wie lange. Dennoch ist es wichtig, die Grundströmung einer Börse zu erkennen. Am kurzfristigen Auf und Ab verdienen zu wollen ist bedeutend schwieriger.
- Geldanlegen erfolgt in der Absicht, Geld zu verdienen, und nicht, um Verluste wettzumachen. Viele Menschen neigen dazu, noch höhere Risken einzugehen, nur um rasch Verluste auszugleichen. Verluste sind unvermeidlich. Deshalb: Nie vergessen, zu verkaufen! Erst mit dem Verkauf realisiert der Geldanleger sein Anlageziel. Dazu eine Weisheit von Nathan Rothschild: „Always leave a profit for the other guy." Niemals den letzten Profit herausquetschen wollen.
- Tips tragen keine Verantwortung. Kaufen Sie nur, wovon Sie auch selbst überzeugt sind. Und zwar nach eingehender Prüfung.
- Ist eine Aktie heute billiger als vor einem Jahr, muß sie deshalb auch nicht preiswert sein. Es gibt keine Garantie, daß sie wieder auf ihren alten Kurs steigt.
- Aktien, die von Großaktionären beherrscht werden (z. B. vom Staat), vollziehen die allgemeine Börsenlogik nicht unbedingt oder nur zum Teil mit.
- Marktenge Papiere sind jederzeit für Überraschungen gut oder schlecht. Als Geldanlage sind sie ungeeignet.

TEIL 4

Investmentfonds und Edelmetalle

INVESTMENTFONDS: GESTREUTES RISIKO

Fast 30 Jahre lang führten die Investmentfonds in Österreich eine Kümmerexistenz. Von 1956, als die Creditanstalt die erste Investmentgesellschaft gründete, bis 1984 brachten es 15 Fonds, die von drei Kapitalanlagegesellschaften verwaltet wurden, auf ganze 12,7 Milliarden Schilling Fondsvermögen. Seitdem hat sich die Investmentfondsidee in Österreich wie Schnee im Winter ausgebreitet. Das Fondsvermögen hat inzwischen die 150 Milliarden Schilling klar überboten. Aus den drei Anlagegesellschaften der langen Stagnationsperiode sind bis zum Jahr 1988 14 geworden, die Zahl der verwalteten Fonds hat sich auf gut 100 vervielfacht.

Was hat den Ausschlag für die wundersame Vermehrung gegeben? An der Uridee der Investmentfonds, der Streuung des Geldanlagerisikos, hat sich ja in den letzten Jahren nichts Grundlegendes geändert.

Das auslösende Moment war zweifellos die Mitte der achtziger Jahre geschaffene Möglichkeit, die vom Gesetz geforderte Wertpapierdeckung der Abfertigungsrücklagen anstatt mühsam mit einzelnen gekauften österreichischen Teilschuldverschreibungen gleich kollektiv mit einem speziellen Abfertigungsfonds vorzunehmen. 30 Milliarden Schilling Abfertigungsrücklagen haben auf den Kreditapparat eine magnetische Wirkung ausgeübt, sodaß sich alle Sektoren entschlossen, eigene Fonds zu errichten, um ein Stück von diesem Kuchen zu ergattern. Bis dahin gab es neben der Kapitalanlagetochter der CA (Österreichische Investmentgesellschaft) nur die von Sparkassen- und Raiffeisensektor gemeinsam verwaltete Sparinvest-Kapitalanlagegesellschaft mbH.

Die neu hinzugekommenen Anbieter konnten es natürlich nicht bei Abfertigungsfonds allein belassen, sondern sie boten sukzessive auch die traditionellen Anlageinvestments, insbesondere Rentenfonds, an. Die plötzliche Markterweiterung brachte zwangsläufig neue Kunden.

Ein weiterer Nachfrageschub fiel mit der 1984 eingeführten und Mitte 1986 wieder abgeschafften Zinsertragsteuer (ZESt) zu-

sammen. Diese Steuer hat auch wesentlich zu einer bis dahin nicht sonderlich ausgeprägten Zinssensibilität der Österreicher geführt. Davon haben nicht zuletzt die kurzfristig anlegenden Geldmarktfonds profitiert.
Schließlich haben die Geldinstitute selbst die Investmentfonds als problemlose Alternative für Nostroveranlagungen entdeckt, die es ihnen gestatten, flexibel auf die Marktgegebenheiten zu reagieren. Es gibt jetzt auch Fonds, die ausschließlich der Portefeuilleverwaltung von institutionellen Anlegern dienen.
Überhaupt haben die achtziger Jahre die Investmentfonds weltweit sprießen lassen. In den USA hat sich die Zahl der Fonds innerhalb von zehn Jahren auf mehr als 1300 verdreifacht, wobei die Vermehrung gerade in den letzten Jahren explosive Formen angenommen hat. Die „Performance", der Wertzuwachs, war nur ein Grund für den wuchernden Zuspruch. Eine insgesamt wohlhabendere und auch über die Geldanlage besser informierte Gesellschaft ist eine weitere Erklärung, die genauso auf das österreichische Investmentpublikum zutrifft. Die Hochzinsperiode der frühen achtziger Jahre hat die Sparer verwöhnt. Viele von ihnen versuchten in der nachfolgenden Phase sinkender Zinsen ihre Kapitalerträge über alternative Veranlagungen zu optimieren. Dabei boten sich vor allem die Investmentfonds an. Nicht zuletzt verleitete die lange Börsenhausse alle jene zum Investmentfondsengagement, die auch von den steigenden Aktienkursen profitieren wollten, aber gleichzeitig die Mühe scheuten, selbst die Aktienauswahl zu treffen.

Was spricht für einen Investmentfonds?

Es gibt mehrere Gründe, sich anstelle der Direktveranlagung für die Geldanlage in einen Investmentfonds zu entscheiden.
Erstens ist es das professionelle Fondsmanagement, dessen Erfahrung und Fachwissen dem eines normalen Geldanlegers überlegen sein sollte. Von einem mit allen technischen Hilfsmitteln ausgestatteten professionellen Management kann man erwarten, daß es rascher auf Marktsignale reagiert und das Portefeuille umschichtet als der meist nicht direkt an den Informationsquellen sitzende private Geldanleger. Die Güte eines Fondsmanagements wird insbesondere an der langfristigen Performance, dem Vermögenswertzuwachs durch Kursgewinne und wieder veranlagte Zinserträge erkennbar. Performancever-

gleiche werden regelmäßig in Fachpublikationen veröffentlicht, die bei den Banken erhältlich sind. Jede Kapitalanlagegesellschaft ist zur Veröffentlichung von Geschäftsberichten verpflichtet, in denen Anlagestrategie und Dispositionen des Fondsmanagements im Detail beschrieben werden. Manche Gesellschaften geben auch Zwischenberichte heraus. Gegen den Markt können aber auch die gefinkeltsten Anlagestrategen nicht an. Allerdings sollten sie in der Lage sein, einen allfälligen Marktverfall durch geschickte Maßnahmen, wie aktives Trading, abzufedern.
Zweitens kann ein Fonds eine ungleich größere Diversifikation bei den einzelnen Werten vornehmen als der einzelne Anleger. Selbst wenn dieser über ausreichendes Anlagekapital verfügt, hat er in den seltensten Fällen auch Zeit genug, das Portefeuille ständig zu beobachten. Mit dem Kauf eines Investmentanteils um verhältnismäßig wenig Geld ist der Investmentsparer an einem Portefeuille von mehreren Dutzend Aktien oder Anleihen beteiligt. Das Anlagekapital ist in einem Investmentfonds immer sicherer angelegt als in nur einigen wenigen Werten.
Der Investmentsparer minimiert nicht nur sein Risiko, sondern ist drittens auch garantiert bei jedem Aufwärtstrend dabei. Umgekehrt natürlich mit derselben Gewißheit auch bei einem Marktverfall. Das „downward risk“ ist aber nie so groß wie das „upward potential“. Er kann von seinen Fondsmanagern erwarten, daß sie einen ungünstigen Markttrend frühzeitig erkennen und entsprechend reagieren.
Die besondere Attraktivität des Investmentsparens liegt schließlich darin, sich bereits mit sehr kleinen Beträgen an den Erträgen eines Wertpapiervermögens beteiligen zu können. Investmentsparen ist ganz besonders für das laufende Ansparen geeignet. Wer monatlich einen bestimmten Betrag anlegen will, kann damit in der Regel kein Wertpapier direkt erwerben. Die Mindeststückelungen betragen bereits bei österreichischen Werten oftmals S 5.000,— oder 10.000,—. Investmentzertifikate kosten in der Regel nur einige hundert Schilling.
Der Ansparvorgang mit regelmäßigen Einzahlungen ist auf Sicht überhaupt die optimale Sparvariante. Vor allem bei stark schwankenden Börsenkursverläufen der im Fondsvermögen enthaltenen Wertpapiere und einem entsprechend auf und ab steigenden Anteilswertverlauf kann der Ansparer ein größeres Vermögen erzielen als der Einmaleinzahler eines größeren Betrages. Im Englischen wird dieses Kaufprogramm „Cost Aver-

aging" genannt. Durch den Wertpapiereinkauf zu unterschiedlichen Kursen erzielt der Investor einen durchschnittlich günstigeren Einstandspreis.
Ein Beispiel macht das deutlich:
Ein Geldanleger kauft zu Jahresbeginn für 50.000,— Investmentzertifikate zum Preis von je 200,—. Er besitzt demnach 250 Anteile.
Ein zweiter Geldanleger ist ebenfalls bereit, 50.000,— auszugeben. Allerdings in fünf gleichen Raten zu je 10.000,—. Er kauft
im Jänner zum Preis von 200,—,
im März zum Preis von 250,—
im Juni zum Preis von 200,—,
im Oktober zum Preis von 150,—,
im Dezember zum Preis von 200,—.
Sein Durchschnittspreis ist ebenfalls 200,—, doch, wie sich leicht nachrechnen läßt, hat er mit seinem „Cost Averaging" 256,6 Anteile und damit ein größeres Vermögen erworben als der Einmalkäufer.

Wie arbeiten Investmentfonds?

Grundsätzlich ist Investmentsparen eine kollektive Geldanlage zur Streuung des Risikos. Ein Geldanleger, der auf eine Aktie setzt, kann gut und gerne sein Kapital verlieren. Besitzt er Aktien mehrerer Gesellschaften, kann er damit rechnen, daß sich Kursverluste auf Sicht mit Kursgewinnen ausgleichen. À la longue sollte er insgesamt gewinnen, wie die langfristige Aktienperformance beweist. Allerdings ist ein ausgewogenes Aktienportefeuille eine teure Investition, die sich nicht jeder leisten kann. Nicht glücklich sind auch Anleger, die eine festverzinsliche Anleihe um 6¾ Prozent erworben haben, wenn der Anleihenzinssatz bald darauf auf 7,5 Prozent steigt. Der Verkauf zum gesunkenen Kurs samt Spesen macht den Umstieg auf die höher verzinste Anleihe zum Verlustgeschäft.
Die Problemlösung für beide Fälle ist ein Investmentfonds. Viele Anleger zahlen quasi in einen gemeinsamen Topf ein und erhalten dafür Anteilscheine, die die Ansprüche gegen die Investmentgesellschaft verbriefen. Die Investmentgesellschaft verfügt über ein professionelles Fondsmanagement, das die Veranlagung der in den Topf eingezahlten Gelder vornimmt.
Investmentsparer sind Miteigentümer an einem Investment-

fonds. Ihr Miteigentum ist in einem Zertifikat verbrieft. Die treuhändige Verwaltung wird von einer Kapitalanlagegesellschaft (Investmentfondsgesellschaft) entsprechend den schriftlich fixierten Fondsrichtlinien durchgeführt. Die Fondsverwaltung ist selbstverständlich der „Sorgfalt eines ordentlichen Kaufmanns" verpflichtet.
Die Veranlagung erfolgt nach unterschiedlichen Schwerpunkten, entweder in Aktien oder in Rentenpapiere oder in mehr oder weniger von beidem. Gemeinsam ist jeder Art von Investmentfonds die Streuung des Anlagerisikos, sei es nach Branchen, nach Emittenten, nach Ländern oder nach Währungen. Das bedeutet aber auf der anderen Seite, daß mit einem Einzelinvestment unter Umständen ein erheblich besseres Ergebnis erzielt werden kann als über die Veranlagung bei einem Fonds, selbst wenn es sich dabei um einen aggressiven Go-Go-Fonds mit lauter Wachstumsaktien im Vermögen handelt: Risikobegrenzung ist immer auch Chancenbegrenzung.

Was kosten Investmentfonds?

Beides nimmt der Investmentsparer bewußt in Kauf, weil ihm als Gegenleistung dafür alle Dispositionsmühen von Fachleuten abgenommen werden. Die Kosten für diese Gegenleistung schmälern den Ertrag. Solche Kosten fallen an beim Kauf von Investmentanteilen und bei der laufenden Verwaltung. Die Ausgabekosten verteuern den Investmentanteil beim Erwerb, der laufende Verwaltungsaufwand wird aus den Kapitalerträgen, die dem Fonds zufließen, beziehungsweise aus dem Fondsvermögen gedeckt. Die Ertragsausschüttungen sind entsprechend niedriger.
Verglichen mit einer direkten Veranlagung ist ein Investmentfonds meist teurer. Bevor der Investmentsparer verdient, müssen erst die Fondskosten verdient werden. Allerdings kann sich ein Fonds viel spesengünstiger als ein Kleinanleger mit Wertpapieren eindecken, weil große Posten immer mit niedrigeren Spesen belastet sind als kleine. Kauf und Verkauf von einigen wenigen Aktien oder Anleihen in Mindeststückelung ist vor allem im Ausland überproportional teuer. So gesehen kann ein Investmentfonds sogar kostengünstiger sein. Österreichische Fonds beziehungsweise ausländische Fonds, die an der Wiener Börse notieren, sind mit Spesen zwischen 1,25 und 5 Prozent belastet.

Für gewisse ausländische Fonds, die von Vermögensberatern vermarktet werden, sind Spesen bis zu 10 Prozent und mehr zu bezahlen. Relativ kostengünstig sind die amerikanischen „No Load"-Fonds. „No Load" heißt, daß keine Ausgabekosten berechnet werden. Das Problem für österreichische Investmentsparer besteht jedoch darin, Informationen über amerikanische Fonds zu erhalten. Der Erwerb ausländischer Investmentzertifikate ist generell bewilligt.
Der Wert eines Investmentanteils ist eine simple Rechengröße: Fondsvermögen dividiert durch die Zahl der ausgegebenen Anteile. Das Fondsvermögen setzt sich aus dem aktuellen Börsenpreis aller Wertpapiere und den Bankguthaben abzüglich eventueller Verbindlichkeiten zusammen. Der entsprechende rechnerische Stückpreis eines Fondsanteils verändert sich mithin börsentäglich.
Dem Käufer eines Fondsanteils wird ein Investmentzertifikat ausgestellt, das allerdings etwas teurer ist als der rechnerische Inventarwert je Anteil. Der Grund für den höheren Ausgabepreis sind sämtliche Verkaufs- und Vertriebsspesen, die gleich beim Erwerb eines Anteils aufgeschlagen werden. Für gleich wieder veranlagte Ausschüttungen wird allerdings üblicherweise ein Wiederveranlagungsrabatt gewährt.
Österreichische Investmentzertifikate müssen laut Gesetz jederzeit von der Kapitalanlagegesellschaft zurückgekauft werden können. Der Rücknahmepreis entspricht im großen und ganzen dem rechnerischen Inventarwert. Kapital, das in einen österreichischen Investmentfonds investiert wird, kann also jederzeit wieder flüssig gemacht werden.

Fondstypologie

Die Spesenbelastung ist zwar ein wichtiges Kriterium, sollte bei der Auswahl eines Investmentfonds aber nicht unbedingt im Vordergrund stehen. Entscheidend sind die Spesen nur im direkten Vergleich von Fonds mit ähnlicher Performance. Die erste Entscheidung des Investmentsparers betrifft die Art des Investmentfonds. Soll es ein Aktienfonds, ein Rentenfonds oder ein gemischter Fonds sein; ein Aktienfonds, der in österreichischen Papieren oder in internationalen Wachstumsaktien veranlagt, ein Rentenfonds, der nur ausschließlich österreichische Anleihen zeichnet, oder einer, der auf ausländische Anleihen

spezialisiert ist usw. Schließlich gibt es noch spezielle Länder- oder Branchenfonds, die die Möglichkeit bieten, die Anlagestreuung auf vielversprechende Börsenplätze oder Wirtschaftszweige zu bündeln.
Grundsätzlich wird zwischen geschlossenen und offenen Fonds unterschieden.
Ein geschlossener Fonds (closed-end-fund) verkauft nur eine bestimmte Anzahl von Anteilscheinen, die er auch nicht zurücknimmt. Er stellt demnach eine Anlagegesellschaft dar, deren Anteile in Form von Aktien über eine Börse gehandelt werden. Der Preis der Aktien orientiert sich mehr oder weniger am inneren Wert, wird aber letztlich von Angebot und Nachfrage bestimmt.
Ein offener Fonds (open-end-fund) nimmt dagegen laufend neue Anleger auf. Für das zufließende Kapital werden neue Anteile ausgegeben. Er ist dafür auch verpflichtet, zum Rückkauf angebotene Anteile jederzeit zurückzunehmen. Das Fondsvermögen eines offenen Investmentfonds kann theoretisch auch bei einer negativen Wertentwicklung wachsen. Österreichische Investmentfonds können nur in der Form offener Fonds errichtet werden.

Aktienfonds

Zur Streuung des Vermögens eignen sich Fonds, die international in Aktien investieren. Das Prinzip der Risikomischung kommt hier am deutlichsten zum Tragen. In Österreich wird davon allerdings untypisch wenig Gebrauch gemacht, Aktienfonds fristen ein Schattendasein. Sie bringen es auf bloß vier Prozent des gesamten Fondsvolumens. Weltweit sind die Investmentfonds jedoch überwiegend Aktienfonds.
Je nach Anlageziel wird in internationale Standardwerte investiert, in sogenannte Wachstumsaktien, in Aktien bestimmter Börseplätze oder bestimmter Branchen. Der Anleger kann sich den Fonds nach seinem Geschmack aussuchen. Das ist aber schon die einzige Auswahl, die er treffen kann, denn die einzelnen Aktien sucht dann das Fondsmanagement aus. Doch wer lieber sein eigener Portfoliomanager ist, kommt als Investmentsparer ohnedies nicht in Frage.
Von der Börsenkursentwicklung abgesehen, spielt bei international anlegenden Aktienfonds vor allem das Währungsrisiko eine große Rolle. Der Direktanleger kann etwa einer ungünstigen Dollarkursentwicklung leichter entgehen als der Manager

eines internationalen Aktienfonds, der einen Großteil seines Vermögens entsprechend der weltweiten Börsenkapitalisierung in amerikanischen Aktien investiert haben muß. Aus dieser Situation heraus wird auch verständlich, daß die Performance mancher Fonds, gemessen an diversen Börsenindices, unterdurchschnittlich bleiben kann. Diese Erkenntnis ist nicht zuletzt ein Grund für die starke Zunahme der sogenannten Index-Fonds in den USA, das sind Fonds, deren Portefeuille sich zum Beispiel aus den im Standard & Poor's Index 500 enthaltenen Werten zusammensetzt. Damit entspricht der Wertzuwachs wenigstens dem Zuwachs des zugrundeliegenden Indexes.

Rentenfonds

Die ausschließlich in festverzinslichen Wertpapieren investierenden Rentenfonds erfreuen sich einer stark zunehmenden Beliebtheit. Rentenpapiere sind bevorzugte Anlagepapiere für Leute, die Geldanlegen nicht unbedingt als Nervenkitzel verstehen. Rentenfonds sind mit ihrem Querschnitt durch den nationalen oder internationalen Anleihemarkt danach das Nonplusultra der soliden Anlage.

Die laufende Tilgung von Anleihen und die Wiederveranlagung des Erlöses bringt es mit sich, daß ein Rentenfonds selbst nicht fest verzinst ist. Sein überwiegend vom Zinsertrag bestimmter Wert hinkt außerdem ständig der aktuellen Kapitalmarktverzinsung nach.

Wenn das Zinsniveau steigt und die Ausschüttung des Fonds dementsprechend ebenfalls, dann geht der Wert des Fonds entsprechend den rückläufigen Kursen der Papiere zurück (Zur Kurs/Zins-Mechanik siehe Kapitel „Kurs und Rendite").

Wenn dagegen das Zinsniveau fällt und auch die Ausschüttung geringer ausfällt, steigt der Wert des Fonds, weil bei sinkendem Zinsniveau die Kurse der alten, höher verzinsten Anleihen steigen. Da die Anleihen in der Regel zum Nennwert von 100 Prozent getilgt werden, ist eine Kursveränderung aber stets vorübergehender Natur.

Anleger, die Zertifikate von Rentenfonds erwerben, die ausschließlich in österreichischen Anleihen anlegen, dürfen sich nicht wundern, wenn sie im Anlageverzeichnis auch Fremdwährungsanleihen finden. Als österreichische Anleihe gilt, wenn sie von einem österreichischen Emittenten ausgegeben wurde. Die Republik Österreich oder österreichische Geldinstitute begeben

aus bestimmten Gründen (Budgetfinanzierung, Fremdwährungskredite) auch Anleihen in fremder Währung. Damit steckt auch in den Rentenfonds ein gewisses Währungsrisiko.
Die besten Resultate im Vergleich zur Direktanlage erzielen Rentenfonds bei einem steigenden Zinsniveau, weil sie in der Lage sind, eher als der individuelle Anleger höher verzinste Papiere nachzukaufen. Als fast „unschlagbar" gelten sie für laufende Ansparvorgänge.

Gemischte Fonds

Das Portefeuille dieser Fonds setzt sich aus Aktien und Renten zusammen. Je nach der Entwicklung von Aktien- oder Rentenmarkt verschiebt sich die Vermögensgewichtung. Ein gemischter Fonds verzichtet auf maximale Wertsteigerung in der Hausse, und hält bei einer Aktienmarktbaisse den Kursverfall durch den stabilisierenden Rentenanteil in Grenzen. Gegenüber reinen Aktienfonds können gemischte Fonds mit einer höheren Ausschüttung aufwarten.

Spezialfonds

Abfertigungsfonds

Seit einigen Jahren können Unternehmen die gesetzlich erforderliche Wertpapierdeckung ihrer Abfertigungs- (und seit 1989 auch Pensions-)rücklagen mit eigenen Abfertigungsfonds vornehmen. Diese Fonds dürfen nur in österreichischen fest oder variabel verzinsten Teilschuldverschreibungen anlegen. Die Vorteile dieser Deckungsvariante sind:

- Keine Deckungslücke, die durch die Tilgung einzelner Papiere eintreten kann,
- ein übersichtliches Depot, weil der Fonds die Rücklage auf eine einzige Wertpapierposition reduziert und
- ein geringer Buchungsaufwand: Es gibt nur noch einen Kupontermin.

Thesaurierungsfonds

Manche Fonds schütten die Erträge nicht aus. Sie behalten Zinsen und Tilgungserträge im Fondsvermögen. Dadurch steigt der

Kurs des Fonds laufend. Der Unterschiedsbetrag zwischen Kaufpreis und Veräußerungserlös ist kapitalertragsteuerpflichtig. Die Wertzuwächse sind nach österreichischem Gesetz jedoch dann KESt- und einkommensteuerfrei, wenn es sich bei dem Anteilschein um eine Aktie oder ein aktienähnliches Papier handelt und die Anteile mindestens ein Jahr lang behalten werden.

Versicherungsablauffonds

Die Kumulierung von abreifenden Lebensversicherungsverträgen hat die Versicherungswirtschaft zur Gründung eigener Fonds veranlaßt, um die Gelder nicht kampflos in andere Finanzkanäle fließen zu lassen und ihrem Vertriebsapparat weitere Verdienstmöglichkeiten zu bieten. Dadurch sind die Versicherungen gegenüber den gleichartigen Investmentfondsangeboten aber zwangsläufig teurer. Die Zertifikate der Versicherungsablauffonds kosten im Schnitt um 0,5 Prozent mehr als die Angebote des Kreditapparats.

Kurzfristige Fonds

Grundsätzlich sind Investmentfonds für die langfristige Kapitalveranlagung konzipiert. Die österreichischen Geldinstitute warten aber auch mit Fonds für eine relativ kurzfristige Veranlagungsdauer bis zu drei Jahren auf. Sie legen einen Teil ihres Vermögens in österreichische Anleihen und einen Teil in Zwischenbankeinlagen an. Ein Vergleich selbst mit inoffiziell höheren Sparbuchzinsen kann sich durchaus sehen lassen.

Edelmetallfonds, Länderfonds, Branchenfonds

Alle diese Fonds verfolgen spezialisierte Anlageziele. Es bleibt der Überlegung des Geldanlegers vorbehalten, ob er sich mit einem Investment in einem solchen Spezialfonds bessere Wertzuwächse verspricht als bei einem Engagement bei einem breiter diversifizierten Fonds. Der Umstand, daß so spezielle Fonds überhaupt errichtet werden, spricht dafür, daß sich die Fondsgründer ganz besondere Wertsteigerungen erwarten. Da es sich mehrheitlich um ausländische Fonds handelt, ist für ihren Erwerb eine Nationalbankbewilligung erforderlich. In der Regel ist auch die Spesenbelastung deutlich höher als im Investmentfondsnormalfall.

Immobilienfonds

Das österreichische Investmentfondsgesetz kennt keine Immobilienfonds. Als man das 1963 in Kraft getretene Gesetz ausarbeitete, befürchtete man, daß kapitalkräftige Immobilien-Investmentfonds die Liegenschaftspreise besonders in den Städten spekulativ in die Höhe treiben könnten, daß weiters der österreichische Immobilienmarkt ohnedies zu eng ist und daß überhaupt die Bewertung von Immobilien schwierig und sehr subjektiv sei.
Diese Fehleinschätzung führte im Zusammenhang mit der Steuergesetzgebung (steuerliche Verlustausgleichsmöglichkeiten) zu häufig sehr vertrackten Konstruktionen und einer mit einem Negativimage versehenen Entwicklung. Der Charakter einer soliden Geldanlage in Liegenschaftsvermögen wird durch den Verdacht überschattet, daß die Liegenschaften der diversen Konstruktionen (darunter auch Aktiengesellschaften) zu Preisen bewertet sind, die nicht annähernd am Markt zu erzielen sind. Ein so konzipiertes System kann nur so lange funktionieren, als neue Anteilskäufer neues Kapital einbringen. Solange kein striktes Immobilienfondsgesetz besteht, sollte ein Geldanleger von solchen Investments absehen, wenn er nicht absolutes Vertrauen in den Emittenten setzen kann.

Zuletzt noch ein paar Bemerkungen zu einem lange abgeschlossenen Kapitel, zum Fall IOS. Immerhin hat diese Affäre 1969/70 weltweit Schlagzeilen gemacht, haben auch viele Österreicher Geld verloren und hat die Investmentfondsidee darunter nachhaltig gelitten.
Tatsächlich war die Investors Overseas Services Ltd. des Bernard Cornfeld der kriminelle Mißbrauch des Investmentgedankens. Cornfeld träumte davon, die IOS zur „bedeutendsten Wirtschaftsmacht der freien Welt“ auszubauen. Der „totale Dienst am Geld“, für den eine Armee von sogenannten Finanzberatern angetreten war, artete letzten Endes zur skandalösen Bereicherung der IOS-Manager aus. Statt die in diversen Fonds gesammelten Gelder treuhänderisch zu verwalten, wurden sie mehrheitlich veruntreut. Die Anleger wurden systematisch betrogen und belogen. Der als Nonplusultra der Sicherheit angepriesene Fund of Funds, dessen Anteile in anderen Fonds angelegt wurden, war ein mit doppelten Spesen belastetes Fiasko. In der 1971 im Verlag Desch erschienenen Geschichte der IOS wird das Unternehmen bündig als „internationaler Schwindel“ verurteilt.

Die seriösen Investmentfondsgesellschaften litten in der Folge besonders durch die aufdringliche Art, wie die IOS-Fonds vertrieben wurden. Viele dieser Keilertypen sind nach der IOS-Pleite „Vermögensberater“ geworden. Das halbseidene Image haben sie bis heute nicht ablegen können.

Investmentfondskäufer, die ihre Entscheidung an der Wertentwicklung der einzelnen Fonds orientieren wollen, können sich über ihre Bank die aktuellen Daten beschaffen. Die Österreichische Kontrollbank errechnet wöchentlich die Performance der in Österreich aufgelegten Fonds. Wenn die Bank die Performanceübersicht nicht ohnehin per Diskette bezieht, sollte der Anlageberater die Information problemlos telefonisch abrufen können.

GOLD – MEDIUM FÜR GLÄUBIGE UND ÄNGSTLICHE

Gold ist ein Kultmedium, das unter gewissen Voraussetzungen auch der Geldanlage dienen kann. Seine besonderen Eigenschaften, insbesondere die Unveränderlichkeit, und seine relative Seltenheit haben es zu einem Symbol für Wertbeständigkeit, für Macht und Reichtum werden lassen. Nüchtern denkende Geldanleger können indes keinerlei inneren Wert vergleichbar dem einer Aktiengesellschaft erkennen, und sie stufen die Nützlichkeit dieses Edelmetalls (wie auch von Silber, Platin oder Palladium) ausschließlich nach den Chancen eines Verkaufs ein. Hier wird der Kern des Investments in Gold offenbar: Der Glaube an das Gold als immerwährend wertbeständiges Zahlungsmittel. Deshalb der Kauf von Gold als Reservemedium für die Katastrophe, als „Notgroschen“. Gold als Vorsorge für den Weltuntergang. Wer kauft aber noch Gold, wenn die Welt untergeht? Was hat es mit der Wertbeständigkeit auf sich, wenn die Überlebensfrage gebietet, es gegen Lebensmittel einzutauschen? Geldanlegen zielt auf Vermögenszuwachs ab, um dadurch den Freiheitsspielraum des einzelnen zu erweitern. Wenn Gold nicht dazu dient, das Vermögen des Anlegers zu vergrößern, ist Gold (wie auch alle anderen Edelmetalle) keine Geldanlage. Wenn Gold aber ein Teil der Geldanlage sein soll, dann muß es nach denselben Bewertungskriterien beurteilt werden wie alle anderen Anlagewerte: Welche Rendite wirft ein Goldinvestment ab, welcher Wertzuwachs läßt sich erzielen?

Nach Golde drängt, am Golde hängt ...

Goethe hat die Sache mit dem Gold sehr wohl durchschaut, denn er beschließt die Erkenntnis mit „Ach, wir Armen“. Angst und die Spekulation mit der Angst beherrschen die Motive der Goldkäufer. Die Angst vor der Inflation, vor einem Währungsschnitt, vor einem Bankenkrach, vor Krieg und Weltuntergang. Die Spekulation macht sich diese Angst zunutze und sucht ihren Profit in der Ausnützung zyklischer Wertveränderungen.

Vor allem in den ersten Jahren nach der Freigabe des lange Zeit per Dekret fixierten Goldpreises hat man den Zyklus der Angst gut verfolgen können. Jeder Inflationsanstieg sah den Preis des Goldes in die Höhe gehen, ebenso jeder Wertverfall des US-Dollars. Nah-Ost-Konflikte, Spannungen zwischen den Großmächten, Naturkatastrophen usw. führten jedesmal zu Ausschlägen des Goldpreises nach oben. Die Goldpreisentwicklung war über lange Jahre vergleichbar einem Gradmesser der internationalen Hysterie. In den letzten Jahren ist in dieser Hinsicht eine auffällige Abstumpfung eingetreten, die erwartbaren (Angst)Reaktionen sind immer häufiger ausgeblieben; verblaßt der Glanz des Goldes?

Gold als Wertmaßstab

Der World Gold Council, der von der Goldminenindustrie unterhalten wird, kommt in einer Studie zu folgenden bemerkenswerten Ergebnissen: Konnte man 1967 für 1.000 US-Dollar noch 28,4 Unzen Gold erwerben, waren die 1.000 Dollar 20 Jahre später nur noch 2,26 Unzen wert, eine Abwertung von 92 Prozent gegenüber dem Gold. Selbst der als äußerst stabil geltende Schweizer Franken hat nach dieser Betrachtung in diesem 20-Jahre-Zeitraum beträchtlich an Wert verloren. Für 1.000 Schweizer Franken gab's 1967 6,5 Unzen, 1987 nur 1,5 Unzen, ein Abwertungsverlust von 77 Prozent.
Geld wurde also gegenüber Gold immer weniger wert.
Allerdings können nur Goldmystiker auf die Idee verfallen, daß Gold deswegen das Maß aller Gelddinge sei. Spätestens seit Adam Smith sind sich die Ökonomen einig, daß der „Reichtum der Nationen" nicht von deren Goldreserven, sondern von der Produktivität ihrer Wirtschaft abhängt. Nicht die Golddeckung macht den Wert einer Währung aus, sondern die aus der Leistungsbilanz ersichtliche Fähigkeit einer Volkswirtschaft, Werte aus der eigenen Produktion zu schöpfen.
Gold ist ein knappes Gut. Eine Nachfragesteigerung muß theoretisch zu höheren Preisen führen. Aus dem Vergleich der jährlich wachsenden Goldreserven von kaum zwei Prozent mit der um ein Mehrfaches steigenden Geldmenge in der westlichen Welt auf die Zwangsläufigkeit der Geldentwertung zu schließen, bedeutet jedoch, Inflationssymptom mit Inflationsursache zu verwechseln. Der Goldstandard früherer Generationen wird

hier fälschlich zu einem absoluten Wertmaßstab hochstilisiert. Gold als das Maß aller Gelddinge ...
Inflation tritt zwar stets als monetäres Phänomen in Erscheinung und wird auch immer als solches bekämpft, Geldmengenexpansion oder rascherer Geldumlauf, Kreditausweitung oder Zufluß von Auslandsgeld sind jedoch nie die wirklichen Gründe für den Preisauftrieb. Die wurzeln viel tiefer. Die eigentlich treibende Kraft der in jedem Land der Welt auftretenden Inflation ist der Wunsch nach sozialer Gerechtigkeit und Gleichheit. Dieser Wunsch drückt sich aus in den Einkommensansprüchen der einzelnen Mitglieder der Gesellschaft. Was sie wollen, ist mehr Realeinkommen, denn Realeinkommen ist Kaufkraft. Und Kaufkraft bestimmt den Lebensstandard des einzelnen. Daher kommt von unten ein ständiger Druck nach Nivellierung (Gerechtigkeit?).
Da Realeinkommen in der modernen Wirtschaft aber nur über nominelle Geldeinkommen erzielbar sind, können Realeinkommensansprüche auch nur in Geldforderungen — Lohn- und Gehaltserhöhungen — zum Ausdruck kommen.
Das ist der wahre Kern der Inflation. Alle anderen Erklärungen — Geldmengenexpansion, Überschußnachfrage oder Kostendruck — beschreiben nur die unmittelbar auslösenden Faktoren. Damit wird aber auch klar, daß zwischen Geldmenge und Goldmenge kein sachbezogener Zusammenhang besteht und daß jede Orientierung wirtschaftlicher Entwicklungsgrößen am Vorhandensein von Gold zum Scheitern verurteilt ist. Was die Geschichte des Goldstandards auch bewiesen hat.
Daß sich die Notenbanken heute noch riesige Goldvorräte halten, hat mit praktischen kaufmännischen Überlegungen zu tun. Zu einem durchschnittlichen Marktwert von 185.000 S je Kilogramm bewertet, ist der österreichische Goldschatz 121,7 Milliarden Schilling wert. Zum offiziellen Preis von 60.000 Schilling je Kilogramm bewertet weist jedoch die Notenbank Goldreserven von nur 39,46 Milliarden Schilling aus. Das ist vorsichtiges Understatement.

Angebot und Nachfrage

Aus der Verfügbarkeit von Gold Erkenntnisse über das Phänomen der Inflation ableiten zu wollen, bleibt also Mystikern vorbehalten. Durchaus realitätsbezogen ist es hingegen, aus der

Verfügbarkeit von Gold Erkenntnisse über die Rentabilität einer goldbezogenen Geldanlage zu gewinnen.
Das Angebot an Gold stammt einmal aus der laufenden Gewinnung und zum zweiten aus Verkäufen aus früher angesammelten Beständen. Das gesamte, bisher gewonnene Gold wird auf 90.000 bis 100.000 Tonnen geschätzt, davon wurden 80.000 Tonnen seit Beginn dieses Jahrhunderts gefördert. Die gesamte geförderte Menge entspricht etwa einem sechsstöckigen Gebäude mit einer Grundfläche von 20 Metern im Quadrat.
Die ersten Anfänge der Goldgewinnung lassen sich ins vierte Jahrtausend vor Christi Geburt, in Ägypten und Kleinasien, zurückverfolgen. Dort sollen jährlich bereits um die fünf Tonnen gefördert worden sein. Später war das byzantinische Reich der wichtigste Goldproduzent, kleinere Mengen wurden im Mittelalter in Mitteleuropa, Böhmen, Sachsen und der Schweiz gewonnen. Mit der Entdeckung Amerikas wurden vor allem Spanien und Portugal große Goldbesitzer. Im 18. Jahrhundert wurden bedeutende Goldlagerstätten in Sibirien entdeckt.
Eine neue Größenordnung in der Förderung von Gold markierte 1849 die Entdeckung von Gold in Kalifornien. Die Goldproduktion der USA stieg bald auf 90 Tonnen im Jahr, soviel, wie im ganzen 18. Jahrhundert gewonnen wurde. Zwei Jahre später wurden ergiebige Goldminen in Australien entdeckt, 1866 stieß man am Witwatersrand in Südafrika auf die Vorkommen, die den Apartheidstaat heute zum weltweit bedeutendsten Goldproduzenten werden ließen.
Die derzeit bekannten Goldlager reichen bis weit in das 21. Jahrhundert hinein aus. Es werden laufend neue entdeckt, und neuartige chemische Gewinnungstechnologien machen die Förderung von bislang als unrentabel geltenden Vorkommen profitabel. Neue Extraktionsverfahren ermöglichen es, Vorkommen mit einem Goldgehalt von einem Gramm pro Tonne oder weniger rentabel abzubauen.
Im Unterschied zu anderen Rohstoffen nimmt die Produktion von Gold mit steigenden Preisen nicht zu. Das hat zwei Gründe. Erstens betreibt Südafrika eine Politik der Streckung seiner Vorräte, was bedeutet, daß bei höheren Preisen schlechteres Erz mit geringerem Ausstoß verarbeitet wird. Zweitens entspricht die Goldförderung der Sowjetunion nicht den marktwirtschaftlichen Gesetzen von Angebot und Nachfrage, sondern den jeweiligen Devisenerfordernissen. Beim Verkauf (überwiegend am Goldhandelsplatz Zürich) verfolgt die Sowjetunion stets die

Strategie der möglichsten Stabilhaltung des Preises. Im Durchschnitt verkauft die Sowjetunion jährlich um die 200 Tonnen Gold im Westen.
Überhaupt entspricht die Relation von Goldmenge und Goldpreis über weite Strecken nicht dem fundamentalen Zusammenhang von Angebot und Nachfrage.
1967 hat das Goldangebot den bisherigen Rekord von 2.600 Tonnen erreicht. Der Grund dafür war nicht ein vorausgegangener Preisboom, sondern der forcierte Goldverkauf der Zentralbanken zur Stützung des offiziellen Preises von 35 Dollar je Unze. Als der Markt für die private Nachfrage im März 1968 freigegeben wurde und der Marktpreis den offiziellen Preis der Notenbanken überstieg, begann das Angebot tendenziell zu sinken. Auch im Jahr 1974, als den Amerikanern nach 34 Jahren des Verbots wieder der Besitz von Gold erlaubt wurde, kam es nicht zum erwarteten „goldrush". Weder Banken noch Private erblickten im Gold eine echte Anlagealternative.
Die wesentlichen Einflußfaktoren auf den Goldpreis waren in den siebziger Jahren die von einem steigenden Ölpreis dynamisierte Inflation, der Vertrauensschwund in den Dollar in den Jahren der Carter-Administration, die Revolution im Iran sowie die Goldauktionen des Internationalen Währungsfonds und der US-Regierung. Gold wurde zum Spekulationsobjekt. Im Jänner 1980 erreichte der Goldpreis in Zürich seinen bisherigen Höchststand mit US-$ 860,—.
Der Wahlsieg Ronald Reagans und die Freilassung der in der amerikanischen Botschaft in Teheran festgehaltenen Geiseln brachte eine weltpolitische Entkrampfung, und der Goldpreis fiel wieder. Viele Goldhamster trennten sich vom gelben Metall. Im Juni 1982 hielt der Goldpreis bei $ 300,—. Das Tief währte aber nicht lang, denn die im gleichen Jahr aufbrechende Finanzkrise Mexikos jagte der kapitalistischen Welt den nächsten Schock ein. Die Zweifel am Bestand des westlichen Bankensystems ließen den Goldpreis über die $ 500,— hinaufsteigen.
Als sich abzeichnete, daß die Finanzwelt die Schuldenkrise bewältigen würde und gleichzeitig der Konjunkturmotor zuerst in den USA und dann auch in den anderen westlichen Industriestaaten ansprang, fiel auch der Goldpreis wieder zurück. Im Februar 1985 wurde ein Tiefstand von $ 283,— registriert. Der Dollar hatte zu dieser Zeit seinen Höchststand mit S 24,– in Wien und DM 3,47 in Frankfurt. 1990/91 pendelte der Goldpreis zwischen $ 360,– und $ 400,–.

Da Gold nicht verbraucht wird, muß es sich zwangsläufig irgendwo ansammeln, sieht man von Verlusten ab. Der Großteil des Goldes wird offiziell, von den Notenbanken, und privat gehortet. Und zwar in Form von Goldbarren, Goldmünzen und Goldschmuck. Theoretisch stellt dieses bei Notenbanken und Privaten gelagerte Metall ein potentielles Angebot dar. Immerhin sind diese Bestände etwa sechzigmal so groß wie die laufende Jahresproduktion. Auch nur relativ geringfügige Veräußerungen müßten sich sofort auf die Preisbildung niederschlagen. Tatsächlich haben Angebote aus der Einschmelzung von Schmuck (der erzielbare Preis liegt dabei um mindestens zehn Prozent unter dem Metallwert) beziehungsweise der Verkauf von Münzen und privatem Barrengold wiederholt das Marktangebot über jenes aus der laufenden Produktion erhöht. Private Enthortungswellen gab es nach dem zweiten Weltkrieg 1954 und 1970. Später wurden bei den Auktionen des Währungsfonds und der US-Regierung größere Mengen angeboten, die auf den Preis drückten. Diese Verkäufe wurden 1980 eingestellt. Auch die Sowjets übten diskrete Zurückhaltung.
Sieht man vom Sonderfall UdSSR ab, kommen aus den Beständen der Notenbanken in jüngster Zeit nur geringe Mengen auf den Markt. Es handelt sich dann meist um Notverkäufe infolge wirtschaftlicher Schieflagen. So mußte sich vor einigen Jahren Portugal von einem Teil seiner Goldreserven trennen. Überwiegend treten die Notenbanken jedoch als Nettokäufer auf. Geringfügig sind in den letzten Jahren auch die Bestände der Oesterreichischen Nationalbank auf zuletzt rund 658 Tonnen gestiegen (bewertet mit S 60.000,— je kg). Generell kann man sagen, daß die Notenbanken keinen Einfluß auf die Preisbestimmung nehmen.
Ebensowenig ist ein solcher Einfluß von den privaten Goldhortern zu erwarten, es sei denn, es kommt zu weltweiten Panikverkäufen. Das ist jedoch äußerst unwahrscheinlich. Die gehortete Goldmenge ist daher eine eher ruhende Masse ohne Einfluß auf den Markt.
Die größte Nachfrage nach Gold kommt aus der Schmuckindustrie. Naturgemäß ist sie aber an eher stabilen Preisen interessiert und reagiert sehr sensibel auf die Schwankungen des Goldpreises. 1980, als der Goldpreis in den höchsten Sphären schwebte, bezog die Schmuckindustrie nur 128 Tonnen, verglichen mit 1.000 Tonnen im Jahr 1978 oder 900 Tonnen im Jahr 1987.

Die entscheidenden Einflüsse auf den Goldpreis gehen vom Verhalten der privaten und institutionellen Anleger aus. Sie nehmen eine Schlüsselstellung bei der Bildung des Goldpreises ein, ihre Käufe und Verkäufe sind marktrelevant.
Die Attraktivität des Goldes ist in diesem Fall eine relative, abhängig von der Situation bei den anderen Anlagemedien. Bei steigenden Aktienkursen, oder wenn Anleihen mit hohen Realverzinsungen locken, bleibt Gold unbeachtet. Was nicht heißt, daß nicht bei weltweit großer Liquidität auch der Goldpreis etwas mitzieht. Das Interesse an Gold steigt jeweils dann sprunghaft, wenn sich politische Krisen zuspitzen, wenn die Finanzmärkte bedroht erscheinen und wenn die Inflation den Geldwert überdurchschnittlich zerrüttet. Wenn also Sachwerte zum Hort der Krisensicherheit und der Vermögenssicherung werden, Gold steht darunter an prominenter Stelle. Wer sich Gold leisten kann und will, der soll. Wer hat, der kann später zu höheren Preisen profitabel verkaufen.

Gold: Angebot und Nachfrage (in Tonnen)

	1986	1987	1988	1989	1990*)
Angebot					
Westliche Förderung	1.296	1.383	1.551	1.653	1.720
(Veränderung in %)	+5%	+7%	+12%	+7%	+4%
ehem. Ostblock	402	303	263	296	355
Recycling	474	407	328	304	320
Regierungsverkäufe	−145	−72	−285	225	0
Angebot gesamt	2.027	2.021	1.857	2.478	2.395
Nachfrage					
Schmuck	1.118	1.160	1.477	1.811	1.885
(Veränderung in %)	−2%	+3%	+27%	+23%	+4%
Industrie	231	229	243	250	250
Medaillen	12	16	19	19	20
Münzen	327	200	126	127	120
Verarbeitung gesamt	1.688	1.605	1.865	2.207	2.275
Barrenhortung (exkl. Nordam./Eur.)	214	258	459	516	200
Nachfrage gesamt	1.902	1.863	2.324	2.723	2.475
Saldo	125	158	−467	−245	−80

*) Schätzung

Quellen: GFMS, Handelsschätzungen 1990

Spitzenprodukt Philharmoniker

Österreicher können Gold und Goldmünzen nach Lust und Laune und in jeder Menge erwerben. Goldfetischisten und Anleger, die „für alle Fälle" ein bißchen physisches Gold in ihr Depot nehmen wollen, konzentrieren sich dabei vor allem auf mehrwertsteuerfreie Goldmünzen. Dazu steht ihnen ein hausgemachtes Spitzenprodukt, der „Philharmoniker", zur Verfügung. Seit dem 10. Oktober 1989 auf dem Markt, hat diese österreichische Goldbarrenmünze (Bullionmünze) inzwischen einen Spitzenplatz im internationalen Goldmünzenangebot errungen. In Europa ist der Philharmoniker bereits Marktleader vor dem kanadischen Maple Leaf.
Der große Philharmoniker hat das Gewicht einer Troy Unze (31,1 Gramm) und eine Reinheit von 999,9/1.000, die höchste technisch erzielbare Reinheitsstufe. Der aufgeprägte Nominalwert von 2.000 Schilling liegt klar unter seinem wahren Wert, der mit einem ganz geringen Agio jeweils über dem internationalen Goldpreis je Feinunze liegt. Der kleine Philharmoniker (Nominalwert S 500,–) ist eine Viertelunze schwer (7,8 Gramm).
Der Philharmoniker wird laufend nachgeprägt. Daher entsteht kein Sammlerwert. Der Wert dieser Münze schwankt entsprechend der Entwicklung des täglich in London fixierten Goldpreises. Der Erwerb ist mehrwertsteuerfrei.
Mehrwertsteuerfrei können seit Anfang 1990 auch die Nachprägungen österreichischer numismatischer Münzen (Dukaten, Gulden und Kronen) erworben werden. Ihr Feingehalt ist aber geringer als jener des Philharmonikers.
Mehrwertsteuerfrei ist schließlich noch der Goldtausender, der formell ein gesetzliches Zahlungsmittel ist (wie selbstverständlich auch der Philharmoniker), der aber nur in einer limitierten Auflage geprägt wurde. Sein Wert wird deshalb von der Nachfrage der Sammler bestimmt. Im Feingehalt (900/1.000) kann er mit dem Philharmoniker ebenfalls nicht mithalten.
Die numismatischen Originalmünzen sind Sammelobjekte und mit 10 Prozent Mehrwertsteuer belastet. Die bekanntesten österreichischen Münzen sind: 10, 20 und 100 Kronen, der einfache und der vierfache Dukaten, 4 und 8 Gulden.

Ausländische Goldmünzen

Deviseninländer können unbegrenzt ausländische Goldmünzen kaufen. Bullionmünzen mit gesetzlicher Zahlungskraft sind mehrwertsteuerfrei. Numismatische Münzen, wie der Napoleon oder das Schweizer Vreneli, sind mit zehn Prozent Mehrwertsteuer belastet. Die bekanntesten Bullionmünzen sind:

Maple Leaf
Diese 50-CAD-Münze, die nach dem kanadischen Nationalsymbol, dem Ahornblatt, benannt ist, wird seit 1979 geprägt. Sie enthält genau eine Feinunze Gold und hat einen Feinheitsgrad von 999,9/1.000. Sie ist derzeit die weltweit meistverkaufte Goldmünze.

Krügerrand
Diese erstmals 1967 geprägte südafrikanische Goldmünze enthält ebenfalls genau eine Feinunze Gold. Ihr Feinheitsgrad ist mit 916,66/1.000 jedoch geringer als der von Philharmoniker und Maple Leaf. Bis zu ihrem verbreiteten Boykott war sie die beliebteste Goldmünze.

Tscherwonetz
Das seit 1975 ausgegebene 10-Rubel-Stück ist die Nachprägung einer russischen Münze aus der Zeit Peters des Großen zu Beginn des 18. Jahrhunderts. Ihr Feingewicht beträgt 7,742 g, der Feingehalt 900/1.000.

Sovereign
Von der Ein-Pfund-Münze gibt es eine alte mit dem Bild früherer Könige und eine neue mit dem Bild von Königin Elizabeth, von der Halbpfundmünze eine mit dem Bild von Elizabeth II.

Dollar
Vom Golddollar gibt es mehrere Ausprägungen, den 50-Dollar-Eagle mit dem Adler als Symbol (Feingewicht eine Unze) sowie den Liberty-Dollar mit der Freiheitsstatue als 5-, 10- und 20-Dollar-Stück.

Medaillen

Medaillen sind Prägungen aus einem bestimmten Anlaß, Jubiläen, Gedenken etc. Sie enthalten keine Angabe über ihren Zahlungswert.
Das Aufgeld ist bei Medaillen in der Regel sehr hoch, weil ihre Emittenten damit verdienen wollen, der künstlerische Wert ist zweifelhaft. Der Kauf ist mit 20 Prozent Mehrwertsteuer belastet.
Als Geldanlage sind Medaillen nicht geeignet. Es gibt für sie so gut wie keinen Markt. Die einzige Verwertungsmöglichkeit ist Einschmelzen. Der Schmelzwert liegt zehn Prozent unter dem Edelmetallpreis.

Goldbarren

Österreicher können seit 1990 Goldbarren erwerben. Das von den Produzentenländern geförderte Gold kommt in der Regel in Form von sogenannten Standardbarren über die Goldhandelsplätze Zürich und London auf den Markt.
Um als gute Lieferung zu gelten, müssen die Barren folgende Merkmale aufweisen:
Gewicht: 12,5 kg (= 400 Troy Ounces)
Feinheit: mindestens 995/1.000
Markierung: Seriennummer und Feinheitsangabe, Stempel einer anerkannten Scheideanstalt.

Goldminen-Aktien

Eine Alternative zum Erwerb von physischem Gold ist die Anlage in Goldminen-Aktien. Stets verfügbares physisches Gold im Safe vermittelt das Gefühl von Sicherheit, Papiergold lockt mit Spekulationsreizen.
Goldminen-Aktien werden gern als „Gold mit Rendite“ angepriesen. Tatsächlich erfordert das Engagement in diesen Titel eine gewisse Sachkenntnis, Goldverächter sagen, am besten wäre es, Mineningenieur zu sein. Wie immer. Fest steht, daß Goldminen-Aktien nur rentieren, solange der Goldpreis über den Förderkosten liegt und solange tatsächlich Gold gefördert wird.
Bevor also ein Geldanleger versucht, mit Goldminen-Aktien Kursgewinne zu erzielen, sollte er sich über die Lebensdauer

und die Produktionskosten der zugrundeliegenden Goldmine sowie sonstige die Gesellschaft betreffende Umstände informieren.
Die Lebensdauer einer Mine hängt von der abbaufähigen Tonnage und der Produktionsmenge ab. Je kürzer die Lebensdauer, desto spekulativer ist die Aktie. Bei kanadischen Minen ist eine Eigenheit zu beachten: Die Kanadier weisen aus steuerlichen Gründen meist sehr kurze Lebensdauern aus, in Wirklichkeit verfügen die Minen zumeist über Reserven von mehr als zehn Jahren.
Die Produktionskosten werden in US-Dollar je Feinunze angegeben. Je höher sie sind, je näher sie beim Marktpreis liegen, desto spekulativer wird ein Engagement in eine solche Aktie. Die Schwankungen des Goldpreises wirken sich bei solchen Marginalminen ungleich stärker auf die Ertragslage aus als bei Minen mit niedrigen Produktionskosten. Goldminen weisen in der Regel kein nennenswertes Anlagevermögen aus.
Der Ausbeutegrad in Gramm Gold je Tonne ist abhängig von der Gewinnungstechnologie und vom Goldgehalt im Gestein. Je höher der Goldpreis, desto größer ist die Möglichkeit, auch Erze mit geringem Goldgehalt abzubauen. Eine fortgeschrittene Produktionstechnologie (z. B. heap-leaching) ermöglicht einen gewinnbringenden Abbau ärmerer Erze, und sie verlängert die Lebensdauer einer Mine.
Schließlich ist zumindest bei den südafrikanischen Titeln ein politisches Risiko einzukalkulieren, das bei einem allfälligen längerfristigen Engagement auch der verbilligte Erwerb über den Financial Rand nicht kompensieren kann (Aktien südafrikanischer Goldminen können mit dem, mit Abschlag gegenüber dem kommerziellen Rand gehandelten, Financial Rand erworben werden, die Dividenden werden im teureren Commercial Rand ausbezahlt).
Anleger haben die Möglichkeit, im wesentlichen zwischen Goldminen-Aktien aus Südafrika, USA, Kanada und Australien zu wählen.
Ein Engagement in südafrikanische Goldminen-Aktien schließt stets ein großes politisches Risiko ein. Die Titel sind daher besonders spekulativ. Von den Dividenden wird eine 15prozentige Withholding Tax einbehalten, die in Österreich mangels Doppelbesteuerungsabkommen nicht angerechnet wird.
Von der unsicheren politischen Lage in Südafrika haben besonders die nordamerikanischen Goldminengesellschaften profi-

tiert. Als Folge der verhängten Sanktionen sind die institutionellen Anleger aus ihrem südafrikanischen Engagement aus- und auf nordamerikanische Titel umgestiegen. Eine geradezu stürmische Erschließungstätigkeit findet in den USA statt. Die nordamerikanischen Goldminenwerte sind in der Regel deutlich höher bewertet als die südafrikanischen, hohe Kurs/Gewinn-Verhältnisse weisen sie als eher teuer aus.
Politisch ebensowenig riskant, aber deutlich tiefer bewertet als die amerikanischen, sind die australischen Goldminen. Zum Abstand in der Bewertung trägt die latente Diskussion um eine Goldsteuer für die steuerlich privilegierten Minengesellschaften sowie die geplante Einführung einer Quellensteuer auf Minenerträge, die Goldminengesellschaften in Form von Dividenden von anderen Gesellschaften erhalten, bei. Die Einführung einer solchen Steuer ist für das Jahr 1991 vorgesehen. Die steuerliche Situation hat außerdem dazu beigetragen, daß australische Minengesellschaften in der Regel sehr klein und gering kapitalisiert sind. Viele Minen sind auf Grund ihrer geologischen Beschaffenheit außerdem nur von geringer Lebensdauer.

Goldanleihen

Goldanleihen mit der Option auf Gold beziehungsweise mit dem Wandlungsrecht in Gold sind in den letzten Jahren sehr populär geworden. Die Anleger haben die Möglichkeit, mit geringem Risiko an einem steigenden Goldpreis zu partizipieren. Steigt der Goldpreis nicht, bleibt die (in der Regel niedrige) Verzinsung sowie die Kapitalrückzahlung am Ende der Laufzeit.
Die Goldwandelanleihe bietet dem Anleger die Deckung der Schuld durch Gold. Der Schuldner erklärt sich bereit, dem Anleihezeichner die zur Verfügung gestellten Mittel auf Wunsch in einem bei der Emission festgelegten Verhältnis in Gold zurückzuzahlen. Was einen nicht uninteressanten spekulativen Reiz hat.
Eine Goldindexanleihe wird zum Laufzeitende zum dann gültigen Goldpreis zurückgezahlt. Der Rückzahlungsbetrag kann dabei mehr als 100 Prozent, aber auch weniger betragen. Eine für die Anleger höchst lukrative Fehlspekulation ist in diesem Zusammenhang der französischen Regierung mit der Auflage der berühmten „Giscard-Anleihe“ passiert.
Der Rückzahlungskurs der 1973 aufgelegten, siebenprozentigen

Anleihe wurde mit dem Goldpreis indexiert. Die im Jänner 1988 abgelaufene Anleihe hat der Republik Frankreich 6,5 Milliarden FF eingebracht; einschließlich Zinsen, vorzeitigen Tilgungen angesichts der für den Emittenten desaströsen Goldpreisentwicklung und restlicher Barzahlung hat diese Anleihe den französischen Staat horrende 92 Milliarden FF gekostet. Anlaß für die Ausgabe dieser Anleihe im Zuge des Parlamentswahlkampfes 1973 war es, die abwertungsgeschädigten französischen Geldanleger vor einem weiteren Wertverfall des Franc zu schützen. Das ist den Initiatoren der Anleihe mit dem damaligen Präsidenten Giscard d'Estaing an der Spitze in einem völlig unvorhergesehenen Ausmaß auch gelungen. Das Gold-Papier im Nominale von 1.000 FF hatte zum Ende seiner Laufzeit einen Börsenkurs von 8.866 FF.
Nichts mehr mit Gold zu tun haben die englischen „Gilts" oder „gilt-edged papers". Auf feinstem Papier gedruckt und mit Goldrand versehen wurden im ausgehenden 17. Jahrhundert die englischen Kriegsanleihen zur Finanzierung des Kriegs gegen Frankreich. Die feine Ausstattung war wegen des vorangegangenen Vertrauensschwundes in die Zinszahlungs- und Tilgungsbereitschaft der Regierung notwendig geworden. Heute versteht man unter Gilts Regierungsanleihen beziehungsweise von der Regierung garantierte Anleihen. Auf die Goldränderung hat man inzwischen verzichtet.

Gold-Investmentfonds

Die unproblematische Beteiligung am Goldmarkt ist der Erwerb eines entsprechenden Investmentzertifikats. Der einzige in Österreich notierte Goldfonds ist der InterGold der Mercur-Kapitalanlagegesellschaft (Länderbank-Gruppe). Der Fonds, der in Goldminen in allen vier großen westlichen Produzentenländern veranlagt, versteht sich als „mittel- bis langfristig orientierter Substanzanlagefonds".

Goldaktie der BIZ

Die Bank für Internationalen Zahlungsausgleich in Basel wurde 1930 von den Notenbanken von Belgien, Deutschland, Frankreich, Großbritannien, Italien, Japan und einer amerikanischen

Bankengruppe gegründet. Heute sind 30 Notenbanken an diesem Spezialinstitut beteiligt. Ursprüngliche Aufgabe der BIZ war die treuhänderische Abwicklung der deutschen Reparationszahlungen. Heute ist sie ebenfalls als Treuhänderin für die Finanzgeschäfte der Zentralbanken tätig.

Ihr Stammkapital beträgt 1,5 Milliarden Goldfranken, wobei ein Goldfranken 0,29 Gramm Feingold entspricht. Die Gründerinstitutionen hatten die Möglichkeit, ihre Aktien entweder selbst zu kaufen oder sie in ihren Ländern zur Zeichnung aufzulegen, wovon die USA, Belgien und Frankreich Gebrauch machten. Heute befinden sich 16 Prozent der Aktien in privater Hand.

Die Aktien sind vinkulierte Namensaktien, der Besitzwechsel kann nur mit Zustimmung der BIZ erfolgen. Der Besitz ist auf maximal 25 Stück pro Person beschränkt. Die Anteilseigner sind dividendenberechtigt, dürfen aber nicht an der Hauptversammlung teilnehmen. Die Aktien sind zu 25 Prozent einbezahlt, was auf Verlangen der BIZ eine Nachschußpflicht von 75 Prozent bedeutet.

Vom Anlegerstandpunkt aus interessant sind die stillen Reserven der Bank auf den hohen Goldbeständen. Einem einbezahlten Aktienkapital von 295,7 Millionen Franken und ausgewiesenen Reserven von 847,5 Millionen Goldfranken stehen Nettobestände von 662 Millionen Goldfranken gegenüber. Die BIZ-Aktie verfügt somit über einen Substanzwert von 406 g Gold. Die Bandbreite der BIZ-Aktienkurse hat sich in den vergangenen Jahren zwischen sfr 7.000,— und 12.000,— bewegt.

PLATIN, PALLADIUM, SILBER

Der Markt für die Platinmetalle ist überaus eng. Allein das macht sie zu äußerst spekulativen Anlageobjekten. Der Platinmarkt ist ein Sechzehntel so groß wie der Goldmarkt, der Palladiummarkt ein Sechzigstel.

In den Anlageformen unterscheidet sich Platin nicht von Gold. Sein Unzenpreis ist im Regelfall höher als der von Gold, Palladium wird niedriger bewertet als Gold.

Ein Drittel bis die Hälfte des jährlichen Platinaufkommens wird von der Automobilindustrie für die Katalysatoren absorbiert. Von dort her ist noch einige Jahre ein starker Nachfragedruck zu erwarten. In den vergangenen fünf Jahren ist die Platinnachfrage der Autmobilindustrie durchschnittlich um neun Prozent gestiegen. Wenn in den neunziger Jahren auch ein Großteil der europäischen Autos mit Katalysatoren ausgerüstet sein wird, kann ein Teil des Bedarfs über das Recycling gedeckt werden, sodaß die industrielle Nachfrage nach Primärplatin zurückgehen sollte. Neuentwicklungen, die die katalytische Abgasreinigung von Ottomotoren auch ohne Platin möglich machen, können zu einer weiteren Bedarfsverminderung führen. Einschließlich der Nachfrage der Schmuckindustrie (vor allem der japanischen), aber auch der Anleger (z.B. Münzen) könnte die Nachfrage in den nächsten Jahren laut einer Studie des renommierten Londoner Edelmetallhandelshauses Johnson Matthey dennoch zweistellige Zuwachsraten aufweisen.

Johnson Matthey schätzt den Platinverbrauch der Jahre 1988 bis 1993 auf 18,2 Millionen Unzen. Dem steht eine Produktion von 17,4 Millionen Unzen gegenüber. Zu dieser Deckungslücke von 800.000 Unzen kommt noch ein Nachfrageüberschuß von 450.000 Unzen aus dem Jahr 1988, sodaß 1993 ein Angebotsdefizit von 1,25 Millionen Unzen zu erwarten ist. Diese zu erwartende Verknappung sollte preiserhöhend wirken.

Dazu tritt der Umstand, daß mehr als vier Fünftel der bekannten Vorkommen in Südafrika liegen. Stoppt etwa Südafrika aus politischen Motiven die Platinausfuhr, gerät der Markt sofort massiv aus dem Gleichgewicht. Negative Schlagzeilen können immer wieder zu extremen Sonderbewegungen des Platinpreises führen.

Ins Gewicht fallende neue Produktionskapazitäten sind laut Johnson Matthey nicht zu erwarten. Die südafrikanischen Abbaukapazitäten können angeblich aus technischen Gründen nicht nachhaltig erhöht werden. In den USA fällt Platin vorwiegend als Nebenprodukt der Nickelgewinnung an. Im Westen nicht bekannt ist die Kapazität der sowjetischen Platinminen. 1987 hat die Sowjetunion 400.000 der insgesamt weltweit verkauften 3,1 Millionen Unzen verkauft.
Platin kommt vom spanischen „platina“, was „kleines Silber“ bedeutet. Die goldsüchtigen spanischen Zerstörer südamerikanischer Hochkulturen betrachteten es als wertlose Verunreinigung von Gold. Tatsächlich hat Platin nicht nur die gleichen Edelmetalleigenschaften wie Gold, sondern es ist darüber hinaus dreimal so selten wie Gold. Für die technische Industrie ist Platin heute ein wichtigeres Metall als Gold.
Silber ist als Schmuck ein Gegenstand zweiter Wahl im Vergleich mit Gold, als Anlagemedium hat es spätestens seit der Pleite der texanischen Hunt-Brüder an Attraktivität verloren. Das Anlegerverhalten spielt auf diesem Markt, der zwischen 13.000 und 14.000 Tonnen im Jahr verarbeitet, so gut wie keine Rolle. 95 Prozent der Nachfrage entfällt auf die Industrie, wobei das Angebot einschließlich Recycling, Ostblockhandel und Enthortung oder Einschmelzen von Münzen eher zu Überschüssen tendiert. Das Sammeln von Silbermünzen ist mangels Markt keine Anlagealternative.
Die Fotochemie kommt noch lange nicht ohne Silber aus. Neue Techniken, für die Silber nicht mehr notwendig ist, sind jedoch in Entwicklung. Angebotsseitig ist Silber kein unbedingt für sich allein gesuchtes Metall. Nur ein Viertel der Produktion stammt aus reinen Silberminen. Mehrheitlich fällt es als Nebenprodukt der Nickel- und Kupfergewinnung an.

TEIL 5

Optionen und Futures

ABSICHERN UND SPEKULIEREN

Sie haben vielleicht einen heißen Tip bekommen, oder Sie haben sich durch eine gründliche Analyse davon überzeugt, daß in der XY-Aktie ein beträchtliches Kursgewinnpotential steckt und ein Rally unmittelbar bevorsteht. Sie haben aber nicht genügend Geld am Konto, um groß einsteigen zu können, und eine Kreditfinanzierung wollen Sie als vorsichtiger Anleger auch nicht riskieren. Müssen Sie jetzt schweren Herzens auf eine greifbar scheinende Gewinnchance verzichten?
Sie müssen nicht, wenn auf diese Aktie Optionen gehandelt werden.
Anstatt für 1.000 Stück XY-Aktien zum Kurs von S 300,– S 300.000,– hinzublättern, genügen S 30.000,– für 20 Optionen zu je S 1.500,–. Jede Option räumt Ihnen das Recht ein, innerhalb der nächsten drei Monate 50 XY-Aktien zum Kurs von S 300,– zu erwerben.
Steigt der Kurs, wie Sie erwartet haben, schneiden Sie in Relation zum Kapitaleinsatz überdurchschnittlich mit.
Angenommen, der XY-Aktienkurs schießt innerhalb der Optionsfrist auf 400. Bevor die nächste Korrektur erfolgt, beschließen Sie, Ihre Option auszuüben. Sie nehmen damit Ihr Recht in Anspruch, 1.000 Stück XY-Aktien zum Preis von S 300,– je Stück zu erwerben. Im gleichen Atemzug geben Sie jedoch den Auftrag, die Aktien zum Tageskurs von S 400,– zu verkaufen. Für Ihre theoretischen Gesamtkosten von S 330.000,– lukrieren Sie S 400.000,–. Die Transaktion hat Ihnen S 70.000,– gebracht, einen Gewinn von 233 Prozent (von dem in der Praxis noch die Spesen abgezogen werden müssen).
Eine feine Sache, so eine Option, denken Sie jetzt. Was ist aber, wenn sich der Kurs der XY-Aktie innerhalb der drei Monate, für die Sie Option erworben haben, nicht wie erwartet bewegt? Bleibt der Kurs bis zum Ende der Optionsfrist bei 300 oder ist er nach einem zwischenzeitigen Anstieg wieder auf diesen Kurs zurückgefallen und Sie haben vorher, aus welchen Erwägungen immer, Ihre Option nicht ausgeübt, können Sie den Optionspreis in den Rauchfang schreiben. Die Option verfällt wertlos, denn der Erwerb der Aktien über die Option käme ja teurer als ein direkter Kauf.

Das Risiko einer solchen Option besteht also im Totalverlust des Optionspreises, das heißt des Kapitaleinsatzes für die Option. Das ist doppelt bitter, wenn Ihre Aktienanalyse tendenziell richtig war, die erwartete Kursexplosion jedoch erst nach Ablauf der Optionsfrist eintritt.
In der Praxis werden Sie es aber gar nicht so weit kommen lassen. Sie werden weder zuwarten, ob am Verfallstag der Aktienkurs den für Sie günstigsten Wert erreicht hat, noch werden Sie sehenden Auges den Totalverlust Ihres Einsatzes hinnehmen. Sie werden Ihre Position beizeiten „glattstellen" (wie das geht, wird später ausgeführt).

Sinn und Zweck eines Optionsgeschäfts sei noch an einem zweiten Beispiel demonstriert, bevor wir tiefer in die Materie einsteigen. Nehmen wir an, ein Anleger macht sich Sorgen um den Wert seiner 100 ZX-Aktien. Zum aktuellen Marktpreis von S 10.000,– je Aktie repräsentiert das Paket immerhin einen Gesamtwert von einer Million Schilling. Der Aktienmarkt neigt jedoch zur Schwäche, der repräsentative Börsenindex bewegt sich seit geraumer Zeit schon seitwärts, alles deutet auf einen bevorstehenden kräftigen Markteinbruch hin.
Der Anleger entschließt sich deshalb, das Paket durch den Kauf einer Verkaufsoption (Put-Option) abzusichern. Er erwirbt damit das Recht, die 100 ZX-Aktien innerhalb von sechs Monaten zum Preis von S 9.500,– zu verkaufen. Dazu braucht er einen Gegenpart, der bereit ist, innerhalb dieser Frist das Aktienpaket zum Gesamtpreis von S 950.000,– zu übernehmen. Dieser Gegenpart verkauft ihm die Option zu einem bestimmten Preis. Dieser Optionspreis beträgt, angenommen, S 10.000,–. Das zahlt der Aktienbesitzer dafür, daß er für sein Paket auch bei einer extrem schlechten Börsesituation wenigstens 950.000 Schilling bekommt. Er hat sich somit gegen einen Kursrückgang abgesichert, der den Wert der ZX-Aktie unter S 9.500,– sinken lassen könnte.
Der Optionspreis ist vergleichbar der Risikoprämie einer Ablebensversicherung. Der Optionspreis wird deshalb auch häufig Prämie genannt. Fällt der Kurs nicht unter S 9.500,–, ist der Preis quasi umsonst gezahlt worden, ein verlorener Aufwand. Erst wenn der Kurs auf S 9.400,– (abgesicherter Kurs abzüglich Prämie) oder darunter fällt, hat sich der Absicherungsaufwand gelohnt.
Der Verkäufer der Put-Option, im Fachjargon Stillhalter ge-

nannt, hat vorerst einmal S 10.000,– kassiert. Er hofft, daß der Kurs der ZX-Aktie nicht unter die S 9.500,– rutscht. Denn wenn der Kurs daruntersinkt, ist er verpflichtet, das Paket um S 950.000,– zu übernehmen, sobald der Optionsinhaber seine Option ausübt. Sollte der Kurs mittlerweile auf S 8.000,– gesunken sein, kann der Optionsschreiber das Paket nur um S 800.000,– über die Börse verkaufen. Sein Verlust beträgt satte S 140.000,– (sofern er sich gegen dieses Risiko nicht vorsorglich selbst durch den Kauf einer Put-Option abgesichert hat). Fällt der Kurs nicht unter S 9.500,–, hat der Stillhalter, quasi ohne Gegenleistung, einen Profit von S 10.000,– erzielt.

Risken und Chancen

Terminmärkte sind Einrichtungen zum Handel von Risken, jeder Teilnehmer will sein Risiko auf einen anderen übertragen. Deshalb müssen auf dem Terminmarkt, wenn dieser funktionieren soll, Teilnehmer mit gegensätzlichen Risikoerwartungen auftreten.
Risken bedeuten auf der anderen Seite Gewinnchancen. Den Absicherern stehen auf den Terminmärkten deshalb auch immer Spekulanten gegenüber. Sie haben nur die Gewinnpotentiale vor Augen. Entstanden sind Terminmärkte in der Absicht, sich gegen unerwünschte Preisveränderungen in der Zukunft abzusichern.
Die Ursprünge des Terminhandels gehen auf den Handel mit Kolonialwaren, vor allem aber mit Agrarprodukten zurück. Auf der einen Seite trachten die Produzenten, sich gegen einen allfälligen Preisverfall zum Zeitpunkt der Abnahme abzusichern, auf der anderen sind die Abnehmer bestrebt, schon im vorhinein einen fixen Kaufpreis einkalkulieren zu können. Verkäufer und Käufer einigen sich deshalb auf einen bestimmten Preis für eine zu einem zukünftigen Termin zu liefernde Menge. Das Geschäft, das sie eben abgeschlossen haben, ist ein einfacher „Forward-Kontrakt". Sie haben damit das Preisrisiko ausgeschaltet. Sie sind sich aber auch dessen bewußt, daß einem von beiden, je nach Marktentwicklung, ein möglicher Gewinn entgehen kann, der andere dafür aber einen möglichen Verlust vermeidet.

TERMINGESCHÄFTE

Termingeschäfte können Options- oder Fixgeschäfte sein. Optionsgeschäfte verpflichten nur einen Kontraktpartner, Fixgeschäfte beide. Fixgeschäfte, die in standardisierter Form über die Börse abgewickelt werden, werden als „Futures" bezeichnet.
Ein Optionsgeschäft ist eine Vereinbarung zwischen zwei Kontraktpartnern, die dem Käufer der Option das Recht einräumt, den Basiswert zu einem im voraus fixierten Preis innerhalb eines festgelegten Zeitraumes zu kaufen oder zu verkaufen. Der Optionsinhaber geht dabei keinerlei Verpflichtung ein, außer der, dem Verkäufer den Optionspreis zu bezahlen. Der Verkäufer einer Option (Stillhalter genannt) ist hingegen verpflichtet, den Basiswert zum vorher vereinbarten Preis innerhalb einer bestimmten Zeitspanne abzunehmen oder zu liefern, wenn der Käufer die Option ausübt.
Ein Futures-Kontrakt ist eine für beide Vertragsparteien verbindliche Vereinbarung, einen bestimmten Basiswert zu einem festgelegten zukünftigen Zeitpunkt zu einem im vorhinein vereinbarten Preis zu kaufen beziehungsweise zu verkaufen. Es besteht hier für beide Vertragspartner die Pflicht zur Lieferung beziehungsweise zur Abnahme gegen Bezahlung.

Basiswerte

Die üblichen Basiswerte für standardisierte Optionen und Futures-Kontrakte sind Aktien, Aktienindices, Anleihen (Zinsen) und Währungen.
Ein Aktienoptionsvertrag an der Wiener ÖTOB bezieht sich stets auf 50 Aktien.
Mit Optionen oder Futures-Kontrakten auf einen Index, in Wien den ATX, den Austrian Traded Index, können die Marktteilnehmer mit den Marktschwankungen insgesamt spekulieren oder sich gegen die Marktschwankungen absichern. Der ATX ist nach der Börsenkapitalisierung von 15 Fließhandelswerten gewichtet. Als sogenannter Laufindex wird er jede Minute neu berechnet. Kapitalerhöhungen werden berücksichtigt, Dividendenzahlungen nicht.

Genau genommen ist der Basiswert einer Indexoption eine hypothetische „Marktaktie“, die mit Hilfe eines Index-Multiplikators – an der ÖTOB 100 – ermittelt wird. Der Wert dieser „Marktaktie“ bewegt sich dann in gleicher Weise wie der Index. Die Ausübung erfolgt mangels eines körperlichen Wertes in bar, der Optionsverkäufer zahlt den Optionskäufer bar aus. Der Betrag entspricht dem Produkt aus Index-Multiplikator und der Differenz aus Ausübungspreis und aktuellem Index-Schlußstand. In der Regel werden auch Index-Optionen nicht ausgeübt. Sobald die Position im Gewinn steht, ist es lohnender, die Option zu verkaufen (glattzustellen), um auch den Zeitwert zu kassieren, der in der Prämie enthalten ist.

Die Marktteilnehmer

Damit ein Termingeschäft zustande kommt, müssen an der Börse gegenläufige Markterwartungen vorliegen. Der Verkäufer der Ware befürchtet einen Preisverfall bis zum Tag der Lieferung, der Käufer rechnet dagegen mit steigenden Preisen. Die Motive der Partner müssen dabei nicht ausschließlich vom Sicherheitsdenken geprägt sein. Wo der eine ein Risiko sieht, erwartet der andere eine Chance.
Obwohl das Termingeschäft in der Absicht entstanden ist, sich gegen Preisrisken abzusichern, lebt der moderne Terminmarkt von jenen spekulierenden Marktteilnehmern, den Tradern, die den Absicherern, den Hedgern, gegenüberstehen.
Die Spekulanten (Trader) wollen an der Terminbörse zu einem schnellen Gewinn kommen. Sie sind aber mehr als nur das Salz in der Terminsuppe, sie sind sogar unbedingt notwendig, damit die Märkte funktionieren und liquide sind. Häufig ist der Spekulant der Partner des Hedgers, der dessen Risiko übernimmt, weil er sich einen Gewinn verspricht.
Das Absicherungsmotiv, das Hedging, ist, wie gesagt, die eigentliche Existenzgrundlage der Terminbörsen. Das Hedging überträgt das finanzielle Risiko von Transaktionen (Kauf oder Verkauf) oder von Lagerbeständen (z. B. Wertpapierportefeuilles) auf andere Marktteilnehmer. Institutionelle Absicherer, z. B. Pensionsfonds, sind bestrebt, ihre Vermögensanlagen vor den Risken von Markteinbrüchen zu bewahren. Unternehmen sichern sich durch Zins-Terminkontrakte einen günstigen Zinssatz für erst später in Anspruch zu nehmende Darlehen.

DIE ÖSTERREICHISCHE TERMIN- UND OPTIONENBÖRSE (ÖTOB)

Der Bedarf, Preisrisken zwischen dem Abschluß des Geschäfts und der Fälligkeit der Lieferung abzusichern, hat im vergangenen Jahrhundert zur Gründung von Terminbörsen geführt. Die Kontrakte wurden standardisiert und damit handelbar. Die älteste und zugleich größte Terminbörse der Welt ist der Chicago Board of Trade (CBOT), wo 1973 die erste Optionenbörse, der Chicago Board Options Exchange (CBOE), gegründet wurde, die bisher jüngste Terminbörse ist die Österreichische Termin- und Optionenbörse (ÖTOB).
Sie nahm im Herbst 1991 mit Optionen auf fünf Aktien des Wiener Fließhandels den Betrieb auf. Es folgte der Handel mit Optionen auf den neuen Index der Fließhandelswerte ATX (Austrian Traded Index). Der Handel mit Terminkontrakten (Futures) startet 1992.
Die ÖTOB ist eine elektronische Börse, das bedeutet, die Aufträge der Börseteilnehmer und deren Kunden sowie die von den Marketmakern gestellten Geld- und Briefkurse werden über Terminals direkt in das ÖTOB-Computersystem eingegeben und im elektronischen Handelsorderbuch gespeichert. Dort werden die Aufträge nach den Prioritäten Preis und Zeit sortiert. Sobald zwei Aufträge ausführbar sind, führt der Computer automatisch einen Geschäftsabschluß (einen Match) aus. Das auf dem schwedischen OM-Konzept beruhende, modular aufgebaute System gilt als besonders leistungsfähig. Der Handel mit Optionen und Futures findet ausschließlich während der Börsezeit zwischen 10.30 und 15 Uhr statt. Die Handelsteilnehmer, österreichische Geldinstitute und Broker, sind praktisch identisch mit den Mitgliedern der Wiener Börse. Die Wiener Börse ist nach dem Börsegesetz auch die Trägerin der ÖTOB.
Eigentliche Funktion der ÖTOB ist die einer zentralen Clearingstelle zur Abwicklung, Abrechnung und Besicherung der Geschäfte sowie zur Überwachung der Positionen der Clearing-Mitglieder (nicht alle Börseteilnehmer müssen auch Clearing-Mitglieder sein). Die Clearingfunktion bedeutet, daß die ÖTOB die Erfüllung der Verträge garantiert. Die Clearing-Mitglieder als Partner der ÖTOB haften für die Erfüllung der Kontrakte.

Sie müssen dazu entsprechende Bonitätsanforderungen nachweisen und Sicherheiten erstellen.
Die Aktienoptionen werden auf amerikanische Art gehandelt, das heißt, die Optionskäufer haben während der gesamten Laufzeit die Möglichkeit, die Option auszuüben. Die Indexoption kann dagegen nur am Verfallstag ausgeübt werden (sog. europäische Art). Die Ausübung erfolgt bei Aktienoptionen durch Lieferung der Stücke, bei ATX-Optionen in der Form eines Barausgleichs (Cash-Settlement). Ein Optionskontrakt umfaßt 50 Aktien eines Titels.
Letzter Handelstag einer Option ist jeweils der dritte Freitag des Verfallsmonats. Ist an diesem Tag kein Börsetag, dann gilt der davorliegende Börsetag als letzter Handelstag. Der Verfallstag ist jener Tag, an dem ein Terminkontrakt oder eine Option verfällt, wenn er bzw. sie nicht vorzeitig ausgeübt wird. In Wien ist das jeweils der Samstag nach dem dritten Freitag im Monat.
An der ÖTOB gibt es immer vier Verfallstermine, und zwar jeweils die drei dem Geschäftsabschluß folgenden Monate sowie den letzten Monat des darauffolgenden Quartals.
Für Kontrakte, die beispielsweise zwischen dem dritten Freitag im Januar bis vor dem dritten Freitag im Februar abgeschlossen wurden, sind Februar, März, April und Juni die Verfallsmonate; für Kontrakte, die zwischen den Verfallstagen im Februar und im März abgeschlossen wurden, die Monate März, April, Mai und Juni; für Kontrakte, die zwischen den Verfallstagen im Juni und im Juli abgeschlossen wurden, die Monate Juli, August, September und Dezember. Die Optionslaufzeiten liegen also zwischen einem und maximal sechs Monaten.
Eine Aktienoption kann am letzten Handelstag entweder verkauft oder eingelöst werden. Am Verfallstag ist sie jedenfalls „verfallen", wertlos. Einlösen wird man die Option, wenn sie einen inneren Wert besitzt, das heißt, wenn die Differenz zwischen dem Börsenkurs der zugrunde liegenden Aktie und dem Ausübungspreis an diesem Tag für den Optionsinhaber positiv ist. Ist das nicht der Fall, ist sie wertlos. Aktienterminkontrakte (Aktienfutures) müssen am Verfallstag geliefert werden. Bis einschließlich einen Tag vor dem Verfallstag können Aktienoptionen und Aktienterminkontrakte auch glattgestellt werden. Das heißt, der Inhaber einer Option oder eines Terminkontrakts verkauft eine identische Option beziehungsweise einen identischen Kontrakt zum Marktpreis, der Verkäufer einer Option oder eines Terminkontrakts verfährt gegengleich. Der

Transaktionssaldo wird gutgeschrieben beziehungsweise angelastet.
Die Aufträge können entweder unlimitiert, das heißt ohne Preisangabe, oder limitiert, das heißt zum angegebenen oder einem besseren Preis, erteilt werden. Sie können weiters zeitlich eingeschränkt werden: „good for day“ (tagesgültig), „good till cancelled“ (gültig bis auf Widerruf), „good till date“ (gültig bis zum Börsenschluß eines bestimmten Tages). Schließlich kann auch genau bestimmt werden, wie die Aufträge auszuführen sind. „Fill or kill“ bedeutet, daß der Auftrag insgesamt und sofort ausgeführt werden muß, andernfalls wird er annulliert, „immediate or cancel“ heißt, daß die Ausführung sofort zu erfolgen hat, aber nicht unbedingt gesamthaft, der Auftraggeber erlaubt auch eine Teilausführung. Nicht ausgeführte Teile werden annulliert. Kombinierte Strategien (Spreads, Straddles, Strangles etc.) können über einen einzigen Auftrag (Combination Order) geordert werden. Aufträge über 50 Kontrakte oder ein Vielfaches davon (Block Orders) können preislich günstiger sein.
Für ungedeckte Optionen (bei der Ausübung muß der Basiswert erst am Markt beschafft werden) und für Futures-Kontrakte sind Sicherheiten, sogenannte Margins, zu leisten. Sie werden täglich neu berechnet und betragen etwa den dreifachen Rückdeckungswert. Bei der Eröffnung eines Options- oder Futures-Depots muß der Anleger eine entsprechende Anerkenntniserklärung unterschreiben.
Die Spesen sind nicht gerade niedrig, wenngleich geringer als an anderen Terminbörsen. Jedes Optionsgeschäft kostet 500 Schilling zuzüglich 1,5 Prozent für die Bank, über die das Geschäft läuft, und 1,5 Prozent für die ÖTOB. Ein Optionsgegenwert von S 10.000,– wäre danach mit 8 Prozent Spesen belastet, ein Gegenwert von S 100.000,– mit 3,5 Prozent.

OPTIONEN

Die Optionenbörse ist ein Markt, auf dem Risiko gehandelt wird. Die Marktteilnehmer suchen entweder das Risiko in der Erwartung überdurchschnittlicher Gewinne oder trachten, das Risiko zu minimieren.
An einigen Beispielen sei die Funktionweise dieses Marktes demonstriert:
So kann sich etwa für den Kauf einer Call-Option (Kaufoption) entscheiden, wer sich nicht groß am Aktienmarkt engagieren, sondern die verlockenden Kursgewinnchancen mit kleineren Summen nützen will, den größeren Teil seines Anlagekapitals aber in risikoärmere, ertragssichere Werte steckt.
In einem anderen Fall besitzt ein Anleger Aktien, die er auch bei einem kurzfristig möglichen Kurseinbruch nicht verkaufen will, weil er von deren langfristiger Wertsteigerung überzeugt ist. Gegen einen nicht auszuschließenden Kurseinbruch will er sich aber absichern und kauft deshalb eine Verkaufsoption (einen Put). Damit hat er die Garantie, daß er seine Aktien selbst dann zu einem erträglichen Preis noch verkaufen kann, wenn der Kurs in den Keller gefallen ist.
Ein weiterer Anleger ist der Meinung, daß sich die XY-Aktie in nächster Zeit im Kurs kaum verändern bzw. eher ein bißchen steigen wird, und verkauft einen Put, um sich einen „Zusatzverdienst" in Form des Optionspreises zu verschaffen. Der Put-Verkauf bedeutet, daß er sich verpflichtet, 50 XY-Aktien zu einem bestimmten Ausübungspreis zu kaufen. Trifft seine Kurserwartung zu, hat er den Optionspreis verdient. Fällt der Kurs wider Erwarten, muß er die Aktien zum Ausübungspreis übernehmen, der vereinnahmte Optionspreis ist dann eine Entschädigung für einen möglichen günstigeren – niedrigeren – Kaufpreis am Markt.
Ist schließlich ein Aktienbesitzer keineswegs von einem möglichen Kursanstieg überzeugt, sondern rechnet er eher mit gleichbleibenden oder leicht schwächeren Kursen, so kann er mit seinem Aktienbestand durch den Verkauf einer Kaufoption (eines Calls) Zusatzerträge lukrieren. Steigt allerdings der Aktienkurs wider Erwarten über den Ausübungspreis der Option hinaus, muß er seine Aktien dem Käufer des Calls zum Ausübungspreis

liefern. Dem Call-Verkäufer verbleibt als Gewinn aus dem Kursanstieg der Optionspreis, darüber hinausgehende Kursgewinne entgehen ihm jedoch. Die vereinnahmt der Optionskäufer.
In der Realität des Optionenmarktes wird jedoch nur selten vom Recht auf Ausübung Gebrauch gemacht. Es ist zu riskant, bis zum Verfallstermin zuzuwarten. Viel üblicher ist es, die eingegangene Position geraume Zeit vor dem Verfallstag „glattzustellen". Der Optionsinhaber verkauft seine Option. Das bringt, wie noch zu zeigen ist, mehr als die Ausübung, wenn die ursprüngliche Position richtig ist (der Kurs des zugrunde liegenden Basiswertes sich also erwartungsgemäß bewegt).

Gewinne aus allen Richtungen

Mit Optionen lassen sich bei steigenden, sinkenden und selbst bei stagnierenden Aktienkursen Gewinne erzielen.
Der Optionspreis ist zumeist nur ein Bruchteil des Aktienpreises, der Optionskäufer kann sich daher mit einem erheblich geringeren Kapitaleinsatz am Marktgeschehen beteiligen. Die Hebelwirkung des Preisdifferentials läßt den Wert einer Option bei einem nur geringen Ansteigen des Aktienkurses erheblich stärker wachsen. Das Risiko ist beim Kauf von Optionen auf den gezahlten Optionspreis beschränkt. Es gibt allerdings auch Optionsstrategien mit unbegrenztem Risiko.
Das Optionsgeschäft spielt sich zwischen dem Käufer der Option, dem Inhaber, und dem Verkäufer der Option, dem Stillhalter, ab.
Der Inhaber einer Option hat ein Recht auf Erfüllung, das heißt, den Basiswert zu kaufen oder zu verkaufen. Er ist nicht verpflichtet, die Option auszuüben. Der Stillhalter der Option übernimmt dagegen stets die Verpflichtung, den Basiswert auf Verlangen zu verkaufen oder zu kaufen.

Inhaber

Der Inhaber einer Option erwirbt das Recht, innerhalb eines bestimmten Zeitraumes den Basiswert, z.B. Aktien, zu einem festgelegten Preis zu kaufen oder zu verkaufen. Verpflichtet dazu ist er nicht. Der festgelegte Preis ist der sogenannte Ausübungspreis. Der Zeitraum, innerhalb dessen die Option ausgeübt werden kann, ist die Laufzeit. Sie endet mit dem Verfallstag. Der Preis für das erworbene Recht heißt in der ÖTOB-Terminologie Optionspreis (in der Literatur kann man dafür auch den Begriff „Prämie" finden). Den Optionspreis erhält der Stillhalter (auch Aussteller oder Schreiber genannt).

Stillhalter

Der Gegenspieler des Optionsinhabers ist der Stillhalter. Er verkauft die gewünschten Optionen und geht damit im Unterschied zum Inhaber eine Verpflichtung ein:
Im Fall einer Call-Option ist er verpflichtet, dem Optionsinhaber, wann immer dieser es wünscht, spätestens am Verfallstag, den Basiswert zu einem vorher festgelegten Preis – dem Ausübungspreis – zu liefern.
Der Stillhalter einer Put-Option wiederum ist verpflichtet, den ihm angedienten Basiswert zum Ausübungspreis zu kaufen.

Call und Put, Long und Short

Es gibt zwei Typen von Optionen.

- Call-Optionen, die zum Kauf eines Basiswertes berechtigen und
- Put-Optionen, die ihren Inhaber zum Verkauf des Basiswerts berechtigen.

Der Käufer eines Calls erwirbt vom Verkäufer, dem Stillhalter, das Recht, während der Optionslaufzeit zu jeder Zeit die Lieferung des Basiswertes (z.B. Aktien) zu verlangen. Der Verkäufer eines Calls hingegen, eben der Stillhalter, ist zur Lieferung des Basiswerts verpflichtet.
Der Käufer einer Put-Option hat das Recht, den Basiswert bis zum Verfallstag dem Verkäufer der Option, dem Stillhalter, zu liefern. Dieser ist verpflichtet, den Basiswert zum Ausübungspreis abzunehmen.
Zusammenfassend: Eine Call-Option ist eine Kaufoption, eine Put-Option eine Verkaufsoption. Durch den Kauf einer Option nimmt der Inhaber eine „long" genannte Position am Markt ein, der Verkäufer hält hingegen eine „Short"-Position.
„Long" bedeutet „gekauft", „short" bedeutet „verkauft".
Die vier grundlegenden Positionen am Optionenmarkt sind also

- Long Call als das Recht zu kaufen,
- Long Put als das Recht zu verkaufen,
- Short Call als die Pflicht zu liefern (verkaufen) und
- Short Put als die Pflicht abzunehmen (zu kaufen).

Glattstellen

Die Ausübung einer Option erfolgt in den seltensten Fällen. Zumeist werden die Optionen vorzeitig verkauft beziehungsweise zurückgekauft. Man nennt das Glattstellen. Der Inhaber einer Option verkauft eine Option der gleichen Serie (z. B. Call ÖMV Dezember 9.700), der Stillhalter erwirbt eine Option der gleichen Serie.

Ein Beispiel soll diese Transaktion verdeutlichen (die Optionspreise sind realistisch):
Angenommen, ein Anleger erwartet fallende Kurse und will mit dem Kauf einer Option davon profitieren.
Der Kurs der XY-Aktie steht derzeit bei S 1.500,–.
Für den Kauf einer Put-Option (Position Put Long) zum Ausübungspreis S 1.500,– mußte ein Optionspreis von S 85,– gezahlt werden.
Zwei Wochen später fällt der Kurs der XY-Aktie tatsächlich auf S 1.400,–.
Jetzt verkauft der Anleger eine Put-Option (Position Put Short), wofür er einen Optionspreis von S 145,– erhält.
Per Saldo verbleibt ihm bei dieser Glattstellung seiner Positionen ein Gewinn von S 60,–.
Bei der Ausübung der Position wäre der Anleger in diesem Beispiel nicht so gut gefahren. Machen wir die Probe auf's Exempel:
Der Kauf der Put-Option (Ausübungspreis S 1.500,–) kostet S 85,–.
Die Ausübung bringt ihm, wenn der Aktienkurs auf S 1.400,– fällt, einen Gewinn von S 100,–.
Davon die Kosten für die Option abgezogen, verbleiben magere S 15,–.

Selbst wenn man die Spesen der Aktientransaktion und die bei allen Ausübungstransaktionen zu entrichtende Ausübungsgebühr außer Acht läßt, bringt die Ausübung in der Regel weniger ein als die Glattstellung. Der Optionsinhaber verschenkt dabei den im Optionspreis meist noch enthaltenen Zeitwert.
Glattstellen wird der Optionsinhaber, aber vor allem der Stillhalter, wenn die Kursentwicklung des Basiswerts nicht den Erwartungen entspricht. Dadurch wird das Verlustpotential verringert.

Standardisierung

Glattstellen setzt die Standardisierung der Optionen sowie einen jederzeit flüssigen Markt voraus. Eine börsehandelsfähige, standardisierte Option wird demnach definiert nach Typ (Call oder Put), Basiswert (Aktien, Index, Futures-Kontrakt), Laufzeit (Verfallsmonat) und Ausübungspreis. Eine typische Optionsorder lautet dementsprechend: Call ÖMV Dezember 9.500.

An der Wiener ÖTOB bezieht sich eine Option auf jeweils 50 Aktien. Für die Indexoption wird ein Index-Multiplikator von 100 angesetzt. Für ständige Liquidität sorgen im eigenen Namen handelnde Marketmaker. Die für jeweils eine bestimmte Aktie zuständigen Marketmaker werden von den Börsemitgliedern gestellt. Aufgabe der Marketmaker ist es, jederzeit verbindliche Geld- und Briefkurse (bid und asked) zu stellen.

OPTIONSSTRATEGIEN

Wer Optionen kauft oder schreibt (sprich: verkauft), verfolgt damit bestimmte Absichten. Diese können sein: maximale Gewinnerzielung, Absicherung gegen drohende Kursverluste oder Verbesserung der Performance bei stagnierendem Markt. Für jedes Ziel ist eine bestimmte Strategie einzuschlagen. Die Strategien sind grundsätzlich auf die Zielerreichung am Verfallstag angelegt. In der Regel werden sie aber nicht bis dahin durchgezogen, sondern durch Glattstellung, das heißt, das Eingehen der gegenteiligen Position, abgebrochen. Der Grund dafür ist, daß Terminmärkte überaus dynamisch sind und jede Änderung des Kurstrends aufgrund der Hebelwirkung nachhaltige Konsequenzen auf die jeweilige Position des Marktteilnehmers hat. Wer sich auf den Terminmarkt begibt, muß diesen haarscharf beobachten und sich im klaren darüber sein, daß er mit leistungsfähigen Computern ausgerüsteten Kontrahenten gegenübersteht. Auch wenn etwa im Fall eines Kaufs von Optionen (Long Call, Long Put) das Risiko bekannt ist und sich auf den Optionspreis beschränkt, sind Terminmärkte in keinem Fall Tummelplätze für Nervenschwache.
Mit Optionen können vier grundlegende Strategien eingeschlagen werden:

- Kauf einer Kaufoption (Long Call)
- Kauf einer Verkaufsoption (Long Put)
- Verkauf einer Kaufoption (Short Call) und
- Verkauf einer Verkaufsoption (Short Put)

Long Call

Der Käufer einer Kaufoption rechnet fest mit steigenden Kursen der ihr zugrunde liegenden Aktien. Er ist sozusagen „bullish“ und will sich mit dem Long Call die Chance sichern, eine Aktie über einen niedrigen Ausübungspreis zu beziehen und dann am Kassamarkt zum höheren Tageskurs zu verkaufen. Trifft die Kurserwartung zu, kann er mit geringem Einsatz einen schönen Gewinn erzielen. Gewinnschwelle ist der Ausübungspreis plus der bezahlten Prämie. Das Gewinnpotential ist theoretisch unbegrenzt. Das Verlustrisiko ist auf den bezahlten Optionspreis beschränkt. Ein Totalverlust tritt ein, wenn der Aktienkurs den Ausübungspreis bis zum Ende der Laufzeit der Option nicht übersteigt.

Ein Beispiel:
Der Kurs der XY-Aktie liegt bei S 500,–. Die Kaufoption, die zum Kauf von 50 XY-Aktien zum Ausübungspreis von S 500,– je Stück berechtigt, kostet S 2.000,–, das ist ein Optionspreis von S 40,– je Aktie.
Steigt der Aktienkurs wie erwartet und liegt er vor dem Verfallstag bei S 650,–, können 50 XY-Aktien zum Preis von S 500,– das Stück, insgesamt um S 25.000,–, gekauft und im Anschluß daran um S 650,– pro Aktie wieder verkauft werden.
Die Rechnung sieht jetzt so aus:

Börsenkurs (650×50):	S 32.500,–
Ausübungspreis (500×50):	–S 25.000,–
Optionspreis (2000):	–S 2.000,–
Nettogewinn:	S 5.500,–

Die Option kann während der Laufzeit auch zu einem höheren als dem Kaufpreis verkauft werden (die Position wird glattgestellt). Man kann die Spekulation weitertreiben und eine neue Option mit einem späteren Verfallsdatum kaufen oder eine geänderte Strategie einschlagen, wenn man vermutet, daß sich der Markt dreht. Man entschließt sich zum Beispiel, eine Verkaufsoption zu kaufen.

Long Put

Mit einem Long Put kann ein Aktienbesitzer bei fallenden Kursen seinen Bestand zu einem höheren als dem Tageskurs verkaufen. Wenn also ein Aktienbesitzer fallende Aktienkurse befürchtet, wird er seinen Bestand mit dem Kauf einer Verkaufsoption zu einem noch hohen Kurs absichern und so das Verlustrisiko minimieren.

Ein Beispiel:
Der aktuelle Aktienkurs liegt bei S 1.500,–. Die Option, die zum Verkauf von 50 Aktien um S 1.500,– je Stück berechtigt, kostet S 135,– je Aktie, insgesamt S 6.750,–.
Fällt der Aktienkurs tatsächlich, steigt einmal der Wert der Op-

tion. Der Aktienbesitzer kann diese gewinnbringend verkaufen, das heißt, seine Position glattstellen, wenn er trotz des Kursverfalls seine Aktien behalten möchte. Er kann die Option aber auch ausüben. Angenommen, der Aktienkurs liegt vor dem Verfallstag bei S 1.000,–:

Ausübungspreis (1.500×50):	S 75.000,–
Börsekurs (1.000×50):	–S 50.000,–
Optionspreis (6.750):	–S 6.750,–
Nettogewinn:	S 18.250,–

Der Aktienbesitzer konnte durch den Kauf der Verkaufsoption den Kursverlust abfedern. Wenn er an einen späteren Kursanstieg der Aktie glaubt, kann er sie jetzt zu einem niedrigeren Kurs wieder kaufen. Ist hingegen die Befürchtung eines Kursverfalls nicht eingetreten und der Aktienkurs unerwartet über den Ausübungspreis hinaus gestiegen, verfällt zwar die Option, doch ist auch der Wert des Aktienbesitzes entsprechend höher.

Die Strategien des Verkaufs von Optionen bezeichnet man auch als „Schreiben“ von Optionen. Der Schreiber wird in der ÖTOB-Terminologie „Stillhalter“ genannt. Überwiegend sind es die Besitzer großer Wertpapierportefeuilles, die institutionellen Anleger, die sich als Stillhalter betätigen. Ihr Risiko ist auch bedeutend höher als das der Optionskäufer, die maximal ihren Einsatz verlieren können. In jedem Fall sind die Stillhalter die Kontrahenten der Optionskäufer, und sie sind im Unterschied zu diesen verpflichtet, den Optionsgegenstand (z. B. Aktien) zu liefern beziehungsweise abzunehmen. Für das Recht, das die Stillhalter einer Option dem Optionskäufer einräumen, erhalten sie einen Preis, den Optionspreis.

Short Call

Der Inhaber eines größeren Aktiendepots rechnet mit gleichbleibenden oder eher leicht sinkenden Aktienkursen. Er beschließt, die Performance seines Bestands durch den Verkauf einer Kaufoption aufzubessern. Sinkt der Kurswert tatsächlich leicht, so hat er im erhaltenen Optionspreis einen gewissen finanziellen Ausgleich.
Angenommen, der Aktienkurs beträgt S 1.500,–. Für seine 50 XY-Aktien stellt der Aktienbesitzer eine Option über den Ver-

kauf von 50 XY-Aktien zum Kurs von S 1.500,– aus. Dafür erhält er vom Optionskäufer einen Optionspreis von S 150,– je Aktie, insgesamt S 7.500,–.
Beträgt der Aktienkurs vor dem Verfallstag immer noch S 1.500,–, wird der Optionsinhaber von seinem Recht nicht Gebrauch machen, er kann die Aktien zu diesem Preis weniger umständlich direkt an der Börse kaufen. Sinkt der Kurs unter den Ausübungspreis, verfällt die Option wertlos, der Stillhalter kann hingegen den erhaltenen Optionspreis dem Wertverlust seines Aktienbestandes entgegenhalten.
Wenn nun, entgegen der ursprünglichen Einschätzung, die Aktienkurse über den Ausübungspreis hinaus steigen, wird der Optionskäufer von seinem Recht Gebrauch machen. Der Optionsstillhalter ist nun verpflichtet, die Aktien zum Ausübungspreis zu liefern. Sein Gewinn ist zwar der Optionspreis, doch jeder darüber hinausgehende Kursgewinn entgeht ihm. Der Optionskäufer, der im Gegensatz zum Stillhalter den Call in der Erwartung steigender Aktienkurse gekauft hat, kann hingegen die ihm gelieferten Aktien zum höheren Börsenkurs verkaufen. Sein Gewinnpotential ist theoretisch unbegrenzt.

Short Put

Der Verkäufer einer Put-Option, der Stillhalter also, erwartet, daß der Kurs der XY-Aktie in nächster Zeit nicht fällt, sondern eher gleichbleibt oder sogar leicht steigt. Trifft die Erwartung zu, kann er sich über den erhaltenen Optionspreis freuen. Gehen die Kurse jedoch unerwartet hinunter, kann es für den Put-Verkäufer teuer werden.
Der Kurs der XY-Aktie liegt bei S 1.000,–. Die Verkaufsoption über 50 XY-Aktien wird zum Ausübungspreis von S 1.000,– ausgestellt. Der Optionspreis beträgt S 100,– je Aktie, insgesamt also S 5.000,–.
Wenn der Kurs der XY-Aktie vor dem Verfallstag immer noch S 1.000,– beträgt, wird der Optionskäufer auch in diesem Fall nicht von seinem Optionsrecht Gebrauch machen. Steigt der Kurs über den Ausübungspreis, kann der Optionskäufer seinen Put in den Kamin schreiben. Der Stillhalter kann den Optionspreis als willkommene Einnahme verbuchen.
Fällt hingegen der Aktienkurs unter den Ausübungspreis, was auf der anderen Seite der Put-Käufer erwartet und weshalb er

sich mit dem Kauf eines Put auch abgesichert hat, dann muß der Stillhalter damit rechnen, daß ihm die Aktien zum Ausübungspreis angedient werden. Sein theoretisch höchstmöglicher Verlust beträgt im obigen Beispiel S 45.000,–, wenn der Kurs der XY-Aktie bei der Optionsausübung auf null gefallen ist (S 50.000,– Ausübungspreis abzüglich S 5.000,– erhaltener Optionspreis).

Die Grundstrategien – grafisch dargestellt

Long Call

Long Call bezeichnet den Kauf einer Kaufoption.
Der Käufer (=Inhaber) hat an der ÖTOB das Recht, 50 Aktien zu einem bestimmten Ausübungspreis zu beziehen. Eine Long-Call-Strategie wird der Anleger einschlagen, wenn er bei der zugrunde liegenden Aktie Kurssteigerungen innerhalb der Laufzeit der Option (ein bis maximal sechs Monate) erwartet. Steigende Aktienkurse bedeuten Gewinn. Der Verlust ist mit der Höhe des bezahlten Optionspreises begrenzt. Der Verlust ist total, wenn bis zum Ende der Laufzeit der Option der Ausübungspreis nicht überschritten wurde.

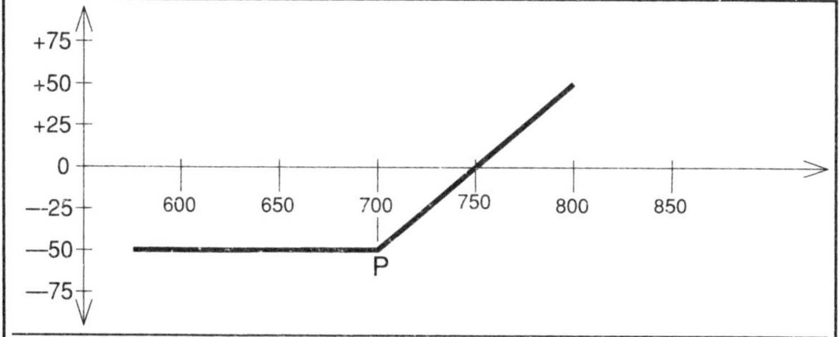

Ausübungspreise = 700

In der Grafik ist der Ausübungspreis (P) 700,–. Das heißt, der Call-Käufer hat das Recht, die Aktie um 700 zu kaufen. Für dieses Recht hat er 50,– bezahlt.
Bis zum Aktienkurs von 700,– ist das Recht logischerweise nichts wert. Der Anleger könnte die Aktie ohne den Aufwand von 50,– zu diesem Kurs direkt an der Wiener Börse kaufen. Bis zum Kurs von 700,– also verliert der Call-Käufer seinen

Einsatz. Die Gewinn/Verlust-Potential-Linie verläuft waagrecht, weil der Käufer auch bei einem niedrigeren Kurs nicht mehr als den Optionspreis von 50,– verliert.
Steigt der Kurs über 700,–, wird das Recht, die Aktie zu 700,– kaufen zu können, etwas wert. Beim Kurs von 750,– ist der Kapitaleinsatz abgedeckt. Wenn man die anfallenden Spesen nicht berücksichtigt (die in der Realität noch mitkalkuliert werden müssen), steigt der Call-Käufer null auf null aus. Er wird seine Option ausüben, die Aktien um 700,– beziehen und sie sofort wieder an der Börse um 750,– verkaufen.
Gewinn erzielt er, wenn der Aktienkurs über diesen Breakeven-Punkt hinaussteigt. Beim Aktienkurs von 800 beispielsweise verbleiben dem Call-Käufer abzüglich Kapitaleinsatz 50,–.
Die Gewinnchance korreliert mit dem Kursanstieg.

Short Call

Short Call ist der Verkauf einer Kaufoption.
Der Verkäufer verpflichtet sich, für den erhaltenen Optionspreis 50 Aktien zum Ausübungspreis zu liefern. Für diese Strategie wird sich ein spekulativer Anleger entscheiden, wenn der Markt keinen Kursanstieg, aber auch keinen Kursrutsch erwarten läßt, der Aktienkurs sich also „seitwärts" bewegt, der Anleger aber trotzdem ein bißchen Gewinn herausschlagen will. Die Gewinnchance ist mit dem vereinnahmten Optionspreis begrenzt.

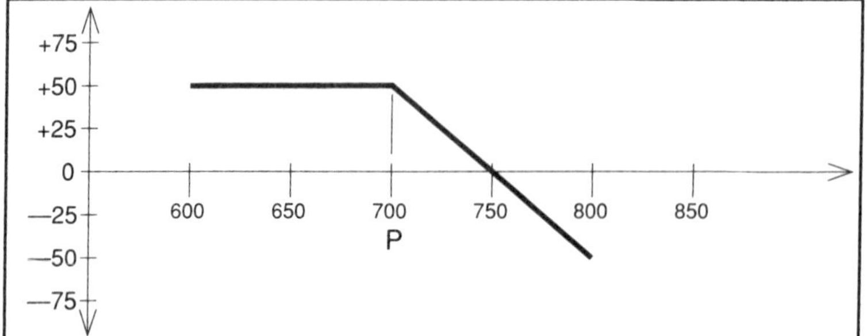

Ausübungspreise = 700

Der Call-Verkäufer ist voll im Gewinn (in der Höhe des Optionspreises von 50,–), solange der Aktienkurs nicht über 700,– (den Ausübungspreis) steigt. In der Grafik wird die maximale Gewinnzone durch den waagrechten Verlauf der Gewinn/

Verlust-Potential-Linie dargestellt. Steigt der Kurs, nimmt der Gewinn ab.
Bei 750,– ist wiederum der Break-even-Punkt erreicht. Wird die Option ausgeübt, muß der Call-Verkäufer 50 Aktien an der Börse zum Preis von 750,– kaufen und sie dem Inhaber der Option um 700,– verkaufen. Der vom Optionskäufer erhaltene Optionspreis läßt den Call-Verkäufer plus/minus null aussteigen (alles ohne Berücksichtigung der Spesen).
Steigt der Aktienkurs wider Erwarten bis zum Ende der Optionslaufzeit noch höher, wird das Geschäft zum schmerzlichen Verlust, wenn der Call-Verkäufer die Aktien nicht besitzt und erst über den Markt beziehen muß, um sie dem Optionsinhaber liefern zu können. Anhand der abwärts gerichteten Gewinn/Verlust-Potential-Linie läßt sich die Höhe des Verlusts leicht ausrechnen.
Das Risiko eines solchen „Leerverkaufs" wird nur eingehen, wer sich seiner Sache völlig sicher ist. Die weitaus häufiger angewandte Strategie ist das „Covered Call Writing", der Verkauf einer Call-Option auf den eigenen Aktienbestand. Trifft die oben beschriebene Markterwartung zu, kann der Anleger die Performance des Portefeuilles um den erhaltenen Optionspreis verbessern. Steigt jedoch der Aktienkurs innerhalb der Optionslaufzeit über den Ausübungspreis, müssen die Aktien zum niedrigeren Ausübungspreis abgeliefert werden. Dem Aktienbesitzer entgeht ein möglicher Kursgewinn. Mit dem Kauf eines identischen Calls (= Glattstellen) kann er dieser Gefahr aber entgehen.

Long Put

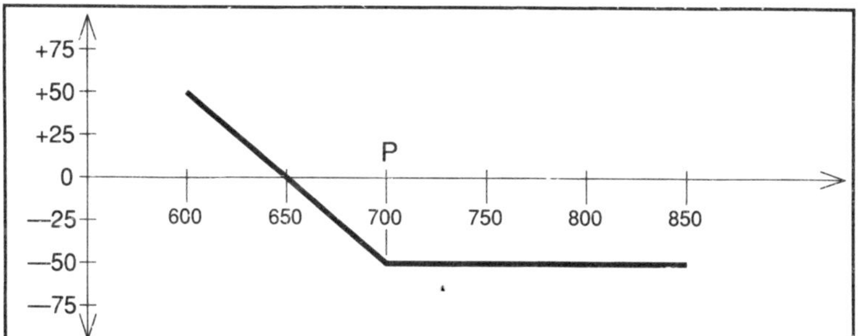

Ausübungspreise = 700

Long Put ist der Kauf einer Verkaufsoption.
Der Put-Inhaber hat damit das Recht erworben, dem Verkäufer des Put während der Laufzeit der Option 50 Aktien zum Ausübungskurs zu verkaufen. Der Put-Käufer rechnet mit einem Verfall des Kurses der zugrunde liegenden Aktie, will sich aber dennoch mit Gewinn von ihr verabschieden.
Je tiefer der Aktienkurs fällt, desto höher ist der Gewinn des Put-Käufers. Steht der Aktienkurs am Ende der Optionsfrist bei 600,–, kann der Optionskäufer zu 700,– ausüben. Er verkauft dem Verkäufer der Option die Aktien um 700,– und deckt sich am Kassamarkt um 600,– ein. Abzüglich des bezahlten Optionspreises von 50,– verbleiben ihm 50,–. Ein gutes Geschäft. Fällt der Aktienkurs nicht, sondern bleibt er am Ausübungspreis oder steigt er sogar, muß der Put-Käufer den Optionspreis abschreiben. Mehr als den Optionspreis kann er aber nicht verlieren, auch wenn die Kurse noch so hoch steigen.
Dieser auf den Optionspreis begrenzte Verlust läßt sich mit einer Versicherungsprämie vergleichen. Besitzer von größeren Aktienportefeuilles können sich mit dieser Strategie gegen Kursrückgänge absichern. Der Gewinn aus den Optionen fängt die Aktienkursverluste auf.

Short Put

Ein Short Put ist der Verkauf einer Verkaufsoption.
Der Put-Verkäufer ist verpflichtet, gegen den Erhalt des Optionspreises die zugrunde liegenden Aktien zum Ausübungspreis abzunehmen. Er nimmt diese relativ riskante Position ein, weil er sich sicher ist, daß der Markt eher stagniert beziehungsweise daß die Kurse leicht steigen. Sinkt jedoch der Aktienkurs unvermutet, muß er einen hohen Verlust gewärtigen. Er nimmt praktisch die Gegenposition des Put-Käufers ein, der bei sinkenden Kursen mit Gewinn aussteigt. Der Gewinn des Put-Verkäufers ist maximal der vereinnahmte Optionspreis.
Liegt das Aktienkursniveau am Ende der Optionslaufzeit am Ausübungspreis 700,– oder darüber, verbleibt dem Put-Verkäufer der erhaltene Optionspreis. In die Verlustzone gerät er, wenn der Aktienkurs unter den Ausübungspreis abzüglich Optionspreis (in der Grafik 650,–) sinkt.

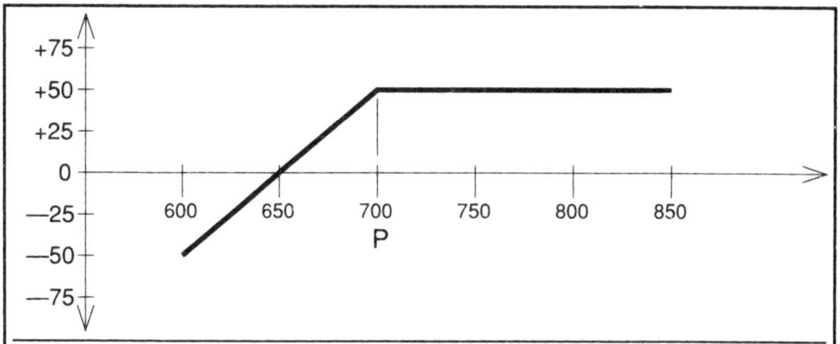

Ausübungspreise = 700

Die einfachen Optionsstrategien lassen sich fast nach Belieben kombinieren. Ausschlaggebend dafür sind sowohl spekulative Erwartungen als auch Sicherungsüberlegungen. Einige Beispiele:

Kauf eines Straddle (Long Straddle)

Angenommen, der Aktienmarkt krebst schon geraume Zeit seitwärts dahin, und es müßte sich bald irgend etwas tun. Der Anleger, der sich aber nicht sicher ist, in welche Richtung der Markt ausbricht, der aber in jedem Fall mitschneiden will, kauft deshalb gleich viele Call- und Put-Optionen mit dem gleichen Ausübungspreis und Verfallsdatum.

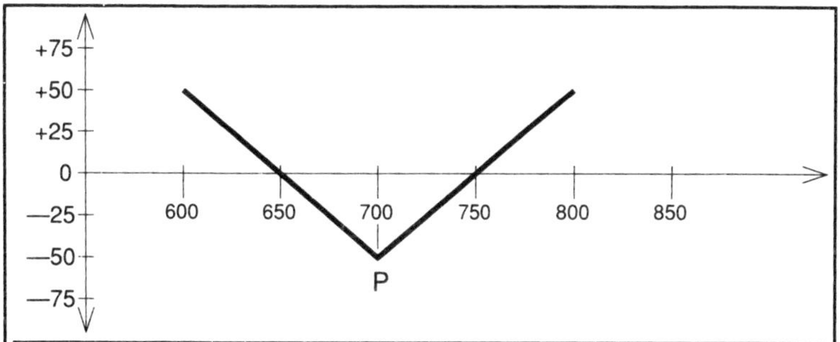

Ausübungspreise = 700

Bricht der Kurs tatsächlich aus, und zwar in welche Richtung auch immer, ist der Long-Straddle-Käufer immer voll dabei (jeweils abzüglich Optionspreis, versteht sich). Entscheidend ist, daß die Kurse kräftig schwanken, weil ja nur eine seiner Optionen (entweder der Call oder der Put) im Wert steigt, während die andere wertlos wird. Hier kommt das den Optionspreis bestimmende Element der Volatilität zum Tragen. Bewegt sich der Aktienkurs nur unwesentlich auf und ab, ist der Optionspreis zweimal umsonst bezahlt worden, beide Optionen verfallen wertlos. Trotz der nach zwei Richtungen möglichen Gewinnchancen gilt der Straddle als äußerst riskante und wegen des zweifachen Optionspreises auch kostspielige Strategie.
Bei einem weniger volatilen Kursgeschehen wäre die folgende Kombinationsstrategie die bessere gewesen.

Verkauf eines Straddle (Short Straddle)

In diesem Fall wird eine gleich große Anzahl von Put- und Call-Optionen mit dem gleichen Ausübungspreis und Verfallsdatum verkauft. Wenn sich der Börsenkurs der zugrunde liegenden Aktien gar nicht bewegen will und auch am Fälligkeitstag noch am Ausübungspreis (oder wenigstens ganz in der Nähe) liegt, verbleiben als Belohnung die vereinnahmten Optionspreise. Wehe aber, die lahme Aktie entfaltet plötzlich eine unerwartete Volatilität. Dann ist das Verlustrisiko in beide Richtungen entsprechend dem Kursanstieg beziehungsweise -verfall offen.

Eine Variante des Straddle ist der Strangle. Hier werden Put- und Call-Optionen mit gleicher Laufzeit, aber verschiedenen Ausübungspreisen kombiniert. Der Käufer eines Strangle setzt ebenso wie der Käufer eines Straddle auf einen nach einer Stagnationsperiode explodierenden Markt. Tritt diese Erwartung ein, verdient der Strangle-Käufer, egal, in welche Richtung der Markt explodiert. Wenn jedoch der Markt weiter stagniert, verliert der Strangle-Käufer weniger als der Straddle-Käufer. Der Strangle-Verkauf ist ebenfalls weniger riskant als der Straddle-Verkauf.

Als konservative Optionskombinationen gelten Spreads, insbesondere die Preis-Spreads. Darunter ist das gleichzeitige Eingehen von zwei in verschiedenen Marktrichtungen wirkenden Positionen mit unterschiedlichen Ausübungspreisen zu verstehen.

Einerseits wird eine Option gekauft, andererseits eine Option des gleichen Typs auf den gleichen Verfallstag verkauft. Die Ausübungspreise sind jeweils unterschiedlich.
Je nach Kurserwartung gibt es Bull- beziehungsweise Bear-Spreads. Die Bull-Spread-Strategie wird bei positiver Markteinschätzung, die Bear-Spread-Strategie bei negativer Markteinschätzung zur Anwendung gelangen.
Ein Bull-Spread verringert das Kursverlustrisiko des Anlegers, wenn sich der Markt entgegen seinen Erwartungen abwärts bewegt, ermöglicht ihm aber andererseits, an den von ihm erwarteten Kurssteigerungen zu partizipieren. Er gewinnt genauso, wie wenn er ausschließlich einen Call gekauft hätte, hat aber außerdem die Gewähr, seinen Einsatz nicht völlig zu verlieren.
Der Bull-Spread-Anleger kann einen Call mit einem niedrigen Ausübungspreis kaufen (Position Long Call) und einen Call mit einem höheren Ausübungspreis verkaufen (Position Short Call). Der gekaufte Call ist teurer als der ausgestellte (der Long Call hat einen inneren Wert, der Short Call wahrscheinlich nur einen Zeitwert). Per saldo kostet die Investition praktisch die Prämie für die Beschränkung des Verlustrisikos. Insgesamt kann der Bull-Spread als eine echte Erweiterung des einfachen Call-Kaufs gewertet werden.
Ein Bull-Spread, die risikoarme Options-Kombinationsstrategie bei der Erwartung steigender Aktienkurse, läßt sich auch mit Puts (Verkaufsoptionen) darstellen. Auch in diesem Fall wird ein Put mit einem niedrigen Ausübungspreis gekauft (Position Long Put) und ein Put mit einem höheren Ausübungspreis verkauft. Der Unterschied zur Call-Variante besteht darin, daß die Put-Transaktion zu Nettoeinnahmen führt und Sicherheiten erforderlich macht. Der gekaufte Put ist billiger als der ausgestellte.
Anleger, die den Markt negativ einschätzen, können, anstatt einfache Puts zu kaufen, um sich abzusichern oder von sinkenden Kursen zu profitieren, auch eine Bear-Spread-Strategie einschlagen. Der Gewinn stellt sich bei sinkenden Aktienkursen ein, das Verlustrisiko ist im Vergleich zum einfachen Put-Kauf limitiert. Der mögliche Gewinn ist allerdings auch geringer.
Beim Call-Bear-Spread werden Calls mit hohem Ausübungspreis gekauft (Position Long Call) und Calls desselben Typs mit einem niedrigeren Ausübungspreis verkauft (Position Short Call). Das führt insofern zu Nettoeinnahmen, als hier der billigere Call gekauft und der teurere verkauft wird. Die Terminbör-

se und in der Folge die Bank verlangen in diesem Fall Sicherheitsleistungen (der Verkauf einer Kaufoption, Short Call, verpflichtet den Verkäufer, die vereinbarte Anzahl Aktien bei Ausübung zu liefern!). Mit Puts läßt sich das gleiche Spielchen spielen: Put-Kauf zu höherem Ausübungspreis, Put-Verkauf zu niedrigerem. Da der gekaufte Put teurer als der verkaufte ist, kommt es zu Nettokosten, dafür ist keine Sicherheitsleistung erforderlich.
Ein Optionsfreak kann die wesentlichen Parameter unterschiedlichst kombinieren. Die Sache wird halt zunehmend kompliziert. Es bleibt jedoch jedem unbenommen, den Markt nach Lust und Laune auszutricksen.

DER OPTIONSPREIS

Grundvoraussetzung für die Wahl der richtigen Optionsstrategie ist die Einschätzung der Marktentwicklung. Für die Wahl der richtigen Option ist dann der Optionspreis entscheidend. Der Optionspreis setzt sich aus zwei wichtigen Wertkomponenten zusammen, die Gewinn und Verlust einer Spekulation oder einer Absicherung maßgeblich beeinflussen. Auf diese Komponenten wirken wiederum unterschiedliche Risikofaktoren ein. All das muß der Käufer oder Verkäufer einer Option berücksichtigen, soll das Geschäft mit einem Gewinn abgeschlossen werden.

Die zwei den Optionspreis bestimmenden Faktoren sind der „innere Wert" und der „Zeitwert".

Der innere Wert

Der innere Wert einer Option ist der Differenzbetrag zwischen dem Ausübungspreis einer Option und dem Kurs des zugrunde liegenden Werts (dem Aktienkurs bei einer Aktienoption).

Bei einer Call-(Kauf-)Option auf Aktien ergibt sich der innere Wert aus dem Aktienkurs (Kassapreis) abzüglich Ausübungspreis.

Bei einer Put-(Verkaufs-)Option auf Aktien ergibt sich der innere Wert aus dem Ausübungspreis abzüglich Aktienkurs (Kassapreis).

Besteht keine Differenz zwischen diesen beiden Preisen, oder ist sie negativ, so hat die Option keinen inneren Wert. Ein innerer Wert kann immer nur ein positiver Wert sein.

Eine Option, die einen inneren Wert aufweist, ist „im Geld", „in the money".

„In the money" bedeutet also, daß bei der Call-Option der Aktienkurs höher als der Ausübungspreis ist und bei der Put-Option der Aktienkurs unterhalb des Ausübungpreises liegt.

Der Zeitwert

Würde sich der Optionspreis nur am inneren Wert orientieren, könnten nur In-the-money-Optionen einen Wert haben. Tatsächlich erzielen sie auch dann einen Preis, wenn sie „am Geld“ (at the money) oder „aus dem Geld“ (out of the money) sind. Der Optionspreis besteht dann nur aus dem Zeitwert.

„At the money“ ist die Aktienoption, der Call wie der Put, wenn Aktienkurs und Ausübungspreis gleich sind.
„Out of the money“ ist eine Call-Option, wenn der Aktienkurs niedriger als der Ausübungspreis ist, eine Put-Option, wenn der Aktienkurs höher als der Ausübungspreis ist.

Der Zeitwert drückt Hoffnung und Erwartung aus. Ist das Ende der Laufzeit noch in weiter Ferne, steckt im Optionspreis in der Regel noch ein beachtlicher Zeitwert, die mit der Optionsstrategie verbundenen Erwartungen können sich alle noch erfüllen.
Der maximale Zeitwert ist gegeben, wenn Ausübungspreis und Aktienkurs gleich sind (die Option also „at the money“ ist). Die Wahrscheinlichkeit, daß die Option ins Geld läuft, ist hier am größten. Der Zeitwert nimmt ab, je weiter eine Option aus dem Geld („out of the money“) ist. Je tiefer eine Option im Geld ist („in the money“), umso weniger wird ein Optionskäufer auf der anderen Seite bereit sein, einen Zeitwert mitzuzahlen.
Rückt das Ende der Laufzeit näher, umso geringer ist die Wahrscheinlichkeit, daß die mit der Strategie verbundenen Erwartungen auch tatsächlich eintreten. Der Zeitwert baut sich ab, bis er am Verfallstag schließlich gleich Null ist. Wenn die Option am Verfallstag einen Wert hat, dann nur den inneren Wert.
Die im Zeitwert ausgedrückte Erwartung läßt sich berechnen. Man rechnet sich zuerst den inneren Wert der Option aus, wie oben beschrieben, und subtrahiert diesen dann vom Optionspreis.
Welche Faktoren beeinflussen nun die Entwicklung des Optionspreises während der Laufzeit?

FAKTOREN, DIE DEN OPTIONSPREIS BEEINFLUSSEN

Die wesentlichen Bestimmungselemente des Optionspreises sind der Aktienkurs, der Ausübungspreis und die Volatilität des Basiswerts. Restlaufzeit, Kapitalmarktzinsen und Dividendentermine sind weitere Einflußfaktoren.

Jede Veränderung des Basiswertkurses schlägt sich mehr oder weniger auch in einer Veränderung des Optionspreises nieder. Ob mehr oder weniger, hängt ganz vom Abstand des Ausübungspreises zum Aktienkurs ab. Eine Aus-dem-Geld-Option reagiert erheblich weniger auf Aktienkursveränderungen als eine Option, die im Geld ist. Da der Zeitwert gegen Ende der Laufzeit immer geringer wird, bestimmt kurz vor dem Verfallsdatum nur noch der Kurs des Basiswerts den Preis.

Für einen gegebenen Kurs des Basiswertes (z. B. einer Aktie) werden jeweils verschiedene Ausübungspreise angeboten. Die teuerste Kaufoption (Call) ist dabei jene mit dem niedrigsten Ausübungspreis, hat sie doch den höchsten inneren Wert. Den läßt sich der Optionsaussteller (Schreiber oder Stillhalter) eben etwas kosten. Andererseits ist die Verkaufsoption (Put) mit dem niedrigsten Ausübungspreis die billigste. Sie hat den geringsten inneren Wert oder überhaupt nur einen Zeitwert, wenn sie aus dem Geld liegt.

Grundsätzlich läßt sich sagen:

Liegt der Ausübungspreis über dem Aktienkurs, ist der Preis einer Kaufoption (Call) umso geringer, je größer die Differenz ist. Hingegen ist der Preis einer Verkaufsoption umso höher, je größer der Abstand ist. (Klar, der Call ist „aus dem Geld“, der Put „im Geld“.)

Liegt der Ausübungspreis unter dem Aktienkurs, dann ist der Preis der Kaufoption umso höher, je größer diese Differenz ist, der Preis der Verkaufsoption ist andererseits umso geringer, je größer die Differenz ist. (In dieser Konstellation ist der Call „im Geld“ und der Put „aus dem Geld“).

Die Wiener ÖTOB stellt jeweils bei der Einführung eines neuen Verfallsmonats drei Ausübungspreise je Aktie zur Verfügung. Ein Ausübungspreis entspricht dem aktuellen Aktienkurs („am Geld"), einer liegt „im Geld", einer „aus dem Geld".
Ein Beispiel:
Aktienkurs: 300,–. Ausübungspreise: 280,–, 300,–, 320,–.
Zusätzlich werden neue Serien eröffnet, wenn der Schlußkurs der Aktie an der Wiener Börse den Durchschnitt der beiden niedrigsten beziehungsweise höchsten Ausübungspreise an zwei aufeinanderfolgenden Börsentagen unter- beziehungsweise überschreitet sowie wenn der Schlußkurs der Aktie über dem höchsten oder unter dem niedrigsten Ausübungspreis liegt.
Ein Beispiel:
Schlußkurs an zwei Börsentagen über 300,–.
Alte Ausübungspreise: 280,–, 300,–, 320,–.
Neue Ausübungspreise: 280,–, 300,–, 320,–, 340,–.

Die Ausübungspreise sind abhängig vom Aktienkurs gestaffelt.
Ausübungspreise bis S 199,– verändern sich jeweils um S 10,–,
von S 200,– bis 499,– um 20,–,
von S 500,– bis 999,– um 50,–,
von S 1.000,– bis 1.999,– um 100,–,
von S 2.000,– bis 4.999,– um 200,–,
ab S 5.000,– um 500,–.
Die Intervalle des Optionspreises bewegen sich zwischen 1 Groschen und S 5,–.

Der Risikofaktor Delta

Viel mehr noch als die auf den ersten Blick erkennbare Differenz zwischen Aktienkurs und Ausübungspreis interessiert die Optionsprofis jedoch die Volatilität des Basiswerts. Von einer Aktie, deren Kurs gewöhnlich heftigen Schwankungen unterworfen ist, verspricht sich der spekulative Optionskäufer, viel eher ans Gewinnziel zu kommen als mit einer lahmen Ente.
Als Volatilität bezeichnen die Finanzingenieure das Maß für die Intensität, mit der die Wertpapierkurse schwanken, und zwar gleichgültig, in welche Richtung. Hoch volatile Wertpapiere können viel eher einen bestimmten Ausübungspreis erreichen als stabile Papiere. Die größere Erfolgschance einer hohen Volatilität schlägt sich in einem entsprechend höheren Options-

preis nieder. Der höhere Preis, den der Stillhalter fordert, ist gewissermaßen das Entgelt für die größere Wahrscheinlichkeit, daß die Option auch ausgeübt werden kann.
Die Volatilität hat einen so starken Einfluß auf die Entwicklung des Optionspreises, daß der Kurs eines Calls sogar fallen kann, wenn der Kurs der zugrunde liegenden Aktie steigt. Der Grund dafür ist, daß die Marktteilnehmer eine abnehmende Volatilität vermuten. Zunehmende Volatilität läßt grundsätzlich auch die Optionspreise steigen. Bleiben alle anderen Einflußfaktoren gleich, können in einem solchen Fall Calls und Puts auf ein und denselben Basiswert seltsamerweise gleichzeitig steigen.
Für die Bestimmung des Optionspreises kann primär nur die zukünftige, für die Laufzeit gültige Volatilität von Interesse sein. Bedauerlicherweise läßt sich das Schwankungsausmaß einer Aktie korrekterweise nur aus einer Analyse der Vergangenheit ermitteln. Mathematische Modelle können nur eine Krücke sein. Die Optionsprofis verlassen sich deshalb auf ihr Fingerspitzengefühl. Sie tasten den Markt ab und gehen davon aus, daß Am-Geld-Optionen fair bewertet sind. Die in diesen Optionspreisen enthaltene „implizite" Volatilität nehmen sie als Meßlatte für ihre Zukunftserwartungen.
Der rechnerische Zusammenhang zwischen der Volatilität einer Aktie und der dadurch bewirkten Veränderung des Optionspreises wird durch den Delta-Faktor hergestellt. Das Delta gibt an, wie sich der Preis einer Option verändert, wenn der Preis des Basiswertes um einen Punkt variiert. Die Bandbreite liegt zwischen 0 und 1 beziehungsweise 0 und −1.
Ein Delta-Faktor von 1 bedeutet, daß die Preisveränderung des Basiswertes eine identische Veränderung des Optionspreises bewirkt. Das ist der Fall, wenn sich eine Option tief „im Geld" befindet, das heißt, wenn der Optionspreis einen hohen inneren Wert hat. Ein Delta von 0 bedeutet, daß eine Basispreisveränderung keinerlei Auswirkung auf den Optionspreis hat. Eine solche Situation ist typisch, wenn die Option weit „aus dem Geld" ist und nur einen reinen Zeitwert besitzt.
Ist eine Put-Option tief „im Geld" (der Ausübungspreis liegt weit über dem aktuellen Aktienkurs), ist das Delta in diesem −1. Das Delta von Put-Optionen ist ein Minuswert, weil sich der Preis eines Puts in umgekehrter Richtung zum Basiswertpreis bewegt.
Optionen, die „am Geld" sind, haben ein Delta von 0,5 (Call) beziehungsweise −0,5 (Put).

Für den Optionskäufer stellt das Delta einen wichtigen Indikator für mögliche Preisbewegungen dar. Das Delta zeigt an, in welchem Ausmaß der Optionspreis steigen oder sinken kann, wenn sich der Preis des Basiswerts verändert.
Für den Stillhalter ist das Delta ein Warnindikator. Je höher das Delta, desto größer das Risiko, daß die von ihm ausgestellte Option auch tatsächlich ausgeübt wird. Vor allem institutionelle Anleger benutzen das Delta auch zur Berechnung der Anzahl der Optionen, die sie für die Absicherung ihres Wertpapierbestandes benötigen. Sie sprechen von der Hedge-Ratio.
Eine weitere mathematische Verfeinerung der Optionspreisbestimmung erfolgt mit der Meßzahl „Gamma". Diese gibt die Veränderung des Deltas an, sobald sich der Preis des Basiswerts verändert. Ob freilich diese Berechnung oder weitere, wie das Theta (Meßzahl für den Zeitwertverlust) und das Vega (die theoretische Veränderung des Optionspreises bei einer Variation der impliziten Volatilität um einen Prozentpunkt), wirklich so wichtig für die richtige Wahl einer Option sind, sei dahingestellt. Ein von der Schweizer Bankgesellschaft für die Berechnung des Optionspreises konzipierter Taschenrechner geht über das Delta nicht hinaus.

Weitere Einflußfaktoren

Die Option ist, wie erwähnt, ein zeitlich begrenztes Recht. Grundsätzlich ist der Wert dieses Rechts, eben die Optionsprämie, höher, je mehr Zeit verbleibt, das Recht auszuüben. Je näher der Verfallstag rückt, umso enger wird es für den Optionsinhaber, wenn seine Option noch immer „out of the money", ohne inneren Wert, ist. Die Hoffnungen am Beginn der Laufzeit, die sich in einem hohen Zeitwert ausgedrückt haben, schwinden. Entsprechend reduziert sich der Zeitwert, und zwar desto schneller, je näher das Ende rückt.
Der Kapitalmarktzins fließt vor allem in die Optionspreisbestimmung der institutionellen Aussteller (Stillhalter) ein, die hohe Aktienbestände disponieren.
Dividendenausschüttungen führen zum Dividendenabschlag beim Aktienkurs. Unter sonst gleichen Umständen verringert sich der Aktienkurs um die Dividende je Aktie. Der Aus-

übungspreis der Option bleibt jedoch gleich. Somit wirkt die Dividendenzahlung auf den Optionspreis grundsätzlich wie ein Kursrückgang des Basiswerts am Kassamarkt: Der Call-Preis ermäßigt sich, der Put-Preis steigt.

Die Einflußfaktoren auf den Optionspreis im Überblick		**Call**	**Put**
Basiswert	steigt	steigt	fällt
	fällt	fällt	steigt
Volatilität	steigt	steigt	steigt
	fällt	fällt	fällt
Restlaufzeit	wird kürzer	fällt	fällt

FUTURES

Im Unterschied zum Optionsgeschäft, wo der Käufer ein Recht erwirbt, und nur der Verkäufer verpflichtet ist, sind beim Abschluß eines Futures-Kontraktes beide Partner zur Erfüllung des Vertrags verpflichtet. Ein Futures- oder Terminkontrakt ist ein standardisierter Vertrag zwischen zwei Partnern zur zukünftigen Lieferung eines nach Menge und Qualität ebenfalls standardisierten Basisgutes. Ein individueller, nicht standardisierter und daher auch nicht an einer Börse gehandelter Terminvertrag wird Forward-Geschäft genannt. Auch hier sind beide Partner verpflichtet.

Der Verkäufer eines Futures geht die Verpflichtung ein, ein bestimmtes Basisgut zum Liefertermin (delivery date) zum vereinbarten Preis (settlement price) zu liefern. Im Fachjargon heißt das, er ist „short" im Kontrakt.

Der Käufer eines Futures verpflichtet sich, zum Liefertermin das Basisgut gegen Zahlung des vereinbarten Preises abzunehmen. Er ist „long" im Kontrakt.

In der Praxis des Futures-Handels kommt es jedoch kaum zur tatsächlichen Ausübung des Geschäfts, sei es durch Lieferung oder Abnahme des Basiswerts oder durch Barabrechnung (cash settlement). In der Regel geht der Käufer oder der Verkäufer eines Futures (Inhaber oder Stillhalter) ein gegengleiches Geschäft ein, vergleichbar der Glattstellung auf dem Optionenmarkt.

Konkret wird jemand, der einen Futures-Kontrakt gekauft hat, einen Kontrakt aus der gleichen Serie zum aktuellen Kurs verkaufen. Umgekehrt kauft jemand, der vorher einen Futures verkauft hat, einen Kontrakt aus der gleichen Serie. Die – täglich abgerechnete – Wertsteigerung kann damit realisiert, ein Verlust in Grenzen gehalten werden.

Gewinn- und Verlustchancen

Das Verlockende am Futures-Markt sind die hohen Gewinnchancen, die andererseits natürlich ein ebenso hohes Verlustrisiko bedeuten. Der Grund dafür liegt beim enormen Hebel zwischen dem Preis für den Kontrakt und dem Preis des Basisgutes. An der Londoner Terminbörse LIFFE beispielsweise werden Terminkontrakte auf eine synthetische Bundesanleihe gehandelt. Ein Kontrakt lautet auf einen Nominalwert von DM 250.000,–. Der Käufer eines Kontrakts verpflichtet sich, zu einem bestimmten Termin in der Zukunft deutsche Bundesanleihen zu einem heute vereinbarten Kurs zu erwerben. Als Sicherheit, daß die Anleihe zum vereinbarten Termin auch bezahlt werden kann, muß der Käufer aber nicht 250.000 Mark hinterlegen, sondern es genügen DM 12.500,–, das sind fünf Prozent des Basiswerts.

Während der Laufzeit des Kontrakts bewegt sich der Terminpreis etwa im Gleichschritt mit dem Kurs der Bundesanleihe. Ein Kursanstieg um einen Prozentpunkt läßt auch den Kurs des Kontraktes um einen Prozentpunkt steigen. Ausgehend vom Nominalwert erhöht sich der Kontraktwert um DM 2.500,–. In der Gegenrichtung spielt sich das gleiche ab.

Die nur einprozentige Kursveränderung macht, bezogen auf den Kontraktpreis von DM 12.500,– jedoch stattliche 20 Prozent aus. Das ist der Hebeleffekt.

Mit einem relativ geringen Einschuß, im Fachjargon Margin genannt, werden im Terminhandel große Volumina bewegt. Würde der Investor um DM 250.000,– nicht bieder eine deutsche Bundesanleihe erwerben, sondern denselben Betrag als Margin an der LIFFE hinterlegen, würde er dadurch über das 20fache Anleihevolumen – 5 Millionen DM (!) – verfügen.

Was passiert, wenn sich der Kurs der Anleihe um fünf Prozent vom Nominalwert weg verändert?

Der Inhaber der Anleihe würde entweder einen Kursgewinn von DM 12.500,– oder einen Verlust in dieser Höhe verbuchen. Beim Kontraktinhaber wirkt sich das dramatisch aus: Er verdoppelt entweder sein Kapital auf DM 500.000,– oder verliert es total. Im Unterschied zum Renteninhaber ist hier der Gewinn beziehungsweise der Verlust real.

Marktteilnehmer, die sich mit derartigen Summen auf dieses Risiko einlassen, müssen wissen, was sie tun. Die ÖTOB verlangt für die Depoteröffnung deshalb auch eine Anerkenntniserklärung.

Margin

Das Verlustrisiko ist im Futures-Handel allgegenwärtig. Clearing-Häuser, die für jedes Geschäft garantieren (in Wien ist das die ÖTOB), und Banken verlangen deshalb von den Marktteilnehmern Sicherheitsleistungen, sogenannte Margins. Sie betragen in der Regel drei bis fünf Prozent des Kontraktwerts. Wie beschrieben, lösen diese relativ geringen Einschußleistungen eine gewaltige Hebelwirkung mit einem entsprechend großen Verlust- und Gewinnpotential aus.
Bei der Depoteröffnung ist die „Initial Margin" als Einschuß zu hinterlegen. Die Abwicklung erfolgt über die Bank des Kunden. Die Höhe des Einschusses hängt von der Volatilität des dem Futures-Kontrakt zugrunde liegenden Handelsobjekts beziehungsweise vom Risikograd der eingegangenen Position ab.
Die täglichen Kursveränderungen der Terminkontrakte sorgen für ständige Bewegung auf den Verrechnungskonten. Der tägliche Schlußkurs stellt den Settlementpreis (Abrechnungspreis) dar, von dem sich der notwendige Nachschuß errechnet, den ein Marktteilnehmer auf der Verliererseite zu leisten hat, wenn die Sicherheit nicht mehr ausreichend ist, weil der mögliche Verlust der Terminposition höher geworden ist.

Da Zinsfutures an der ÖTOB erst im Verlauf des ersten Halbjahres 1992, einige Monate nach Erscheinen dieses Buches, eingeführt werden, soll ein Beispiel von der Londoner LIFFE als Verdeutlichung angeführt werden:
Ein Kunde hat zwei Bund-Futures zum Kurs von 85,– gekauft. Als Settlementpreis wurde ein Kurs von 84,5 festgestellt. Das sind 0,5 Prozentpunkte oder 50 Ticks weniger als der Einstandskurs. Ein „Tick", die kleinste Einheit, um die sich eine Kursnotiz verändern kann, beträgt bei Bund-Futures 0,01 Prozent. Bei einem Kontraktwert von DM 250.000,– sind das daher DM 25,–.
Aus der Differenz zwischen Einstandskurs und Settlementkurs errechnet sich damit ein Betrag von DM 2.500,–, mit dem das Kundenkonto belastet wird:

Anzahl der Kontrakte × Kursdifferenz in Ticks × Wert pro Tick
2 × 50 × DM 25,– = DM 2.500,–.

Die Einforderungsfrist für Nachschüsse ist sehr kurz bemessen, das Konto muß bis zum Beginn des nächsten Handelstages die erforderliche Marginhöhe aufweisen. Kann der Nachschuß nicht rechtzeitig erbracht werden, hat das Clearinghaus beziehungsweise die Kundenbank das Recht, die entsprechende Position zu liquidieren. Kursgewinne werden auf der anderen Seite sofort bar vergütet.

Sicherheitsleistungen müssen nicht nur Futures-Kontrahenten erbringen, sondern auch die Verkäufer von Calls und Puts. Call-Verkäufer müssen ja im Falle der Ausübung der Option den Basiswert liefern (z. B. 50 Aktien), Put-Verkäufer müssen den Betrag verfügbar haben, den sie für den Kauf des Basiswerts (z. B. 50 Aktien) zahlen müssen.
Optionskäufer brauchen keine Sicherheiten zu leisten, ihr Risiko ist durch die Zahlung des Optionspreises abgedeckt.

OPTIONSSCHEINE

Optionsscheine sind Wertpapiere, die weder Zinsen noch Dividenden abwerfen.
Der Inhaber von Optionsscheinen hat das Recht, einen bestimmten Basiswert innerhalb einer bestimmten Frist zu einem festgelegten Preis zu kaufen (bei Call-Optionsscheinen) oder zu verkaufen (bei Put-Optionsscheinen). Verpflichtet dazu ist er nicht.
Der Verkäufer von Optionsscheinen (auch Stillhalter genannt) ist hingegen verpflichtet, den Basiswert zu einem fixierten Preis zu kaufen (wenn er Put-Optionsscheine verkauft hat) beziehungsweise zu liefern (wenn er Call-Optionsscheine verkauft hat). Dafür erhält er bei der Emission der Optionsscheine eine Prämie.
Optionsscheine werden an der Börse gehandelt und können daher jederzeit verkauft werden.
Die Optionsscheinkäufer spekulieren in zwei Richtungen: Mit Calls auf eine Kurssteigerung des Basiswertes, mit Puts auf einen Kursrückgang des zugrunde liegenden Werts.
Der häufigste Basiswert sind Aktien, weitere Basiswerte können Edelmetalle, Zinsen, Aktienindizes usw. sein.
Häufig werden Optionsscheine in Verbindung mit einer Anleihe begeben. Die Optionsanleihe ist – wie beschrieben – mit einer niedrigeren als der normalen Nominalverzinsung ausgestattet, dafür ist ihr als spekulatives Zuckerl der Optionsschein mitgegeben. Ein Expansionspläne schmiedendes Unternehmen wird eine Optionsanleihe dann ausgeben, wenn eine Kapitalerhöhung aufgrund der Börsensituation nicht opportun ist und für eine normale Anleihe zu hohe Zinsen zu zahlen wären. Die Kapitalkosten einer Optionsanleihe sind dagegen relativ niedrig. Die Anleger kaufen die Anleihe trotz der niedrigen Nominalverzinsung, weil sie mit dem Optionsschein einen Spekulationsgewinn erwarten.
Sobald die Optionsanleihe an der Börse eingeführt wird, wird der Optionsschein im Regelfall abgetrennt und separat gehandelt. Sein Preis wird danach von Nachfrage und Angebot, insbesondere aber von der Kursentwicklung des Basiswertes bestimmt.

Optionsscheine können auch für sich allein emittiert werden. Vom Risikogesichtspunkt aus werden „Covered Warrants“ (gedeckte Optionsscheine) oder „Naked Warrants“ (nackte Optionsscheine) unterschieden. Im Fall von gedeckten Optionsscheinen besitzt der Emittent (der sogenannte Stillhalter) die Basiswerte, z. B. Aktien, und hinterlegt sie als Sicherheit auf ein Bankdepot. Nackte Optionsscheine bedeuten, daß der Emittent die Basiswerte nicht besitzt. Macht der Optionsscheininhaber von seinem Bezugsrecht Gebrauch, muß sich der Optionsscheinemittent erst am Markt mit den jeweiligen Basiswerten eindecken.

Worauf Optionsscheinkäufer achten müssen

Optionsscheine sind reizvolle Papiere. Ihre spekulative Attraktivität steckt in der Hebelwirkung. Dadurch, daß sie erheblich billiger sind als der Basiswert, auf den ihr Optionsrecht ausgestellt ist, profitieren die Optionsscheininhaber von der „richtigen“ Kursbewegung des Basiswertes überproportional. Käufer von Call-Optionsscheinen wollen von steigenden Basiswert-Kursen profitieren, Käufer von Put-Optionsscheinen von fallenden. Um jedoch mit nachhaltigem Erfolg am Optionsscheinmarkt agieren zu können, muß man erstens über die Marktchancen des Basiswertes informiert sein und zweitens die Optionsscheinbedingungen genau kennen.
Zuerst zu den Bedingungen.
Dazu gehören einmal die Laufzeit, während der ein Optionsschein an der Börse gehandelt wird, und die Optionsfrist, innerhalb derer das Optionsrecht ausgeübt werden kann. Von speziellen „Shorties“ abgesehen ist die Laufzeit eines Optionsscheins meist mehrere Jahre lang. Das ist ein Zeitraum, in dem sich die Erwartungen durchaus einstellen können.
Weiters sind das Bezugsverhältnis und der Bezugspreis zu nennen.
Das Bezugsverhältnis gibt an, wieviele Stücke des Basiswertes, bleiben wir bei Aktien, über einen Optionsschein bezogen beziehungsweise verkauft werden können.
Der Bezugspreis ist der Preis, zu dem die Aktien über die Ausübung der Option gekauft (im Fall eines Calls) oder verkauft werden können (im Fall eines Puts). Die Ausübung des Optionsrechts ist entweder während der gesamten Laufzeit möglich

(amerikanischer Stil) oder erst am Laufzeitende (europäischer Stil).
Die Ausübung des Optionsrechts wird nur sinnvoll sein, wenn der Bezug des Basiswertes über den Optionsschein günstiger ist. Der Inhaber eines Call-Optionsscheins wird beispielsweise von seinem Bezugsrecht auf Aktien nur dann Gebrauch machen, wenn die Summe aus Bezugspreis, Optionsscheinpreis und Transaktionskosten niedriger ist als der aktuelle Börsekurs der Aktie. Solche Situationen sind allerdings selten und meist nur von kurzer Dauer. Bis der Bezug abgewickelt ist, kann der Kurs der Aktie schon wieder gefallen sein.
Besitzer von Put-Optionsscheinen, die auf fallende Kurse des Basiswertes spekulieren, müssen sich im Fall der Optionsausübung von ihren Aktien trennen. Sie müssen zu diesem Zeitpunkt die Aktien in ihrem Besitz und auch bezahlt haben (Achtung auf die Valutafrist). Nur wenn der Verkauf über den Optionsschein mehr einbringt als der Direktverkauf über die Börse, ist die Ausübung des Optionsrechts sinnvoll. Das ist nur dann gegeben, wenn die Summe aus Abtretungspreis abzüglich Optionsscheinpreis (entsprechend dem Bezugsverhältnis!) und Spesen höher ist als der aktuelle Börsekurs.
Schließlich ist noch darauf zu achten, daß in den Emissionsbedingungen auch ein Verwässerungsschutz enthalten ist. Während der im allgemeinen mehrere Jahre langen Laufzeit kann auch einmal eine Kapitalerhöhung bei der zugrunde liegenden Aktiengesellschaft vorgenommen werden, vor allem aber reduzieren Dividendenausschüttungen immer wieder kurzfristig den Wert der zugrunde liegenden Aktien. So ein Verwässerungsschutz kann in der Anpassung des Bezugspreises, in der Anpassung des Bezugsverhältnisses und in einem Ausgleich in Form von Geld bestehen.

AUFGELD UND HEBEL

Der Hebel eines Optionsscheins gibt über die Gewinnchance wie das Risiko des Papiers Auskunft. Im Aufgeld kommt das Risikopotential des Optionsscheins zum Ausdruck. Es zeigt an, welche Kursentwicklung die Marktteilnehmer vom jeweiligen Basiswert erwarten.

Befassen wir uns vorerst mit dem Aufgeld. Diese Kennzahl ist nicht immer leicht zu interpretieren. Vor allem ist es voreilig und in der Regel auch grundfalsch, aus der Höhe des Aufgeldes schließen zu wollen, ob ein an der Börse gehandelter Optionsschein billig oder teuer ist.

Rechnerisch ist das Aufgeld jene Kennzahl, die angibt, um wieviel Prozent der Kauf des zugrunde liegenden Wertpapiers über den Optionsschein teurer kommt als direkt (im Fall eines Calls). Bei Put-Optionsscheinen gibt das Aufgeld an, um wieviel Prozent der Verkauf des zugrunde liegenden Wertpapiers über den Optionsschein weniger einbringt als der Direktverkauf an der Börse.

Rechnen die Marktteilnehmer mehrheitlich mit einem Kursanstieg des Basiswerts, baut sich das Aufgeld eines Call-Optionsscheins auf. Die Nachfrage nach Optionsscheinen steigt, die Anleger decken sich damit ein, weil sie darauf spekulieren, mit dem Optionsschein die Aktie billiger beziehen zu können. Das treibt auch den Kurs des Optionsscheins in die Höhe.

Ein prozentual zum Aktienkurs hohes Aufgeld birgt damit ein hohes Risiko. Zu viele Erwartungen sind darin bereits diskontiert. Vor allem nach längeren Hausse-Perioden ist Vorsicht beim Kauf von Calls mit hohen Aufgeldern geboten. Die Wahrscheinlichkeit, daß das Kursverbesserungspotential der zugrunde liegenden Aktie unverändert groß ist, wird kleiner, je höher der Kurs steigt. Wenn jedoch in einer solchen Börsensituation Put-Optionsscheine ein hohes Aufgeld aufweisen, dann deutet das darauf hin, daß die Marktteilnehmer überwiegend mit einer Trendumkehr, mit fallenden Kursen, rechnen.

Ob ein Optionsschein billig oder teuer ist, kann aus dem Aufgeld allein ohne die Beurteilung des Börseumfelds nicht abgelesen werden. Neben der Stimmung am Markt ist vor allem auf die Restlaufzeit zu achten. Je kürzer diese ist, umso geringer ist die

Wahrscheinlichkeit einer markanten Trendveränderung. Hohe Aufgelder sind im allgemeinen nur bei mehrjährigen Restlaufzeiten unbedenklich.
In der Regel wird der Kurs eines Call-Optionsscheins steigen und der Kurs eines Put-Optionsscheins sinken, wenn der Kurs des Basiswerts steigt. Das ist sozusagen der Normalfall. Optionsscheinspekulanten können sich jedoch darauf nicht immer verlassen. Hin und wieder passieren auf Optionsscheinmärkten die erstaunlichsten Dinge. So kann der Kurs eines Calls infolge eines massiven Abgabedrucks (oft aufgrund von publizierten Empfehlungen) stark fallen, während der Kurs der zugrunde liegenden Aktie kräftig steigt. Zumeist sind solche inverse Bewegungen aber nicht von langer Dauer und für gute Beobachter ein Signal zum Einsteigen. Nicht selten steigt der Kurs eines Calls, wenn sich bei der zugrunde liegenden Aktie noch gar nichts tut. Die Marktteilnehmer rechnen offenbar mit einem baldigen Aktienkursanstieg.
Mit stärkeren Schwankungen des Optionsscheinkurses muß man bei Scheinen rechnen, die mit einem großen Hebel ausgestattet und optisch billig sind. Schließlich kommt es darauf an, wieviele Stücke eines Optionsscheins emittiert wurden. Von vielen österreichischen Optionsscheinen ist nur eine relativ geringe Stückzahl am Markt, so daß bereits Orders von 100.000 Schilling heftige Kursausschläge bewirken können.
Von all diesen Einflußfaktoren hängt der Marktwert eines Optionsscheines ab. Der rechnerische oder innere Wert ist in der Regel nur ein theoretischer.

$$\text{Rechn. Wert} = \frac{(\text{Aktienkurs} - \text{Bezugspreis}) \times \text{Anz. der Aktien je Call}}{(\text{Abgabepreis} - \text{Aktienkurs}) \times \text{Anz. der Aktien je Put}}$$

In der Praxis wird sein Wert von Nachfrage und Angebot bestimmt. Der Marktwert liegt dann meist deutlich über dem rechnerischen Wert. Die Differenz ist das Aufgeld.

Prozentuelles Aufgeld eines Calls:

$$\frac{(\text{Optionsscheinkurs} \times \text{Bezugsverhältnis}) + \text{Bezugspreis} - \text{Aktienkurs}}{\text{Aktienkurs}} \times 100$$

Prozentuelles Aufgeld eines Puts:

$$\frac{(\text{Optionsscheinkurs} \times \text{Bezugsverhältnis}) + \text{Aktienkurs} - \text{Abgabepreis}}{\text{Aktienkurs}} \times 100$$

Zwei konkrete Beispiele können Sie an Hand der Formeln jetzt selber berechnen:
Ein Call-Optionsschein berechtigt zum Bezug einer Lenzing-Aktie (Bezugsverhältnis 1 : 1),
der Bezugspreis beträgt S 950,–
der Kurs der Lenzing-Aktie steht bei S 1.560,–
der Optionsscheinkurs beträgt S 870,–.

Richtig gerechnet, müßte ein Aufgeld von 16,66 Prozent herauskommen. Um soviel kommt der Erwerb der Lenzing-Aktie über den Optionsschein teurer als durch den Direkterwerb an der Börse.

Zwei Put-Optionsscheine berechtigen zum Verkauf einer Constantia-Aktie (Bezugsverhältnis 2 : 1),
der Abgabepreis beträgt S 1.440,–
der Kurs der Constantia-Aktie liegt bei S 1.150,– und
der Optionsscheinkurs beträgt S 190,–.

Wiederum richtig gerechnet, sollte ein Aufgeld von 7,8 Prozent herauskommen, was bedeutet, daß der Verkauf der Constantia-Aktie über den Optionsschein um 7,8 Prozent weniger bringt als der Direktverkauf an der Börse.

In der Kursbewegung eines Optionsscheins kommt auch die sogenannte Hebelwirkung zur Geltung. Sie ergibt sich dadurch, daß der Optionsschein einen niedrigeren Preis als der Basiswert hat. Jede Kursveränderung des Basiswerts bewirkt daher im Regelfall eine entsprechend stärkere Kursbewegung beim Optionsschein. Ein zehnprozentiger Kursanstieg der zugrunde liegenden Aktie müßte sich bei einem Hebel von 2 theoretisch in einem 20prozentigen Kursanstieg des Call-Optionsscheins auswirken.
Die mathematische Formel für den Hebel lautet:

$$\text{Hebel} = \frac{\text{Kurs der Aktie}}{\text{Kurs der Optionsscheins} \times \text{Bezugsverhältnis}}$$

In der Praxis ist das Wirkungsverhältnis meist nicht so lupenrein. Der tatsächliche Hebel ist nie konstant und läßt sich auch immer nur im nachhinein feststellen. Risikofreudige Optionsscheinkäufer werden sich wohl stärker für Scheine mit einem großen Hebel interessieren. Sie sind sich allerdings auch bewußt, daß die Börse keine Einbahn ist und daß in einem großen Hebel auch ein großes Verlustpotential schlummert.

Optionsschein – Option

Zusammenfassend: Der Optionsschein unterscheidet sich von der Option dadurch, daß er ein Wertpapier, die Option hingegen ein Vertrag zwischen zwei Kontrahenten ist. Der Optionsschein wird an der Börse gehandelt, er hat zwar einen rechnerischen Preis, doch wird der tatsächliche Optionsscheinpreis von Angebot und Nachfrage bestimmt. Der Optionspreis ist hingegen fast eine reine Rechengröße. Es würde eines den Rahmen dieses Buches sprengenden mathematischen Exkurses bedürfen, um den Nachweis dafür zu erbringen. Auf funktionierenden Terminmärkten, Voraussetzung dafür ist ein Market-Maker-System, können die Marktteilnehmer „faire“ Preise erwarten.

TEIL 6

Was Geldanleger über Steuern wissen müssen

BANKGEHEIMNIS UND ANONYMITÄT

Spareinlagen und Wertpapierdepots sind durch ein verfassungsrechtlich verankertes Bankgeheimnis geschützt. Bankangestellte sind generell zur Verschwiegenheit verpflichtet, Auskünfte über Konten dürfen nur in ganz bestimmten Fällen gegeben werden.

Auskunftspflicht besteht gegenüber Strafgerichten im Zuge eines eingeleiteten Strafverfahrens und gegenüber den Finanzbehörden bei eingeleiteten Finanzstrafverfahren. Eine weitere Ausnahme bildet das Verlassenschaftsverfahren, wenn Notare als Gerichtskommissäre um Auskunftserteilung ersuchen und den Namen des Verstorbenen samt dessen Kontonummer angeben können. Auskünfte können selbstverständlich erteilt werden, wenn die Kontoinhaber damit einverstanden sind.

Die Eröffnung eines Spar- oder Wertpapierkontos in Österreich ist grundsätzlich nicht legitimierungspflichtig. In der Schweiz, aber auch in Liechtenstein oder in Luxemburg müssen sich die Kunden gegenüber der Bank legitimieren. Die nur in Österreich mögliche anonyme Geldveranlagung bedeutet, daß die über das Konto verfügungsberechtigte Person keineswegs auch der Eigentümer (die Eigentümerin) sein muß. In einem solchen Fall kennt die Bank den Kontoeigentümer entweder faktisch oder zumindest offiziell nicht und kann diesen selbst in Finanzstrafverfahren nicht preisgeben. Es sei denn, die Behörde weiß die Kontonummer oder das Losungswort, oder es läßt sich der Eigentümer durch den Nachvollzug der Geldflüsse eruieren.

Die weltweit nur in Österreich mögliche anonyme Geldveranlagung wird nach einem EG-Beitritt beziehungsweise nach der voraussichtlich schon vorher erfolgenden Schaffung eines Europäischen Wirtschaftsraumes zwischen EG und EFTA (bei der Österreich Mitglied ist) wahrscheinlich nicht mehr lange aufrechterhalten werden können. Das EG-Recht schreibt die Legitimierungspflicht für die Aufnahme von Geschäftsverbindungen mit Banken vor. Kontoeinzahlungen von 50.000 US-Dollar aufwärts sind in Österreich bereits jetzt nur mit einem zweifelsfreien Identitätsnachweis möglich. Österreichs Banken halten sich hier an internationalen Abmachungen zur Bekämpfung des

Drogenhandels. Sie haben eine Sorgfaltspflichterklärung abgegeben, wonach sie bei „begründetem Verdacht einer nicht ordnungsgemäßen Herkunft der Gelder“ keine Geschäfte machen beziehungsweise die Geschäftsverbindungen abbrechen.
Wer Geld anlegt, gleichgültig, ob offiziell oder anonym, erzielt Einkünfte aus Kapitalvermögen und unterliegt damit der Einkommensteuer. Darüber hinaus ist das mit der Geldanlage erzielte Vermögen vermögensteuerpflichtig, geerbtes und geschenktes Vermögen unterliegen der Erbschafts- und Schenkungssteuer.
Es ist freilich ein offenes Geheimnis, daß ein Großteil der privaten, anonymen Vermögen der Besteuerung entzogen ist. Mit der von den Banken einbehaltenen zehnprozentigen Kapitalertragsteuer ist der Steuerpflicht nicht Genüge getan. Die Kapitalertragsteuer ist nur eine besondere Erhebungsform der Einkommensteuer, genau genommen eine Vorauszahlung auf diese. Und daß sie eigentlich einkommensteuerpflichtig wären, ist vielen Sparern gar nicht bewußt. Weshalb sie sich auch nicht als Steuerhinterzieher fühlen.
Schließlich ist bei der anonymen Geldveranlagung noch zu bedenken, daß die Realisierung von Vermögen unerwartete finanzbehördliche Nachforschungen auslösen kann. Oft sind es anonyme Anzeigen, denen die Finanzbehörden nachgehen und dann Auskunft darüber begehren, woher etwa das Geld für den Hausbau oder den Grundkauf stammt. Anonymität ist kein Schutz gegen die Besteuerung, sobald die Finanzbehörden Verdacht schöpfen. Einem Erkenntnis des Verwaltungsgerichtshofes zufolge kann die Finanzbehörde die Besteuerungsgrundlagen schätzen, wenn diese nicht zu ermitteln oder zu berechnen sind. Solchermaßen in der Mangel der Finanzbehörde, kann sich die Rendite anonymer Geldanlagen außerordentlich reduzieren, denn es bleibt dann nicht nur bei einer Nachzahlung von Einkommen-, Vermögen- und allenfalls Erbschaftssteuer, sondern es muß auch Strafe gezahlt werden. Der Strafe – nicht jedoch der Nachversteuerung – kann man nur durch eine, einem Finanzstrafverfahren zuvorkommende Selbstanzeige entgehen.
Das Einkommensteuergesetz gewährt nur eine sehr gering bemessene (Einkommen-)steuerfreiheit für Zinserträge. Einkommensteuerpflichtige sind generell steuerpflichtig, für Lohnsteuerpflichtige gibt es eine Veranlagungsfreigrenze von 10.000 Schilling. Wird dieser Betrag aber mit anderen Einkünften als solchen aus Kapitalvermögen ausgeschöpft, sind Zinserträge zur Gänze zu versteuern.

EINKOMMENSTEUER

Was alles einkommensteuerpflichtig ist

Geldanleger mit Wohnsitz oder gewöhnlichem Aufenthalt in Österreich sind unbeschränkt steuerpflichtig. Das heißt, daß die Einkünfte aus den im Einkommensteuergesetz aufgelisteten sieben Einkunftsarten addiert und der Einkommensteuer unterworfen werden. Als Einkommen gilt der Gesamtbetrag der diversen Einkünfte nach dem Ausgleich mit Verlusten, die sich aus einzelnen Einkunftsarten ergeben, und nach Abzug von Werbungskosten, Sonderausgaben und außergewöhnlichen Belastungen.

Nach der Erhebungsform wird zwischen der Lohnsteuer, der Kapitalertragsteuer als Vorauszahlung auf die Einkommensteuer und der Einkommensteuer im engeren Sinn unterschieden. Die Lohnsteuer, deren Tarif mit der Einkommensteuer identisch ist, wird auf Einkünfte aus nicht selbständiger Arbeit (Arbeiter, Angestellte, Pensionisten) erhoben und gleich vom Dienstgeber beziehungsweise der Pensionsversicherungsanstalt einbehalten. Die Kapitalertragsteuer auf bestimmte Kapitalerträge wird von Schuldnern, Banken und sonstigen, die Kapitalerträge gewähren, ebenfalls gleich vorweg abgezogen.

Die Einkommensteuer wird nach dem Einkommen veranlagt, das der Steuerpflichtige innerhalb des Veranlagungszeitraumes bezogen hat. Veranlagungszeitraum ist das Kalenderjahr.

Eine Einkommensteuererklärung muß abgeben, wer keine lohnsteuerpflichtigen Einkünfte bezieht, aber auf ein Jahreseinkommen von mehr als S 56.800,– kommt. Lohnsteuerpflichtige müssen eine Einkommensteuererklärung abgeben, wenn sie „andere Einkünfte" beziehen, die insgesamt die Veranlagungsfreigrenze von S 10.000,– übersteigen.

Die sieben Einkunftsarten sind:

Einkünfte aus
- Land- und Forstwirtschaft
- Gewerbebetrieb
- selbständiger Arbeit
- nichtselbständiger Arbeit
- Kapitalvermögen
- Vermietung und Verpachtung
- sonstige Einkünfte (z.B. Einkünfte aus gelegentlichen Vermittlungen, Spekulationsgewinne).

Die Summe der Einkünfte (beziehungsweise der Saldo aus positiven und negativen Einkünften)
abzüglich Sozialversicherungsbeitrag
Sonderausgaben,
Werbungskosten und
außergewöhnlichen Belastungen ergibt das

steuerpflichtige Einkommen. Davon wird die Einkommensteuer berechnet.

Abzüglich Steuerabsetzbeträgen
bereits bezahlter Lohnsteuer und
bereits bezahlter Kapitalertragsteuer ergibt sich die

tatsächlich zu bezahlende Steuer.

Der Steuertarif

Der Steuertarif für die Einkommen- und Lohnsteuer ist in fünf Stufen unterteilt. Er ist progressiv, das heißt, für ein jeweils höheres Einkommen wird ein jeweils höherer Prozentsatz erhoben. Die breiten Einkommensbänder bieten jedoch die Gewähr, daß nicht gleich jede Einkommensverbesserung progressiv höher besteuert wird.

Einkommensteil	Grenzsteuersatz
bis 50.000	10 %
50.000 bis 150.000	22 %
150.000 bis 300.000	32 %
300.000 bis 700.000	42 %
700.000 und darüber	50 %

Entstehung der Lohnsteuerpflicht

Berechnungsbeispiel:

8.496,—	Bruttobezug		
— 1.389,—	Sozialversicherung		
7.107,—	lohnsteuerpflichtiges Monatseinkommen. Dieses ergibt:		
85.288,—	lohnsteuerpflichtiges Jahreseinkommen		
— 1.800,—	Werbungskostenpauschale		
— 1.638,—	Sonderausgabenpauschale		
81.850,—	= 81.800,—		
	10 % von 50.000,—	= 5.000,—	
	22 % von 31.800,—	= 6.996,—	
		11.996,—	
		— 5.000,—	Allgemeiner Absetzbetrag
		— 4.000,—	Verkehrsabsetzbetrag
		— 1.500,—	Arbeitnehmer-Absetzbetrag
		1.496,—	Lst. p. a.
	3.000,—		
	— 1.496,— *)	— 1.504,—	
		0,—	Lohnsteuer

Entstehung der Einkommensteuerpflicht

Berechnungsbeispiel:

58.488,—	EKSt-pflichtiges Jahreseinkommen		
— 1.638,—	Sonderausgabenpauschale		
56.850,—	= 56.800,—		
	10 % von 50.000,—	= 5.000,—	
	22 % von 6.800,—	= 1.496,—	
		6.496,—	
		— 5.000,—	Allgemeiner Absetzbetrag
		1.496,—	EKSt. p. a.
	3.000,—		
	— 1.496,— *)	— 1.504,—	
		0,—	Einkommensteuer

*) Steuer-Bagatellbeträge:
Bis zu einem Betrag von S 1.500,— wird die Einkommensteuer nicht erhoben. Bei einer Einkommensteuer zwischen S 1.500,— und S 3.000,— erfolgt ein stufenloses Einschleifen des Steuerbetrages. Der zu erhebende Betrag ermäßigt sich um den Unterschiedsbetrag zwischen S 3.000,— und der ermittelten Einkommensteuer.

So wird die Steuer berechnet:

Lohnsteuerpflichtiger

Beispiel:

190.000,—	steuerpflichtiges Jahreseinkommen			
— 1.800,—	Werbungskostenpauschale			
— 1.638,—	Sonderausgabenpauschale			
186.562,—	= 186.600,—			
	10 % von 50.000,—	=	5.000,—	
	22 % von 100.000,—	=	22.000,—	
	32 % von 36.600,—	=	11.712,—	
			38.712,—	
		—	5.000,—	Allgemeiner Absetzbetrag
		—	4.000,—	Verkehrsabsetzbetrag
		—	1.500,—	Arbeitnehmer-Absetzbetrag
	Lohnsteuer p. a.		28.212,—	
	Lohnsteuer p. m.		2.351,—	

Einkommensteuerpflichtiger

Beispiel:

190.000,—	steuerpflichtiges Jahreseinkommen			
— 1.638,—	Sonderausgabenpauschale			
188.362,—	= 188.400,—			
	10 % von 50.000,—	=	5.000,—	
	22 % von 100.000,—	=	22.000,—	
	32 % von 38.400,—	=	12.288,—	
			39.288,—	
		—	5.000,—	Allgemeiner Absetzbetrag
	Einkommensteuer p. a.		34.288,—	

Tabelle für die Praxis unter Berücksichtigung der Absetzbeträge

	A) Jahreseinkommen (einkommensteuerpfl.) S	B) Monatseinkommen (lohnsteuerpfl.) S	C) %-Satz (Spitzenprogression)	D) Lohnst. pro Monat S	E) Einkst. pro Jahr S
1	— 58.488	— 7.107	0	0	0
2	58.489 — 151.688	7.108 — 12.790	22	bis 1.375	bis 22.000
3	151.689 — 301.688	12.791 — 25.290	32	bis 5.375	bis 70.000
4	301.689 — 701.688	25.291 — 58.624	42	bis 19.375	bis 238.000
5	701.689 und darüber	58.625 und darüber	50	darüber	darüber

Steht dem Steuerpflichtigen der Alleinverdienerabsetzbetrag zu, ist
die Einkommensteuer (Spalte E) um S 4.000,— + S 1.800,— je Kind, bzw.
die Lohnsteuer (Spalte D) um S 333,— + S 150,— je Kind zu vermindern.

Beispiel: Das steuerpflichtige Monatseinkommen beträgt S 14.000,—
(Z = Zeile, S = Spalte)

Bis 12.790 (Z2/SB)	= Progression 22 % (Z2/SC)	= LSt. 1.375 lt. Tab. (Z2/SD)	
— 14.000			
1.210	= Progression 32 % (Z3/SC)	= LSt. 387	(32 % v. 1210)
Insgesamt sind zu bezahlen		LSt. 1.762	

Er ist mit 1.210,— pro Mon. = 14.520,— pro Jahr in 32 % Progression. Für eingetragene Sonderausgaben in Höhe von 14.520,— (Aufwand 29.040,—) spart er sich 32 % Lohnsteuer (= 4.646,— Steuervorteil)
Für weitere Sonderausgaben hat er nur noch einen Steuervorteil von 22 %

In der Tabelle sind berücksichtigt:
Allgemeiner Absetzbetrag: S 5.000,— Sonderausgabenpauschale S 1.638,—
Zusätzlich für den Lohnsteuer-Pflichtigen:
Werbungskostenpauschale: S 1.800,— Arbeitnehmerabsetzbetrag: S 1.500,—
Verkehrsabsetzbetrag: S 4.000,—

Wann Geldanleger eine Einkommensteuererklärung abgeben müssen

Eine Steuererklärung ist fällig, wenn
1. das Finanzamt dazu auffordert,
2. Einkünfte aus Land- und Forstwirtschaft, aus selbständiger Arbeit oder aus Gewerbebetrieb erzielt werden beziehungsweise der Gewinn auf Grund eines Betriebsvermögensvergleichs ermittelt wird,
3. das Jahreseinkommen mehr als S 56.800,— betragen hat,
4. Lohnsteuerpflichtige auch noch „andere Einkünfte“ von mehr als S 10.000,— beziehen (darunter fallen gewerbliche Einkünfte ebenso wie Mieteinkünfte wie auch Kapitaleinkünfte, das heißt, Sparzinsen oder Dividenden).

Andere Einkünfte

Im Hinblick auf die Veranlagung unterscheidet das Einkommensteuergesetz nur noch zwischen zwei Gruppen von Einkünften:

- lohnsteuerpflichtigen Einkünften und
- anderen Einkünften.

Diese Einteilung ist für den Geldanleger von entscheidender Bedeutung, denn kapitalertragsteuerpflichtige Einkünfte (Zinsen oder Dividenden) nehmen keine Sonderstellung ein, sondern zählen zu den „anderen Einkünften“.
Der Lohnsteuerpflichtige muß eine Steuererklärung abgeben („wird zur Einkommensteuer veranlagt“), wenn die „anderen Einkünfte“ mehr als S 10.000,– betragen.
Wenn zum Beispiel die Veranlagungsfreigrenze von S 10.000,– mit diversen Nebeneinnahmen, wie Nachhilfestunden, Provisionen, Honoraren oder Einkünften aus Vermietung und Verpach-

tung usw. überschritten wird, sind allfällige Zinserträge vom ersten Schilling weg voll einkommensteuerpflichtig.
Die steuerliche Unterscheidung zwischen lohnsteuerpflichtigen und anderen Einkünften bedeutet aber auch, daß alle mehr als das Existenzminimum verdienenden Bezieher von „anderen Einkünften" (das sind die Selbständigen im weitesten Sinn, also Freiberufler, Landwirte, Gewerbetreibende, aber auch Hausherren) einkommensteuerfreie Kapitalerträge nur mit steuerbegünstigten jungen Aktien und Genußscheinen erzielen können. Alle übrigen Zinserträge sind für diese Einkommensbezieher voll einkommensteuerpflichtig.
Die steuerliche Unterscheidung zwischen lohnsteuerpflichtigen und anderen Einkünften bedeutet aber auch, daß alle mehr als das Existenzminimum verdienenden Bezieher von „anderen Einkünften" (das sind die Selbständigen im weitesten Sinn, also Landwirte, Gewerbetreibende, aber auch Hausherren) einkommensteuerfreie Kapitalerträge nur mit steuerbegünstigten jungen Aktien und Genußscheinen erzielen können. Alle übrigen Zinserträge sind für diese Einkommensbezieher voll einkommensteuerpflichtig.
Eine Einschleifregelung zwischen S 10.000,— und S 20.000,— sorgt dafür, daß an der Veranlagungsfreigrenze nicht gleich das Steuerfallbeil mit voller Wucht herunterfällt. Das Finanzministerium spricht von einem „verschliffenen Freibetrag". Voll steuerpflichtig sind die „anderen Einkünfte" des Lohnsteuerpflichtigen erst ab S 20.000,—.
Die Verschleifung sieht so aus, daß die Steuerpflicht innerhalb der S 20.000,— für den jeweils doppelten Betrag gilt, um den die S 10.000,— überschritten werden:
Bei „anderen Einkünften" von S 11.000,— sind danach S 2.000,— zu versteuern, bei S 13.000,— sind es S 6.000,—, bei S 17.000,— bereits S 14.000,— und bei S 20.000,— eben volle S 20.000,—. Darüber zählt jeder weitere Schilling voll.

Steuerabsetzbeträge

Kein Österreicher zahlt den vollen Steuertarif. Davor bewahrt eine Reihe von Steuerabsetzbeträgen. Absetzbeträge mindern den tatsächlichen Steueraufwand, sie werden vom Steuerbetrag, der sich nach der Steuerbemessungsgrundlage errechnet, abge-

zogen. Es handelt sich dabei um Ausnahmen vom Tarif, die zum teilweisen Ausgleich bestimmter Härten oder Nachteile gewährt werden.
Absetzbeträge sind: der allgemeine Absetzbetrag von S 5.000,— jährlich für jeden Steuerpflichtigen, der Arbeitnehmerabsetzbetrag, der Pensionistenabsetzbetrag, der Alleinverdiener- und Alleinerhalterabsetzbetrag und der Verkehrsabsetzbetrag.
Die Absetzbeträge bewirken, daß die erste Tarifstufe von zehn Prozent praktisch nicht zum Tragen kommt. Dadurch bleiben das monatliche Bruttogehalt eines aktiven Arbeitnehmers bis ca. S 8.450,— und die Bruttopension bis S 7.170,— unbesteuert. Das steuerfreie Existenzminimum eines Selbständigen beträgt danach S 56.800,—.

- Der „Alleinverdiener-Absetzbetrag" von S 4.000,— jährlich ist die dürftige steuerliche Anerkennung des Verzichts eines Ehepartners auf ein volles Zweiteinkommen zugunsten von Haushalt und Familie. Das jährliche Maximaleinkommen des Partners eines Alleinverdieners darf S 20.000,— nicht übersteigen. Bei zumindest einem Kind dürfen S 40.000,— Einkünfte des Ehegatten hinzukommen. An Kapitaleinkünften dürfen in diesen Beträgen höchstens S 10.000,— enthalten sein.
  Für jedes Kind gibt es einen Zuschlag zum Alleinverdiener-Absetzbetrag in der Höhe von S 1.800,—.
  Das Besondere daran ist, daß Alleinverdiener diesen Betrag auch dann zuerkannt bekommen, wenn sie gar keine Lohnsteuer mehr übrig haben, von der sie den Kinderzuschlag abziehen könnten. Sie erhalten dann den Betrag einfach gutgeschrieben.
- Der „Alleinerhalter-Absetzbetrag" von ebenfalls S 4.000,— jährlich ist Pendant zum Alleinverdiener-Absetzbetrag für Unverheiratete beziehungsweise Singles mit Sorgepflicht für Kinder.
  In einer Lebensgemeinschaft bleibt der Alleinerhalter-Absetzbetrag auch dann erhalten, wenn Unterhalts- beziehungsweise Versorgungsleistungen bis zu S 40.000,— (davon maximal S 10.000,— Kapitaleinkünfte) bezogen werden.
- Der „Pensionisten-Absetzbetrag" macht jährlich S 5.500,— aus.
- Allen aktiven Arbeitnehmern steht der „Verkehrs-Absetzbetrag" von S 4.000,— jährlich zu.

Mit diesem Absetzbetrag sind grundsätzlich sämtliche Aufwendungen für Fahrten zwischen Wohnung und Arbeitsstätte abgegolten. Der Verkehrs-Absetzbetrag steht allen aktiven Arbeitnehmern unabhängig davon zu, welches Verkehrsmittel beziehungsweise ob überhaupt eines benutzt wird. Im wesentlichen wird mit dieser Regelung die frühere unterschiedliche steuerliche Behandlung der Verkehrsmittel beseitigt (private Kfz wurden durch das Kfz-Pauschale bessergestellt).
Müssen jedoch zwischen Wohnung und Arbeitsstätte größere Entfernungen zurückgelegt werden beziehungsweise ist die Benützung eines Massenverkehrsmittels bei Entfernungen über 2 km nicht zumutbar, können über den Verkehrs-Absetzbetrag hinausgehende Pauschalbeträge steuerlich geltend gemacht werden. Diese Pauschalbeträge sind aber keine Absetzbeträge, sondern fallen unter Werbungskosten, welche die Steuerbemessungsgrundlage reduzieren.

- Allen lohnsteuerpflichtigen aktiven Arbeitnehmern steht der „Arbeitnehmer-Absetzbetrag" von S 1.500,— jährlich zu.

Außergewöhnliche Belastungen

Erwachsen einem Steuerpflichtigen sogenannte „außergewöhnliche Belastungen", hat der Staat mit dem davon Betroffenen insofern ein Einsehen, als er auf die Besteuerung dieser Ausgaben verzichtet. Sie dürfen vom steuerpflichtigen (und bereits um die Sonderausgaben gekürzten) Einkommen abgezogen werden, was auf eine Reduzierung der Steuerbemessungsgrundlage hinausläuft.
Als „außergewöhnlich" bezeichnet der Paragraph 34 Einkommensteuergesetz eine Belastung, wenn sie „höher ist als jene, die der Mehrzahl der Steuerpflichtigen gleicher Einkommensverhältnisse, gleicher Vermögensverhältnisse und gleichen Familienstandes erwächst". Sie muß dem Steuerpflichtigen weiters „zwangsläufig" erwachsen, weil er sich ihr aus „tatsächlichen, rechtlichen oder sittlichen Gründen nicht entziehen kann". Und sie muß schließlich die „wirtschaftliche Leistungsfähigkeit" des Steuerpflichtigen „wesentlich" beeinträchtigen.
Die „wesentliche" Beeinträchtigung tritt allerdings erst nach dem Abzug eines Selbstbehalts ein. Der beträgt bei einem Jaheseinkommen von

höchstens	S 100.000,–	6 %
mehr als	S 100.000,– bis S 200.000,–	8 %
mehr als	S 200.000,– bis S 500.000,–	10 %
mehr als	S 500.000,–	12 %

Bei Alleinverdienern vermindert sich der Selbstbehalt um jeweils einen Punkt für den Ehegatten und je Kind.
Der Selbstbehalt fällt weg bei den Kosten für die auswärtige Berufsausbildung von Kindern. Als solche Kosten werden pauschal S 1.500,– pro Ausbildungsmonat, höchstens S 12.000,– pro Jahr, berücksichtigt.
Nicht anerkannt als außergewöhnliche Belastungen werden die laufenden Unterhaltszahlungen an die geschiedene Ehegattin, an uneheliche Kinder oder Kinder aus einer geschiedenen Ehe. Auch Heiratsgut ist nicht abzugsfähig.
Abzugsfähig sind Aufwendungen, die durch eine Krankheit verursacht werden, sowie Aufwendungen, die durch die Krankheit oder die Behinderung von Kindern oder mittellosen Eltern erwachsen.

Werbungskosten

„Werbungskosten sind Aufwendungen oder Ausgaben zur Erwerbung, Sicherung oder Erhaltung der Einnahmen“, heißt es im Paragraph 16 Einkommensteuergesetz. Sie werden über Antrag des Steuerpflichtigen von den Einnahmen abgezogen, vermindern somit die steuerpflichtigen Einnahmen. Sie können allerdings nur bei der Einkunftsart abgezogen werden, bei der sie auch erwachsen sind. Das heißt, daß etwa Werbungskosten für Einkünfte aus Kapitalvermögen (z.B. Depotgebühren) bei den Einkünften aus unselbständiger Tätigkeit (Lohnsteuer) nicht geltend gemacht werden können.
Ganz normale Kaufaufwendungen fallen selbstverständlich nicht unter Werbungskosten, auch Vermögensverluste, ob realisiert oder auf dem Papier, sind keine Werbungskosten.
Wichtig für den Geldanleger ist jedoch zu wissen, daß die Kreditzinsen eines kreditfinanzierten Erwerbs von Wertpapieren Werbungskosten sind. Voraussetzung ist jedoch, daß die Kreditaufnahme vor dem Kauf erfolgt, der Kaufpreis also mit dem Kreditbetrag beglichen wird.
Typische Werbungskosten bei Kapitaleinkünften stellen Depot-

gebühren, Safe-Mieten, die Kosten für eine individuelle Vermögensverwaltung sowie der Kauf von Fachliteratur, wie Börsendienste oder Charts, dar.

Obwohl nicht unmittelbar zum Thema „Geldanlegen“ gehörend, soll dennoch auf zwei weitere Werbungskostentatbestände eingegangen werden, weil sie auch für Geldanleger durchaus von Interesse sind.
Wie schon bei den Absetzbeträgen erwähnt, gibt es für größere Entfernungen zwischen Wohnung und Arbeitsstätte pauschale Steuerbegünstigungen zusätzlich zum Verkehrsabsetzbetrag.
Und zwar:
Bei einer Fahrtstrecke von

20 km bis 40 km	S 3.600,– jährlich
40 km bis 60 km	S 7.200,– jährlich
über 60 km	S 10.800,– jährlich

Kann dem Arbeitnehmer für die Fahrtstrecke zwischen Wohnung und Arbeitsstätte die Benützung eines öffentlichen Verkehrsmittels nicht zugemutet werden, so können folgende Pauschbeträge geltend gemacht werden:
Bei einer einfachen Fahrtstrecke von

2 km bis 20 km	S 1.800,– jährlich
20 km bis 40 km	S 7.200,– jährlich
40 km bis 60 km	S 12.000,– jährlich
über 60 km	S 18.000,– jährlich

Als unzumutbar im Vergleich zum einem Kfz werden dreimal so lange Fahrzeiten eines öffentlichen Verkehrsmittels (unter Einschluß der Wartezeiten) anerkannt. Im Nahbereich bis 20 km darf die Gesamtfahrzeit allerdings schon 90 Minuten betragen, um noch zumutbar zu sein.

Werbungskosten sind auch die Reisekosten von Dienstreisen. Steuerlich anerkannt werden allerdings maximal S 360,– pro Tag für Inlandsdienstreisen. Auf einen Nachweis der tatsächlichen Kosten verzichtet der Fiskus, wenn die Kosten innerhalb der Pauschalbeträge bleiben. Darüber hinausgehende Kosten nimmt er nicht zur Kenntnis. Der Pauschalsatz von S 200,– für die Nächtigung wird allerdings auch vom Gesetzgeber als unangemessen niedrig empfunden. In diesem Fall anerkennt der Fiskus auch die echten Nächtigungskosten als Werbungskosten. Bei Dienstreisen im Ausland können die für die höchsten Beamten geltenden Tagesgelder als Werbungskosten angesetzt werden.

Zuletzt noch ein Hinweis für Lohnsteuerpflichtige: Bei den nichtselbständigen Einkünften wird automatisch vom Arbeitgeber ein Werbungskostenpauschbetrag von S 1.800,— jährlich abgesetzt. Dieser Betrag ist verhältnismäßig gering. Das bedeutet, es kann sich schon auszahlen, ein bißchen darauf zu achten, ob nicht die eine oder andere Ausgabe unter Werbungskosten fällt, die man dann beim nächsten Jahresausgleich beantragen könnte. Vorausgesetzt, diese Kosten gehen über den Pauschbetrag hinaus.

Steuern sparen mit Sonderausgaben

Ein hoher Steuertarif und ein üppiges Angebot an Sonderausgaben haben insbesondere die mittleren Verdiener zu ausgesprochenen Steuersparfans gemacht. Nicht die langfristige Vermögensbildung, sondern die unmittelbare Steuerersparnis stand im Zentrum des Anlageinteresses. Begreiflich, wenn bei einem steuerpflichtigen Jahreseinkommen von 300.000 Schilling die letzten 50.000 Schilling bereits mit einem Grenzsteuersatz von 51 Prozent „bestraft" wurden, aber andererseits der Staat 51 Prozent der anerkannten Sonderausgaben refundierte.
Daß es gerade in diesem Bereich zu den radikalsten Schnitten kam, ist nur die logische Konsequenz einer Tarifsenkung. Die steuerliche Rentabilität der Sonderausgaben hat sich mit der Reform nachhaltig verringert.
Dessenungeachtet wird der Anleger das verbliebene Angebot allemal nützen müssen. Allerdings nach eingehender Überlegung hinsichtlich Zweckmäßigkeit.
Sonderausgaben sind bestimmte Ausgaben der privaten Lebensführung, die vom Gesetz ausdrücklich als abzugsfähig erklärt werden. Als Freibeträge vermindern sie die Steuerbemessungsgrundlage. Die Steuerleistung selbst wird durch die Sonderausgaben entsprechend dem Grenzsteuersatz reduziert, in den das steuerpflichtige Jahreseinkommen hineinfällt.

Als solche Sonderausgaben werden anerkannt:
1. Renten und dauernde Lasten
2. Versicherungsprämien für freiwillige Personenversicherungen und Beiträge für Pensionskassen
3. Wohnraumschaffung und Wohnraumsanierung
4. Anschaffung von Genußscheinen und jungen Aktien

5. Kirchenbeiträge
6. Steuerberatungskosten
7. Spenden für Forschung und Wissenschaft

Der gemeinsame Höchstbetrag für Sonderausgaben betreffend Versicherungsprämien, Wohnraumschaffung und -sanierung sowie Genußscheine und junge Aktien (Punkte 2. bis 4.) beträgt jährlich
S 40.000,— je Steuerpflichtigen,
weitere S 40.000,— für Alleinverdiener und
weitere S 5.000,— je Kind.

Steuerlich anrechenbar ist nur die Hälfte der tatsächlichen Aufwendungen, das bedeutet, es ist maximal die Hälfte des Höchstbetrages absetzbar.
Für diese Sonderausgabenkategorien steht jedem Steuerpflichtigen ein Sonderausgabenpauschale von S 1.638,— zu. Das wiederum bedeutet, daß Sonderausgaben nur dann steuerlich wirksam werden, wenn sie den Pauschalbetrag übersteigen.

Ein Beispiel:
Ein Alleinverdiener mit einem Kind kommt auf einen steuerlich relevanten Sonderausgaben-Höchstbetrag von S 85.000,—.
Tätigt er tatsächlich S 90.000,—, werden auch in diesem Fall nur S 42.500,— (die Hälfte von S 85.000,—) abgezogen.
Darin wird noch das Sonderausgabenpauschale von S 1.638,— eingerechnet, wodurch als zusätzliche, steuerlich relevante Sonderausgaben de facto S 40.862,— verbleiben.

Wenn Versicherungen und Wohnbaudarlehen weiterlaufen und die Prämien und Raten den Höchstbetrag bereits erreichen, ist es „steuerlich“ nicht mehr sinnvoll, junge Aktien zu kaufen. Der Erwerb von jungen Aktien kann sich dann nur noch an ganz normalen Rendite- und Kurspotentialüberlegungen orientieren (was an sich auch beim steuerbegünstigten Erwerb beachtet werden sollte).

Welche Ausgaben werden als Sonderausgaben anerkannt:

- Renten und dauernde Lasten.
  Sie können in unbegrenzter Höhe geltend gemacht werden.

- Versicherungsprämien für freiwillige (inländische) Lebensversicherungen auf der Basis Er- und Ableben sowie Ableben.

Die Laufzeit der Versicherungsverträge muß bei 40jährigen und Jüngeren mindestens 20 Jahre betragen. Bei älteren Versicherungsnehmern verkürzt sich die Mindestlaufzeit um jeweils ein Jahr, für 50jährige und Ältere beträgt sie dann 10 Jahre. Einmalprämien können auf zehn Jahre verteilt abgesetzt werden.

Renditen für Er- und Ablebensversicherungen

Jahres-prämie	Alter	Laufzeit	Versicherungs-summe	Auszahlung (1)	jährliches steuerpfl. Eink. (TS)	Grenz-steuer-satz	Rendite p. a. in % (2)
10.000,–	20	20 Jahre	221.200,–	368.900,–	100–150	22 %	6,5
					150–300	32 %	7,0
					300–700	42 %	7,5
					700–	50 %	8,0
10.000,–	30	20 Jahre	219.900,–	368.600,–	100–150	22 %	6,5
					150–300	32 %	7,0
					300–700	42 %	7,5
					700–	50 %	8,0
10.000,–	40	20 Jahre	210.200,–	359.600,–	100–150	22 %	6,3
					150–300	32 %	6,8
					300–700	42 %	7,3
					700–	50 %	7,8
10.000,–	45	15 Jahre	148.700,–	221.400,–	100–150	22 %	6,1
					150–300	32 %	6,8
					300–700	42 %	7,5
					700–	50 %	8,1
10.000,–	50	10 Jahre	93.200,–	120.900,–	100–150	22 %	5,5
					150–300	32 %	6,5
					300–700	42 %	7,6
					700–	50 %	8,5

(1) inkl. voraussichtlicher Gewinnanteile
(2) inkl. Steuervorteil
– Es wurde angenommen, daß das Sonderausgabenpauschale bereits ausgenützt ist.
– Falls erforderlich, wurde eine ärztliche Untersuchung angenommen. Die Zahlen sind je Versicherung geringfügig unterschiedlich. Die Zahlen sind gerundet.

Der Ertrag einer Lebensversicherung ist abhängig von der bereits im Tarif enthaltenen Risikoprämie, von den Gewinnantei-

len und der Progression des Versicherungsnehmers, das heißt, von welchem Grenzsteuersatz das Einkommen erfaßt wird.
Als Versicherungsarten werden steuerlich anerkannt:

Er- und Ablebensversicherungen

Sie stellen eine Kombination von Sparen und Risikodeckung dar. Beim Ableben des Versicherungsnehmers vor Ablauf des Versicherungsvertrags und auch im Erlebensfall besteht der Anspruch auf die Auszahlung der vereinbarten Versicherungssumme inklusive Gewinnanteilen. Die für den Fall des Ablebens vereinbarte Versicherungssumme muß mindestens der für den Erlebensfall vereinbarten entsprechen. Nach dem 31. 12. 1988 abgeschlossene sogenannte Erlebensversicherungen, bei denen im Erlebensfall nur eine Rückerstattung der Prämien vereinbart ist, werden nicht mehr als Sonderausgaben anerkannt.

Ablebensversicherungen

Diese sind reine Risikoversicherungen. Die Auszahlung erfolgt nur bei Ableben. Nach Ablauf der Versicherungsdauer sind die eingezahlten Prämien verfallen. Die Prämien sind dafür verhältnismäßig niedrig.

Sonstige Lebensversicherungen

Unter bestimmten persönlichen Voraussetzungen bieten Versicherungen wie zum Beispiel „Für zwei Versicherte“ oder auf „Endalter 80“ usw. Vorteile. Hier ist eine eingehende Beratung mit einem Versicherungsfachmann unbedingt notwendig.
Reine Erlebensversicherungen gelten nicht als Sonderausgaben, es sei denn, sie wurden bereits vor dem 1. Jänner 1989 abgeschlossen.

Versicherungsprämien für freiwillige Kranken-, Unfall- oder Pensionsversicherungen

Beiträge für die freiwillige Weiterversicherung bei der staatlichen Pensionsversicherung sind ohne betragliche Höchstgrenze voll absetzbar. Es wird hier auch das Sonderausgabenpauschale nicht angerechnet.

Pensionskassen

Um die Jahreswende 1990/91 wurden die ersten überbetrieblichen Pensionskassen auf der Basis des Pensionskassen- und Betriebspensionsgesetzes 1990 aktiv. Das Einkommensteuer- und das Körperschaftsteuergesetz 1988 hatten die Voraussetzungen geschaffen, die zweite Säule der Altersvorsorge den zeitgemäßen Anforderungen entsprechend zu stärken.
Das Pensionskassengesetz steckt die organisatorischen Rahmenbedingungen für die betrieblichen und überbetrieblichen Pensionskassen ab, das Betriebspensionsgesetz die arbeits- und sozialrechtlichen. Die in eine Pensionskasse eingezahlten Beträge sind dem Zugriff des Arbeitgebers weitestgehend entzogen und insolvenzrechtlich abgesichert. Und sie behindern nicht mehr die Mobilität der Arbeitnehmer.
Steuerbegünstigt sind Beiträge an die Pensionskasse in der Höhe bis zu 10 Prozent der Lohn- und Gehaltssumme aller Anwartschaftsberechtigten. Die Beiträge selbst können entweder ausschließlich vom Arbeitgeber kommen oder von Arbeitgeber und Arbeitnehmer gemeinsam. Die Arbeitnehmerbeiträge dürfen aber nicht höher sein als die Arbeitgeberbeiträge.
Die Arbeitgeberbeiträge werden bis zu 10 Prozent der Lohn- und Gehaltssumme der Leistungsberechtigten als Betriebsausgaben anerkannt. Die von den Arbeitnehmern gezahlten Beiträge sind Sonderausgaben im Rahmen des 40.000-Schilling-Topfes.
Pensionsleistungen, die aus den Beiträgen der Arbeitnehmer erbracht werden, werden nur zu 25 Prozent in die Lohnsteuerbemessungsgrundlage einbezogen. Die Leistungen hingegen, die aus den Beiträgen der Dienstgeber finanziert werden, müssen voll versteuert werden.
Das von der Pensionskasse treuhändig verwaltete Vermögen ist von der Körperschaftsteuer, der Gewerbesteuer und der Vermögensteuer befreit.
Die Zusagen der Pensionskassen können entweder beitragsorientiert oder leistungsorientiert sein. In dem einen Fall werden die Beiträge von vornherein fixiert, das bis zum Pensionsantritt angesammelte Vermögen wird verrentet. Im anderen Fall wird die Höhe der Pensionsleistung von vornherein festgelegt. Daraus ergibt sich dann die Höhe der laufenden Beiträge.
Die unter staatlicher Aufsicht stehende Pensionskasse muß für mindestens 1.000 Anwartschafts- und Leistungsberechtigte tätig sein und mit einem „ihrem Risiko entsprechenden Eigenkapi-

tal" (so das Pensionskassengesetz) ausgestattet sein. Die Errichtung einer betrieblichen Pensionskasse oder der Beitritt zu einer überbetrieblichen sind von einer Betriebsvereinbarung abhängig.
Im Fall einer Beendigung des Arbeitsverhältnisses sind die erworbenen Anwartschaften unverfallbar. Anwartschaften, die aus Arbeitgeberbeiträgen erworben werden, sind nach längstens fünf Jahren ab Beginn der Beitragszahlung unverfallbar. Diese Frist gilt aber nicht, wenn der Arbeitgeber Pleite macht, den Betrieb stillegt oder ihn verkauft und der neue Arbeitgeber sich weigert, die Beiträge weiterzuzahlen.
Nach der Beendigung des Arbeitsverhältnisses – auch bei Selbstkündigung – kann der Arbeitnehmer seine Anwartschaften beitragsfrei liegen lassen oder auf eine andere Pensionskasse übertragen. Beträgt die Anwartschaft (der Überweisungsbetrag laut Betriebspensionsgesetz) nicht mehr als 100.000 Schilling, kann der Arbeitnehmer abgefunden werden.

Ausgaben zur Wohnraumschaffung oder zur Wohnraumsanierung

Darunter fallen
- mindestens achtjährig gebundene Beiträge, die zur Schaffung von Wohnraum an gemeinnützige Wohnbauträger geleistet werden,
- Beiträge, die zur Errichtung von Eigenheimen und Eigentumswohnungen aufgewendet werden,
- Ausgaben zur Sanierung von Wohnraum durch befugte Unternehmer,
- Rückzahlungen und Zinsen von Darlehen, die zur Schaffung von begünstigtem Wohnraum oder für die Sanierung aufgenommen wurden.

Der Sanierungsaufwand kann entweder durch Instandsetzungs- oder durch Herstellungsarbeiten anfallen. Instandsetzung liegt dann vor, wenn durch diese Arbeiten der Nutzungswert des Wohnraums wesentlich erhöht oder der Zeitraum seiner Nutzung wesentlich verlängert wird. Unter die Instandsetzungsarbeiten fallen auch energiesparende Investitionen, die im neuen Einkommensteuergesetz nicht mehr eigens als Sonderausgaben anerkannt werden. Das bloße Abdichten eines alten Fensters wird aber nicht als Instandsetzung und damit als sonderausgabenfähig anerkannt, ebenso nicht die Aufstellung von Kachelöfen, Kaminöfen oder offenen Kaminen. Sehr wohl begünstigt ist jedoch der Austausch einer alten Heizanlage gegen eine Wärmepumpe oder eine Solaranlage. Wärmepumpen und Solaranlagen werden auch als Zubauten steuerlich anerkannt. Darlehensrückzahlungen für Energiesparinvestitionen, die jetzt nicht mehr begünstigt sind, die aber noch von dem 1. 1. 1989 getätigt wurden (z. B. Kachelöfen) können jedoch weiterhin geltend gemacht werden.

Ausgaben für die Anschaffung von Genußscheinen im Sinne des Beteiligungsfondsgesetzes und für die Erstanschaffung junger Aktien

Diese staatliche Beteiligungsförderung war in den letzten Jahren vor allem im Bereich der Genußscheine ein Publikumshit.

Genußscheine:
Genußscheine sind Wertpapiere, die gemäß Beteiligungsfondsgesetz 1982 von einer Beteiligungsfondsgesellschaft ausgegeben werden. Die Stückelung beträgt S 10.000,—, die Behaltedauer 10 Jahre. Ein vorzeitiger Verkauf führt zu einer Nachversteuerung mit 30 Prozent des steuerlich anerkannten Betrages, es sei denn, es erfolgt innerhalb von 12 Monaten eine Ersatzbeschaffung. Das können entweder wiederum Genußscheine sein oder steuerbegünstigte junge Aktien. Die Ersatzbeschaffung selbst ist nicht mehr steuerbegünstigt.
Für die Wirtschaft bedeutet das Genußscheinkapital eine relativ billige, langfristige Finanzierung mit Eigenkapitalcharakter. Seit 1982 wurden gut 500 Unternehmen mit Genußscheinkapital versorgt. Über 80 Prozent davon entfallen auf die Kategorie Klein- und Mittelbetriebe.
Die Genußscheine bieten genaugenommen drei Steuervorteile:

- Die Abzugsfähigkeit als Sonderausgabe. Sie ist allerdings auf 50 Prozent der Aufwendungen beschränkt.
- Die laufenden Ausschüttungen (in der Regel 4 bis 5 Prozent) sind lohn- und einkommensteuerfrei.
- Der Besitz von Genußscheinen und/oder jungen Aktien ist bis zu einem Gesamtbetrag von S 200.000,— pro Haushaltsmitglied von der Vermögensteuer befreit.

Steuerbegünstigte junge Aktien:
Steuerbegünstigt ist eine junge Aktie, wenn sie aus Anlaß der Gründung einer Aktiengesellschaft oder bei einer Kapitalerhö-

hung gegen Bareinzahlung ausgegeben wird. Junge Aktien sind weiters auch solche, die anläßlich einer bedingten Kapitalerhöhung ausgegeben werden. Das ist zum Beispiel bei Optionsanleihen der Fall, nicht aber bei Wandelanleihen.
Die Steuerbegünstigung gilt aber nicht für jede theoretisch in Frage kommende junge Aktie. Der Gesetzgeber hat mit der Förderung der Unternehmensbeteiligung auch die Förderung einer bestimmten Wirtschaftsstruktur im Auge (über die man freilich diskutieren kann). Folgende Aktien kommen in Frage:

- Es muß sich um eine inländische Aktiengesellschaft handeln.
- Die Aktiengesellschaft muß der Kammersektion Gewerbe oder Industrie angehören und sich mit der industriellen Herstellung körperlicher Wirtschaftsgüter befassen.
- Es kann auch eine Holdinggesellschaft sein, wenn die Töchter schwerpunktmäßig die eben genannten Voraussetzungen erfüllen.

In der Praxis werden die Voraussetzungen für die Steuerbegünstigung bereits vor der Ausgabe vom Finanzministerium bescheinigt.
Als Sonderausgabe wird nur der eigentliche Bezugspreis des Papiers anerkannt. Steuerlich sind davon, wie bei den Genußscheinen, 50 Prozent relevant. Bezugsrechtskosten und Wertpapierspesen sind in der Steuerbegünstigung nicht enthalten.
Weitere Voraussetzungen für die Steuerbegünstigung sind:

- Die Emission der jungen Aktien muß von einem Kreditinstitut übernommen werden.
- Der Kauf der jungen Aktie muß innerhalb von drei Monaten nach der Protokollierung der Neugründung beziehungsweise Kapitalerhöhung im Handelsregister als Ersterwerb bei einem Kreditinstitut erfolgen, und die jungen Aktien müssen auf einem Wertpapierdepot hinterlegt werden.
- Die Behaltefrist ist zehn Jahre.

Wird die Aktie, zum Beispiel nach einer günstigen Kursentwicklung, vorzeitig verkauft, ist zweierlei zu beachten:
Innerhalb der Spekulationsfrist von einem Jahr ist der Kursgewinn ab der 6.000-S-Freigrenze einkommensteuerpflichtig und — was noch viel wichtiger ist — es muß innerhalb von 12 Monaten eine Ersatzanschaffung weiterer junger Aktien im gleichen Ausmaß getätigt werden. Die Ersatzanschaffung ist natürlich nicht mehr steuerbegünstigt.

Erfolgt keine Ersatzanschaffung, besteht die Finanzbehörde auf einer Nachversteuerung.
Mit einer Nachversteuerung wird auch die bloße Entnahme aus dem Depot geahndet, eine Nachversteuerung blüht auch, wenn die Aktiengesellschaft das Aktienkapital herabsetzt und zurückzahlt.
Die Nachversteuerung beträgt 30 Prozent der versteuerten Sonderausgaben.
Die Steuerbegünstigung der jungen Aktien schließt auch die Einkommensteuerfreiheit der Dividenden für die Dauer der Behaltefrist ein. Es entfällt konsequenterweise auch die 25prozentige Kapitalertragsteuer, die ja eine Vorauszahlung auf die später zu entrichtende Einkommensteuer ist. Zusammen mit den Genußscheinen fallen die jungen Aktien schließlich auch unter die Befreiung von der Vermögensteuer. Der gemeinsame Freibetrag beträgt S 200.000,— pro Haushaltsmitglied. Ein Kursgewinn ist nach Ablauf der Behaltefrist selbstverständlich steuerfrei.

Zuwendungen für Forschungs- oder Lehraufgaben

Private Spenden an Universitäten oder andere, im Einkommensteuergesetz angeführte Institutionen sind nicht mehr unbegrenzt als Sonderausgaben absetzbar. Das Gesetz legt als Rahmen für die privaten Zuwendungen einschließlich der als Betriebsausgaben anerkannten Zuwendungen aus dem Betriebsvermögen 10 Prozent der Gesamteinkünfte des Vorjahres fest. Ein Verlustausgleich ist gestattet. Unter Zuwendungen sind Geld- oder Sachspenden, wie Bücher oder Bilder, zu verstehen.

Kirchenbeiträge

Lohnsteuerpflichtige können im Rahmen des Jahresausgleichs, Einkommensteuerpflichtige im Rahmen der Steuererklärung jährlich bis S 1.000,— an Kirchenbeiträgen voll absetzen.

Steuerberatungskosten

Soweit sie nicht Werbungskosten oder Betriebsausgaben sind, können die Steuerberatungskosten unbegrenzt voll abgesetzt werden. Die Beratung muß durch „berufsrechtlich Befugte" erfolgen, verlangt das Gesetz.

KAPITALERTRAGSTEUER

Die Kapitalertragsteuer, die als Quellenbesteuerung von Kapitaleinkünften bis 1988 nur für Gewinnausschüttungen (Dividenden) bestanden hat, wurde im Einkommensteuergesetz 1988 auf eine stark verbreiterte Basis gestellt. Als spezielle Erhebungsform der Einkommensteuer stellt sie für Steuerpflichtige, die schon bisher ihre Kapitalerträge erklärt haben, keine zusätzliche Belastung dar (von bestimmten Ausnahmen, auf die noch einzugehen ist, abgesehen). Wohl für jene, die eigentlich eine Steuererklärung abgeben müßten, es aber vorziehen, steueranonym zu bleiben.
Die Kapitalertragsteuer ist eine Vorauszahlung auf die Einkommensteuer, das heißt mit anderen Worten, sie wird auf die Einkommensteuer angerechnet. Abzugspflichtig ist das inländische Geldinstitut bei der zehnprozentigen Kapitalertragsteuer beziehungsweise der Emittent bei 25prozentiger Kapitalertragsteuer. Alle Steuerpflichtigen, die ihre Kapitalerträge in der Steuererklärung angeben, erhalten sie (ausgenommen die einkommensteuerfreien Erträge bestimmter Anleihen, siehe unten) indirekt zurück. Das bedeutet, daß ihre Einkommensteuernachzahlung entsprechend geringer ist.

Die Kapitalertragsteuer wird in zwei verschiedenen Sätzen eingehoben:

In Höhe von 25 Prozent von
- Dividenden aus österreichischen Aktiengesellschaften, GesmbH-Anteilen, Genossenschaftsanteilen, Genußrechten und Ausschüttungen auf Partizipationskapital und
- Einkünften als stiller Gesellschafter.

In Höhe von 10 Prozent von
- Zinserträgen bei Banken, das sind
  - Spareinlagen
  - Termineinlagen und Sichteinlagen, weiters
  - Bausparzinsen

- Zinserträgen aus Forderungswertpapieren, das sind
  - österreichische Anleihen, Pfand- und Kommunalbriefe, die nach dem 31. 12. 1983 begeben wurden,
  - Fremdwährungsanleihen, die nach dem 31. 12. 1988 begeben wurden,
  - Wandel- und Gewinnschuldverschreibungen und
  - Anteilscheine an einem Investmentfonds,
- besonderen Entgelten oder Vorteilen, das sind z. B.
  - Boni oder zusätzliche Zinserträge aus Wertpapierkostgeschäften,
  - Wertsicherungserträge,
- mehr als 2prozentigen Unterschiedsbeträgen zwischen dem Ausgabewert eines Wertpapiers und dessen Einlösungswert. Erfolgt ein vorzeitiger Rückkauf, tritt der Rückkaufpreis an die Stelle des Einlösungswertes.

Die Kapitalertragsteuer wird zuerst vom vollen Kapitalertrag abgezogen und dann angerechnet. Dies zu wissen ist besonders wichtig für Bezieher von Dividenden und anderen offenen Ausschüttungen inländischer Unternehmen (ausgenommen davon sind steuerbegünstigte junge Aktien). Die 25prozentige Kapitalertragsteuer ist in jedem Fall höher als der halbe Einkommensteuerdurchschnittssatz, der auf die Besteuerung dieser Ausschüttungen angewendet wird. Dieses „Halbsatzverfahren", wie es im Steuerjargon heißt, vermeidet die doppelte Besteuerung von Ausschüttungen einmal beim Unternehmen und dann beim Empfänger. Es wurde 1986 eingeführt und als „Entdiskriminierung" der Aktie begrüßt. Der halbe Durchschnittssteuersatz ist immer niedriger als der halbe Grenzsteuersatz. Damit ergibt die Kapitalertragsteuer auf Dividenden in jedem Fall eine Einkommensteuergutschrift.
Bei den Investmentfondsanteilen ist die KESt-Pflicht folgendermaßen geregelt: die zehnprozentige Kapitalertragsteuer wird bei der Ausschüttung durch die kuponauszahlende Stelle, das ist die Depotbank, abgezogen, die 25prozentige Kapitalertragsteuer behält hingegen gleich der Fonds ein und weist sie im Geschäftsbericht zur Anrechnung aus.
Bei Optionsanleihen mit einer um mehr als 1 Prozent unter der Emissionsrendite für Anleihen im weiteren Sinn liegenden Nominalverzinsung ist der Anleihekaufpreis in einen Kaufpreis für den Optionsschein und den Ausgabewert aufzuspalten. Die Differenz zwischen Ausgabewert und Einlösungswert ist KEStpflichtig.

Ausgenommen von der Kapitalertragsteuer bleiben:

- Sparzinserträge zum Eckzinssatz. Als Eckzinssatz gilt der im Eckzinsabkommen des Kreditapparats vereinbarte Zinssatz. Besteht kein Abkommen, wird der KESt-freie Eckzinssatz nach einer auf der Sekundärmarktrendite beruhenden Formel berechnet.
- Zinserträge aus Sichteinlagen bis maximal 1 Prozent.
- Zinserträge aus inländischen Anleihen, Pfand- und Kommunalbriefen, die vor dem 31. 12. 1983 begeben wurden.
- Zinserträge aus Fremdwährungsanleihen, die bis zum 31. 12. 1988 begeben wurden. Das bedeutet, daß über den Erwerb von solchen Anleihen auf dem Sekundärmarkt noch viele Jahre die KESt vermieden werden kann.
- Zinserträge aus Anleihen von internationalen Finanzinstitutionen (z. B. Weltbank, Inter-Amerikanische Entwicklungsbank).
- Die staatliche Bausparprämie von derzeit 8 Prozent.
- Die Differenz zwischen Ausgabewert und Einlösungswert bei Anleihen bis maximal 2 Prozent. Ist sie größer als 2 Prozent, ist sie zur Gänze steuerpflichtig.
- Erträge aus steuerbegünstigt erworbenen jungen Aktien und Genußscheinen.
- Zwischenbankeinlagen.
- Dividenden, GesmbH-Erträge und Genossenschaftserträge, wenn Körperschaften mindestens mit 25 Prozent beteiligt sind.
- Kapitalerträge von deponierten Wertpapieren, die vom Empfänger schriftlich als Betriebseinnahmen erklärt werden (die also ohnehin in die Steuererklärung des Betriebs einfließen müssen).

Einkommensteuerfrei, aber nicht kapitalertragsteuerfrei, sind die Erträge der zwischen 1. 1. 1984 und 31. 12. 1988 angeschafften österreichischen festverzinslichen Wertpapiere bis S 100.000,— pro Person und Jahr mit einer Mindestlaufzeit von 8 Jahren. Die Kapitalertragsteuer bleibt hängen, weil nicht anrechenbar.

Wie wird die Kapitalertragsteuer angerechnet?

Die Kapitalertragsteuer wird grundsätzlich auf die zu zahlende Einkommensteuer angerechnet. Das bedeutet, daß sich die Einkommensteuernachzahlung um die bereits von der Bank abgezogene Kapitalertragsteuer ermäßigt. Muß ein Steuerpflichtiger keine Einkommensteuer nachzahlen, kriegt er die vorweg vom Geldinstitut einbehaltene Steuer im Zuge der Veranlagung zurückerstattet. Eine Einkommensteuergutschrift entsteht in jedem Fall bei den Dividendeneinnahmen. Diese Kapitaleinkünf-

Besteuerung verschiedener Kapitalerträge ab 1989

Kapitalanlage	Kapitalertragsteuer		Einkommensteuer	
	10 %	25 %	voll	halber Durchschnitts-steuersatz (§ 37 EStG 1988)
Geldeinlagen				
Sparbücher				
— Eckzinssatz	—	—	×	—
— höherer Zinssatz	×	—	×	—
Bausparen				
— Zinsen	×	—	×	—
— Prämie	—	—	—	—
Prämiensparen				
— Zinsen	×	—	×	—
— Prämie	×	—	×	—
Giroguthaben				
— Zinssatz bis 1 %	—	—	×	—
— Zinssatz über 1 %	×	—	×	—
Festverzinsliche Wertpapiere				
bisher einkommensteuerfreie inländische Wertpapiere (bis S 100.000.— Anschaffung/Jahr)				
— Ausgabe bis 31. 12. 1983	—	—	—	—
— Ausgabe 1. 1. 1984 bis 31. 12. 1988	× *)	—	—	—
— Ausgabe ab 1. 1. 1989	×	—	×	—
Aktien, Anteile u. ä.				
inländische				
— Kapitalgesellschaften	—	×	—	×
— Genossenschaften	—	×	—	×
— Partizipationsscheine	—	×	—	×
junge Aktien bzw. Genußscheine (i. S. § 18 EStG 1988)	—	—	—	—
Treuhandbeteiligungen nach § 27 (6) Z. 3 EStG 1972 (Erwerb vor 1. 1. 1989)	—	× *)	—	—
Stille Beteiligungen	—	×	×	—

*) Kapitalertragsteuer nicht anrechenbar, da einkommensteuerfrei

te unterliegen, wie bereits erwähnt, nur dem halben Durchschnittssteuersatz.
Lohnsteuerpflichtige, deren Zinserträge weniger als S 10.000,—, zusammen mit Lohn oder Gehalt aber mehr als das steuerliche Existenzminimum ausmachen, müssen die zehnprozentige Kapitalertragsteuer voll schlucken. Das Finanzministerium begründet das mit einem „nicht gerechtfertigten" Kosten- und Verwaltungsaufwand.
Voll geschluckt werden muß auch die 10prozentige KESt auf die Zinsen inländischer Anleihen mit mindestens 8jähriger Laufzeit, die zwischen 1. 1. 1984 und 31. 12. 1988 im Höchstausmaß von S 100.000,— pro Person und Jahr der Emission erworben wurden. Diese Zinserträge bleiben weiterhin einkommensteuerfrei. Mangels anrechenbarer Einkommensteuer behält der Fiskus die Kapitalertragsteuer in voller Höhe ein.
Um nicht vom Verfassungsgerichtshof zurückgepfiffen zu werden, macht das Gesetz hier aber doch auch eine Ausnahme: Die Kapitalertragsteuer auf einkommensteuerfreie Erträge wird in den Fällen zurückerstattet, in denen der Steuerpflichtige eine geringere Einkommensteuer als die zehnprozentige KESt oder überhaupt keine Einkommensteuer zu zahlen gehabt hätte. Das kann auf Hausfrauen, Kinder oder Mindestrentner mit kapitalsteuerpflichtigen Guthaben zutreffen.

STEUERPERSPEKTIVEN

Die Nettorendite ist jener Ertrag, der nach Spesen und Steuern übrigbleibt. Solange der Schleier der Anonymität über die Geldveranlagung gezogen werden kann, spielt die Steuer bei Renditeüberlegungen nur eine Nebenrolle. Müssen jedoch künftig einmal alle Sparschillinge deklariert werden, weil Österreich keine Anonymitätsinsel bleiben darf, sind Veranlagungsformen gefragt, die offiziell und einkommensteuerfrei sind. Viele Möglichkeiten gibt es da freilich nicht.

Die vom Staat offerierten steuerbegünstigten Veranlagungen erschöpfen sich in den als Sonderausgaben geförderten Sparformen: Lebensversicherungen, Genußscheine und junge Aktien. Die Anlageerträge sind hier völlig einkommensteuerfrei. Bei den jungen Aktien auch der Kursgewinn, sofern die Spekulationsfrist beachtet wird (siehe dort).

Eine unter langfristigen Investmentperspektiven interessante Geldanlage sind die Wertzuwachsfonds auf Aktien- oder aktienähnlicher Basis. Diese Veranlagungen sind so konstruiert, daß der gesamte Ertrag nur über Wertzuwachs erzielt wird und sie daher nach einem Jahr Behaltefrist einkommensteuerfrei sind. Der Wertzuwachs wird im Fondsvermögen belassen (thesauriert). Die Kursentwicklung der Rentenfonds (zum Beispiel Rorento oder KB-Lux-Austrian-Schilling-Fund) wird entscheidend von der internationalen Zinssituation und die der thesaurierenden Immobilienfonds von den Realitätenpreisen bestimmt.

Steuerfrei sind zwei Prozent Tilgungsgewinn zwischen Ausgabe- und Einlösungswert von Anleihen beziehungsweise Kassenobligationen (ab einer Millionen Schilling zu haben). Wird eine Anleihe am Sekundärmarkt (Börse) zu einem niedrigeren als dem Ausgabekurs erworben und bis zum Laufzeitende behalten, ist der gesamte Tilgungsgewinn steuerfrei.
Steuerfrei sind auch jene Teile der Ausschüttung österreichischer Investmentfonds, die auf Kursgewinne entfallen. Manche Fonds veranlagen speziell unter diesem Gesichtspunkt.

Verlustbeteiligungsmodelle kumulieren steuerliche Verluste am Beginn der Laufzeit. Diese Verluste sind mit anderen Einkommen kompensierbar. Der Veräußerungsgewinn nach einer mindestens siebenjährigen Behaltedauer wird mit dem halben Durchschnittssteuersatz versteuert. Der Veräußerungsgewinn ist die Differenz zwischen dem Verkaufserlös und dem Buchwert. Ein vorzeitiger Verkauf bedeutet die volle Einkommensteuerpflicht.
Generell ist bei Verlustmodellen Vorsicht geboten, weil die Finanzbehörden zunehmend restriktivere Maßstäbe anlegen und aus theoretischen Renditen unter Umständen herbe reale Verluste werden können.

Versicherungssparen

Die Gewinnanteile von Lebensversicherungen sind im Normalfall steuerfrei. Unter dem Gesichtspunkt der Steuerersparnis kann es daher oft sinnvoll sein, mit bestimmten Lebensversicherungen einkommensteuerfrei zu sparen, auch wenn keine Sonderausgaben mehr frei sind. Vor allem dann, wenn es sich um langfristige Ansparvorgänge mit Blickrichtung Pension handelt und dabei stattliche Kapitalien mit entsprechenden steuerpflichtigen Erträgen entstehen.
Gewinnanteile sind die Unterschiedsbeträge zwischen der eingezahlten Versicherungsprämie und der effektiven Versicherungsleistung. Die Gewinnanteile werden nur dann in die Steuerpflicht genommen, wenn drei Punkte zusammentreffen:
1.) wenn keine laufenden Prämienzahlungen erfolgen,
2.) wenn die Laufzeit weniger als 10 Jahre beträgt und
3.) wenn für den Fall des Ablebens nicht mindestens die für den Erlebensfall vereinbarte Versicherungssumme ausbezahlt wird.
Welche einkommensteuerfreie Rendite eine jährliche Prämienleistung von S 15.000,– abwirft, zeigt die folgende Tabelle:

Renditetabelle für Er- und Ablebensversicherungen mit regelmäßiger Prämienzahlung (ohne Nutzung von Sonderausgaben)

Einzahlung jährlich	Art der Versicherung	Laufzeit	Auszahlung*	Rendite p.a.	entspricht einer vergleichbaren voll steuerpflichtigen Rendite bei 50% Progression
S 15.000,–	Er- und Ableben	20 Jahre	S 561.400,–	5,7%	11,4%
	Erleben	20 Jahre	S 617.764,–	6,5%	13 %

* inkl. voraussichtlicher Gewinnanteile (steuerfrei)

Die Ergebnisse sind je Beitrittsalter (hier: Mann, 40 Jahre alt) und aufgrund voraussichtlicher Gewinnprognosen je Versicherung unterschiedlich.

Üblicherweise ist eine Lebensversicherung mit einer langjährigen Prämienzahlung verbunden. Es gibt daneben aber auch die Möglichkeit, größere Beträge als Er- und Ablebensversicherung mit Einmalprämie zu veranlagen. Die Laufzeit kann individuell vereinbart werden und auch durchaus sehr kurz sein. Bei der Vereinbarung der Laufzeit sollte der Anleger jedenfalls bedenken, daß eine (mögliche) vorzeitige Entnahme äußerst renditeschädlich ist. Weiters muß er darauf achten, daß die für den Ablebensfall vereinbarte Summe auch gleich hoch wie die für den Erlebensfall ist. Nur dann sind die Gewinnanteile steuerfrei.

Renditetabelle für Er- und Ablebensversicherungen mit Einmalprämie (ohne Nutzung von Sonderausgaben)

Einzahlung	Laufzeit	Auszahlung*	Rendite p.a.	entspricht einer vergleichbaren voll steuerpflichtigen Rendite bei 50% Progression
S 500.000,–	3 Jahre	S 566.000,–	4,2%	8,4%
S 500.000,–	5 Jahre	S 654.500,–	5,5%	11 %
S 500.000,–	7 Jahre	S 581.100,–	6,1%	12,2%

* inkl. voraussichtlicher Gewinnanteile (steuerfrei)

Die Ergebnisse sind je Beitrittsalter (hier: Mann, 40 Jahre alt) unterschiedlich. Diese Tarife werden nicht von allen Versicherungen ausgeboten und sind aufgrund von Gewinnprognosen je Versicherung unterschiedlich.

Anleihen

Unter dem Gesichtspunkt der Steuerschonung kann Geld auch in bestimmten Anleihen veranlagt werden. So wird von Fremdwährungsanleihen, die vor 1989 emittiert wurden (und heute auf dem Sekundärmarkt gehandelt werden), keine Kapitalertragsteuer einbehalten. Einkommensteuerpflichtig sind sie allerdings schon.

Einkommensteuerfrei, dafür aber KESt-pflichtig, sind die zwischen 1. Jänner 1984 und 31. 12. 1988 ausgegebenen Schilling-Anleihen. Kapitalertragsteuerfrei wiederum (aber einkommensteuerpflichtig) sind Schilling-Anleihen internationaler Finanzinstitutionen (z. B. Weltbank). Erfahrungsgemäß geben sie den Steuervorteil in der Rendite aber nicht weiter.

Nullkupon-Anleihen als Langfristinvestments sind ihrer Natur nach steuerliche Hoffnungsträger. Der Kapitalertrag, der Unterschiedsbetrag zwischen Ausgabe- und Tilgungspreis, fließt dem Anleger nach der Einlösung am Ende der Laufzeit zu. Das ist dann auch der Zeitpunkt der Versteuerung, unter Umständen zu einem niedrigeren Grenzsteuersatz, als er zum Zeitpunkt des Anleihekaufs bestanden hat. Österreichische Prämienanleihekäufer zum Beispiel profitieren solchermaßen von der Steuerreform 1989.

Äußerst schädlich kann unter Umständen ein vorzeitiger Verkauf sein. In diesem Fall ist jener Betrag steuerpflichtig, der nach der mathematisch ermittelten Rendite auf den Zeitraum des Besitzes der Anleihe entfällt. Der von der Zinsentwicklung beeinflußte Börsenkurs ist für die Besteuerung nicht relevant. Notiert die Nullkupon-Anleihe beispielsweise niedriger als der rechnerische Wert (der Grund liegt beim gestiegenen Zinsniveau), dann wird die Einkommensteuer von einem höheren als dem tatsächlich an der Börse erzielten Ertrag erhoben. Wenn umgekehrt der Börsenkurs über dem rechnerischen Ertrag liegt, bleibt dafür der Mehrerlös von der Steuer verschont.

Der Sekundärmarktkurs einer Nullkupon-Anleihe stimmt dann nicht mit dem rechnerischen Kursverlauf überein, wenn sich das Zinsniveau verändert. Ein fallendes Zinsniveau läßt den Börsenkurs über den rechnerischen Wert steigen, ein nach der Emission steigendes Zinsniveau drückt den Kurs darunter.

Halbsatzverfahren für österreichische Aktiendividenden

Offene Ausschüttungen von Kapitalgesellschaften (z. B. Aktiendividenden) sowie Ausschüttungen auf Partizipationskapital und auf aktienrechtliche Substanz-Genußrechte sind nur mit dem halben Durchschnittssteuersatz steuerpflichtig. Dieser beträgt zum Beispiel:

Jahreseinkommen	halber Durchschnittssteuersatz
150.000,—	5,5 %
200.000,—	8,1 %
300.000,—	10,7 %
500.000,—	14,8 %
1,000.000,—	19,1 %

Die voraus entrichtete KESt in Höhe von 25 % wird daher immer höher sein als die tatsächliche Besteuerung. Eine Rückforderung ist möglich.

Berechnungsbeispiel — Halbsatzverfahren

500.000,— „Normal"-Einkommen
100.000,— Halbsatz-Einkommen
600.000,—

Einkommensteuer:

50.000,—	10 % =	5.000,—	
100.000,—	22 % =	22.000,—	
150.000,—	32 % =	48.000,—	
300.000,—	42 % =	126.000,—	
		201.000.—	= 33,5 % Durchschnitts-Steuer
			= 16,75 % halbe Durchschnitts-Steuer

Berechnungsmodus:

16,75 % von 100.000,—	= 16.750,—
33,5 % von 500.000,—	= 167.500,—
Einkommensteuer gesamt:	= 184.250,—

Ausländische Quellensteuern

Diese können (und das ist je Land verschieden)

- in Österreich angerechnet werden,
- teilweise angerechnet, teilweise ermäßigt werden,
- gar nicht angerechnet bzw. ermäßigt werden.

Steuererleichterung für Steuerpflichtige mit Wohnsitz (Sitz) in Österreich aufgrund von Doppelbesteuerungsabkommen

Herkunftsland der Einkünfte aus Dividenden und Obligationenzinsen	Dividenden		Obligationenzinsen	
	Abzugssteuer	Steuererleichterung durch	Abzugssteuer	Steuererleichterung durch
Belgien	25%	Ermäßigung auf 15%[1]), Rest Anrechnung	25%	Ermäßigung auf 15%[1]), (ab Emissionen 1. 3. 1990 Abzugssteuer 10%), Rest Anrechnung
Bundesrepublik Deutschland	25%	Anrechnung	–	–[4])
Frankreich	25%	Ermäßigung auf 15% von Div. plus 50% v. Div. für franz. KöSt.[1]) (ausgezahlter Betrag insgesamt 127,5%)	15%	Ermäßigung auf 0%[1])
Großbritannien	25%	derzeit, Ermäßigung auf 15%, berechnet vom Ertrag der Nettodividende +33,33%.	25%	mindestens, Ermäßigung auf 0%[1])
Italien	32,4%	(15% auf Sparaktien) Ermäßigung auf 15%[1]), Rest Anrechnung	32,4%	(höchstens) Ermäßigung auf 10%[1]), Rest Anrechnung
Japan	20%	Anrechnung	20%	Erstattung von 10% auf Antrag, Rest Anrechnung
Kanada	25%	Ermäßigung auf 15%, Rest Anrechnung	25%	Ermäßigung auf 15%, Rest Anrechnung
Luxemburg	15%	Anrechnung	–	–
Niederlande	25%	Ermäßigung auf 15%[1]), Rest Anrechnung	–	Die Abzugssteuer (25%) auf Gewinnobligationen wird auf Antrag erstattet bzw. Befreiung auf Antrag
Norwegen	25%	Ermäßigung auf 15%[1]), Rest Anrechnung	–	–
Schweden	30%	Ermäßigung auf 10%[1]), Rest Anrechnung	–	–
Schweiz	35%	Ermäßigung auf 5%[1]), Rest Anrechnung	35%	Ermäßigung auf 5%[1]), Rest Anrechnung
Spanien	25%	Ermäßigung auf 15%[1]), Rest Anrechnung	–	–
USA	30%	Ermäßigung auf 15% an der Quelle; Rest Anrechnung	30%	Ermäßigung auf 0% an der Quelle

1) Die Differenz zur Abzugssteuer wird über Antrag rückerstattet.

2) Für alle nach dem 1. 10. 1984 ausgegebenen Obligationen ermäßigt sich die Quellensteuer auf 10%.

3) Entfällt für bestimmte nach dem 18. 7. 1984 ausgegebene Obligationen.

4) Ausgenommen Wandelanleihen und Gewinnobligationen.

Quelle: Wiener Börsekammer

Ermäßigung: Mittels eines von der inländischen Depotbank und vom österreichischen Finanzamt bestätigten Formblattes können die ausländischen Steuern von der ausländischen AG bzw. vom ausländischen „Steuerinspektor" rückgefordert werden.

Anrechnung: Bei voller Versteuerung können die ausländischen Steuern als Vorauszahlung auf die fällige Einkommensteuer angerechnet werden (Geltendmachung in der Einkommensteuererklärung).

USA: Aktiendividenden sind mit 30 % quellensteuerpflichtig. Namendepots: Die Ermäßigung auf 15 % erfolgt bis zu einer jährlichen Dividendensumme von US-$ 200,— automatisch. Fallen Dividenden von über US-$ 200,— pro Jahr an, so erfolgt die Ermäßigung nur dann, wenn vom Kunden ein schriftliches Einverständnis vorliegt, daß bei Anfrage durch die Finanzbehörden Name und Adresse bekanntgegeben werden dürfen.

Spekulationsgewinne

Österreichische Geldanleger haben's gut. Im Unterschied etwa zu amerikanischen Geldanlegern können sie Kursgewinne aus ihren Wertpapieren unbegrenzt völlig steuerfrei realisieren. Die einzige Voraussetzung ist eine Behaltedauer von mindestens einem Jahr. Das ist im Grunde genommen eine außerordentliche Privilegierung des Wertpapiersparens, die man anderswo in dieser Form nicht kennt. In den USA etwa unterliegt jede Art von Kapitalertrag, ob kurz- oder langfristig, ob in Form von Dividenden oder Kursgewinnen, einer Capital-Gains-Tax. Zwischen Kapitaleinkünften und Arbeitseinkünften wird steuerlich kein Unterschied gemacht.
In Österreich besteht diese völlige steuerliche Gleichbehandlung nur innerhalb der Spekulationsfrist. Damit wird der Gleichheitsgrundsatz beinah anrüchig, denn die voll steuerpflichtige Realisierung von Kursgewinnen innerhalb von einem Jahr ist nach dem Gesetz ein „Spekulationsgeschäft". Wenn er die Freigrenze von S 6.000,— nicht übersteigt, bleibt der Spekulationsgewinn sogar innerhalb der Spekulationsfrist steuerfrei. Die Freigrenze bedeutet allerdings, daß ein diese übersteigender Gewinn zur Gänze — nicht bloß der Differenzbetrag — steuerpflichtig ist.

Auch die Wertsteigerung von Grund und Boden kann in Österreich völlig steuerfrei genossen werden. Man muß allerdings ein bißchen warten können, was die Rendite des Wertzuwachses meist nicht sonderlich attraktiv erscheinen läßt. Das Einkommensteuergesetz 1988 schreibt eine Mindestbehaltedauer für die Realisierung eines steuerfreien Spekulationsgewinns von zehn Jahren vor. Für Grundstücke, von denen innerhalb von zehn Jahren nach ihrer Anschaffung Herstellungskosten abgesetzt wurden, verlängert sich die Spekulationsfrist auf 15 Jahre.
Ausgenommen von der 10- beziehungsweise 15-Jahre-Frist sind Eigenheime oder Eigentumswohnungen samt Grund und Boden, wenn sie dem Veräußerer mindestens zwei Jahre als Hauptwohnsitz gedient haben. Das gleiche gilt für selbst hergestellte Gebäude (in diesem Fall aber nicht für das Grundstück).
Bei Schenkung oder Erbschaft wird die auf den Rechtsvorgänger entfallende Frist angerechnet.
Der Spekulationsgewinn (oder -verlust) ist der Unterschiedsbetrag zwischen dem Anschaffungspreis und dem Veräußerungspreis abzüglich Werbungskosten. Das bedeutet zum Beispiel, daß der steuerpflichtige Spekulationsgewinn durch Schuldzinsen für die zum Ankauf von Aktien aufgenommenen Kredite reduziert werden kann.
Verluste aus Spekulationsgeschäften gleichen steuerpflichtige Gewinne aus Spekulationsgeschäften aus. Dabei ist es gleichgültig, ob die Verluste beim Verkauf von Wertpapieren oder von Grundstücken entstanden sind. Wird dabei der Spekulationsgewinn unter die Freigrenze von S 6.000,— gedrückt, bleibt der gesamte Spekulationsgewinn steuerfrei. Voraussetzung für den Ausgleich ist, daß der Verlust im selben Jahr eingetreten ist wie der Gewinn. Ein Verlustvortrag aus Spekulationsgeschäften ist nicht möglich.

VERLUSTE SIND WENIG PROFITABEL

Die fettesten Renditen waren in der „Vorsteuerreform-Ära" mit sogenannten Verlustbeteiligungsmodellen zu erzielen. Überdurchschnittlich verdienende Steuerpflichtige haben sich an einer Gesellschaft beteiligt, die durch die exzessive Ausnützung von Steuerbegünstigungen im ersten Jahr erhebliche (steuerlich bedingte) Verluste auswies. Diese Verluste sind den Beteiligungsnehmern zugerechnet worden, die den auf sie entfallenden Verlustanteil mit ihren anderen Einkünften (aus nichtselbständiger oder selbständiger Tätigkeit) ausglichen. Damit konnten sie beträchtliche Steuereinsparungen erzielen. Die Eliminierung der vorzeitigen Abschreibung, ein nicht mehr möglicher Ausgleich von bestimmten Verlusten mit anderen Einkünften (die sogenannte Wartetaste beim Investitionsfreibetrag) und die nicht mehr erlaubte steuerminimierende Kostenzusammenballung am Beginn der Investition haben dieser Art von Steuersparen so ziemlich den Garaus gemacht.
Die Rentabilität von Verlustbeteiligungen mit gewerblichen Einkünften, das sind Beteiligungen an Leasingprojekten, Liften, Hotels usw. leidet an der Unmöglichkeit, Verluste aus Investitionsbegünstigungen mit anderen Einkünften auszugleichen. Der Gesetzgeber hat beim noch verbleibenden 20prozentigen Investitionsfreibetrag eine sogenannte Verlustklausel eingebaut, die es verbietet, einen durch die Inanspruchnahme des Investitionsfreibetrags entstandenen Verlust mit anderen Einkünften auszugleichen. Ein allfälliger Verlust muß auf „Wartetaste" gelegt werden und ist später (der Gesetzgeber verlangt: frühestmöglich) mit einem Gewinn aus demselben Betrieb zu verrechnen.
Ein weiterer Schlag gegen die Rentabilität von Verlustbeteiligungen ist die Behaltedauer von sieben Jahren. Erst danach wird ein Veräußerungsgewinn, das ist die Differenz zwischen Erlös und Buchwert, nur zum halben Durchschnittsteuersatz versteuert. Ein vorzeitiger Verkauf bedeutet die volle Steuerpflicht.
Die einstige Rentabilität der Bauherrenmodelle hat vor allem dadurch Schaden gelitten, daß verschiedene Kosten nicht mehr, am Beginn der Laufzeit zusammengefaßt, steuerlich abgesetzt

werden können. Das betrifft insbesondere Vorauszahlungen von Nebenkosten sowie Instandsetzungskosten. Vorauszahlungen sind auf die Dauer der Vorauszahlung aufzuteilen, Instandsetzungskosten auf zehn Jahre. Dazu kommt noch die auf zehn beziehungsweise 15 Jahre verlängerte Spekulationsfrist.
Sieht man von all diesen „Hindernissen" ab, sind Verlustzuweisungen durch die jetzt niedrigen Steuertarife für den breiten Anlegerkreis ohnedies nicht mehr interessant.

VERMÖGENSTEUER

Was macht ein Vermögen aus?

Vermögensteuerpflichtig ist eine stattliche Anzahl von Österreichern. Von Kapitalgesellschaften, Genossenschaften, Vereinen, Landwirten und Grundbesitzern abgesehen, fallen zum Beispiel alle Besitzer von „Arbeiterwohnstätten“ genannten Eigenheimen sowie von Eigentumswohnungen unter die Steuerpflicht, sofern sie verheiratet oder verwitwet sind und die Einheitswerte ihrer Besitztümer mehr als S 300.000,— betragen, im Fall von Ledigen bereits S 150.000,—. Die Zahl der Vermögensteuerzahler ist dagegen relativ gering. Der Grund: Eine Vermögensteuer wird erst fällig, wenn von der Summe aller Aktiven Schulden und Freibeträge abgezogen wurden und dann noch ein Reinvermögen übrig bleibt.
Im Bewertungsgesetz, wo all das zu finden ist, was steuerliches Vermögen ist und wie es zu bewerten ist, werden vier Vermögensarten unterschieden:

1. Land- und forstwirtschaftliches Vermögen
2. Grundvermögen
3. Betriebsvermögen
4. Sonstiges Vermögen

Für den Geldanleger ist vor allem das „sonstige Vermögen“ wichtig. Darunter fallen

- verzinsliche und unverzinsliche Kapitalforderungen jeglicher Art,
- Aktien oder Anteilscheine, Geschäftsanteile und andere Gesellschaftseinlagen, Geschäftsguthaben bei Genossenschaften und Genußscheine nach Paragraph 174 Aktiengesetz sowie Genußscheine laut Beteiligungsfondsgesetz und junge Aktien, wenn sie den Freibetrag von S 200.000,— übersteigen,
- Anleihen, Pfand- und Kommunalbriefe, wenn sie den Freibetrag von S 300.000,— übersteigen,
- der Kapitalwert von Nießbrauchrechten und von Rechten auf Renten,
- der Kapitalwert des Rechts auf den Bauzins,

- Urheberrechte und verwandte Schutzrechte,
- noch nicht fällige Ansprüche aus Lebensversicherungen (bestimmte Rentenversicherungen sind ausgenommen),
- Kraftfahrzeuge, Flugzeuge, Motor- und Segelboote beziehungsweise Jachten,
- Schmuckgegenstände im Wert von mehr als S 150.000,–,
- Kunstgegenstände (ausgenommen von lebenden oder noch nicht länger als 15 Jahre verstorbenen österreichischen Künstlern).

Im Unterschied zur Einkommensbesteuerung gilt bei der Vermögensbesteuerung das Prinzip der Haushaltsbesteuerung. Der Satz beträgt ein Prozent des steuerpflichtigen Vermögens pro Jahr. Die allgemeine Veranlagung (Hauptveranlagung) wird für drei Jahre vorgenommen. Das Finanzministerium kann den Zeitraum verkürzen oder verlängern. Die Zahlung der Vermögensteuer ist jährlich fällig.

Eine Steuererklärung muß abgeben, wer dazu vom Finanzministerium aufgefordert wird, sowie alle jene, deren Gesamtvermögen die Grenzwerte übersteigt. Eine Neuveranlagung ist vorgeschrieben, wenn sich das Gesamtvermögen zwischenzeitig um ein Fünftel bzw. eine Million Schilling erhöht hat, oder wenn sich die Voraussetzungen für die persönlichen Freibeträge verändert haben (z. B. wenn ein Kind auf die Welt gekommen ist). Schulden sind grundsätzlich abzugsfähig, außer es handelt sich um Schulden, die für Wirtschaftsgüter aufgenommen wurden, die nicht vermögensteuerpflichtig sind. Um Schwierigkeiten bei der Anerkennung zu vermeiden, sollte man daher dem Geld beziehungsweise dem Kredit kein „Mascherl“ umhängen. Abzugsfähig sind auch Einkommensteuerschulden bis zum Stichtag.

Freibeträge

Persönliche Freibeträge

- Je S 150.000,– für den Steuerpflichtigen, für den Ehegatten und je Kind. Die Ehegatten müssen in dauernder Hausgemeinschaft leben, für das Kind wird der Freibetrag gewährt, solange Anspruch auf Familienbeihilfe besteht. Nach dem Tod eines Ehegatten bleibt der persönliche Freibetrag bis zur Wiederverehelichung erhalten (die Bestimmungen gelten auch für die ersten zwei Punkte der sachlichen Freibeträge).

Sachliche Freibeträge:

- Je S 300.000,— für den Steuerpflichtigen, für die Ehegattin und je Kind für österreichische fest- oder variabel verzinste Wertpapiere, für Kontoguthaben (z. B. Sparbücher, Bausparverträge), Bargeld und den Rückkaufswert für Lebensversicherungen
- Je S 200.000,— für den Steuerpflichtigen, für die Ehegattin und je Kind für Genußscheine im Sinn des Beteiligungsfondsgesetzes und für steuerbegünstigte junge Aktien insgesamt
- S 500.000,— für den Steuerpflichtigen für Beteiligungen, die von einer Beteiligungsfondsgesellschaft treuhändig gehalten werden
- S 300.000,– für den Steuerpflichtigen für Kunstgegenstände und Sammlungen, im Fall der Zusammenveranlagung mit Ehegatten und Kindern S 600.000,–.

Altersfreibetrag:

- S 150.000,– für den Steuerpflichtigen, wenn folgende Voraussetzungen zutreffen:
  1. der Steuerpflichtige ist älter als 60 Jahre oder voraussichtlich für mindestens drei Jahre erwerbsunfähig,
  2. das um die sachlichen und persönlichen Freibeträge gekürzte Gesamtvermögen darf S 300.000,– (bei Zusammenveranlagung S 600.000,–) nicht übersteigen.

Freigrenze:

- Für Schmuck und Luxusgegenstände wird dem Steuerpflichtigen eine Freigrenze von S 150.000,— eingeräumt. Im Fall der Zusammenveranlagung mit Ehegatten und Kindern verdoppelt sich die Freigrenze. Wird sie überschritten, ist der gesamte Betrag steuerpflichtig.

Nicht vermögensteuerpflichtig sind

- Hausrat
- Rentenversicherungen, die erst nach dem 60. Lebensjahr fällig werden
- Kunstgegenstände von österreichischen Künstlern, wenn diese noch leben oder noch nicht länger als 15 Jahre tot sind.

Bewertungsbestimmungen

Grundvermögen Land- und forstwirtschaftliches Vermögen Betriebsvermögen	Einheitswert (durch Bescheid des Finanzamtes festgestellt)
(Einheitswerte von Einfamilienhäusern können um S 100.000,— gekürzt werden)	
Österreichische festverzinsliche Wertpapiere	95 % des Nennwertes, wenn der Börsekurs nicht mehr als 10 % abweicht
Österreichische notierte Aktien	Steuerkurswert (Kursw. abzgl. 20 %)
Österreichische Investmentfonds	Steuerkurswert (im Erlaßweg festgestellt)
Genußscheine	80 % des Ausgabepreises
Ausländische notierte Aktien	Börsekurs
Sonstiges Vermögen	gemeiner Wert (der Wert, der bei Veräußerungen zu erzielen wäre)

Ein Beispiel:
Ein Ehepaar (35, 34 Jahre), Kind (7 Jahre), hat folgende Vermögenswerte:

Eigentumswohnung, Einheitswert	S 550.000,—
Prämiensparvertrag	S 70.000,—
Bausparvertrag	S 48.000,—
Sparbücher	S 600.000,—
Lebensversicherung, Rückkaufswert	S 120.000,—
Nom. 140.000.— festverzinsl. österr. Wertpapiere, Kurswert	S 145.000,—
80 Stück Combirent-Anteile, Steuerkurswert	S 17.000,—
Grundstück, Einheitswert	S 200.000,—
Kredit	S 145.000,—
Hausrat	S 190.000,—

		Vermögen	steuerfrei	steuerpflichtig
PKS	70.000,—			
BSPS	48.000,—			
Sparbücher	600.000,—			
LV-Rückkaufswert	120.000,—			
festv. Wertpapier	133.000,—	971.000,—	900.000,—	71.000,—
Eigentumswohnung		550.000,—	—	550.000,—
Combirent-Anteile		17.000,—	—	17.000,—
Grundstück		200.000,—	—	200.000,—
Hausrat		190.000,—	Gänze	—
				838.000,—
— Kredit				—145.000,—
				693.000,—
— 3 × 150.000,— pers. Freibetrag				—450.000,—
steuerpflichtiges Vermögen				243.000,—

1 % Vermögensteuersteuer — S 2.430,—

ERBSCHAFTS- UND SCHENKUNGSSTEUER

Es zählt der Vermögenszuwachs

Etwas zu erben bedeutet, einen Vermögenszuwachs zu erzielen. Da greift der Staat zu. Die Banken sind verpflichtet, die offiziellen Konten der Verstorbenen zu melden. Der Steuertarif ist stark progressiv von 2 bis 60 Prozent, je nach Naheverhältnis des Erben zum Erblasser. Damit die Erbschaftssteuer nicht durch vorsorgliche Schenkungen umgangen wird, hat der Gesetzgeber auch die Schenkung der gleichen progressiven Besteuerung wie die Erbschaft unterworfen und den sachlichen Zusammenhang der Einfachheit halber in einem Gesetzeskomplex konzentriert.
Die Erbschafts- und Schenkungssteuer wird vom reinen Wert bemessen. Schulden und Lasten, die in einem wirtschaftlichen Zusammenhang mit dem Erwerb stehen, werden von der Steuer abgezogen. Für die Bewertung ist der Zeitpunkt maßgeblich, zu dem die Steuerschuld entsteht. Für land- und forstwirtschaftliches Vermögen sowie für Grundstücke werden die Einheitswerte herangezogen. Ist ein Grundstück in der Bemessungsgrundlage enthalten, steigt die Steuer um zwei Prozent des Einheitswertes des Grundstücks. Bei nahen Verwandten wird sie nur um ein Prozent erhöht. Wertpapiere werden mit dem Kurswert angesetzt. Betriebsvermögen wird gesondert bilanziert und zu Teilwerten bewertet.

Erbschaftssteuer

Steuerschuldner sind die Erben. Daneben haftet der Nachlaß und jeder Erbe im Ausmaß seiner Erbschaft für die anderen. Die Kosten für die Bestattung, die Leichenfeierlichkeiten, einen Grabstein, die Verlassenschaftsabhandlung sowie für einen Erbschaftsstreit können abgezogen werden. Steuerpflichtig ist auch ein ausländischer Vermögenszuwachs, wenn der Erblasser oder der Erbe im Zeitpunkt des Todes ein Inländer ist. Zur Erbschaft gehören auch Lebensversicherungssummen.
Vorsorgliche Erblasser können beizeiten Wertpapiere und Spareinlagen der Bezahlung der Erbschaftsteuer widmen. Beizeiten heißt, daß die Widmung mindestens fünf Jahre vor dem Tod

Wieviel kostet die Erbschafts- und Schenkungssteuer?

bis einschließlich Schilling	in den Steuerklassen I	II	III	IV	V
	%	%	%	%	%
100.000,—	2	4	6	8	14
200.000,—	2,5	5	7,5	10	16
400.000,—	3	6	9	12	18
600.000,—	3,5	7	10,5	14	20
800.000,—	4	8	12	16	22
1,000.000,—	5	10	15	20	26
1,500.000,—	6	12	18	24	30
2,000.000,—	7	14	21	28	34
3,000.000,—	8	16	24	32	38
5,000.000,—	9	18	27	36	42
10,000.000,—	10	20	30	40	46
15,000.000,—	11	21	32	42	48
20,000.000,—	12	22	34	44	51
40,000.000,—	13	23	36	46	54
60,000.000,—	14	24	38	48	57
und darüber	15	25	40	50	60

Steuerklassen I. Ehegatte, Kinder
II. Enkel, Urenkel
III. Eltern, Groß- und Stiefeltern, Geschwister
VI. Schwiegerkinder und -eltern, Neffen und Nichten
V. Alle übrigen Erben

Freibeträge:

Persönliche Freibeträge

— der Steuerklasse I oder II: S 30.000,—
— der Steuerklasse III oder IV: S 6.000,—
— der Steuerklasse V: S 1.500,—

Berechnungsbeispiel:

Am 1. 10. 1983 Schenkung an Sohn S 320.000,—:

320.000,—
— 30.000,—

290.000,—, davon 3 % Schenkungssteuer = S 8.700,—

Am 4. 4. 1987 werden weitere S 190.000,— geschenkt:

320.000,—
+ 190.000,—

510.000,—
— 30.000,—

480.000,—, davon 3,5 % Schenkungssteuer = 16.800,—
bereits bezahlt — 8.700,—

Schenkungssteuer = 8.100,—

sachliche Freibeträge:

Für Personen der Steuerklasse	Hausrat	bestimmte bewegliche körperliche Gegenstände (z. B. Auto)*
I oder II	zur Gänze	bis S 20.000,—
III oder IV	bis S 20.000,—	bis S 8.000,—

*) ausgenommen Zahlungsmittel, Edelmetall, Schmuck

erfolgt sein muß und während dieser Zeit ununterbrochen bestanden hat. Das Geldinstitut muß dies dem Finanzamt bestätigen. Die Überweisung der erbschaftsteuergebundenen Anlagen an das Finanzamt müssen die Erben veranlassen.
Die „zweckgewidmeten Vermögenswerte“ sind ebenfalls zu vererbendes Vermögen und müßten demnach auch versteuert werden. Die Zweckwidmung befreit sie jedoch von der Erbschaftssteuer.
Gleiches gilt für eine zweckgebundene Erbschaftsversicherung. Der Versicherungsvertrag enthält eine sogenannte Erbschaftssteuer-Klausel, die Versicherungssumme wird automatisch an die Finanzbehörden überwiesen. Allerdings müssen auch in diesem Fall die Erben ausdrücklich auf den Zweck, die Bezahlung der Erbschaftssteuer, hinweisen. Für die Versicherungssumme ist ebenfalls keine Erbschaftssteuer zu entrichten. Sofern die Laufzeit den Sonderausgabenbestimmungen entspricht, können die Prämien als Sonderausgaben abgesetzt werden.

Schenkungssteuer

Neben dem Empfänger ist in diesem Fall auch der Geschenkgeber Steuerschuldner. Schenkungen zwischen Ehegatten sind neben den zuvor angeführten persönlichen Freibeträgen bis S 100.000,– steuerfrei.
Die Steuerprogression kann durch eine Aufeinanderfolge mehrerer kleiner Schenkungen nicht außer Kraft gesetzt werden (siehe Beispiel). Zur Berechnung der Steuer werden nämlich alle Schenkungen, die innerhalb von zehn Jahren ein und derselben Person gemacht wurden, addiert. Die früher entrichtete Steuer wird jedoch angerechnet.

Steuerfrei sind:

- die üblichen Gelegenheitsgeschenke (Weihnachten, Geburtstag, Hochzeit etc.)
- Heiratsgut für die Tochter und angemessene Ausstattung für den Sohn
- Schenkungen zwischen Ehegatten „zum Zweck der gleichteiligen Anschaffung oder Errichtung einer Wohnstätte mit höchstens 150 Quadratmeter Wohnnutzfläche.“ Die Wohnstätte muß als ständiger Wohnsitz benützt werden.

Begriffe, die der Anleger kennen soll

A

Agio Aufgeld. Die Differenz zwischen dem Nennwert eines Wertpapiers und dem darüberliegenden Ausgabepreis.

Aktie Anteil am Grundkapital einer Aktiengesellschaft. Sichert dem Inhaber Vermögens- und Mitgliedschaftsrechte.

Aktienkapital Grundkapital einer Aktiengesellschaft. Wird auf der Passivseite der Bilanz (rechte Seite) ausgewiesen.

AMEX American Stock Exchange. Die kleinere der zwei New Yorker Wertpapierbörsen. Hat weniger strenge Zulassungsbestimmungen.

Anleihe Langfristige Schuldverschreibung mit Rückzahlungsverpflichtung. Fest oder variabel verzinst. Konditionenausstattung kann sehr phantasievoll sein.

Arbitrage Ausnützung von Kursunterschieden zwischen Börsenplätzen.

ask Englisch für Brief-(Ware-)kurs.

assets Englische Bezeichnung für Anlage- und Umlaufvermögen.

at the money Englisch für „am Geld", wenn der Ausübungspreis einer Option ungefähr dem Tageskurs des zugrundeliegenden Wertes entspricht.

Ausgabepreis (1) Preis (Kurs), zu dem Wertpapiere ausgegeben (emittiert) werden. (2) Preis, zu dem ein Investmentzertifikat ausgegeben wird. Entspricht dem Inventarwert zuzüglich eines Ausgabezuschlags.

Ausübungspreis Im vorhinein festgelegter Preis, zu dem eine Option ausgeübt werden kann. Verschiedentlich als „Basispreis" bezeichnet. Engl.: striking price, exercise price.

Aussie Bonds Euroanleihen, die auf australische Dollar lauten.

averaging down Englisch für den Zukauf von weiteren Aktien oder Investmentzertifikaten zu niedrigeren Preisen, um die durchschnittlichen Einstandskosten zu senken.

B

Balkenchart Besondere Darstellungsart in der Charttechnik. Eine senkrechte Linie gibt den Kursausschlag innerhalb eines Tages an, ein kleiner Querbalken den Schlußkurs.

Bankrate Diskontsatz. Zinssatz, zu dem die Notenbanken von den Banken Wechsel kaufen. Änderungen des Diskontsatzes gelten entweder als allgemeine Zinssignale oder als Bestätigungen für bereits eingetretene Zinsniveauveränderungen.

Basispunkt Ein Hundertstel eines Prozentpunkts (0,01 %). Professionelle Sprachregelung zur Bezeichnung von Renditedifferenzen hinter dem Komma.

bear market Ein auf breiter Basis sinkender Aktienkurstrend, der sich über Monate oder Jahre erstreckt.

bestens Kauf- oder Verkaufsorder, die keinen Höchst- oder Tiefstkurs vorschreibt.

Beta-Faktor Volatilitäts-(Schwankungs-)maß für eine Aktie. Für die Anhänger der „Portfoliotechnik" ein Maßstab für das Aktienkursrisiko. Steigt der Aktienmarktindex während einer Periode um 5 Prozent, der Aktienkurs um 10 Prozent, so hat die Aktie einen Beta-Faktor von 2.

Bezugsrecht Recht eines Aktionärs zum Bezug von neuen Aktien entsprechend seinem Anteil am Aktienkapital. Der rechnerische Wert bestimmt sich nach der Formel

$$\frac{K(\text{alt}) - K(\text{neu})}{V + 1}$$

wobei K (alt) = Kurs der alten Aktie
K (neu) = Kurs der neuen Aktie
V = Bezugsverhältnis (z. B. 2 : 1)

Wenn die neuen Aktien noch nicht dividendenberechtigt sind, ist die Dividende vom Kurs der alten Aktie abzuziehen.

bid Englisch für Geldkurs.

black knight Ausdruck aus dem Sprachschatz der amerikanischen Übernahmeszene. Ein „schwarzer Ritter" erstellt quasi aus dem Hinterhalt ein Übernahmeangebot, von dem die Unternehmensführung dann unangenehm überrascht ist.

blue chips Englische Bezeichnung für erstklassige Aktien, Standardaktien.

bond Englisch für Anleihe, Obligation.

book value Englisch für Buchwert. Entspricht dem Nettowert (net worth) eines Unternehmens je Aktie. Der Nettowert, üblicherweise als „stockholders' equity" bezeichnet, ist der Saldo aus Gesamtvermögen abzüglich gesamter Verbindlichkeiten.

Briefkurs Kurs, zu dem Wertpapiere, Devisen und Valuten, Rohstoffe usw. zum Verkauf angeboten werden. In Österreich als Warekurs bekannt. Am Wechselschalter jener Kurs, zu dem Banken Valuten verkaufen.

bull market Ein auf breiter Basis steigender Aktienkurstrend, der längere Zeit anhält.

Bull-/Bear-Anleihe Anleihe mit zwei Tranchen, deren Rückzahlungskurse sich unterschiedlich an der Entwicklung eines Indexes orientieren (bull: steigender Index, bear: fallender Index). Der Anleihezeichner ist beim Kauf einer solchen Anleihe weniger an der (eher unterdurchschnittlichen) Verzinsung als an der Entwicklung des Rückzahlungskurses interessiert.

C

calendar spread Eine Optionsstrategie. Es werden Optionen auf ein und dasselbe unterliegende Wertpapier (z. B. eine Aktie) gekauft und verkauft. Die Ausübungspreise sind identisch, das Verfallsdatum ist jedoch verschieden.

call option 1) Optionskontrakt. Der Optionskäufer hat das Recht, mit der Bezahlung eines Optionspreises innerhalb einer bestimmten Zeitspanne Aktien (in den USA mindestens 100 Stück) zu einem bestimmten Kurs zu kaufen. 2) Kündigungsrecht des Anleiheschuldners.

cap Zinsbegrenzung nach oben.

capital gain Der realisierte Wertzuwachs beim Verkauf von Wertpapieren oder Realitäten. In den USA mit der Normaleinkommensteuer von 28 Prozent besteuert. In Österreich sind Wertzuwächse (Kursgewinne) nach Ablauf der Spekulationsfrist steuerfrei. Die Spekulationsfrist beträgt ein Jahr bei Wertpapieren und zehn Jahre bei Grundstücken.

cash flow Kennzahl der selbsterwirtschafteten Finanzierungskraft zur Bezahlung von Investitionen, Dividenden und Schulden. Es gibt zahlreiche Definitionen. Die amerikanischen Wertpapieranalytiker verwenden die einfachste: Nettogewinn plus Abschreibungen. Die im deutschen Sprachraum am häufigsten verwendete Formel lautet: Ausgewiesener Gewinn plus Abschreibungen plus Dotierung von Rücklagen und Rückstellungen. Aussagekraft ist nur im Vergleich zu den Vorjahren und zu anderen, branchenverwandten Unternehmen gegeben.

closed-end fund Investmentfonds mit einer limitierten Zahl von Anteilscheinen. In der Regel als Aktiengesellschaft konstruiert, deren Aktien an einer Börse notiert sind.

collar Variabel verzinste Anleihe mit Zinsbegrenzung nach oben und nach unten.

commodities Börsenfähiger Rohstoff.

common stock Stammaktie.

convertible bond Wandelanleihe.

cost averaging Siehe „averaging down“.

currency option Währungsoption. Das Recht, nicht die Verpflichtung, einen bestimmten Währungsbetrag zu einem vereinbarten Kurs (Ausübungspreis, Basispreis, striking price, exercise price) innerhalb eines bestimmten Zeitraumes zu kaufen (call) oder zu verkaufen (put). Eine Absicherung gegen Währungsrisken, ohne daß der Optionskäufer auf Vorteile einer für ihn günstig verlaufenden Kursentwicklung verzichten muß. Ist zum Fälligkeitstermin der aktuelle Kassakurs günstiger als der vereinbarte Ausübungspreis, kann er auf das Optionsrecht verzichten und die Option verfallen lassen. Der Verlust ist der bereits bezahlte Optionspreis (Prämie, premium). Sollte sich die Kurssicherung noch vor Ablauf der Optionsfrist erübrigen, kann die Option zum jeweiligen Börsenkurs veräußert werden.

current assets Umlaufvermögen.

current liabilities Kurzfristige Verbindlichkeiten.

current ratio Das Verhältnis von Umlaufvermögen und kurzfristigen Verbindlichkeiten: Aktiva/Verbindlichkeiten. Für finanziell gesunde amerikanische Unternehmen gilt, daß das Umlaufvermögen zumindest zweimal so groß ist wie die Summe der kurzfristigen Verbindlichkeiten.

D

debt equity swap Umwandlung von Verbindlichkeiten in eine Beteiligung. Wird zur teilweisen Bewältigung der Schuldenkrise der Dritten Welt eingesetzt. Ein westliches Unternehmen kauft mit Abschlag (z. B. zu 70 Prozent des nominellen Wertes) eine auf Dollar lautende Forderung gegen ein Entwicklungsland. Diese Forderung wird dem Entwicklungsland präsentiert, das den vollen Gegenwert in Landeswährung auszahlt. Um diesen Betrag tätigt das Unternehmen eine Investition (Beteiligung) im Entwicklungsland. Auf diese Weise hat das Entwicklungsland einen Teil seiner Schulden ohne Einsatz von Devisen getilgt und das ausländische Unternehmen erhält für einen geringeren Dollargegenwert einen höheren Rückzahlungsbetrag in Landeswährung. Das Risiko liegt bei der Investition selbst. Problematisch ist diese Art der Schuldenbewältigung insofern, als das verschuldete Land einem gewissen Überfremdungseffekt durch die Hereinnahme von ausländischen Investoren ausgesetzt ist.

deep discount bond Anleihe, die unter dem Nennwert begeben oder gehandelt wird. Da zum Nennwert getilgt wird (= Kursgewinn), kann der Nominalzinssatz niedrig gehalten werden. Für österreichische Anleger sind nur zwei Prozent des Kursgewinns steuerfrei.

depreciation Abschreibung.

Disagio Abschlag. Differenz zwischen dem Nennwert eines Wertpapiers und dem darunterliegenden Ausgabepreis.

Diskontsatz Bankrate (siehe dort).

Dividende Ausschüttung auf Aktien. Erfolgt in der Regel aus dem erwirtschafteten Gewinn, kann aber aus Gründen der „Dividendenpolitik“ ausnahmsweise auch aus den Rücklagen getätigt werden.

Doppelwährungsanleihe Anleihe, die in einer Währung begeben und verzinst und in einer anderen getilgt wird. Üblicherweise sind Kaufpreis und Zinsen in harter Währung denominiert (meist sfr), die Rückzahlung erfolgt in der weichen Währung (z. B. US-$, kan.-$). Der Anleger erhält eine höhere Nominalverzinsung, als sie einer normalen Hartwährungsanleihe entspricht, trägt aber ein Währungsrisiko, was die Rückzahlung betrifft, der Emittent hat geringere Zinskosten, als bei der Emission einer normalen Weichwährungsanleihe zu zahlen wären.

Dow Jones Index Der populärste Börsenindex der Welt. Zumeist wird darunter der Dow Jones Industrial Average verstanden, der sich aus 30 an der New York Stock Exchange notierten Industrieaktien zusammensetzt. Daneben gibt es den Dow Jones Transportation Average und den Dow Jones Utility Average.

Dow-Theorie Wall-Street-Börsentheorie, wonach sich die Aktienkurse in wellenartigen Zyklen bewegen. Danach gibt es stündliche oder tägliche Kursfluktuationen, sekundäre oder mittelfristige Bewegungen, die sich über einige Wochen erstrecken, und primäre oder langfristige Wellen, die viele Monate oder auch mehr als ein Jahr überspannen. Letztere kennzeichnen eine Hausse oder eine Baisse (bull market, bear market). Wenn die sekundären Kursbewegungen des Dow Jones Industrial und des Dow Jones Transportation Average gleichzeitig übereinstimmend in eine Richtung weisen, indem sie die vorangegangenen Kursspitzen übertreffen, zeigt das einen neuen langfristigen Trend an. Das Problem ist, sekundäre und primäre Kursbewegungen abzugrenzen. Kritiker behaupten, daß die Theorie auf die Kursentwicklung seit den siebziger Jahren nicht mehr so recht zutrifft.

E

earnings Gewinn nach Steuern.

Effektivverzinsung Rendite. Der echte Wertpapierertrag unter Berücksichtigung von Kaufpreis, Rückzahlungspreis und Tilgungsbedingungen.

Eigenkapital Grundkapital plus Rücklagen (plus Gewinnvortrag, sofern dieser ins Gewicht fällt).

Einheitskurs Wenn in der Börsensitzung für ein Wertpapier nur ein amtlicher Kurs festgestellt wird.

Emission Ausgabe eines Wertpapiers.

equity In der Regel als „stockholders' equity" verstanden. Bezeichnet den Nettowert (net worth) eines Unternehmens: Gesamtkapital minus Gesamtverbindlichkeiten.

Euromarkt Markt für internationale quellensteuerfreie Anleihen. Wird heute mit dem internationalen Geld- und Kapitalmarkt insgesamt gleichgesetzt. Regionale Abgrenzungen wie Asienmarkt haben sich nicht durchgesetzt.

exercise price Englisch für Ausübungspreis einer Option (auch als Basispreis bezeichnet, engl. auch striking price).

F

Fälligkeit Datum, zu dem die Rückzahlung einer Anleihe fällig ist (engl. maturity).

festverzinsliche Wertpapiere Forderungswertpapiere mit fixem Nominalzinssatz.

financial futures Standardisierte Terminkontrakte über Käufe oder Verkäufe von Wertpapieren, Devisen, Edelmetallen, Aktienindices und Zinsen.

floating rate note Englisch für variabel verzinste Anleihe des Euromarktes.

Forderungswertpapier Mit dem Einkommensteuergesetz 1988 geschaffener eigener Wertpapierbegriff. Forderungswertpapiere sind kapitalertragsteuerpflichtige Wertpapiere, die ein Forderungsrecht verbriefen, Wandel- und Gewinnschuldverschreibungen und Anteilscheine an Kapitalanlagefonds.

fundamentale Aktienanalyse Analyse des Aktienkurses aufgrund der allgemeinen Wirtschaftsdaten und betrieblichen Kennzahlen.

fundierte Anleihen Durch einen eigenen Deckungsfonds gesicherte Anleihen von Kreditinstituten.

futures contract Standardisierter Terminkontrakt, bei dem die physische Warentransaktion im Hintergrund steht.

G

Geldkurs Kurs, zu dem Nachfrage nach Wertpapieren, Devisen, Valuten, Edelmetallen besteht. Am Wechselschalter jener Kurs, zu dem Banken Valuten ankaufen.

Geldmarkt Markt für kurzfristige Kreditgeschäfte zwischen Banken oder Banken und großen Unternehmen.

Geldmenge Liquide Mittel, die einer Volkswirtschaft zur Verfügung stehen. Die statistischen Meßgrößen heißen M1, M2 und M3. M1 ist Bargeld plus Sichteinlagen, M2 ist M1 plus Termineinlagen, M3 ist M2 plus Spareinlagen mit gesetzlicher Kündigungsfrist (= Eckzinseinlagen).

Genußscheine 1) Genußrechte nach Paragraph 174 Aktiengesetz. Mit 25 Prozent kapitalsteuerpflichtig. Gewähren Informations- und Vermögensrechte, aber kein Stimmrecht. 2) Anteilscheine laut Beteiligungsfondsgesetz 1982. Können als Sonderausgaben geltend gemacht werden. Kapitalertrag- und einkommensteuerfrei. Zusammen mit steuerbegünstigten jungen Aktien bis S 200.000,— je Steuerpflichtigem, dessen Ehegatten und je Kind vermögensteuerfrei.

Gesetzliche Rücklage Laut Aktiengesetz vorgeschriebene Mindestrücklage.

Gewinn Laut Einkommensteuergesetz „der durch doppelte Buchführung zu ermittelnde Unterschiedsbetrag zwischen dem Betriebsvermögen am Schluß des Wirtschaftsjahres und dem Betriebsvermögen am Schluß des vorangegangenen Wirtschaftsjahres“. Besteht keine gesetzliche Verpflichtung zur Buchführung, kann als Gewinn der „Überschuß der Betriebseinnahmen über die Betriebsausgaben“ angesetzt werden.

Gleitender Durchschnitt Geglätteter Kurstrend. Als besonders aussagefähig gilt ein ständig fortgeschriebener Durchschnittswert für 200 Tage.

gilts Bezeichnung für britische Staatsanleihen.

going public Öffentliche Aktienemission.

Gratisaktien Erhalten die Aktionäre bei einer Kapitalberichtigung (Umwandlung von Rücklagen in Aktienkapital).

greenmail Am amerikanischen Aktienmarkt bekannte Erpressermethode. Ein spekulativer Investor droht mit einem Übernahmeangebot, wenn das Unternehmen das in seinem Besitz befindliche Aktienpaket nicht zu einem stark überhöhten Preis zurückkauft.

growth stock Wachstumsaktie. Aktie mit beträchtlichem Ertragspotential, das sich in entsprechenden Kurssteigerungen niederschlägt.

H

Hauptversammlung Versammlung aller Aktionäre, bei der sie ihre Rechte ausüben.

Hausse Allgemeiner Aufwärtstrend am Aktienmarkt.

hedging Absicherung gegen unwillkommene Kursentwicklung in der Form eines Termingeschäfts.

I

Index Kennzahl für die Entwicklung von Börsenkursen.

index option Option auf einen Aktienindex.

Inhaberaktie Auf den (unbekannten) Inhaber lautende Aktie.

Innerer Wert Reinvermögen plus stille Reserven geteilt durch die Anzahl der ausgegebenen Aktien.

insider Personen, die Zugang zu Informationen über die Geschäftsentwicklung haben, welche dem normalen Börsenpublikum nicht ebenso frühzeitig oder überhaupt nicht zur Verfügung stehen, und die diese Informationen für ihren eigenen Vorteil ausnützen könnten. Der Mißbrauch ist in Österreich unter freiwillige Sanktion gestellt. In den USA mit Haft- und hohen Geldstrafen geahndet.

institutional investor Institutionelle Anleger. Z. B. Pensionsfonds, Versicherungen, Banken.

interest Zins.

in the money Englisch für: im Geld. Ausübungspreis einer Kaufoption (call option) liegt unter dem Marktpreis, einer Verkaufsoption (put option) über dem Marktpreis der zugrundeliegenden Aktie.

J

jobber Eigenhändler an der britischen Börse. Seit dem Big Bang im Jahr 1986 (so wurde das Datum der organisatorischen Neuordnung genannt) ist die bis dahin strikte Trennung zwischen Jobbern, die im eigenen Namen handeln mußten, und Brokern, die nur vermitteln durften, aufgehoben.

Junge Aktien Im Zuge einer Neugründung oder einer Kapitalerhöhung ausgegebene neue, noch nicht voll dividendenberechtigte Aktien. Als Sonderausgaben steuerbegünstigt sind junge Aktien inländischer Aktiengesellschaften, die den Kammersektionen Industrie oder Gewerbe angehören und die erforderliche Bestätigung des Finanzministeriums bekommen.

junk bonds Englische Bezeichnung für hoch verzinsliche, aber ebenso hoch riskante Anleihen von Schuldnern minderer Bonität (Rating BB oder niedriger). Junk: Mist, Ramsch.

K

Kapitalberichtigung Umwandlung von Rücklagen in Aktienkapital (Kapitalerhöhung aus Gesellschaftsmitteln).

Kapitalerhöhung Kapitalbeschaffung durch Ausgabe neuer (junger) Aktien gegen Bareinzahlung.

Kapitalherabsetzung Reduzierung des Aktienkapitals. Erfolgt in der Regel zur bilanztechnischen Tilgung von Verlusten.

Kassageschäft Geschäft, das sofort erfüllt wird. In der Regel am zweitfolgenden Börsentag.

Kassakurs Preis, der für sofort (per Kassa) gehandelte Wertpapiere zu zahlen ist.

Kassenobligationen Mittelfristige Schuldverschreibungen der Banken.

Kiwi-Bonds Euroanleihen, die auf neuseeländische Dollar lauten.

Kommunalbriefe Von Hypothekenbanken ausgegebene Schuldverschreibungen, die durch Forderungen an öffentliche Gebietskörperschaften gedeckt sind.

Konversion Änderung der Bedingungen eines Forderungswertpapiers.

Konzertzeichnung Die in Erwartung von Kürzungen über das eigentlich beabsichtige Kaufvolumen hinausgehende Bestellung von Wertpapieren.

Kotierung Zulassung eines Wertpapiers zum Börsenhandel.

Kurs Preis eines Wertpapiers.

Kurs/Gewinn-Verhältnis Meßzahl zur Bewertung von Aktien: Kurs durch Gewinn pro Aktie. Generell gilt: je höher, desto weniger kaufenswert, je niedriger desto kaufenswerter. Aussagekraft erhält das KGV aber nur im Vergleich.

L

Leerverkauf Verkauf von Wertpapieren auf Termin, die der Verkäufer zum Zeitpunkt des Verkaufsabschlusses noch nicht besitzt. Er will sich erst später billiger eindecken. In Österreich verboten.

leveraged buyout Kauf eines Unternehmens durch die eigenen Manager mit Hilfe von Bankkrediten auf dieses Unternehmen. Auch: management buyout.

liability Verbindlichkeit.

Limit Äußerster Preis für Kauf oder Verkauf.

Liquidität Zahlungsbereitschaft.

load Englisch für Spesen, die ein Investmentfonds verrechnet.

Lombardkredit Kredit gegen die Verpfändung von Wertpapieren.

Lombardsatz Zinssatz, den eine Zentralbank (Notenbank) den Banken für lombardfähige Wertpapiere verrechnet.

M

margin Einschußzahlung. Relevant für Wertpapierkäufe auf Kredit.

maturity Fälligkeit.

minimax-floater Variable Anleihe mit Mindest- und Höchstverzinsung.

Mittlere Laufzeit Zeitraum bis zur 1. Tilgung plus Zeitraum bis zur letzten Tilgung gebrochen durch 2.
Zum Beispiel:
Laufzeit 15 Jahre
erste Tilgung nach 8 Jahren
letzte Tilgung nach 15 Jahren

$$\frac{8+15}{2} = 11{,}5$$

mortgage Hypothek.

mutual fund Investmentfonds.

N

Nachrangige Anleihe Bei einem Konkurs wird der Inhaber einer nachrangigen Anleihe erst nach allen anderen Gläubigern befriedigt.

Namensaktie Auf den Namen lautende Aktie. Im Aktienregister der Gesellschaft eingetragen. In den USA sind fast alle Aktien Namensaktien.

NASDAQ National Association of Securities Dealers Automated Quotations. Automatisiertes Kursinformationsnetz für die Over-the-counter (außerbörslich) gehandelten Aktien.

net worth Englisch für Nettowert. Siehe „equity“.

no-load mutual fund Investmentsfonds, der minimale Spesen verrechnet.

Nullkupon-Anleihe Anleihe, die mit einem Diskont begeben und zu 100 rückgezahlt, beziehungsweise zu 100 begeben und mit einem sehr hohen Agio getilgt wird. Der Ertrag für den Käufer besteht in der Differenz von Rückzahlungs- und Ausgabepreis. Englisch: zero bond.

O

Obligation Schuldverschreibung.

odd lot Aktienstückzahl, die nicht der handelsüblichen Einheit entspricht und daher mit höheren Spesen belastet wird. In den USA sind 100 Stück die übliche Handelseinheit.

off shore Exotischer Sitz einer Kapitalanlagegesellschaft oder eines Anleiheemittenten.

open-end fund Offener Investmentfonds. Gibt laufend Zertifikate aus. Ist zur Rücknahme gesetzlich verpflichtet.

operating profit Betriebsgewinn vor Steuern.

Option Recht, aber keine Verpflichtung, ein bestimmtes Wertpapier (kann auch ein Index, eine Währung usw. sein) zu einen bestimmten Preis innerhalb einer bestimmten Frist zu kaufen oder zu verkaufen. Optionen können unabhängig vom zugrundeliegenden Wert an der Börse gehandelt werden.

Optionsschein Im Regelfall der einer Optionsanleihe anhaftende Schein, der das Recht zum Erwerb von bestimmten Mengen Wertpapieren, Devisen, Edelmetallen etc. verbrieft. Optionsscheine können von der Anleihe abgetrennt werden, sie werden dann allein für sich an der Börse gehandelt. Optionsscheine können auch ohne dazugehörige Anleihe begeben werden.

Optionsprämie Gibt an, um wieviel der Erwerb eines Beteiligungspapiers (Aktie, Partizipationsschein) auf dem Umweg über den Optionsschein teurer oder billiger kommt als der direkte Erwerb.

out of the money Englisch für aus dem Geld. Der Ausübungspreis einer Kaufoption (call option) liegt über dem Marktpreis und der einer Verkaufsoption (put option) unter dem Marktpreis des zugrundeliegenden Wertes.

over the counter Handel mit Aktien, die nicht an einer Börse notieren.

P

pari Zum Nennwert.

Parität Austauschverhältnis zwischen Währungen.

Partizipationsschein Börsennotiertes Beteiligungspapier. Verbrieft Vermögensrechte und Informationsrecht. Kein Stimmrecht.

partly paid Der Emissionspreis ist in Raten zu zahlen.

payout ratio Ausschüttungsquote vom Gewinn nach Steuern.

performance Gesamter Wertzuwachs einer Vermögensanlage.

Pfandbriefe Langfristige Schuldverschreibungen, die durch gleich hohe Hypothekardarlehen gedeckt sein müssen.

Portefeuille Gesamtbestand an Wertpapieren.

Portfolio-Management Professionelle Vermögensverwaltung.

Prämie Optionspreis. Der Preis, den ein Optionskäufer zahlt und den der Stillhalter bekommt. Er hängt davon ab, wie nah der aktuelle Marktpreis des zugrundeliegenden Wertes (z. B. Aktie) beim Ausübungspreis liegt, wie volatil der Wert ist und wie lange die Optionsfrist noch dauert. Der englische Ausdruck „premium“ bedeutet darüber hinaus auch „Agio“ (siehe dort).

Prämienanleihe Österreichische Form der Nullkupon-Anleihe. Wird mit 100 Prozent begeben und zu einem höheren Wert (z. B. 165) zurückgezahlt.

preferred stock Vorzugsaktie.

price/earnings ratio Kurs/Gewinn-Verhältnis (siehe dort).

prime rate Zinssatz für erstklassige Kreditnehmer.

profit margin Umsatzrentabilität (Verhältnis von Gewinn zu Umsatz).

program trading Programmhandel am Aktienmarkt. Macht in New York zehn Prozent des Aktienhandels aus.

proxy Vollmacht zur Ausübung des Stimmrechts auf einer Hauptversammlung. Hat vor allem in der Form des „proxy fight", der Auseinandersetzung zwischen mit Stimmrechtsvollmacht ausgerüsteten Kapitalgruppierungen, Bedeutung.

put option 1) Optionskontrakt. Der Optionskäufer hat das Recht, nicht jedoch die Verpflichtung, innerhalb einer bestimmten Frist Aktien (in den USA mindestens 100 Stück), Devisen oder einen Terminkontrakt zu einem festgesetzten Preis (dem Ausübungs- oder Basispreis) zu verkaufen. 2) Kündigungsrecht des Anleihegläubigers.

Q

Quellensteuer Art der Besteuerung. Die Kapitalerträge werden gleich um die Steuer vermindert ausbezahlt. In der Regel eine Sonderform der Einkommensteuer und daher auf diese anrechenbar. Ausländische Quellensteuern können durch Doppelbesteuerungsabkommen vermieden werden.

R

raider Angreifer. Gefürchteter Investor in der amerikanischen Verschmelzungs- und Übernahmeszene.

rally Kurserholung (Nicht zu verwechseln mit Rallye — Sternfahrt).

random walk hypothesis Börsentheorie. Sie geht davon aus, daß die Aktienkursbewegungen reichlich zufällig sind und daher keine Voraussagen möglich sind.

rating Bonitätsbeurteilung.

reinvestment rate Internes Wachstumspotential eines Unternehmens. Berechnung: stockholders' equity × retention rate.

Rendite Ertrag einer Geldanlage. Ausgedrückt in Prozent des investierten Kapitals. Entspricht der Effektivverzinsung (siehe dort).

Bei Aktien die Dividende in Relation zum Kurs der Aktie:

$$\frac{\text{Dividende} \times 100}{\text{Kurs}}$$

Bei Anleihen Zinsertrag in Relation zum Kaufkurs unter Berücksichtigung der Restlaufzeit:

$$\frac{\text{Zinssatz} \times 100}{\text{Kaufkurs}} + \frac{\text{Tilgungskurs} - \text{Kaufkurs}}{\text{Mittlere Laufzeit}}$$

Rentabilität Kennziffer des Anlageerfolgs. Verhältnis des Gewinns zum eingesetzten Kapital. Die Unternehmensanalyse kennt je nach Bezugsgröße (z. B. Eigenkapital, Umsatz) verschiedene Rentabilitätskennziffern.

retained earnings Englisch für: Einbehaltene Gewinne.

retention rate Der Prozentsatz des Nettogewinns, der dem Unternehmen nach der Dividendenzahlung zur Reinvestition verbleibt. Gegenstück zur „payout ratio" (siehe dort).

return on equity Die Rentabilität des Nettowerts (stockholders' equity) eines Unternehmens. Nettogewinn/durchschnittlichen Nettowert. (Siehe „stockholders' equity").

revenues Englisch für: Erlöse.

round lot Übliche Handelseinheit beziehungsweise ein Mehrfaches davon für Wertpapiere. In den USA je 100 Stück Aktien beziehungsweise je $ 1.000,— nominale Anleihen.

Rücknahmepreis Preis, zu dem ein offener Investmentfonds Zertifikate zurücknimmt. Inventarwert abzüglich Spesen.

S

sales Englisch für: Umsatz (verkaufte Einheiten × Preis).

SEC Securities and Exchange Commission. 1933 vom Kongreß der USA gegründete Wertpapierüberwachungsbehörde.

securities Englisch für: Wertpapiere.

securitisation Umwandlung einer Forderung in ein handelbares Wertpapier.

shares Englisch für: Aktien.

sinking fund Tilgungsart. Teile einer Anleihe werden vorzeitig getilgt.

Spekulation Mit Risiko verbundener Versuch, aus einem zeitlichen Preisunterschied Gewinn zu erzielen.

Sperrminorität Bezeichnet das Recht einer qualifizierten Minderheit (25 Prozent plus eine Aktie des gesamten Aktienkapitals), bestimmte Maßnahmen der Mehrheit zu verhindern.

Split Aktienteilung. Das Aktienkapital bleibt unverändert, die Zahl der Aktien wird größer, der Preis pro Aktie ermäßigt sich.

spread Englisch für: Spanne.

Standard & Poor's 500 Index Repräsentativer Aktienindex der New York Stock Exchange. Besteht aus 425 Industriewerten, 25 Transportwerten und 50 Versorgungswerten.

Stiller Gesellschafter Ist an einem Unternehmen beteiligt, ohne daß dies öffentlich aufscheint. Das österreichische Gesellschaftsrecht unterscheidet zwischen dem echten (typischen) stillen Gesellschafter und dem unechten (atypisch) stillen Gesellschafter. Der echte stille Gesellschafter erhält für seine Einlage einen Prozentanteil vom Gewinn. Steuerlich handelt es sich um Einkünfte aus Kapitalvermögen. Treten Verluste ein, kann er seine Einlage verlieren. Am Firmenwert bestehen keine Ansprüche. Dem atypisch stillen Gesellschafter steht im Fall einer Auseinandersetzung (z.B. Abschichtung seiner Einlage) dagegen sehr wohl ein Anteil am Firmenwert sowie an den sonstigen stillen Reserven zu. Steuerrechtlich gilt der atypisch stille Gesellschafter als Mitunternehmer, die an ihn ausbezahlten Gewinnanteile stellen Einkünfte aus Gewerbebetrieb dar.

stock dividend Dividende, die in Form von Aktien anstatt Bargeld ausgeschüttet wird.

stockholder's equity Gesamtvermögen abzüglich Gesamtverbindlichkeiten eines Unternehmens. Nettowert eines Unternehmens.

stock option Aktienbezugsrecht.

stop-loss order Börsenauftrag zur Begrenzung des Verlustes. Fällt der Kurs auf oder unter das vorgegebene Limit, wird „bestens" verkauft, das heißt, zum nächsten festgestellten Kurs, der am Limit oder unterhalb desselben liegt.

straddle Optionsstrategie in Erwartung eines stark schwankenden Kursverlaufes. Gleichzeitiger Kauf einer Kauf- und einer Verkaufsoption auf die gleiche Aktie zu ein und demselben Verfallsdatum.

striking price Englisch für: Ausübungspreis einer Option.

Substanzwert Ergibt sich aus der zu Tagespreisen erfolgenden Bewertung der Vermögensteile eines Unternehmens abzüglich der Schulden.

swap Tauschoperation im Devisenhandel.

T

Technische Aktienanalyse Geht davon aus, daß im Tageskurs einer Aktie alle relevanten Informationen enthalten sind. Aus der Aufzeichnung der Kursentwicklung und der Tagesumsätze werden Trendsignale herauszulesen versucht.

Telefonhandel Außerbörslicher Handel mit Wertpapieren.

Tenderverfahren Angebotsverfahren bei Wertpapieremissionen. Unterschieden wird ein Mengentender und ein Preistender. Beim Mengentender bleibt der Ausgabepreis unverändert, es kann aber bei entsprechender Nachfrage das Volumen erhöht werden. Beim Preistender bleibt das Ausgabevolumen unverändert, der Interessent kann aber einen höheren Preis zeichnen, wenn die Nachfrage entsprechend groß ist und er zum Mindestpreis nicht zum Zug zu kommen glaubt. In Österreich ist der Preistender unüblich.

Termingeschäft Geschäftsabschluß und Erfüllung fallen zeitlich auseinander. Kann spekulativ oder zur Wertsicherung abgeschlossen werden.

Thesaurierungsfonds Wertzuwachsfonds. Schüttet Erträge nicht aus.

treasury bill Kurzfristiger Schatzschein der amerikanischen Regierung.

treasury bond Langfristige Schuldverschreibung der amerikanischen Regierung.

triple witching hour Jeweils der dritte Freitag im März, Juni, September und Dezember an der New York Stock Exchange, wenn zugleich Aktienindex-Futures, Aktienindex-Optionen und Aktien-Optionen ablaufen.

U

utilities Versorgungswerte.

V

Valuta Zahltag.

venture capital Wagniskapital zur Finanzierung neu gegründeter, hoffnungsvoller Firmen. Risikoreiche Geldanlage. Hoher Kapitaleinsatz und langfristige Bindungsdauer erforderlich. Allerdings können Renditen von 30 Prozent erwartet werden.

vertical spread Optionsstrategie. Gleichzeitiger Kauf und Verkauf von Optionen auf ein und denselben zugrundeliegenden Wert zum selben Verfallstermin, aber zu unterschiedlichen Ausübungspreisen.

Verwässerungsklausel Garantiert die Anpassung des Wandelpreises bei Wandelanleihen (detto Optionspreis bei Optionsanleihen) im Falle einer zwischenzeitlichen Kapitalveränderung.

Vinkulierte Aktien Namenaktien, deren Übertragung statutengemäß beschränkt ist.

Volatilität Bezeichnet eine in der Regel heftige Kursschwankung beziehungsweise die Anfälligkeit dazu.

Vorzugsaktie Der Vorzug besteht in der Regel in einer garantierten Dividende. Dafür gibt es kein Stimmrecht. Unterbleibt allerdings die Auszahlung der Dividende zwei Jahre lang, erhalten laut österreichischem Aktiengesetz auch diese Aktien das Stimmrecht.

W

Wandelanleihe Anleihetyp. Der Inhaber kann sie unter bestimmten Bedingungen gegen Aktien beziehungsweise Partizipationsscheine umtauschen.

Wandelprämie Prozentsatz, zu dem der Erwerb der Aktie über die Wandelanleihe teurer oder billiger kommt als der Direkterwerb.

warrant Englisch für: Optionsschein.

white knight Erwünschter Mitbieter bei einem Übernahmekampf.

working capital Überschuß der kurzfristigen Aktiva über die kurzfristigen Verbindlichkeiten.

Y

yield Rendite (siehe dort).

Z

zero bond Nullkupon-Anleihe (siehe dort).

STICHWORTVERZEICHNIS